BEITRÄGE ZUR
GESCHICHTE DER BIBLISCHEN EXEGESE

Herausgegeben von

OSCAR CULLMANN, BASEL/PARIS · NILS A. DAHL, NEW HAVEN
ERNST KÄSEMANN, TÜBINGEN · HANS-JOACHIM KRAUS, GÖTTINGEN
HEIKO A. OBERMAN, TUCSON · HARALD RIESENFELD, UPPSALA

31

Wir sind mit Christus begraben

Die Auslegung von Römer 6,1–11 im Frühchristentum bis Origenes

von

Robert Schlarb

J.C.B. Mohr (Paul Siebeck) Tübingen

CIP-Titelaufnahme der Deutschen Bibliothek

Schlarb, Robert:
Wir sind mit Christus begraben : die Auslegung von Römer 6,1–11
im Frühchristentum bis Origenes / von Robert Schlarb. –
Tübingen : Mohr, 1990
    (Beiträge zur Geschichte der biblischen Exegese ; 31)
    Zugl.: Wien, Univ., Diss., 1987
    ISSN 0408-8298
    ISBN 3-16-145546-0
NE: GT

Das Buch wurde aus der Bembo-Antiqua gesetzt von Computersatz Staiger GmbH in
Pfäffingen, gedruckt von Gulde-Druck GmbH in Tübingen auf neutral geleimtes Werk-
druckpapier der Papierfabrik Niefern und gebunden von Heinr. Koch KG in Tübingen.

Vorwort

Für viele historisch interessierte Christenmenschen bleibt die Alte Kirche eine faszinierende, wenn auch nicht einfach zu deutende Epoche der Kirchengeschichte. Während der Kindheit und Jugend der Kirche zwang sich nämlich manch brennende Frage auf, deren unterschiedliche Beantwortung die Weichen kennzeichnender konfessioneller Unterschiede für alle Zeiten stellte. Gegenüber dieser bisweilen verwirrenden Reihe von dogmengeschichtlichen Entwicklungen ist es freilich unzureichend, eine verurteilende Haltung einzunehmen, die allein üble und nichtsnützige Streitereien in den komplexen Auseinandersetzungen jener Zeit erblickt. Denn die Kirchenväter waren ernste Gläubige, dergleichen dem Anschein nach heute kaum noch anzutreffen sind. Ehe wir die Ursachen konfessioneller Spaltung für belanglos oder überholt erklären dürfen, müssen wir die Themen der Kirchenväter zu unseren Themen machen und in der Folge wie sie um eine möglichst klare Unterscheidung zwischen dem schlechthin Wesentlichen und dem weniger, wenn auch scheinbar Wichtigen unseres Glaubens ringen.

Diese Überlegung zählt zu den vielen Momenten, die als ursprüngliche Motivation zu dieser Arbeit bestehen. Denn die Last der konfessionellen Zerspaltenheit ist mir vor, während und seit der Entstehung dieses Buches immer mehr zum persönlichen Leidensdruck geworden. Andererseits verbietet mir das eigene Gewissen, so zu tun, als sei manch trennende Glaubensauffassung nunmehr Relikt, das nur noch vom übertriebenen Eifer vergangener Generationen von Gläubigen zeugt. Wenn der Leser da und dort merken sollte, daß ich mich diesem Spannungsfeld auszusetzen versucht habe, dann werde ich mich in meinem Anliegen dankbar verstanden wissen.

Dieser Buchveröffentlichung liegt eine im Jahr 1987 abgeschlossene Arbeit zugrunde, die der Evangelisch-theologischen Fakultät der Universität Wien zur Erlangung der Doktorwürde vorgelegt wurde. Die von den Professoren Peter Barton, Kurt Lüthi und Kurt Niederwimmer abgenommenen Rigorosen fanden am 1. Juli 1987 statt. Mein besonderer Dank gilt dem zuletzt genannten Ordinarius für Neutestamentliche Wissenschaft für seine freundliche Begleitung in jedem Stadium der Entstehung dieser Arbeit sowie für seine Bereitschaft, trotz manchmal unterschiedlicher konfessioneller Auffassung es immer vorzuziehen, das vermeintliche Streitgespräch zur wissenschaftlich fruchtbaren Auseinandersetzung werden zu lassen. Zusätzlich gebührt Prof. Oscar Cullmann ein Wort des Dankes für seine Zusage, die Arbeit in die Reihe „Beiträge zur Geschichte der biblischen Exegese" aufnehmen zu lassen, sowie Herrn Rudolf Pflug des Verlags J.C.B. Mohr (Paul Siebeck) für die geduldige Begleitung der für die Veröffentlichung notwendigen Korrekturarbeiten. Ferner bin ich dem Arbeitskreis für evangelische Theologie wegen der Gewährung eines namhaften Druckkostenzuschusses zu Dank verpflichtet. Nicht zuletzt danke ich meiner Frau, die unter anderem Opfer auch Zeit fand, das druckfertige Manuskript Korrektur gegenzulesen, und die mir mit vielen mutmachenden Worten zur Seite stand.

Wien, im Januar 1990   Robert Schlarb

Inhaltsverzeichnis

Vorwort   III

Abkürzungsverzeichnis   IX

1. Einleitung

1.1. Gegenstand und Grund der Untersuchung   1
1.2. Darlegung der Vorgangsweise   8

2. Die Väterexegese der ersten drei Jahrhunderte und ihre neutestamentliche Textgrundlage

2.1.   Allgemeines zur Verwendung von Väterzitaten zur neutesta-
        mentlichen Textkritik   10

2.2.   Tertullian und sein Paulustext   12
2.2.1. Der Text von Röm 6,1–11 bei Tertullian   12
2.2.2. Zusammenfassung   16

2.3.   Irenäus und sein Paulustext   17
2.3.1. Der Text von Röm 6,1–11 bei Irenäus   19
2.3.2. Zusammenfassung   20

2.4.   Origenes und sein Paulustext   21
2.4.1. Rufin aus Aquileia als Origenes-Übersetzer   22
2.4.2. Der Paulustext des Origenes   37

2.5.   Die übrigen Väter der ersten drei Jahrhunderte und ihre
        Paulustexte   44
2.5.1. Klemens von Alexandrien   44
2.5.2. Hippolyt in Rom   45
2.5.3. Cyprian von Karthago   45
2.5.4. Methodios von Olympos   46

2.6.   Die Zusammenfassung und Bewertung der Ergebnisse zur
        neutestamentlichen Textgrundlage der einzelnen Kirchenväter . .   45

3. Röm 6,1–11 in der Auslegung der einzelnen Väter

3.1.   Allgemeines zur Väterauslegung   50

3.2.   Die Frühzeit bis Ignatios von Antiochien   51
3.2.1. Hebräerbrief und 1. Klemensbrief   51
3.2.2. Die Zwölfapostellehre   52
3.2.3. Der Hirte des Hermas   53
3.2.4. Das koptische Philippusevangelium   56
3.2.5. Die Philippusakten   57
3.2.6. Ignatios von Antiochien   56
3.2.7. Zusammenfassung   61

3.3.   Irenäus von Lyon   62
3.3.1. Leben und Lehre   62
3.3.2. Die Auslegung des Irenäus   65
3.3.3. Zusammenfassung   74

3.4.   Tertullian von Karthago   74
3.4.1. Leben und Lehre   74
3.4.2. Die Auslegung des Tertullian   81
3.4.3. Zusammenfassung   96

3.5.   Cyprian von Karthago   97
3.5.1. Leben und Lehre   97
3.5.2. Die Auslegung des Cyprian   100
3.5.3. Zusammenfassung   104

3.6.   Hippolyt von Rom   104
3.6.1. Leben und Lehre   104
3.6.2. Die Auslegung des Hippolyt   106
3.6.3. Zusammenfassung   114

3.7.   Klemens von Alexandrien   115
3.7.1. Leben und Lehre   115
3.7.2. Auslegung   120
3.7.3. Die Auslegung bei Exc Theo und Ecl proph   124
3.7.4. Zusammenfassung   130

3.8.   Methodios von Olympos   131
3.8.1. Leben und Lehre   131
3.8.2. Auslegung   132
3.8.3. Zusammenfassung   140

3.9. Origenes von Alexandrien 142
3.9.1. Leben und Lehre 142
3.9.2. Auslegung 151

4. Röm 6,1–11 bei den Frühvätern insgesamt

4.1. Eine frühchristliche Katene zu Röm 6,1–11 207

4.2. Die Auslegung von Röm 6,1–11 nach formalen Gesichts-
     punkten 222

4.3. Die Auslegung von Röm 6,1–11 nach inhaltlichen Gesichts-
     punkten 226
4.3.1. Vers 1 226
4.3.2. Vers 2 227
4.3.3. Vers 3 227
4.3.4. Vers 4 228
4.3.5. Vers 5 229
4.3.6. Vers 6 229
4.3.7. Vers 7 230
4.3.8. Vers 8 230
4.3.9. Vers 9 231
4.3.10. Vers 232
4.3.11. Vers 11 232

4.4. Eine thematische Zusammenfassung der Väterexegese
     von Röm 6,1 ff. 223
4.4.1. Christologie 233
4.4.2. Anthropologie 234
4.4.3. Tauftheologie 235
4.4.4. Tauftypologien 238
4.4.5. Eschatologie 239
4.4.6. Allegorese 241
4.4.7. Paulinismus 242

5. Ein Vergleich zwischen der Väterexegese und der modernen Exegese

5.1. Vers 1 247
5.2. Vers 2 248
5.3. Vers 3 248
5.4. Vers 4 250
5.5. Vers 5 252

5.6.   Vers 6   255
5.7.   Vers 7   256
5.8.   Vers 8   257
5.9.   Vers 9   258
5.10.   Vers 10   259
5.11.   Vers 11   259

5.12.   Zusammenfassung   261

Anhänge

Anhang 1: Tertulians Text von Röm 6,1 ff.   263
Anhang 2: Der Text des Irenäus von Röm 6,1 ff.   264
Anhang 3: Codex des Irenäus von Röm 6,1 ff.   265
Anhang 4: Der Text des Origenes von Röm 6,1 ff.   266

Quellen- und Literaturverzeichnis

1. Primärliteratur

1.1.   Ausgaben patristischer Quellenschriften   268
1.2.   Andere zitierte Texte   270

2. Sekundärliteratur

2.1.   Veröffentlichungen allgemeiner Art   270
2.2.   Studien zur Patristik bzw. Alten Kirche   271
2.3.   Exegetische Studien zu Röm 6,1–11 bzw. zur Taufe
          im Neuen Testament   275

Stellenregister   277

Namenregister   287

Sachregister   291

Abkürzungsverzeichnis

ACh	Antike und Christentum
ALW	Archiv für Liturgiewissenschaft
AThANT	Abhandlungen zur Theologie des Alten und Neuen Testaments
BLE	Bulletin de littérature ecclésiatique
BBB	Bonner biblische Beiträge
BEvTH	Beiträge zur evangelischen Theologie
BZNW	Beihefte zur Zeitschrift für die neutestamentliche Wissenschaft und die Kunde der älteren Kirche
CSEL	Corpus scriptorum ecclesiasticorum Latinorum
CCSL	Corpus christianorum, series Latina
CNT	Commentaire du Nouveau Testament
EvKK	Evengelisch-katholischer Kommentar zum Neuen Testament
EvTh	Evangelische Theologie
F-B	Die apostolischen Väter. Neubearbeitung der Funkschen Ausgabe von K. Bihlmeyer. Sammlung ausgewählter kirchen- und dogmengeschichtlicher Quellenschriften 2,1. Tübingen 1970³ (1924).
GCS	Die griechischen christlichen Schriftsteller der ersten drei Jahrhunderte
HNT	Handbuch zum Neuen Testament
HThK	Herders theologischer Kommentar zum Neuen Testament
HThR	Harvard Theological Review
ICC	International Critical Commentary
JAC	Jahrbuch für Antike und Christentum
JLW	Jahrbuch für Liturgiewissenschaft
JThSt	Journal of Theological Studies
Kath	Katholik
KEK	Kritisch-exegetischer Kommentar über das Neue Testament
MüThZ	Münchner theologische Zeitschrift
NHC	Nag Hammadi Corpus
NHS	Nag Hammadi Studies
PatSt	Patristic Studies
PatTSt	Patristische Texte und Studien
PG	Patrologiae cursus completus, series Graeca. J. P. Migne (Hrsg.). Paris 1844 ff.
PL	Patrologiae cursus completus, series Latina. J. P. Migne (Hrsg.) Paris 1844 ff.

RAM	Revue d'ascétique et de mystique
RB	Revue biblique
RömQ	Römische Quartalschrift für christliche Altertumskunde und Kirchengeschichte
RQH	Revue de questions historiques
RSR	Revue des sciences réligieuses
Sch	Scholastik
SC	Sources chrétiennes
StraßThSt	Straßburger theologische Studien
StPat	Studia patristica
ThLZ	Theologische Literaturzeitung
ThStKrit	Theologische Studien und Kritiken
ThWNT	Theologisches Wörterbuch zum Neuen Testament
ThZ (Basel)	Theologische Zeitschrift (Basel)
TU	Texte und Untersuchungen zur Geschichte der altchristlichen Literatur
VCh	Vetera christianorum
VD	Verbum Domini
ZAM	Zeitschrift für Aszese und Mystik
ZKG	Zeitschrift für Kirchengeschichte
ZKTh	Zeitschrift für katholische Theologie
ZNW	Zeitschrift für die neutestamentliche Wissenschaft und die Kunde der älteren Kirche
ZSysTh	Zeitschrift für systematische Theologie
ZThK	Zeitschrift für Theologie und Kirche
ZürcherBK	Zürcher Bibelkommentare zum Neuen Testament

1. Einleitung

1.1. Gegenstand und Grund der Untersuchung

Die Worte des Apostels Paulus über die Bedeutung und die Auswirkungen der christlichen Taufe beinhalten die ausführlichste Tauftheologie im Neuen Testament. Doch so wichtig diese Worte für ein richtiges Verständnis der Taufe sind, so schwer sind einzelne Aussagen dieser Textstelle zu verstehen. Zu den exegetischen Fragen, die sich bei Röm 6,1−11 aufdrängen, zählen: die Frage nach der Absicht der Äußerungen insgesamt; die Frage nach der Bedeutung mancher in dieser Stelle vorkommenden griechischen Begriffe (insbesondere das ὁμοίωμα des Todes Christi); die Frage nach dem hier vertretenen Sakramentsverständnis sowie die Frage nach der eschatologischen Vorstellung, die dieser Tauftheologie vorausgeht.

Es wäre eine umfangreiche Aufgabe für sich, diese Taufstelle eingehend, d. h. mit Berücksichtigung aller philologischen, religionsgeschichtlichen und paulinisch-theologischen Aspekte, auslegen zu wollen. Dies wurde auch oft, mit größerem oder geringerem Erfolg, versucht. Die hier vorliegende Arbeit will jedoch nur ein Teilbeitrag zur exegetischen Diskussion über Röm 6,1−11 sein, denn der Gegenstand dieser Untersuchung ist nicht in erster Linie die Taufstelle im Römerbrief, sondern das, was die christlichen Schriftsteller der ersten drei Jahrhunderte zu jener Darlegung des Paulus gesagt haben. Jene größere Aufgabe überlasse ich gerne anderen, die über die dazu notwendigen Kenntnisse besser verfügen.

Gleich zu Beginn möchte ich betonen, daß das Kapitel über Röm 6,1−11 aus dem Werk *Paulus: Lehrer der Väter*[1] von Karl Hermann Schelkle mir nicht nur als Vorbild, sondern auch als Grundlage für meine eigenen Forschungsarbeiten diente. Der Ansatz Schelkles verdient volle Anerkennung für das, was er in der Tat ist: Eine bisher viel zu selten wahrgenommene Möglichkeit, in die geistige Welt der frühen Christen und vielleicht sogar der Verfasser des Neuen Testaments einzudringen. Freilich ist etwas Vorsicht im Umgang mit der Väterauslegung geboten, denn in manchen Fällen waren die Kirchenväter durch mehrere Jahrhunderte oder große geographische Entfernungen von den ersten christlichen Schriftstellern getrennt. Daß aber solche Vergleiche ihren Eigenwert haben, muß nicht erst bewiesen werden.[2]

---

[1] Düsseldorf 1956.

[2] In: Die Patrologie und die Erneuerung der patristischen Studien. Bilanz der Theologie

Wie im Aufsatz Schelkles,[3] geht es hier also um eine Untersuchung zur Auslegungsgeschichte. Im Unterschied zur Arbeit Schelkles, bei der der Schwerpunkt bei den Zitaten der Väter ab Origenes — also ab der 2. Hälfte des 3. Jh.'s
— liegt, wird in dieser Arbeit nur die Zeit bis Origenes behandelt. Das hat nicht
nur praktische Gründe,[4] sondern berücksichtigt auch eine Entwicklung, die
manche[5] schon längst wollen festgestellt haben: Mit der zunehmenden Rituali-
sierung der Tauffeier im Laufe des 3. Jh.'s tritt möglicherweise auch ein Wandel
im Taufverständnis ein, und zwar zugunsten der gnostischen Absolutsetzung
des Initiationsritus als Handlung, welche den Eingang in die göttliche Welt als
vollendete Tatsache darstellt. Spätere Väter, wie etwa Chrysostomos, hatten
offensichtlich ein stärker von der Liturgie geprägtes Taufverständnis als die
früheren Kommentatoren.[6] Wenn diese Wende nicht berücksichtigt wird, besteht Gefahr, daß die spätväterliche Auslegung für das Väterdenken überhaupt
als normativ angesehen wird. Schelkle scheint sich dieser Gefahr zu wenig bewußt zu sein.

Einen kleinen Nebenvorteil bringt die Beschäftigung mit patristischen Bibelzitaten der Frühzeit, nämlich die Möglichkeit, die Überlieferungsgeschichte
des neutestamentlichen Textes ein wenig zu beleuchten. Der Wert eines solchen Unternehmens bleibt freilich etwas begrenzt, zunächst weil den neutestamentlichen Anspielungen und Zitaten der Kirchenväter nie jener Zuverlässig-
keitsgrad beigemessen werden kann, den etwa Papyri genießen.[7] Was diese
Untersuchung betrifft, kommt außerdem noch eine weitere, wesentliche Ein-
schränkung hinzu, nämlich, daß im folgenden nur das Vorkommen von elf
Versen des Neuen Testaments näher betrachtet wird. Das Ergebnis dieser Teil-
untersuchung muß also dürftig ausfallen. Die Frage nach der Quelle, aus der
Origenes seine Pauluszitate geschöpft hat, bleibt nach wie vor offen. Im folgenden werden nach dem Vergleich seiner Zitate aus Röm 6,1—11 mit anderen
Textarten zwar einige mögliche Antworten erwogen, jedoch keine endgültige
gegeben.

Die formale Beschäftigung mit der Herkunft der Schriftzitate bei den Vätern
führt zwangsläufig zu der Überlegung, ob ihre exegetischen Schriften selbst

---

im 20. Jahrhundert, *H. Vorgrimmler* und *R. Vander Gucht* (Hrsg.), Bd. 3, Wien 1970,
504—29, legt *Henri Crouzel* die Bedeutung patristischer Studien für die Bibelwissenschaft
insgesamt dar.

   [3] Das Kapitel über Röm 6,1—11 erschien z. T. ursprünglich als Einzelaufsatz in: Vom
christlichen Mysterium: Gedächtnisschrift für Odo Casel, *A. Mayer et al.* (Hrsg.), Düsseldorf 1951.

   [4] Die drei bisher erschienenen Bänder der Biblia Patristica (Centre d'Analyse et de Docu-
mentation Patristiques, Paris 1975—80) bereiteten wesentliche Hilfe in der Suche nach neutestamentlichen Zitaten und Anspielungen unter den frühen Vätern.

   [5] Cf. *G. W. H. Lampe,* Seal of the Spirit, London 1951, 131 ff.

   [6] *Schelkle,* 1956, besonders 197 f.

   [7] *K.* und *B. Aland,* Der Text des Neuen Testaments, Stuttgart 1982, 179.

zuverlässig überliefert wurden. Während die Schriften Ignatius', Klemens' von Alexandrien, Tertullians, Cyprians sowie z. T. Hippolyts und des Methodios von Olympos in der Ursprache überliefert sind, gibt es nur lateinische Übersetzungen für das wichtigste Werk des Irenäus und mehrere des Origenes. Bei den Väterschriften in Originalsprache, für die es meistens kritische Ausgaben gibt, kann man mit einiger Sicherheit von der Annahme ausgehen, daß der vorliegende Vätertext den ursprünglichen Wortlaut wiedergibt. Auch die lateinische Übersetzung des Hauptwerkes von Irenäus, *Adversus haereses,* kann als getreue Übertragung der griechischen Vorlage gelten.[8]

Anders jedoch verhält es sich mit der Hauptquelle für die exegetischen Arbeiten des Origenes zum Römerbrief, mit dem von Rufin von Aquileia übersetzten Römerbriefkommentar. Obgleich aus der Migne-Ausgabe der griechischen Kirchenväter[9] in dieser Arbeit später häufig zitiert wird, bringt dieses Werk jedoch keine kritische Ausgabe der lateinischen Übersetzung des von Origenes geschriebenen Kommentars. Angesichts der Tatsache, daß Rufin selbst zugibt, nichtorthodoxe Äußerungen in der Vorlage beim Übersetzen ausgebessert zu haben,[10] wurde seit dem Anfang dieses Jahrhunderts die Zuverlässigkeit der Rufinischen Übersetzung zunehmend in Zweifel gezogen.[11] Mit der Entdeckung von Bruchstücken des griechischen Textes wurde die Möglichkeit zur Nachprüfung der lateinischen Übersetzung gegeben. Insbesondere die Entdeckung längst verschollener Origenes-Papyri in Tura 1941[12] diente nach einem Vergleich mit Rufins Übersetzung sowie mit anderen Teilwiedergaben des Origenischen Kommentars (hier ist vor allem an die von Ramsbotham herausgegebenen Katenenauszüge[13] zu denken) zumindest zur Teilbestätigung des lateinischen Textes.[14] Dieses Urteil bleibt allerdings nicht unangefochten. Daher wird es im folgenden u. a. Aufgabe sein, Rufins Übersetzung vom Kommentar des Origenes zu Röm 6,1−11 nach der formalen Übereinstimmung mit den griechischen Katenenauszügen zu untersuchen sowie danach, inwiefern die einzelnen Aussagen mit dem − durch die echten Exemplare der Werke des Origenes bekannten − Denken dieses Kirchenvaters im Einklang stehen.

Der Hauptteil der folgenden Untersuchung beschäftigt sich jedoch nicht mit text- oder überlieferungsgeschichtlichen Fragen, sondern vielmehr mit Auslegungsgeschichte. Dabei ergibt die Exegese von Röm 6,1−11 bei den Vätern

---

[8] Cf. *K. T. Schäfer,* Die Zitate in der lateinischen Irenäusübersetzung und ihr Wert für die Textgeschichte des Neuen Testaments. Vom Wort des Lebens: Festschrift für Max Meinert, Münster 1951, 50−59.

[9] Patrologia, Series graeca, Bd. 14, gegr. von *J. P. Migne,* Paris 1857.

[10] CCSL 20, 1961, 245−8.

[11] *Crouzel,* 1970, 518.

[12] *E. Klostermann,* Der Papyrusfund von Tura, ThLZ 73 (1948) 47−50.

[13] JThSt 13f. (1912f.) 357−60, 10−22.

[14] *J. Scherzer,* Le commentaire d'Origène sur Rom 3,5−5,7, Le Caire 1957, 121.

möglicherweise Aufschluß über einige spezielle dogmengeschichtliche Themen, die bei diesen Vätern häufig auftreten. Eine grundsätzliche schrifttheolo-
gische Frage, die oft in diesem Zusammenhang erörtert wird, betrifft das Paulusverständnis in der alten Kirche. Hier wird insbesondere auf das Verständnis
der paulinischen Tauftheologie eingegangen. In einer bisher noch nicht über-
troffenen Arbeit zu diesem Thema, stellt Benoit fest: „Les conceptions pauli-
niennes proprement dites sont totalement étrangères à la pensée des Pères du second siècle."[15] Obwohl Benoits Ergebnis häufig zitiert wird, bedarf es m. E. einer Qualifizierung, besonders wenn es auf die Taufstelle im Römerbrief bezogen werden soll. Es gilt nicht zu fragen, ob paulinische Vorstellungen im Taufverständnis des 2. Jh.'s nachwirkten, sondern inwiefern und auf welche Weise
das geschah. Wie Paulus selbst eine alttestamentliche Tauftypologie kennt,[16]
weisen auch die Väter in unterschiedlichem Ausmaß verschiedene Tauftypologien auf. Dies gilt besonders für die alexandrinische Auslegungstradition, deren Hauptvertreter im 3. Jh. Origenes war. Religionsgeschichtliche Untersuchungen zur Taufe haben festgestellt, daß alttestamentliche Motive, manchmal
von gnostischen oder anderen Strömungen antiken Denkens beeinflußt, in der
Ausgestaltung der altkirchlichen Tauffeier nachgewirkt haben.[17] Dieser Fra-
genkomplex ist im Licht der Väterexegese insofern interessant, weil einerseits
außerneutestamentliche, also nicht nur alttestamentliche Taufmotive bei den
Vätern der Frühzeit häufig auftreten; andererseits nahm, wie bereits angedeutet, die liturgische Praxis der Kirche zunehmend Einfluß auf das Taufverständnis von der Schrift her. Die Bedeutung beider Momente für die Väterexegese
von Röm 6,1–11, der Tauftypologie und der Liturgie, als isolierte Faktoren,
aber auch im Zusammenwirken miteinander, soll näher untersucht werden.

Im Gegensatz zu 1 Kor 10,1 ff. bedient sich die Darlegung des Paulus in Röm
6,1–11 nur indirekt einer alttestamentlichen Typologie. Sie wird nämlich nur
stillschweigend von Kapitel 5 her übertragen. Die frühen Väter erkannten freilich eine Verbindung zwischen dem im 6. Kapitel angesprochenen Tauferlebnis
und der vorangehenden Darlegung über die Auswirkung der Sünde Adams. In
ihrer Auslegung des 6. Kapitels versuchen sie, die Taufe des einzelnen Gläubigen in Beziehung zum Sündenfall und zur daraus entstehenden Erbsünde sowie
zum gnadenspendenden Werk Christi zu setzen. Die so zu Tage tretende, jeweils etwas unterschiedliche Anthropologie des Auslegers muß auch berücksichtigt werden, um die exegetischen Aussagen der Väter im Zusammenhang
mit ihrem gesamten Denken, und daher im richtigen Licht, verstehen zu können. Eine wichtige Frage in diesem Komplex ist die nach der Beziehung zwischen Erbsünde und dem freien Willen des Menschen. Während manche Forscher die Väter des späteren 3. Jh.'s für Vertreter der neuzeitlichen Erbsünden-

---

[15] *A. Benoit,* Le baptême chrétien au second siècle, Paris 1953, 228.
[16] 1 Kor 10,1 ff.
[17] Cf. *P. Lundberg,* La typologie baptismale dans l'ancienne église, Uppsala 1942.

lehre halten,[18] finden andere bei den Vätern höchstens Ansätze einer späteren Ausgestaltung dieser Lehre. Die Väterexegese von Röm 6,1−11 wird etwas Licht auf diese Diskussion werfen können.

Der Frage nach der Stellung und Möglichkeit der Buße in der kirchlichen Praxis ist in jene eben genannte Diskussion z. T. eingebunden. Es ist einladend zu erfahren, wie die Väter mit jener Feststellung: „Wir sind der Sünde gestorben"[19] angesichts einer in manchen Fällen offensichtlich laxen Lebensführung der großchristlichen Gemeinde der ersten Jahrhunderte fertiggeworden sind. Man kann allgemein feststellen, wie frühe, streng rigoristische Vorstellungen von Taufe, Sünde und Buße, wie etwa bei Tertullian, durch den Einfluß platonischen Gedankengutes allmählich psychologischen aber auch neuen metaphysischen Auslegungen dieses Fragenkomplexes gewichen sind.[20] Hier muß allerdings vor Vereinseitigung gewarnt werden; das Ringen der Väter um ein ausgewogenes Verständnis vom Verhältnis zwischen Taufe und Sünde kann ihrer Auslegung vom Röm 6 abgespürt werden. Das Kapitel über die Exegese der einzelnen Väter in dieser Arbeit wird sich auch diesem Thema widmen.

Das Wort des Paulus über die Auferstehung als Folge des „Zusammengepflanztseins mit dem Gleichbild des Todes" Christi,[21] bereitet noch heutigen Exegeten Stoff für Auseinandersetzungen. In der speziellen Diskussion geht es darum, ob das Wort über die Auferstehung in gleicher Weise wie jenes über den Tod mit „mit dem Gleichbild" ergänzt werden soll. Wenn ja, was hätte Paulus mit „Gleichbild seiner Auferstehung" meinen können? Die Schwierigkeiten mit dieser Auslegung haben manche Exegeten veranlaßt, neue Interpretationswege einzuschlagen.[22] Der Themenkreis, in dem diese spezielle Frage aufscheint, bildet einen großen Teil der theologischen Überlegungen, die frühchristliche Schriftsteller zu Röm 6 angestellt haben. Von zwei Vätern, Tertullian und Methodios von Olympos, wird diese Stelle hauptsächlich im Verlauf eines Diskurses über die Auferstehung ausgelegt. Bei der Untersuchung der Väterexegese zu Röm 6 gilt es also, die jeweils unterschiedliche Vorstellung von Auferstehung, oder auch Auferstehungen, zu berücksichtigen. Gerade an diesem Punkt kann das Ausmaß, mit dem der Paulinismus nachgewirkt hat, im Gegensatz zu manchen anderen Lehren deutlich festgestellt werden. Natürlich hängt das Urteil darüber, ob die paulinische Eschatologie sich in die Äußerungen eines Auslegers eingefunden hat, engstens mit der eigenen Vorstellung von diesem Entwurf des Paulus zusammen und wird dementsprechend ausfallen.

---

[18] Cf. *A. Gaudel,* Péché originel, Dictionaire de theologie catholique; *A. Vacant* et al. (Hrsg.), Paris 1932, 275−606.

[19] Röm 6,2

[20] Diese Entwicklung wird von *H. Windisch,* Taufe und Sünde im ältesten Christentum bis auf Origenes, Tübingen 1908, ausführlich dokumentiert.

[21] Röm 6,5.

[22] So *E. Stommel,* Das „Abbild seines Todes" (Röm 6,5) und der Taufritus, RömQS 50 (1955) 14f.

Es fragt sich z. B., wie sinnvoll es ist, vom Verständnis des Origenes der „inaugurated eschatology" des Paulus zu reden.[23] Im folgenden enthalte ich mich daher spezieller Zuordnungen der Gedanken des Paulus und verwende als Vergleichsbasis die Gesamtheit der Lehren, die allgemein als unbestritten paulinisch gelten.

Der Paulinismus der einzelnen Väter läßt sich auch an ihrer Treue zur Sakramentsvorstellung des Paulus messen. Ein Thema für sich ist die Frage, inwiefern es überhaupt angemessen ist, bei Paulus von der Taufe als „Sakrament" zu sprechen, und wenn ja, wie dieser Begriff im Sinne des Paulus zu erklären ist.[24] Das Wort „Sakrament" hat Paulus als griechischer Schriftsteller freilich nicht gebraucht; es wird jedoch manchmal behauptet, daß das griechische μυστήριον immer eine Beziehung zum Kultgeschehen behalten habe,[25] und daß, begründet durch den Gebrauch dieses Begriffes bei Paulus im Sinne antiker Kultmysterien, auch die christliche Taufe als ein solches Kultmysterium zu betrachten sei. In diesem Fall muß aber hinterfragt werden, ob nicht spätväterliches Denken bis in die Zeit des Neuen Testaments zurückprojiziert wird. Die Frage, wie der Begriff μυστήριον bei Paulus zu deuten ist, kann schon hier am Anfang für beantwortet erklärt werden. Paulus verwendet das Wort vorwiegend, um das Glaubensgeheimnis, das durch Jesus Christus offenbart wurde, zu bezeichnen.[26] Inwiefern die Väter der ersten drei Jahrhunderte einen Bedeutungswandel dieses Begriffes verursachten, kann durch die folgende Untersuchung festgestellt werden, zumindest wenn bei ihnen im Zusammenhang mit der Taufe von μυστήριον oder *sacramentum* die Rede ist.

Trotz des Fehlens eines besonderen Wortes für „Sakrament" im paulinischen Sprachgebrauch, suchen manche Exegeten dennoch ein solches zu finden[27] oder setzten eine gewisse Sakramentsvorstellung bei Paulus voraus, ohne eine Bezeichnung dafür in seinen Schriften zu suchen.[28] Durch ihre Nähe zum mystischen Denken der Antike, können uns die frühen Väter zu einem Urteil darüber verhelfen, in welchem Ausmaß Paulus' Vorstellung von Taufwirkung mit antiken Kultmysterien vergleichbar ist. In dieser Hinsicht ist Schelkles Bemerkung auffallend, daß „gerade älteste griechische Väter, die durchaus das antike Mysterienwesen kennen, wie ein Origenes", „eine so ausschließlich aszetisch-spiritualistische Auslegung" „geben", „daß sie nicht zu erkennen scheinen, oder es jedenfalls nicht für wichtig erachten, es auszusprechen, daß Paulus

---

[23] B. *Drewery,* Origen and the Doctrine of Grace, London 1960, 158.
[24] Cf. *M. Barth,* Die Taufe: Ein Sakrament? Zöllikon 1951, 193, für eine mögliche Erklärung.
[25] O. *Casel,* Das christliche Kultmysterium, Regensburg 1935, 107.
[26] K. *Prümm,* „Mysterion" von Paulus bis Origenes, ZKTh 61 (1937) 396.
[27] V. *Warnach,* Taufe und Christusgeschehen, ALW 3/2 (1954) 306, findet das fehlende Wort in ὁμοίωμα Röm 6,5.
[28] Cf. *R. Schnackenburg,* Todes- und Lebensgemeinschaft mit Christus: Neue Studien zu Röm 6,1–11, MüThZ 6 (1955), 52.

hier von sakramentalem Geschehen spricht".[29] Ausgehend von dieser Feststellung soll daher das Verhältnis der ältesten Väter zu der in Röm 6,1–11 von Paulus dargelegten Taufvorstellung näher untersucht werden, um die Art und den Inhalt der paulinischen Sakramentsvorstellung zu durchleuchten.

Das letzte Thema, das anhand der Väterexegese von Röm 6 behandelt werden soll, ist die Frage nach der Angemessenheit einer Verwendung von Allegorese in der Schriftauslegung. Freilich bietet Röm 6,1–11 keinen unmittelbaren Anlaß zur allegorischen Interpretation. Die Bilder jedoch, die von Paulus benutzt werden (z. B. die Grablegung Christi, sein Abstieg in den Tod), stellten für die Väter vielfach den Nachklang früherer biblischer Erzählungen dar. Daher kommen Anspielungen auf die Römerbriefstelle oft im Zusammenhang mit der allegorischen Auslegung anderer Schriftstellen vor. In der Literatur zur patristischen Auslegung begegnen ganz unterschiedliche Urteile über den Gebrauch von Allegorese durch die Väter. Während z. B. Hanson diese als „largely a façade or a rationalization" empfindet, wordurch der Ausleger – und hier meint er in erster Linie die alexandrinische Auslegungstradition (i. e. Philon, Klemens und Origenes) – einen beliebigen Inhalt in eine schwierige Stelle hineinzulesen vermochte,[30] stellt de Lubac fest, daß diese Art von Interpretation, insbesondere wie sie von Origenes als Suche nach einem „geistlichen Schriftsinn" betrieben wurde, im Gegensatz zum Historismus die einzige Möglichkeit für ein Verständnis der christlichen Gegenwart bietet.[31] Im folgenden soll also dieser Aspekt der Väterexegese betrachtet werden, um festzustellen, inwiefern der jeweilige Ausleger dem Text auf diese Weise gerecht wird oder ob er geradezu daran vorbeiredet. Dabei wird berücksichtigt, daß oft, besonders in homiletischen Schriften, ein erbauliches oder moralisches Ziel verfolgt wurde. Diese Fragestellung steht gewissermaßen in thematischer Nähe zur Frage nach dem Vorkommen von Tauftypologien; während diese jedoch in ihrer Beziehung zur frühchristlichen Liturgie untersucht werden sollen, geht es im letzteren Fall um die Allegorese als exegetisches Mittel.

Es folgt eine Zusammenfassung der einzelnen Themen, die im Verlauf der folgenden Studie über die Auslegung von Röm 6,1–11 in den Schriften der ältesten Väter erörtert werden sollen:

1) Das Verhältnis der Zitate aus Röm 6,1–11 bei den einzelnen Schriftstellern zu den bekannten griechischen oder lateinischen Texttypen des Neuen Testaments;
2) Das Verhältnis der lateinischen Übersetzung des Römerbriefkommentars des Origenes zur griechischen Vorlage;

---

[29] *Schelkle* 1951, 19.
[30] *R. P. C. Hanson,* Allegory and Event: A Study of the Sources and Significance of Origen's Interpretation of Scripture, London 1959, 258.
[31] *H. de Lubac,* Histoire et ésprit: L'intelligence de l'écriture d'après Origène, Paris 1950, 391 ff.

3) Die Exegese von Röm 6,1—11 durch die Väter nach formalen Gesichtspunkten (i. e. grammatische und lexikologische Interpretation, exegetische
   Methoden);
4) Die Exegese von Röm 6,1—11 durch die Väter nach inhaltlichen Gesichtspunkten (i. e. Tauftheologie, Anthropologie, Sündenlehre, Eschatologie);
5) Das Paulusverständnis der einzelnen Väter und insbesondere ihr Verständnis der paulinischen Tauftheologie;
6) Die Gemeinsamkeiten und Unterschiede zwischen der Exegese von Röm
   6,1—11 in den ersten drei Jahrhunderten und im 20. Jh.

1.2. Darlegung der Vorgangsweise

Diese eben genannten Themen lassen sich nicht etwa in Form von Fragen behandeln, die unmittelbar zu beantworten wären. Vielmehr setzt ihre Behandlung in den meisten Fällen eine gründliche Beschäftigung mit dem Denken der
einzelnen Väter voraus. Durch die im folgenden darzulegende Vorgangsweise
hoffe ich meine als anfänglicher patristischer Forscher naturgemäß benachtei-
ligte Ausgangsposition zu begünstigen.

Das folgende Kapitel soll sich zunächst mit der Textgrundlage beschäftigen,
die den einzelnen Schriftstellern zur Verfügung stand. Nach einigen Bemerkungen allgemeiner Art zum Wert, aber auch zur Begrenztheit der Verwendung von Väterzitaten in der Textkritik werden die Lesarten des Textes
Röm 6,1—11 bei den Vätern, die mehr als nur Anspielungen darauf bringen,
vorgestellt, verglichen und nach ihrer möglichen Herkunft untersucht. Ehe
eine derartige Analyse für den Römerbrieftext des Origenes erfolgen kann, soll
ein Exkurs über die Stellung der Rufinischen Übersetzung des Römerbriefkommentars von Origenes zur Urschrift geboten werden, in welchem Zusammenhang auch die Frage nach dem in beiden Fällen (i. e. bei der ursprünglichen
Verfassung des Kommentars und der Übersetzung) benutzten neutestamentlichen Text gestellt wird. Nachdem kurz Bezug auf Anspielungen bei den übrigen Schriftstellern genommen wird, erfolgt eine abschließende Zusammenfassung und Bewertung.

Das darauffolgende Kapitel bildet den Hauptteil der Untersuchung und zugleich die Grundlage zur Beantwortung der Frage nach der exegetischen Vorgangsweise der einzelnen Väter sowie zur Untersuchung der jeweils vorhandenen systematisch-theologischen Themen. Damit einzelne Aussagen in der Väterexegese möglichst im Zusammenhang mit dem gesamten Denken des
Schriftstellers interpretiert werden, wird jeder über Röm 6,1—11 schreibende
Kirchenvater zunächst biographisch kurz skizziert. Dann werden die einzelnen
Stellen, die für diese Studie von Interesse sind, zitiert und jeweils ihrem Platz
im Gesamtwerk des Schriftstellers zugeordnet. Bei der Analyse der Zitate wird
auf thematische Studien zu den einzelnen theologischen Fragestellungen Bezug

genommen. Ich hoffe, auf diese Weise die Individualität jedes Schriftstellers sowohl in der Auslegungsweise als auch in der Lehre zufriedenstellend zu berücksichtigen.

Der Schwerpunkt des folgenden Kapitels soll auf der Auslegung von Röm 6,1–11 im Verlauf der ersten drei Jahrhunderte als kirchengeschichtlicher Zeitepoche liegen. Diese Betrachtungsweise soll gewissermaßen im Gegensatz zu der vorhergehenden stehen, die sich auf die Äußerungen der einzelnen Väter konzentriert. Zunächst soll eine Katenensammlung zu dieser Stelle aus den einzelnen Kirchenvätern geboten werden. Danach werden sowohl formale als auch inhaltliche Aspekte der Interpretation des Römerbrieftextes hervorgehoben, um ein Gesamtbild von der Art und den Ergebnissen der damaligen kirchlichen Auslegung zu zeichnen. Teilergebnisse des vorigen Kapitels sollen hier wiederum zum Tragen kommen, um der Gefahr zu begegnen, die Exegese dieses doch beachtlichen Zeitraumes als homogene oder monolithische Größe zu sehen.

Ein weiteres Kapitel soll versuchen, die bisher erzielten Ergebnisse mit den Beobachtungen moderner Exegeten in Beziehung zu bringen. Da die Fülle von Kommentaren zu Röm 6,1–11 zu umfangreich ist (die Stelle wird nicht nur in Kommentarwerken zum Römerbrief, sondern auch in zahlreichen Monographien, vor allem zur Frage des Wesens und der Bedeutung der christlichen Taufe, erörtert), um sie in einer solchen Studie wie dieser berücksichtigen zu können, soll, um einen Vergleich zu bieten, nur eine repräsentative Stichprobe davon vorgestellt werden. Wenn die Hauptergebnisse der Väterauslegung zu Röm 6,1–11 neben jene der modernen Exegese gestellt werden, sollen dementsprechend die Hauptunterscheidungsmerkmale im exegetischen Programm zweier Epochen zu Tage treten.

2. Die Väterexegese der ersten drei Jahrhunderte und ihre neutestamentliche Textgrundlage

2.1. *Allgemeines zur Verwendung von Väterzitaten zur neutestamentlichen Textkritik*

Die Sammlung von Väterzitaten, besonders aus der Frühzeit der christlichen Kirche, stellt eine große Chance für die Bereicherung und Verfestigung der neutestamentlichen Grundlage dar. Diese Chance birgt jedoch die Gefahr in sich, daß ein falscher Gebrauch von Zitaten oder Anspielungen – und im zweiten Fall ist die Gefahr noch größer – zu einem verzerrten Bild der Textgeschichte führt. Deshalb soll eingangs der grundsätzlichen Vorsicht im Umgang mit Väterzitaten, selbst bei der zuverlässigen Überlieferung einer patristischen Schrift, das Wort geredet werden.

Einige Grundregeln wollen beachtet sein, bevor man ein vermeintliches Zitat aus dem Neuen Testament bei einem Kirchenvater zur Ausgestaltung der Textgeschichte des Neuen Testaments heranzieht. Zuerst muß entschieden werden, ob es sich im gegebenen Fall um ein Gedächtniszitat oder tatsächlich um ein Zitat aus einer handschriftlichen Vorlage handelt.[1] Die Entscheidung wird dadurch erschwert, daß manche Kirchenschriftsteller in freiem, aber ungenauem Zitieren offensichtlich geübt waren, wie H. J. Frede bemerkt: „Ein freies Zitat kann sich wie ein wörtliches im Gedächtnis so festsetzen, daß es mehrfach im gleichen Wortlaut wiederkehrt; man darf daraus nicht folgern, der Autor habe diesen Wortlaut in seiner Bibel gelesen."[2] Im folgenden wird festgestellt, daß Origenes, bewußt oder unbewußt, dies bestätigt, wenn er immer wieder den Spruch bringt, „wir wurden mit Christus begraben und sind mit ihm auferstanden".[3]

Es muß auch grundsätzlich zwischen einem Lemma, einem Nebenlemma und sonstigen Zitaten unterschieden werden, um das betreffende Zitat richtig zu beurteilen.[4] Mit dem ersteren wird ein meist längeres Zitat einiger Verse ge-

---

[1] *Aland,* 1982, 180.

[2] *H. J. Frede,* Die Zitate des Neuen Testaments bei den lateinischen Kirchenvätern: Der gegenwärtige Stand ihrer Erforschung und ihre Bedeutung für die griechische Textgeschichte (Die alten Übersetzungen des Neuen Testaments, die Kirchenväterzitate und Lektionäre, *K. Aland* [Hrsg.], Berlin 1972, 455–78), 460

[3] *Com Io* 20,227 (GCS 10,361).

[4] „Zitat" wird in diesem Zusammenhang in etwas freier Weise gebraucht, um sowohl

meint, das im folgenden Kommentarabschnitt erklärt werden soll. Das Nebenlemma stellt eine Teilwiedergabe des ersteren dar, die im Laufe der Auslegung
gewöhnlich dazu dient, sich auf einen anderen Teil des Hauptlemmas erneut zu
beziehen und die Auslegung fortzusetzen. Das sonstige Zitat kann kürzer oder
länger, ein Versteil oder ein ganzer Vers sein, aber es fügt sich in die jeweilige
Argumentation ein, ohne dem Vorhergehenden Abbruch zu tun. Die Wahrscheinlichkeit ist zwar größer, daß das Lemma von einer handschriftlichen
Vorlage abgeschrieben wurde, es stand jedoch mehr als die übrigen Zitate in
Gefahr, von einem späteren Leser oder Korrektor nach einer geläufigen Lesart
abgeändert zu werden.[5] Diese Problematik muß später, insbesondere im Zusammenhang mit der Bewertung der Lemmata im Römerbriefkommentar des
Origenes berücksichtigt werden.

Der Stellenwert der bloßen Anspielung auf eine Bibelstelle kann nicht von
vornherein durch eine methodologische Grundsatzentscheidung bestimmt
werden. Kommt z. B. eine gewisse Lesart vielfach bei Anspielungen vor, muß
mit der Möglichkeit gerechnet werden, daß diese und nicht die Lemmalesart,
der Textgrundlage des Kommentators entspricht.[6] Im allgemeinen täte man jedoch besser daran, positive Schlußfolgerungen über die Herkunft einer neutestamentlichen Lesart bei einem Väterzitat nur im Fall einer Übereinstimmung
zwischen Lemma-, Nebenlemma- und sonst vorkommenden Lesarten zu ziehen.

Der Wert neutestamentlicher Zitate bei den lateinischen Kirchenvätern für
die griechische Textgeschichte ist freilich etwas begrenzt.[7] Eine Ausnahme besteht jedoch in dem Fall, daß der lateinische Schriftsteller unmittelbar aus einer
griechischen Vorlage übersetzt und zitiert. Dies aber ist auch nicht immer einfach festzustellen, denn ein geläufiger lateinischer Wortlaut kann auch im Bewußtsein des Übersetzers bzw. Kommentators mitgewirkt haben. Dazu
kommt noch die Schwierigkeit, daß manche frühe lateinische Kirchenväter,
wie Tertullian und Cyprian, noch in der Tradition der römischen Rhetorik
standen, deren Brauch es war, Zitate umzuformen und der gegenwärtigen
Rede anzupassen, um einen flüssigeren Stil zu erzielen.[8] Sprechen die Anzeichen dafür, daß der lateinische Schriftsteller wörtlich aus einer griechischen
Vorlage zitiert, so kann ohne andere Indizien nicht gesagt werden, wo oder wie
lange vor der Benutzung durch den Kirchenvater dieser Text entstanden ist.
Lateinische Zitate können also nur in seltenen Fällen helfen, eine griechische
Lesart zu lokalisieren.[9]

---

das wörtliche als auch das freie Zitat zu bezeichnen. So gesehen kann die Unterscheidung
zwischen „Zitat" und „Anspielung" manchmal recht schwierig und sogar willkürlich sein.
[5] *Frede* 1972, 469.
[6] *Aland* 1982, 180.
[7] *Frede* 1972, 455.
[8] *Frede* 1972, 457.
[9] *Frede* 1972, 471.

Aus den aufgezählten Gründen wird in der folgenden Untersuchung der Väterzitate aus Röm 6,1–11 eine eher konservative Vorgangsweise bevorzugt. Eine derartige Haltung ist vor allem bei diesem sehr eingeschränkten Textumfang angemessen, weil es immer als gewagt gilt, aus dem Vorkommen von nur elf Versen aus dem Neuen Testament bei einem Kirchenvater Schlüsse über die von ihm verwendete Textvorlage zu ziehen.

2.2. Tertullian und sein Paulustext

Als kirchlicher Schriftsteller des späten 2. Jh.'s bietet Tertullian die älteste Übersetzung eines Paulustextes ins Lateinische. Nach Ansicht Alands übersetzte der Nordafrikaner unmittelbar aus einem griechischen Text.[10] Diese These wird zunächst durch die Beobachtungen der folgenden Zitate aus Röm 6,1–11 durchaus erhärtet. Es gilt jedoch weiterzufragen, welche Besonderheiten die von ihm verwendete griechische Vorlage aufweist und wie sie in die Textgeschichte des Neuen Testaments einzuordnen ist.

Tertullian zitiert Röm 6,1–11 ausführlicher an zwei Stellen, De pudicitia 17,4–7 und De resurrectione mortuorum 47,10 f. Dazu bringt er kürzere Zitate in der letztgenannten Schrift 47,1 f. Durch den jeweiligen Zusammenhang kann angenommen werden, daß der Schriftsteller sich an den genannten Stellen um ein Zitat bemüht. Die Zitate aus Röm 6,1–11 an beiden Stellen bei Tertullian[11] sowie der Vulgata-Wortlaut nach Wordsworth/White/Sparks samt wichtigen altlateinischen Lesarten erscheinen als Vergleich im Anhang 1. Es folgt Vers für Vers eine Untersuchung zum Text Tertullians.

2.2.1. Der Text von Röm 6,1–11 bei Tertullian

6,1 *dicimus:* Diese Lesart scheint bei mehreren Vulgata-Zeugen (FGΘLMRZ) auf, steht jedoch der griechischen Lesart ἐροῦμεν gegenüber. Hier handelt es sich offensichtlich um eine lateinische Sonderlesart.

perseveramus: Tertullian weicht vom Großteil der lateinischen Zeugen (*permanebimus;* aber d e *permaneamus*) ab, findet jedoch Übereinstimmung bei nicht wenigen griechischen Zeugen (ἐπιμένομεν אKP et al.). Eine gemeinsame griechische Vorlage kann hier angenommen werden.

delinquentia: Entgegen allen anderen lateinischen Zeugen (*in peccato*) bringt Tertullian eine eigene Übersetzung des griechischen τῇ ἁμαρτίᾳ. Diese Wortwahl wird an allen Stellen, wo ἁμαρτία vorkommt, durchgehalten; dies betrifft auch die Stellen, wo das Wort durch ein Fürwort wiedergegeben wird.

superet: Dies wird auch eine eigenständige Übersetzung sein (gegen *abundet*). Die Umkehrung der Wortreihenfolge (*superet gratia*) erfolgte wahrscheinlich aus stilistischen Gründen.

---

[10] *Aland* 1982, 192.
[11] *De res* 47 (CCSL 2,984 ff.); *De pud* 17 (CCSL 2,1315).

6,2 *qui:* Das folgende *enim* wird ausgelassen, offensichtlich in stärkerer Anlehnung an den griechischen Wortlaut. Bei Aug scheint diese Lesart an mehreren Stellen auf (Ed. Bened. 3,2,907; 10,89.667 f.), was als Hinweis auf ihre Wirkungsgeschichte gedeutet werden könnte.

delinquentiae: Im Gegensatz zu 6,1 wird τῇ ἁμαρτίᾳ an dieser Stelle durch einen dativus incommodi anstelle des Ablativs übersetzt. Siehe oben 6,1 über die Abweichung vom üblichen lateinischen *peccato*.

in ea adhuc: Über das Feminin *ea* siehe 6,1. Die Stellung *adhuc* am Ende entspricht zwar nicht der griechischen Satzstellung, die übrigens durch alle anderen lateinischen Zeugen überliefert wird, könnte aber eine stilistische Verbesserung darstellen.

6,3 *qui/quicumque:* Die verschiedenen Lesarten finden sich bei *De pud* 17,5 bzw. *De res* 47,10. Da diese Schrift etliche Jahre früher als jene entstand, könnte man die erste Lesart einem Gedächtnisfehler des Verfassers zuschreiben. Die zweite hingegen könnte aber andererseits durch nachträgliche Korrektur entstanden sein (obwohl keine HS von *De res* die *qui*-Lesart bringt).

tincti: Hier trifft Tertullian seine eigene Wortwahl, weil das Fremdwort *baptizare* sich bei der lateinischen Sprache Nordafrikas noch nicht durchgesetzt hatte. Sinngemäß ist diese Übersetzung gar nicht so unglücklich. Während *De res* 47 eine unter den Zeugen einzigartige Satzstellung (*in [christum] jesum tincti sumus*) bringt, bezeugt *De pud* 17 die übliche, dem griechischen Normaltext entsprechende Reihenfolge. Die vollständige Lesart *in christum jesum,* die in einer HS von *De res* 47 vorkommt, stellt wahrscheinlich einen Nachtrag dar.

mortem: Diese Lesart wird auch von wenigen späteren lateinischen HSS bezeugt (DF; Ambr; Sedul), jedoch von keinen Altlateinern. Eine wörtlichere Wiedergabe des griechischen (εἰς τὸν θάνατον), könnte diese Lesart afrikanischer Herkunft sein.

eius: Wiederum steht Tertullian in seiner Wortwahl nicht allein (dazu Iren, Ambrst, Pacian). Da diese Lesart offensichtlich weitergegeben wurde oder auf eine gemeinsame Grundlage zurückgeht, jedoch nicht in der altlateinischen Tradition Fuß gefaßt hat, handelt es sich hier vermutlich um eine Spur afrikanisch-lateinischen Texttyps.

6,4 *ergo:* Gegen den Großteil der Vulgata-Zeugen, aber mit den Altlateinern d f und g, findet das griechische οὖν seinen Niederschlag.

illi: Tertullian liest hier wiederum wörtlicher als die Vulgata und Vetus Latina (*cum illo*). Diese Lesart wird auch an manchen Stellen der Rufinischen Übersetzung des Römerbriefkommentars sowie fast durchwegs von Aug gebracht. Hier zeigt sich wiederum der afrikanische Texttyp.

baptisma: Nur in *De res* 47 findet sich diese Lesart, ein Zeichen dafür, daß das Fremdwort erst später (gegen Ende der Lebzeit des Tertullian?) geläufig wurde.

quemadmodum/sicut: Die Mehrheit der Zeugen kennen eine dritte Lesart (*quomodo*). *Quemadmodum* (*De res* 47) begegnet auch bei den Vulgata-HSS F und L und dem Altlateiner r₃ sowie einigen Vätern (Iren, Ambr, Orig^pt, Ambrst, Aug) *sicut* noch bei Orig^pt und Pacian. Die Lesart in der früheren Schrift (*quemadmodum*) könnte einer lokalen Tradition entstammen.

surrexit/resurrexit: Die Lesart bei *De res* 47 stimmt dem Großteil der Lateiner zu, die bei *De pud* 17 wird jedoch nur noch von D, Iren, Pacian, Aug, Ambrst und Orig gebracht. Die vier letztgenannten Väter kehren auch die Satzstellung um (*christus resurrexit*).

per gloriam patris: Obwohl diese Lesart sowohl in den griechischen HSS als auch im Großteil der Lateiner gut bezeugt wird, scheint Tertullian sowie wenige andere (Iren, Pacian, Gaudent, Chromat) sie nicht zu kennen. Anstatt hier eine Gedächtnislücke anzunehmen, muß man vielmehr das Nachwirken einer Texttradition, vermutlich der D-Text, annehmen.

incedamus: Diese Lesart, gewissermaßen eine Einengung des griechischen περιτήσωμεν, findet sich nur bei Tertullian.

6,5 *consepulti/consati:* Beide Übersetzungen widersprechen der gesamten lateinischen Tradition und deuten auf Tertullians Verständnis des griechischen σύμφυτοι. Auffallend ist auch das Fehlen von *facti,* eine Lesart, die auch bei Ambr, Orig, Ambrst und Aug zu finden ist.

simulacro: Diese einzig bei Tertullian auftretende Lesart stellt vielleicht eine angemessenere Übersetzung des griechischen ὁμοίωμα dar, denn auch Tertullian verwendet das übliche *similitudo* an anderen Stellen, um die seelische Ähnlichkeit des Menschen mit Gott auszudrücken (*De res carn* 9; *De Bapt* 5).

Christi: Diese Lesart scheint nur bei *De res* 47 anstelle von *eius* auf. Sie geht wahrscheinlich auf eine freie Zitierungsweise zurück.

sed: Während die übrige Vetus Latina die griechische Lesart (FG) als *simul* bringen, kennt Tertullian (aber auch Aug) die ursprünglichere (ἀλλά).

6,6 *(simul):* Diese sonst von allen lateinischen Zeugen gebotene Hinzufügung zum Urtext wird bei *De pud* 17 nicht nachvollzogen. Dies scheint zunächst damit zusammenzuhängen, daß Tertullian das später allgemein übliche und reichlich bezeugte *crucifixus* noch nicht kennt. Er trifft seine eigene Wortwahl und bedient sich eines in der Bedeutung dem griechischen συνεσταυρώθη nahestehenden Begriffes, *confixus.*

illi: Dieser Zusatz kommt wiederum allein bei Tertullian vor, obwohl Orig ähnliche Ausdrucksweisen kennt (*ei; cum ipso*). Diese Lesart wird vermutlich von 6,4 (*consepulti ergo illi*) her ergänzungsmäßig übertragen.

6,6b und 7: Diese Aussagen werden von Tertullian nicht zitiert, außer in Form einer kurzen Anspielung auf 6,6b, *De res* 47. Vers 7 fehlt auch in einigen späteren lateinischen HSS, jedoch nicht in der Vetus Latina, was ein Hinweis darauf sein könnte, daß der Vers bei einer frühen Texttradition überhaupt gefehlt hat.

6,6 *evacuetur:* Obwohl eine HS von *De res* 47 (X) eine andere Variante (*evacuaretur*) bringt, dürfte diese auf einen Schreibfehler zurückgehen. In der Übersetzung von κατηργηθῇ greift Tertullian eine etwas speziellere Bedeutung auf („entleeren"), die aber keinesfalls mit dem ursprünglichen Begriff im Widerspruch steht.

deliquentiae: Siehe oben 6,1.

hactenus: Diese an sich starke Abwandlung in der Wiedergabe von μηκέτι wird auf die Bedürfnisse des Zusammenhangs zurückzuführen sein. Tertullian fügt das Schriftzitat in seine Argumentation ein. Das gleiche gilt für die Umkehrung der Wortreihenfolge (*delinquentiae serviamus*) an dieser Stelle.

6,8 *commorti/mortui:* Die wiederum starke Abweichung von der sonst üblichen Lesart ergibt sich durch den Zusammenhang. Insgesamt erweckt der Satz *conmorti Christo credamur* nicht den Anschein, ein wörtliches Zitat (trotz der Einleitungsformel: *sicut ait*) zu sein, denn das Vorkommen des Hortativ (*credamur*) ist dem ursprünglichen Wortlaut vollkommen fremd und wird auch durch Tertullians eigene Überlieferung an einer anderen Stelle (*De pud* 17) bestritten.

(*simul*): Diese Hinzufügung wird von den meisten Lateinern gebracht, nur wenige (f; Orig, Sedul) lassen das Wort aus. Dieselben wenigen Zeugen bringen die Variante *convivemus* anstelle von *vivemus,* was auf die ergänzende Funktion von *simul* hinweist. Einige HSS von *De res* 47 (MPX) bringen an dieser Stelle *convivamus.*

cum illo/illi: Während die Vulgata und einige Altlateiner eine D-Textlesart (*cum christo:* d e f g; τῷ χριστῷ D E F G) bringen, steht Tertullian wiederum dem griechischen Normaltext αὐτῷ näher. In der offensichtlich freier zitierten Fassung (*De res* 47,1) fehlt die Präposition; sie wird jedoch von mehreren anderen Zeugen (darunter Ambr, Ambrst, Pel, Aug) gebracht.

6,9 *suscitatus:* Tertullian befindet sich nochmals im Alleingang abseits von den anderen Lateinern (*surgens* [d e r₃] oder *resurgens* [c f g]), obwohl er offensichtlich auch *resurgo* als Übersetzung für ἐγείρω kennt (6,4).

moriatur: Diese Lesart wird nur von Tertullian geboten. Obwohl einzelne Lateiner (BCD; Iren) die Zukunftsform (*morietur*) bringen, hält sich die Vetus Latina samt der Vulgata an die Präsensform des griechischen ἀποθνῄσκει.

dominetur: Anstelle der sonst bei den Lateinern häufigen Zukunftsform (*dominabitur*) kommt hier der Konjunktiv vor, wahrscheinlich als Zukunft verstanden. Die gut bezeugte griechische Lesart κυριεύει läßt sich auch in diesem Sinn verstehen.

eius: Diese Lesart entspricht der griechischen (αὐτῷ) und scheint auch bei Iren auf. Die meisten lateinischen Zeugen lesen *illi.* Auch in diesem Fall wurde die Satzstellung geändert, wahrscheinlich des Stils wegen.

6,10 *delinquentiae:* Siehe oben 6,1.

Deo vivit: Als einziger Zeuge kehrt Tertullian die Wortreihenfolge um und erzeugt damit einen Klangparallelismus.

6,11 *sic/ita:* Die erste Variante kennt nur noch Aug aber scheinbar auch neben dem sonst bei den Lateinern üblichen *ita* (aber r₃: *itaque*).

Daß *sic De res* 47,2 vorkommt, könnte auf eine ungenaue Gedächtniszitierung zurückgehen, wie oben 6,8 bemerkt. Diese Beobachtung betrifft auch die folgenden Diskrepanzen zwischen *De res* 47 und *De pud* 17.

reputate: Hier wird wiederum gegen alle anderen Zeugen eine eigene Wortwahl getroffen, die vielleicht sogar den Sinn des griechischen λογίζεσθε besser wiedergibt. Die am besten bezeugte Lesart bei den Lateinern lautet *existimate.*

vos/vosmetipsos: Die Stärkung durch das Reflexivpronom kommt nur in *De pud* 17 vor. An dieser Stelle wird auch die griechische Wortreihenfolge (ἑαυτοὺς νεκροὺς μὲν; aber ohne εἶναι), wie bei der Mehrzahl der Vulgata-Zeugen beibehalten, im Gegensatz jedoch zur Vetus Latina (d e m r₃: *mortuos vos esse*).

(*esse*): Durch die Auslassung des Infinitivs scheint Tertullian im Gegensatz zu den Altlateinern eine Texttradition zu bringen, deren Niederschlag auch bei etlichen griechischen Zeugen (p[46vid] ADFG) zu finden ist. Dies könnte ein Anzeichen für eine Spur D-Textes sein.

delinquentiae: Siehe oben 6,1.

per: Im Gegensatz zur sonstigen lateinischen Texttradition wird das griechische ἐν χριστῷ Ἰησοῦ nicht lokal (*in christo iesu*), sondern instrumental verstanden (obwohl eine Deutung im lokalen Sinn nicht auszuschließen ist).

2.2.2. Zusammenfassung

Wenn man die Summe aller Abweichungen überblickt, ist auffällig, wie oft die Tertullian'sche Lesart sich von allen anderen, aber immer noch als mögliche Entsprechung des sog. griechischen Normaltextes, absetzt. In diesem Zusammenhang verdient das vereinzelte Vorkommen von Wörtern wie *delinquentia, tinguere, consati* bzw. *consepulti, incedamus, simulacro* und *evacuetur* Erwähnung. Sogar an etwa 20 einzelnen Stellen bringt Tertullian in diesen Versen eine Sonderlesart, die zwar als mögliche Übersetzung des griechischen Textes gelten könnte, aber von keinem anderen lateinischen Zeugen, d. h. weder der Vetus Latina noch der Vulgata, attestiert wird. Es gibt grundsätzlich zwei Erklärungen, die diesem Befund Rechnung tragen würden: Entweder zitiert Tertullian aus einem frühen Text lokaler Herkunft, der inzwischen spurlos verschwunden ist; oder er übersetzt gleichzeitig einen ihm vorliegenden oder im Gedächtnis festgehaltenen griechischen Text. Angesichts der Tatsache, daß die Tertullian-'schen Sonderlesarten kaum wieder in der Textgeschichte anzutreffen sind, halte ich die zweite Möglichkeit für die wahrscheinlichere.

Dies soll nicht so gedeutet werden, als wäre der Nordafrikaner von keiner lokalen Texttradition beeinflußt gewesen. Denn an nicht wenigen Stellen − vielleicht an etwa 10 − scheint der lateinische Wortlaut des Paulustextes des Tertullian entweder bei Augustin, Pacian oder einem anderen Schriftsteller nachgewirkt zu haben oder einer ihnen bekannten Vorform des lateinischen Paulustextes entnommen worden zu sein. Diese Bemerkung dürfte auch für den lateinischen Übersetzer des Irenäus zutreffen, der etwa fünf Mal die Sonderlesart Tertullians bringt.

Es muß jedoch im Fall des Paulustextes Tertullians als gewagt erscheinen, von einer afrikanischen Version zu sprechen. Denn mangels anderer möglicher Zeugen einer solchen Version[12] kann der Text Tertullians nicht als normativ für die gesamte Nordafrikanische Kirche angesehen werden. Es ist daher zu denken, daß zu Lebzeiten Tertullians der Paulustext in lateinischer Übersetzung noch keinen festen Wortlaut gefunden hatte, wie auch die Variabilität unter den einzelnen Zitaten bei ihm nahelegen könnte.[13] Die einzelnen Fälle, in denen Tertullian einen in der lateinischen Texttradition nur schwach bezeugten Wortlaut bringt, könnten nach dieser Auffassung als Spuren eines afrikanischen Texttyps gedeutet werden. Dazu wären also folgende Lesarten zu rechnen: *dicimus, (enim)* (1); *mortem, eius* (3), *ergo, illi, quemadmodum, surrexit* (4); *(facti), sed, (simul)* (5); *simul, cum illo* (8), *eius* (9).

Wenn Tertullian tatsächlich unmittelbar von einem griechischen Text zitiert und übersetzt, muß nach der Art und den Merkmalen dieses Paulustextes gefragt werden. An drei Stellen weist der Tertullian'sche Text auffallende Kür-

---

[12] Der in den Evangelien für diesen Zweck brauchbare Zeuge k bringt keinen Text von Röm 6,1−11.
[13] Cf. die Unterschiede im Wortlaut zwischen *De res* 47 und *De pud* 17.

zungen auf, aber in keinem der Fälle befindet er sich im Alleingang. Zweimal (*per gloriam patris* [4] und [7]) findet er nur vereinzelte Unterstützung bei anderen lateinischen Vätern, während im dritten Fall (*esse* [11]) Übereinstimmung mit etwa der Hälfte der griechischen Zeugen (darunter DF) festzustellen ist. Aufgrund dieser Kürzungen läßt sich sagen, daß eine Form des D-Texttyps (oder des sog. Westlichen Texttyps) Tertullian als Vorlage gedient hat. Die Freiheit, mit der er an manchen Stellen (besonders in *De res* 47) zitiert, läßt es jedoch als unwahrscheinlich gelten, daß er diesen Text vor sich hatte. Vielmehr dürfte er den Wortlaut eines ihm gut vertrauten Textes aus dem Gedächtnis übersetzt haben.

2.3. *Irenäus und sein Paulustext*

Der Kirchenvater Irenäus dient im 2. Jh. als Vermittler zwischen der Kirche im Osten und der im Westen. Als griechischsprechender Kleinasiat kam er nach Lugdunum, um zuerst als Presbyter und dann als Bischof zu dienen.[14] Seiner Herkunft und den damaligen Verhältnissen in der Kirche entsprechend, schrieb er sein Hauptwerk Ἔλεγχος καὶ ἀνατροπὴ τῆς ψευδονύμου γνώσεως (lat. *Adversus haereses*) in griechischer Sprache, obwohl nur wenige Fragmente ursprachlicher HSS dieses Werkes überliefert sind. Da dieses Werk eine Fundgrube für Väterzitate der Bibel aus dem 2. Jh. darstellt, ist die Frage nach der Treue der erst später erfolgten, aber uns fast vollständig zugänglichen lateinischen Übersetzung von maßgebender Wichtigkeit.

Es ist bekannt, daß die Urfassung von *Adv haer* in den achtziger Jahren des 2. Jh.'s entstand.[15] Wann aber wurde sie ins Lateinische übersetzt? Obwohl frühere Kenner des Werkes postulierten, daß sogar Tertullian Anspielungen auf den lateinischen Wortlaut des *Adv haer* gemacht hätte, wird heute allgemein die Zeit zwischen 200 und 400 nach Christus als Rahmen für die Entstehung der Übersetzung angesehen.[16] Genauere Schätzungen rücken die Übersetzungsarbeit eher näher an den *terminus ante quem* heran.[17] Nach einer Untersuchung der beiden Schriftsteller widerlegte F. J. A. Hort bereits 1881 die Hypothese von der Abhängigkeit Tertullians von der lateinischen Irenäusübersetzung: „We are convinced ... not only by the internal character of this biblical text but by comparison of all the passages of Irenaeus borrowed in substance by Tertullian that the Greek text alone of Irenaeus was known to him, and that the true date of the translation is the fourth century."[18] Forschungsergebnisse, die seither zutage getreten sind, haben die Richtigkeit dieses Urteils bestätigt.[19]

---

[14] *B. Altaner / A. Stuiber*, Patrologie, Freiburg 1978 (8. Ed.) 110.
[15] AaO., 111.
[16] AaO., 111.
[17] 421; *Aug Contra Julianum* 1, 3, 5 (PL 10a, 644); cf. *Schäfer* 1951, 50.
[18] *F. J. A. Hort,* The New Testament in the Original Greek, Cambridge 1881, 160.
[19] *Schäfer* 1951, 59.

Wenn der lateinische Text von *Adv haer* erst spät entstand, wie hat man dann die darin enthaltenen Zitate aus dem Neuen Testament zu betrachten? Es gibt grundsätzlich zwei Möglichkeiten: Daß die Zitate entweder aus der griechischen Fassung mitübersetzt wurden, oder daß der lateinische Übersetzer sich eines altlateinischen Paulustextes bediente. Im ersten Fall hätten wir es mit einem vielleicht schwer auszuwertenden, aber immerhin wichtigen Zeugen für den griechischen Text des 2. Jh.'s zu tun. Im zweiten Fall handelte es sich um einen Beitrag zur Entstehungsgeschichte der Vetus Latina.

Dieser Meinung war Souter in den zwanziger Jahren dieses Jahrhunderts.[20] In einer späteren Studie zu diesem Thema kam Schäfer mit wenigen Einschränkungen zu einem entgegengesetzten Urteil: „Der Wert seiner [d. h. des Übersetzers] Leistung für die Rekonstruktion des von Irenäus selber benutzten griechischen Bibeltextes ist daher sehr hoch; in gleichem Maße sinkt aber seine Bedeutung für die Geschichte der lateinischen Bibel."[21] Diesem Ergebnis kann man beipflichten, obwohl die Möglichkeit zusätzlich einzuräumen ist, daß der durch die Übersetzung neu entstandene Paulustext durch die Zitatenkenntnis des Übersetzers hätte beeinflußt werden können.[22] In der folgenden Untersuchung zu den Zitaten aus Röm 6,1−11 bei Irenäus wird dieser Frage besondere Aufmerksamkeit gewidmet.

Was die Überlieferung der Schrift des Irenäus anbelangt, gibt es mehrere lateinische HSS der Übersetzung, die bis in die Karolingerzeit hineinreichen und deren Archetyp sogar auf die Zeit der alten Kirche zurückgeht.[23] Die kritischen Ausgaben der Schrift ruhen also auf einer breiten und daher wahrscheinlich zuverlässigen Grundlage. Auch die Übertragung vom Griechischen ins Lateinische scheint auf gewissenhafte Art erfolgt zu sein, wie Vergleiche zwischen den griechischen Fragmenten und dem lateinischen Text gezeigt haben. Doutreleau, der Herausgeber der jüngsten Ausgabe von *Adv haer,* charakterisiert die Übersetzungsarbeit folgendermaßen:

> Et surtout le traduction latin, cet anonyme qui passait jusqu'ici aux yeux de trop de lecteurs pour avoir engendré des monstres, est lavé de bien des reproches qu'il ne méritait pas. Il a, en traduisant Irénée, fait un honnête travail. Nous en avons dit les limites, la littéralité, mais il ne nous est jamais venu à l'ésprit, que la langue dans laquelle il a coulé la pensée d'Irénée ait été, pour parler comme aujourd'hui, une langue „sauvage", une langue où fleurit le barbarisme.[24]

---

[20] *A. Souter,* The New Testament Text of Irenaeus (*W. Sanday* und *C. H. Turner,* Novum Testamentum Sancti Irenaei Episcopi Lugdunensis, Oxford 1923), clvi.

[21] *Schäfer* 1951, 59.

[22] *Frede* 1972, 467.

[23] *F. Loofs,* Die Handschriften der lateinischen Übersetzung des Irenäus und ihre Kapiteleinteilung (Kirchengeschichtliche Studien, Hermann Reuter zum 70. Geburtstag gewidmet), Leipzig 1890 (2. Ed.) 92.

[24] Irenée de Lyon, Contre les hérésies, Livre 1, *L. Doutreleau* (Hrsg.), SC 263, Paris 1979, 59.

Wenn also irgendeine Unzulänglichkeit der Übersetzung zu befürchten ist, dann wäre es, daß sie dem griechischen Text allzu sklavisch folgt und der Stil der lateinischen Wiedergabe dementsprechend leidet. Auf jeden Fall bietet die Übersetzung eine Chance, den griechischen Paulustext des Irenäus kennenzulernen, obgleich man sie nicht als dem griechischen Originaltext gleichwertig betrachten kann.

Der Wortlaut der Zitate aus Röm 6,1−11 bei Irenäus wird neben dem Vulgata-Text sowie allfälligen VL-Lesarten im Anhang wiedergegeben. Es folgt die versweise durchgeführte Untersuchung der Zitate.

2.3.1. Der Text von Röm 6,1−11 bei Irenäus

6,1 f. werden nicht von Irenäus zitiert.

6,3 *quoniam:* Der Großteil der Zeugen (Vg und VL) liest an dieser Stelle *quia,* nur wenige HSS (R; Monac 4577) sowie Pacian und Aug lesen mit Irenäus. Beide Varianten geben den Sinn von ὅτι wieder.

quotquot: Die Betonung bei dieser nur in *Adv haer* vorkommenden Lesart für ὅσοι liegt auf der Quantität (i. e. wieviele immer).

in morte: Diese Lesart kommt am häufigsten bei den Altlateinern vor, steht jedoch gewissermaßen zum griechischen εἰς τὸν θάνατον in Spannung. Entweder wurde der Übersetzer durch den gängigen lateinischen Wortlaut beeinflußt (und interpretierte εἰς im lokalen Sinn) oder sein griechischer Text las ἐν τῷ θανάτῳ, was mangels zusätzlicher Zeugen als unwahrscheinlich gelten muß.

eius: In diesem Fall liest Irenäus mit einigen anderen Vätern (Tert Ambrst Pacian). Die Tertullian'sche bzw. afrikanische Lesart könnte hier nachgewirkt haben.

6,4a wird nicht zitiert.

6,4b *quemadmodum:* Einige HSS (FL; darunter auch eine VL, r₃) sowie nicht wenige Väter (Tert Ambr Orig Ambrst Aug) bezeugen diese Lesart gegen die sonst übliche lateinische (*quomodo*). In diesem Fall ist wieder an Beeinflussung durch die afrikanische (bzw. I-)Lesart zu denken.

resurrexit: Außer der HS D bringen auch mehrere Väter (Tert[pt] Pacian Aug Ambrst Orig[pt]) diesen Wortlaut. Im Gegensatz zu einigen (Tert Ambrst Orig Pacian Aug [alle pt]) kehrt Irenäus die Wortreihenfolge nicht um, sondern hält sich an die griechische (ἠγέρθη χριστὸς). Hier wiederum dürfte die Wortwahl vom afrikanischen (K) Texttyp her erfolgt sein.

(*per gloriam patris*): Diese Auslassung ist auch bei Tert, m (= Ps. Aug Speculum), Pacian, Gaudent und Chromat anzutreffen. Wie bereits bemerkt, handelt es sich an dieser Stelle wahrscheinlich um eine D-Lesart.

sic: Auch an zwei Stellen bei Pacian kommt diese Variante vor. Dieser scheint durch die Lesart der Irenäusüberlieferung beeinflußt worden zu sein.

6,5 bis 8 werden nicht von Irenäus zitiert.

6,9 *quoniam:* Wie 6,3 handelt es sich hier um eine Sonderlesart des Irenäus, obwohl sie diesmal von keinen anderen Vätern bezeugt wird. Wiederum lesen die meisten HSS mit der Vg *quod,* während einzelne *quia* bringen (Orig[pt] Aug).

resurgens: Nicht wenige HSS (darunter d e r₃) bezeugen das Partizip *surgens.* In diesem Fall findet die Variante bei Irenäus bei einer Vielzahl von Zeugen (Vg: CF^cORTW; VL: cfg; und die Väter: Ambr Ambrst Aug) Zustimmung. Die Variante war wahrscheinlich ursprünglich eine afrikanische Lesart.

morietur: Während alle Altlateiner dem griechischen Präsens in der Übersetzung folgen (*moritur*), wird diese Variante außer bei Irenäus nur vereinzelt in Vg-HSS (BCD) bezeugt. Wie schon oben bemerkt, verstanden manche Übersetzer das griechische ἀποθνῄσκει als futurisches Präsens. Es handelt sich hier um Beeinflussung des Übersetzers durch eine gängige Lesart.

iam enim mors non dominabitur (dominatur) eius: Da diese Wiedergabe von Röm 6,9b im Zusammenhang nur als Anspielung gedeutet werden kann, hat man es wahrscheinlich nicht mit einer Irenäischen Sonderlesart zu tun, insbesondere was die Hinzufügung von *enim* sowie die etwas einzigartige Satzstellung betrifft (obwohl auch Tert *eius* am Ende bringt). Wie alle Altlateiner κυριεύει mit dem Futur *dominabitur* wiedergeben, so auch der Irenäusübersetzer. Es ist anzunehmen, daß dieser von der übrigen Tradition beeinflußt wurde.

6,10 f. scheint nicht bei Irenäus auf.

2.3.2. Zusammenfassung

Aufgrund der verhältnismäßig kleinen Anzahl von Versen aus Röm 6,1−11, die von Irenäus in seinem Hauptwerk zitiert werden, müssen die Ergebnisse der vorhergehenden Untersuchung der einzelnen Zitate begrenzt bleiben. Allgemein wird man sagen können, daß die gängige Hypothese von der Übersetzung des *Adv haer* zwischen 200 und 400 zunächst bestätigt zu sein scheint. Darüber hinaus spricht die Anzahl von Lesarten afrikanischen Ursprungs, die vermutlich zur Zeit der Übersetzungsarbeit in europäischen altlateinischen Paulustexten Aufnahme gefunden hatten, für ein eher spätes Übersetzungsdatum innerhalb des größeren Zeitrahmens.

Trotz der offensichtlichen Abhängigkeit von Formulierungen aus damals gängigen Römerbriefübersetzungen, gibt es kaum bestätigende Hinweise für die Hypothese, der Irenäusübersetzer habe einen altlateinischen Paulustext für die Zitatübersetzungen herangezogen. Denn selbst bei diesen wenigen Verszitaten zeigt sich der Übersetzer oft genug eigenwillig. Hier ist an das Vorkommen von *quotquot* (3) und *sic* (4) sowie an die Wortreihenfolge in Vers 4 (*resurrexit Christus*), die dem einmütig bezeugten griechischen Text besser entspricht, zu denken. Wenn eine Verwandtschaft zwischen dem Wortlaut der Zitate beim lateinischen Irenäus und einem bekannten Texttyp postuliert werden soll, so spricht die Anzahl von Übereinstimmungen mit Tertullians Text für die Beeinflussung durch den afrikanischen Texttyp (K). Aber wie bereits angedeutet, kann man mangels genauerer Entsprechung kaum behaupten, daß die Beeinflussung unmittelbar erfolgt sei, d. h. daß der Übersetzer von einem altlateinischen Paulustext abgeschrieben habe.

Noch eine gängige Hypothese, daß nämlich Irenäus selbst einen D-Text für seine Zitate aus Paulus verwendete, entweder in Form einer griechischen Vorlage D-Texttyps, oder durch das gedächtnismäßige Zitieren des ihm bekannten Wortlauts,[25] findet auch durch die Ergebnisse dieser Studie Bestätigung. Vor allem die Auslassung von *per gloriam patris* (4), die sonst nur durch andere Väter des Westens geschieht, spricht für dieses Bild der von Irenäus verwendeten griechischen Vorlage.[26]

Ein zusätzliches Teilergebnis läßt sich im Rahmen dieser Studie nicht weiter nachprüfen, könnte aber in Zukunft genauer untersucht werden. Während der Einzelanalyse der Verszitate ist vielfach aufgefallen, daß der Kirchenvater Pacian häufiger als alle anderen die Irenäische lateinische Lesart bringt. Dies könnte ein Hinweis auf eine besondere Beziehung dieses Schriftstellers zum Hauptwerk des Irenäus sein, indem er etwa *Adv haer* neben anderen Texten bewußt oder unbewußt als Quelle für seine Schriftzitate verwendete.

2.4. *Origenes und sein Paulustext*

Es ist gewissermaßen ein Wagnis, als Nebenthema einer Arbeit wie dieser auf das Problem des Paulustextes des Origenes eingehen zu wollen. Zahlreiche Untersuchungen während des vergangenen Jahrhunderts sowie eine entsprechend umfangreiche Sekundärliteratur zu diesem Thema bestehen als Denkmäler für die bisher leider nur allzu unergiebigen Versuche, die Frage nach der Herkunft und Beschaffenheit des von Origenes verwendeten Paulustextes zu beantworten. Im folgenden wird das Problem auch nicht insgesamt behandelt, sondern nur insofern es für die frühe Väterexegese von Röm 6,1−11 von Belang ist.

Die Zitate von Origenes aus dieser Stelle sind in unterschiedlicher Form überliefert. Sein umfangreiches schriftstellerisches Werk ist nur zum Teil im ursprünglichen Griechischen überliefert. Bei den Übersetzungen der Kommentare und Homilien, vorwiegend das Werk Rufins aus Aquileia und des Hieronymus, bestehen berechtigte Zweifel über die Zuverlässigkeit der lateinischen Version. Es muß daher zuerst Klarheit geschaffen werden über die Überlieferungs- und Übersetzungsgeschichte der uns in lateinischer Sprache überkommenen Werke des Origenes, wobei der Römerbriefkommentar Hauptgegenstand der folgenden Untersuchung sein muß, ehe die Pauluszitate dieses Kirchenvaters und seiner Römerbriefauslegung untersucht werden können.

Im folgenden werden die Absichten, Methoden und Art des Rufin als Übersetzer der Werke des Origenes durchleuchtet, besonders in Hinblick auf seine

---

[25] *Aland* 1982, 180 sowie: E. *Peretto,* De citationibus ex Rom 1−8 in Adversus Haereses Sancti Irenaei, Verb Dom 46 (1920) 106.

[26] Bei dieser Schlußfolgerung ist allerdings Vorsicht geboten, denn Irenäus könnte durch eine bewußte Auslassung ein polemisches Interesse verfolgt haben. Siehe unten 3.3.2.1.

Arbeit am Römerbriefkommentar. Danach sollen die anderen Quellen für diesen Kommentar[27] sowie der sog. Codex von der Goltz, als mögliche Quelle für den Römerbrieftext des Origenes, vorgestellt und hinsichtlich ihrer Brauchbarkeit für diese Studie bewertet werden. Als letzter Abschnitt soll der von Origenes verwendete Text von Röm 6,1–11 in ähnlicher Weise wie bisher bei Tertullian und Irenäus genauer untersucht werden.

2.4.1. Rufin aus Aquileia als Origenes-Übersetzer

2.4.1.1. Forschungsüberblick

Der alexandrinische Kirchenvater lebte und wirkte in der ersten Hälfte des 3. Jh.'s und schrieb seinen Kommentar zum Römerbrief zwischen 244 und 249.[28] Sein Verehrer und Übersetzer Rufin aus Aquileia wurde um 345 geboren und kam bald nach Rom, wo er seine klassische Bildung bei dem Grammatiker Donatus in Angriff nahm.[29] Nach mehrjähriger Wanderzeit als Asket in Ägypten und Palästina kam er wieder 397 nach Rom, um seine schriftstellerische Tätigkeit in Ruhe durchzuführen. Obwohl der in Palästina ausgebrochene Streit über die Lehren des Origenes (die Kontroverse, welche bereits Rufins Freundschaft mit Hieronymus zerstört hatte) Rufin zum Übersetzen der Schriften des Origenes veranlaßt haben wird, gibt es vielleicht auch andere Gründe.[30] Neben der von Pamphilios verfaßten Apologie für Origenes sowie den Hauptwerken des letzteren, übersetzte er nämlich auch die Kirchengeschichte des Eusebios. Diese Arbeit kann man angesichts der Bedrohung durch die Goten als Besinnung auf frühere, friedvollere Zeiten auffassen.[31] Was jedoch das Übersetzen von περὶ ἀρχῶν (*De principiis*) sowie den Kommentaren des Origenes betrifft, wird ihn hauptsächlich sein apologetisches Interesse bewegt haben.

Wenngleich Rufin als Origenist die Werke des Meisters übersetzt, um sie einem möglichst breiten Publikum zugänglich zu machen, heißt das nicht unbedingt, daß die Treue der Übersetzungen unter der Ausführung des Anliegens litt. In Bezug auf die Übertragung von *De principiis* ins Lateinische behauptet jedoch Rufin selbst in den zwei Vorworten zu diesem Werk, daß er die nichtorthodoxen Aussagen über die Trinität, die ohnehin anderen Äußerungen des

---

[27] Hiermit sind der Papyrus von Tura, die Katenenauszüge und der Abschnitt in der Philokalie gemeint.

[28] Cf. *G. Bardy*, Le texte de l'épitre aux Romains dans le commentaire d'Origène-Rufin, RB 29 (1920) 229, der die Zeit nach 244 für die Entstehung des Kommentars angibt. Vermutlich wurde das Werk von der Decischen Verfolgung (249–51) vollendet.

[29] *H. Hoppe*, Rufin als Übersetzer, Studi dedicati alla memoria di Paolo Ubaldi, Milano 1937, 133.

[30] *H. von Campenhausen*, Lateinische Kirchenväter, Stuttgart 1983 (5. Ed.) 143.

[31] *Hoppe* 1937, 135 f.

Origenes widersprächen, als durch Gegner interpoliert ausgelassen habe.[32] Ferner gibt er zu, dunklere, dem nicht gelehrten Leser schwer verständliche Stellen durch deutlichere Aussagen von anderen Stellen ergänzt zu haben. Dabei versichert er, nichts Eigenes hinzugefügt zu haben.[33] Über die Homilien und Kommentarwerke berichtet Rufin, daß sie Origenes *perorandi stilo* gehalten habe, daher mußte er sie *explanandi specie* übersetzen, was wiederum in diesem Fall auf Ergänzungsarbeit hinweist, mit dem Ziel, den oft gedanklich schwierigen und knapp gehaltenen Text des Origenes für den lateinischen Leser aufzuschlüsseln.[34] Zudem beschwert sich der Übersetzer darüber, mit teilweise unvollständigen Vorlagen arbeiten zu müssen.[35]

Die freien Übersetzungsmethoden Rufins mögen einem für seine Begriffe edlen Zweck gedient haben sollen, sie sind jedoch selbst von seinen Zeitgenossen bekrittelt worden. Im Vorfeld der Angreifer stand der ehemalige Freund und Origenist Hieronymus, der Rufin riet, den eigenen Namen der Übersetzung des Römerbriefkommentars voranzustellen, da der Hauptteil diesem selbst entstamme.[36] Hieronymus wird wohl zu diesen Äußerungen durch die Taktlosigkeit Rufins angestachelt worden sein, der in einer Vorrede zur Ausgabe von *De principiis* Hieronymus als sein großes Vorbild für die Übersetzungsarbeit am Werk des Origenes in scheinehrerbietiger Weise nennt.[37] In der Kritik des Hieronymus steckt jedoch offensichtlich Wahres, denn Rufin geht wirklich darauf ein, indem er seine Entscheidung, den eigenen Namen wegzulassen, zu begründen versucht. Er wolle sich selbst keinen Ruhm verschaffen, besonders wenn es nur auf Kosten seines Gewissens ginge, denn dies zu tun erschiene ihm als Diebstahl dem Verfasser (i. e. Origenes) gegenüber.[38] In all diesen Äußerungen zu seinen Übersetzungsmethoden und -absichten herrscht zumindest dem Anschein nach eine Offenheit vor, die es nicht scheut, bei aller Bescheidenheit über das Ausmaß aber auch über die Grenzen der eigenen Leistung auszusagen.

---

[32] *Rufin, Praefatio in librum 1,3 (CCSL 20,246): Sic ubi ergo nos in libris eius aliquid contra id invenimus, quod ab ipso in ceteris locis pie de trinitate fuerat definitum, velut adulteratum hoc et alienum aut praetermisimus aut secundum eam regulam protulimus, quam ab ipso frequenter invenimus adfirmatum. Si qua sane velut peritis iam et scientibus loquens, dum breviter transire vult, obscurius protulit, nos, ut manifestior fieret locus, ea quae de ipsa re in aliis eius libris apertius legeramus adiecimus explanationi studentes. Cf. Apol. contra Hieronymum 1,12.*

[33] AaO., 246: *Nihi tamen nostrum diximus, sed licet in aliis locis dicta, sua tamen sibi reddidimus.*

[34] *Hoppe 1937, 139 f.; Rufin, aaO., 276.*

[35] *Rufin, aaO., 275: Desunt enim fere apud omnium bibliothecas (incertum sane quo casu) aliquanta ex ipso corpore volumina; et haec adinplere atque in Latino opere integram consequentiam dare, non est mei ingenii, sed, ut tu credis qui haec exigis, muneris fortasse divini.*

[36] *Hoppe 1937, 140.*

[37] *v. Campenhausen 1983, 143 f.*

[38] *Rufin, aaO., 277: Verum ego, qui plus conscientiae meae quam nomini defero, etiam si addere aliqua videor et explere quae desunt, aut breviare quae longa sunt, furari tamen titulum eius qui fundamenta operis iecit et construendi aedificii materiam praebuit, rectum non puto.*

Es soll nebenbei bemerkt werden, daß die Übersetzungsarbeit des Rufin nicht von allen Zeitgenossen wie z. B. von Hieronymus geringgeachtet wurde. Dies geht zunächst daraus hervor, daß die lateinischen Ausgaben der Werke des Origenes Verbreitung fanden sowie auch gelesen und kopiert wurden. Cassiodor nennt Rufin einen *interpres eloquentissimus,* der den Römerbriefkommentar *adhuc copiose* übersetzt hätte.[39] Freilich ist die erste Bezeichnung etwas zweideutig und beide Urteile beziehen sich weniger auf die Genauigkeit der Arbeit als auf deren stilistische Fertigkeit. Einige neuzeitliche Untersuchungen haben es sich zum Ziel gemacht, Rufinische Übersetzungen mit den griechischen Originalschriften zu vergleichen, um die Übersetzungsmethoden des Rufin näher bestimmen zu können. In einer Studie zu den *Apologetica* des Gregor von Nazianz, stellt M. M. Wagner fest, daß Rufin mit der Vorlage tatsächlich sehr frei umgegangen ist, sie bewertet diese Vorgangsweise aber als durchaus in Einklang mit seinem erbaulichen Ziel:

> The overall effect produced by his alterations is ... a gain in clarity, directness, and precision, a more pronounced moral bent, a more obvious edification (almost scrupulously insisted upon) and a Latin elegance which won reluctant praise even from Jerome.[40]

Rufin greift auch in die äußere Gliederung des Textes ein, wenn es seiner Absicht dient:

> ... Rufinus was not inhibited by the structural patterns of the original Apologetica. In each of a representative selection of tests, he has exhibited a marked taste for variation. Yet to say his structural modifications were made in a wholly irresponsible manner and with no regard for the text would be going too far.[41]

Die griechischen Bibelzitate werden verschieden wiedergegeben, einmal als wörtliche Übersetzung des Textes Gregors, andermal im Einklang mit einer altlateinischen Übersetzung.[42] Rufin geht grundsätzlich sehr frei mit biblischen Anspielungen um, indem er manche wegläßt, eigene hinzusetzt, oder ihre Form ändert.[43] Wagner selbst scheint es durchaus in Ordnung zu finden, daß der Übersetzer so stark von seiner Vorlage abweicht, denn sie hält solches Vorgehen angesichts seiner angekündigten Absicht für gerechtfertigt. Sie scheint sich mit der Bezeichnung „adaptation" (im Gegensatz zu „translation") für die Übertragung der *Apologetica* Gregors ins Lateinische abzufinden.[44]

Eine Möglichkeit, die Art und Genauigkeit der Rufinischen Übersetzung des

---

[39] *Cassiodor,* Inst. 1,5; cf. *M. M. Wagner,* Rufinus the Translator, Patristic Studies 73, Washington 1945, 2 f. für Äußerungen anderer späterer Väter zur Übersetzungsarbeit des Rufin.

[40] *Wagner* 1945, 63.

[41] AaO., 75.

[42] AaO., 95 f.

[43] AaO., 91 ff.

[44] AaO., 63.

Römerbriefkommentars anhand der griechischen Vorlage nachzuprüfen, ergab sich 1941, als einige Handschriftfragmente von Werken des Origenes und seines Anhängers Didymos des Blinden in einer Höhle in der Nähe von Tura in Ägypten entdeckt wurden. Zu dem Bestand der Origeneshandschriften gehörte der sog. Dialog mit Herakleion, die Homilien über das Passafest sowie über die Hexe von Endor, die ersten zwei Bücher von *Contra Celsum,* und die Bücher 5 und 6 (zu Röm 3,5–5,7) aus dem Römerbriefkommentar.[45] Die griechischen Kommentarauszüge wurden erst einige Jahre später von J. Scherer veröffentlicht.[46] Scherer bietet nicht nur den neuentdeckten Handschrifttext in edierter Form, sondern auch eine vergleichende Studie, die diese Fragmente sowie die lateinische Kommentarübersetzung des Rufin, die Römerbriefkommentarauszüge der *Philokalie* (eine Basilios dem Großen und Gregor von Nazianz zugeschriebene Sammlung aus verschiedenen Werken des Origenes)[47] und die von Ramsbotham 1912f. herausgegebenen Katenenauszüge aus dem Kommentar[48] berücksichtigt. Auf diese Quellen für den Römerbriefkommentar wird später wiederholt Bezug genommen.[49]

Entsprechend der Vergleichsbasis, die aus HSS unterschiedlicher Form und Zweckbestimmungen besteht, kommt Scherer zu etwas zweideutigen Ergebnissen. Einerseits findet er, daß der lateinische Text im Vergleich zu den Philokalieauszügen „tout origènienne" ist,[50] und daß jener Text ein treueres Bild der Origenischen Exegese vermittelt als die Katenenauszüge.[51] Andererseits findet er viele absichtliche Umstellungen des ursprünglichen Wortlauts vor, obwohl die Redewendungen des Verfassers vielfach gewahrt bleiben.[52] Die Tatsache jedoch, daß Rufin offensichtlich die fehlenden Quellenstücke eigenhändig vervollständigte und außerdem seine Übersetzung den allgemeinen Erwartungen zu stark anpaßte, führt Scherer dazu, eine eher negative Bilanz zu ziehen: „Tout ces causes ont joué, à tour ce rôle ou simultanément, pour faire de cette ‚traduction' ce que nous constantons qu'elle est: un amalgame si confus que souvent il défie l'analyse."[53] Es ist auffallend, daß auch Scherer die Arbeit Rufins zum Römerbriefkommentar nur mit Vorbehalt als „Übersetzung" zu bezeichnen vermag.

Ausgehend von der Arbeit Scherers, bringt G. Beck eine Studie zur paulinischen Theologie im Turapapyrus, in der er eigene Bemerkungen zu den Rö-

---

[45] *Klostermann* 1944, 47f.
[46] J. *Scherer,* Le commentaire d'Origène sur Rom. 3,5–5,7, Le Caire 1957.
[47] Cf. J. A. *Robinson,* The Philocalia of Origen, Cambridge 1893.
[48] A. *Ramsbotham,* JThSt 13 (1912) 209–24, 357–68 und 14 (1913) 10–22.
[49] Siehe 2.4.2.
[50] *Scherer* 1957, 58.
[51] AaO., 82.
[52] AaO., 82.
[53] AaO., 121.

merbriefkommentarausgaben macht.[54] Anhand eines Vergleiches zwischen
dem Papyrus und den Katenenauszügen wird festgestellt, daß diese nur eine gekürzte Form der einzelnen Kommentaräußerungen vermitteln, vielleicht weil
der Katenenschmied nur unzureichenden Platz vorfand.[55] Im Vergleich zu den
Katenenauszügen und zum Rufinischen Text bietet der Turapapyrus die treueste Wiedergabe des Origenischen Wortlauts.[56] Becks Gesamturteil über die
Übersetzung Rufins unterscheidet sich nicht wesentlich von dem Scherers:

> Es ist somit anzuerkennen, daß Rufin seine Vorlage im allgemeinen sinngemäß
> richtig, oft sogar wortgetreu wiedergibt. Auch den Gang und die Reihenfolge der
> Gedanken behält er normalerweise bei. Es finden sich aber immer wieder Formu-
> lierungen, die nicht nur im Wortlaut, sondern auch im Sinn vom Original grund-
> legend abweichen.[57]

Ein etwas durchgreifenderes Urteil über die Vorgangsweise bei der Übersetzung, in diesem Fall auf die Arbeit an *De principiis* beschränkt, aber dennoch auf
andere Origenesübersetzungen anwendbar, sprechen H. Görgemanns und H.
Karpp im Vorwort zur jüngsten Ausgabe dieser Schrift aus. Sie stellen fest, daß
die Korrekturarbeiten des Rufin insbesondere der Trinitätslehre des Origenes
galten.[58] Diese Tendenz hatte übrigens B. Studer bereits 1968 vermerkt, der die
Ausweitung ursprünglich einfach formulierter christologischer Hoheitstitel
(z. B. κύριος) in der lateinischen Wiedergabe (*dominus salvator*) auf die Einwirkung des nizänischen Glaubensbekenntnisses in die Übersetzungspraxis des
späteren 4. Jh.'s zurückführte.[59] Über die Behauptung Rufins, daß die dogmatisch mangelhaften Stellen von Gegnern interpoliert worden seien, urteilen
Görgemanns und Karpp folgendermaßen: „Obwohl diese Annahme nicht ganz
abwegig erscheint, wenn man die Fälschungspraxis der Zeit bedenkt, hat Rufin
sie doch offenbar in unzulässiger Weise als Freibrief für eine orthodoxe Bear-
beitung des Originals benutzt."[60]

Neben der Tendenz, die Christologie des Origenes im Sinn orthodoxer
Glaubensaussagen auszubessern, werden auch andere Charakteristika der
Übersetzungsart erwähnt, nämlich die Wiedergabe einzelner griechischer
Wörter durch synonyme Doppelausdrücke sowie stilistische Aufhöhung durch
die Verwendung von Redewendungen klassischer Autoren.[61] Obwohl die Ar-

---

[54] G. *Beck,* Das Werk Christi bei Origenes: Zur Deutung paulinischer Theologie im
Turapapyrus des Römerbriefkommentars, Bonn 1966.
[55] AaO., 30.
[56] AaO., 26.
[57] AaO., 42.
[58] H. *Görgemanns* und H. *Karpp,* Origenes vier Bücher von den Prinzipien, Darmstadt
1976.
[59] B. *Studer,* A propos des traductions d'Origène par Jérome et Rufin, VChr 5 (1968)
137–54.
[60] *Görgemanns* und *Karpp* 1976, 42.
[61] AaO., 42.

beit insgesamt eher einer Paraphrase als einer Übersetzung gleichkommt, kann man ihr als Wiedergabe Origenischen Gedankengutes grundsätzlich vertrauen: „Wir können im allgemeinen – außer an dogmatisch heiklen Stellen – damit rechnen, den Gedankengang des Origenes vor uns zu haben, nicht aber seine Satzstrukturen und seine Formulierungen."[62]

In einer jüngst veröffentlichten Studie zum Römerbrieftext Rufins geht auch C. P. H. Bammel auf die Übersetzungsmethoden des Aquileiers ein. Sie hebt zunächst die theologischen Fragen der Übersetzungszeit (um 404) als Einflüsse hervor, die gewissermaßen die Art bestimmten, in der Rufin das Origenische Gedankengut übertrug.[63] Wenn etwa die Frage des freien Willens des Menschen im Kommentar angesprochen wird, so gestaltet Rufin die an sich recht ausgewogenen Aussagen des Origenes zugunsten einer pelagianischen bzw. semipelagianischen Anschauung um.[64] Im Grunde war Rufin jedoch als ergebener Jünger des alexandrinischen Meisters zu stark in dessen Theologie verwurzelt, als daß er sie hätte grob verzerren können. Vielmehr bestand aus dieser Haltung heraus die Gefahr, „das Denken des Origenes systematischer darzustellen, als es im Urtext der Fall war".[65]

Was den formalen Umgang mit dem Kommentar des Origenes anbelangt, findet C. Bammel, daß Rufin wohl seine Vorlage um vieles gekürzt hat, daß aber keine allgemeine Kriterien in Bezug auf die Art dieser Kürzung ausfindig zu machen sind. Man könnte auch nicht sagen, daß Rufin eine bestimmte Kategorie des Stoffes eher ausgelassen hätte, denn sowohl die eigentliche Exegese als auch die vielen Exkurse werden nach Bedarf entweder vollständig übersetzt, ausgelassen oder zusammengefaßt.[66]

Da sich C. Bammel hauptsächlich mit dem Römerbrieftext Rufins beschäftigt, kann sie fundierte Ergebnisse nur zu diesem Teil der Rufinischen Übersetzungsarbeit bieten. In diesem Fall schneidet Rufin gut ab: „Was seine Methoden angeht, so ist es das Hauptergebnis der Untersuchung, daß seine Unabhängigkeit gegenüber dem Kommentartext des Origenes nur sehr begrenzt ist."[67] Dies will heißen, daß Rufin, wenn er Römerbriefzitate in ihrem Zusammenhang im Kommentar des Origenes wiedergibt, sich eher an den Wortlaut des von Origenes gebotenen Textes hält. Das Ergebnis bleibt also von begrenzter Bedeutung.

---

[62] AaO., 43.
[63] *C. P. H. Bammel,* Der Römerbrieftext des Rufin und seine Origenes-Übersetzung, Freiburg 1985, 45 f.
[64] AaO., 46 f.
[65] AaO., 51.
[66] AaO., 54.
[67] AaO., 57.

2.4.1.2. *Rufinus gegenüber den Katenenauszügen*

Im Rahmen der vorliegenden Studie bietet sich die Möglichkeit, den übersetzten Kommentartext Rufins zu Röm 6,1−11 mit den Katenenauszügen zu
vergleichen. Diese stellen für die ersten 11 Verse von Röm 6 die einzigen erhaltenen Fragmente des griechischen Kommentartextes dar. Wie schon oben erwähnt, sind vom Turapapyrus − nach allen bisherigen Ergebnissen wahrscheinlich die treueste Überlieferung − nur die Kommentarabschnitte zu Röm
3,5 bis 5,7 vorhanden. Auf eine zusätzliche Vergleichsmöglichkeit, die angeblich von Basilios dem Großen und Gregor von Nazianz zusammengestellte *Philokalie,*[68] wurde auch bereits Bezug genommen. Die 27 Kapitel der *Philokalie*
enthalten Auszüge aus verschiedenen Werken des Origenes, also nicht nur aus
dem Römerbriefkommentar. Dieser ist seinerseits nur durch eine spärliche Anzahl von Einzelauszügen aus der Erklärung zu Teilen von Röm 1.3.7 und 9 vertreten; die Philokalie bietet daher keine Vergleichsbasis für die vorliegende Untersuchung. Der Vergleich der Philokalieauszüge mit dem Turapapyrus durch
Scherer hat ohnehin gezeigt, daß jene als Maßstab für die Treue Rufins beim
Übersetzen nur von begrenztem Wert sein können.[69]

Nach den bisherigen Vergleichsergebnissen können die Katenenauszüge
auch nur mit großer Vorsicht bei der Ermittlung des Origenischen Kommentartextes benutzt werden. Sie sind in einer, wahrscheinlich aus dem 10. oder
11. Jh. stammenden HS, Codex Vaticanus 762, am vollständigsten erhalten.
Diese HS bringt auch Katenenauszüge anderer, späterer Kirchenväter, darunter
Chrysostomos und Theodoret, deren Schriften in ursprünglicher Form überliefert sind und sich daher zum Vergleich anbieten, um die Wiedergabetreue der
Katenenauszüge zu beurteilen. K. Staab, der diesen Vergleich durchgeführt
hat, äußerte sich zunächst sehr zuversichtlich in Bezug darauf:

> Wir dürfen aus all diesen Argumenten mit Gewißheit schließen, das [sic] unser
> Kettenschmied die Gedanken seiner Quellschriften immer, ihre Form fast immer
> treu wiedergibt. Darum ist Vat 762 ein durchaus solides Fundament für die Er-
> forschung der reichen Väterexegese zu den Paulinen.[70]

Diese anfängliche Zuversicht mußte jedoch angesichts der Ergebnisse des
von Scherer angestellten Vergleiches mit dem Papyrus von Tura bald revidiert
werden. Dieser hat nämlich festgestellt, daß die Katenenauszüge aus einzelnen
Bemerkungen bestehen, die ihrem Zusammenhang entrissen und zusammengefügt wurden.[71] Darüberhinaus gibt es zumindest einige Stellen, wo die ein-

---

[68] *Robinson* 1893. Die Herkunft und Entstehungsweise dieser Zitatensammlung sind allerdings umstritten, wie M. *Harl* im Vorwort zur Ausgabe von Kapiteln 21−27 darlegt; cf.
SC 226.

[69] *Scherer* 1957, 58, spricht von „un développement légèrement abrégé".

[70] K. *Staab,* Die Pauluskatenen nach den handschriftlichen Quellen untersucht, Rom
1926, 32.

[71] *Scherer* 1957, 69 f.

zelnen Bemerkungen in umgekehrter Reihenfolge oder sogar unter dem falschen Lemma vorkommen.[72] Auch der Wortlaut des Origenischen Kommentartextes wird manchmal nur unvollständig oder in zusammengefaßter Form wiedergegeben, so daß man nicht sicher sein kann, in welchen Fällen die Formulierung der einzelnen Aussagen Origenes selbst entstammen.[73]

Wenn also im folgenden die einzelnen Katenen mit den entsprechenden Stellen in der Rufinischen Übersetzung des Römerbriefkommentars verglichen werden, so kann nicht davon ausgegangen werden, daß einer der beiden Texte den normativen Kommentartext bietet. Vielmehr kann man nur im Fall einer Übereinstimmung der jeweiligen Bemerkungen einigermaßen sicher sein, daß der betreffende Satz oder Satzteil von Origenes selbst herstammt. Daß ein Satz oder Abschnitt bei der Übersetzung keine Entsprechung findet, kann angesichts der gegenwärtigen Quellenlage des Römerbriefkommentars nur so gedeutet werden, daß besagtes Stück sich trotzdem im ursprünglichen Kommentar hätte befinden können.

2.4.1.3. *Vergleich zwischen den Katenenauszügen und der Rufinischen Übersetzung*

In der folgenden Einzeluntersuchung wird auf die Ausgabe der Katenenauszüge 29–31 von A. Ramsbotham verwiesen.[74] Diesen Abschnitten sind Lemmata zu Röm 6,5 (29) 6,8–11 (30; die Angabe bei Ramsbotham ist unrichtig) und 6,12–14 (31) vorangestellt, wobei in letzterem Abschnitt auch Kommentarbemerkungen zu Röm 6,1 auftreten. Der Text der Auszüge entstammt der HS Codex Vaticanus 762, der aber durch die im Apparat angegebenen Varianten aus dem Codex Bodleianus Misc. 48 (B) und der Ausgabe J. A. Cramers[75] (C) ergänzt wird. Für die Übersetzung des Rufin wird aus Band 14 der Patrologiae Series Graeca, gegründet von J. P. Migne (Paris 1857), 5,9f. (1043–1056) zitiert.[76]

29,1 f.: Das Bild der Pflanze wird in erweiterter Form wiedergegeben (1043C): *Sed nunc repetentes sermonem, videamus quid est complantari similitudini mortis Christi, in quo velut plantam alicuius arboris ostendit mortem Christi, cui nos complantatos vult esse, ut ex succo radicis eius radix quoque nostra suscipiens producat ramos justitiae, et fructus afferat vitae.* Dieser Aussage geht ein Überblick über den wesentlichen Inhalt des im Lemma (vv. 5–7) zitierten Textabschnittes voraus. Entsprechend dem kürzeren Lemma (Vers 5) der Katene, wird der Vers in angepaßter Form von Rufin wieder vorgestellt. Das Bild der Pflanze für den Tod Christi wird auf zweifache Weise aus-

---

[72] AaO., 68f.

[73] AaO., 76–9.

[74] Cf. Anhang 3. *A. Ramsbotham*, JThSt (1912) 363–66.

[75] *J. A. Cramer*, Catena in Sancti Pauli Epistolam ad Romanos, Oxford 1844.

[76] Diese Ausgabe bietet zwar keinen Vorteil der von Lommatzsch (Berlin 1836) gegenüber, sie ist aber auch nicht weniger brauchbar, denn beide Ausgaben bringen den Delarue-Text von 1733.

gebaut, einmal indem Rufin beschreibt, wie der Wurzelsaft von der einen zur anderen Pflanze übertragen wird, und zum zweiten, welche Frucht aus dem daraus entstehenden Wachstum hervorgeht. Der abschließende Parallelismus (*ramos justitiae/fructus vitae*) ist ein häufiges Stilmittel bei Rufin.[77]

29,2 f.: Das Wort über das Wirken des Logos unter denen, die Christi Lehre annehmen, findet keine nähere Entsprechung bei Rufin.

29,4–6: Die Antwort auf die Frage, warum der Mensch nur das Gleichbild des Todes Christi annehmen kann, wird in beiden Kommentarausgaben durch das Zitieren von 1 Pet 2,22 beantwortet:

> *Idcirco ergo ipsa quidem morte qua Jesus mortuus est peccato, ut peccatum omnino non fecerit, nos non possumus mori ut omnino nesciamus peccatum: similitudinem tamen habere possumus, ut imitantes eum, et vestigia eius sequentes abstineamus nos a peccato. Hoc est ergo quod recipere potest humana natura, ut in similitudinem mortis eius fiat, dum ipsum imitando non peccat. Nam omnino ex integro nescire peccatum, solius Christi est.* (1044A)

Rufin hat schon vorher (1043D) 1 Pet 2,22 vollständig zitiert, er geht aber im Anschluß an diese Stelle anhand von Anspielungen näher darauf ein. Der Katenenschmied begnügt sich mit einer einmaligen Anspielung. Es ist nicht auszuschließen, daß die Behauptung, wir könnten Christus folgen und nachahmen, indem wir uns der Sünde enthielten, im Hinblick auf ihre pelagianisierende Tendenz erst von Rufin hinzugefügt wurde. Der Katenensatz, ὁμοίωμα μὲν γάρ τι τοῦ θανάτου ἐκείνου δύναται ἡ ἀνθρωπίνη φύσις ἀναλαβεῖν findet eine ziemlich genaue, wohl aber dem Zusammenhang angepaßte Entsprechung in der lateinischen Wiedergabe. Anschließend an die obige Erklärung führt Rufin Argumente gegen eine doketistische Auslegung von *similitudo mortis* an (1044B).

29,6–9: Im Katenenauszug wird auf den stellvertretenden Charakter des Todes Christi Bezug genommen und dann ein Zitat aus Röm 3,25 als Belegstelle gebracht. Der Gedanke der Stellvertretung wird in diesem Zusammenhang von Rufin nicht aufgegriffen; die allgemeine Sündhaftigkeit erwähnt er bereits 1043D, verwendet jedoch Hiob 14,4 f. dazu.

29,10–14: Während der Verfasser des Katenentextes es vorzieht, eine knappe Erklärung nach den Zitaten (Eph 2,6; Kol 3,1) anzuführen, unterwandert Rufin die Bezugnahme auf Schriftstellen mit Zwischenerklärungen:

> *Quod autem in aliis dicit Apostolos consurrexisse iam nos Christo, et simul coexicitatos, simulque sedere in coelestibus, et hic dicit: „Si enim complantatis sumus similitudini mortis eius, etiam resurrectionis erimus", hoc est, quod alibi iam factum dixit, hic nunc futurum et sperandum dicit, illa est causa, quod duplex intelligitur resurrectio: una qua mente et proposito ac fide cum Christo a terrenis resurgimus ut coelestia cogitemus et futura requiramus; alia quae generalis omnium erit in carne resurrectio. Ergo quae secundum mentem est ex fide resurrectio, iam in his qui, „ea quae sursum sunt" sapiunt, „ubi Christus est in dextera Dei", videtur impleta.* (1047C f.)

Einige wichtige strukturelle Unterschiede ergeben sich beim Vergleich der zwei Parallelabschnitte miteinander. Der Katenenverfasser zitiert eingangs beide Belegstellen und nimmt in der Erklärung einmal mehr Bezug auf Kol 3,1. Rufin hingegen macht zuerst nur eine freie Andeutung auf Eph 2,6, zitiert dafür das Lemma ein wie-

---

[77] *Hoppe* 1937, 149.

derholtes Mal, und zwar vollständig. In der Katene kommt nur eine kurze Anspielung auf Röm 6,5b vor. In der Erklärung bringt Rufin ein Teilzitat aus Kol 3,1, wobei er im Gegensatz zur Katenenanspielung hauptsächlich 3,1b und nicht 3,1a in angepaßter Form zitiert. Das Gemeinsame ist der Satzteil τὰ ἄνω ζητεῖτε. Dazu fällt auch auf, daß Rufin die Reihenfolge der Auferstehungen im Vergleich zur Katene umkehrt, d. h. die *resurrectio ex fide* ist für ihn die zweite oder andere Auferstehung. Weiter unten (1048A) an einer Stelle, die dem Katenentext 29,14—18 inhaltlich ein wenig ähnlich ist, scheint Rufin die andere, vom Katenenverfasser durchgehaltene Reihenfolge auch zu kennen. Der Gesamteindruck entsteht, daß an dieser Stelle (29,10—14; 1047Cf.) beide Verfasser Kommentaraussagen gekürzt haben, Rufin allein jedoch manche abgeändert und die Reihenfolge der Aussagen insgesamt umgeordnet hat. Er scheint auch eine stärkere Neigung zur Anpassung von Zitaten (i. e. durch die Hinzufügung von Wörtern und die Veränderung von Personen) zu haben.

29,14—18: Der Zeitpunkt der zweiten Auferstehung wird als ὅταν ἔλθῃ τὸ τέλειον beschrieben. Nach der häufigen patristischen Auslegungsweise könnte Rufin mit dem Satz *illa [resurrectio] in secundo Domini complebitur* (oder *completur*) *adventu* (1048A) dasselbe meinen. Das Zitat aus Dan 12,2 findet keine Entsprechung in der lateinischen Übersetzung.

30,1—4: Obwohl 6,8—11 im Hauptlemma zitiert wird, fängt die Katene mit der Erklärung von Vers 9 an, allerdings mit dem einleitenden ἀποτετολμημένος, ein Hinweis dafür, daß der Katenentext um die Erklärung der vorhergehenden Verse gekürzt wurde. Beide Texte erkennen die Möglichkeit an, daß Vers 9 leicht mißverstanden wird, Rufin jedoch verwendet darüber hinaus das Stilmittel der persönlichen Anrede: *Paulus autem audet et dicit: „Mors ei ultra non dominabitur.“ Hoccine ausus es, o Paule, dicere de Christo, „Mors ei ultra non dominabitur“, quasi aliquando dominata sit?* (1049C) Rufin scheint in diesem Fall die Haltung einzunehmen, die für jene kennzeichnend ist, welche vom Katenenverfasser allgemein mit der Formel οἱ γὰρ πλεῖστοί φασιν bezeichnet werden. Zwei weitere Zitatanspielungen, offensichtlich von den πλεῖστοι als Belegstellen benutzt, finden sich in der Katene, werden aber von Rufin nicht erwähnt.

30,4f.: Der eher bescheidenen Einleitungsformel in der Katene steht die Formulierung Rufins gegenüber: *Cuius vox Evangelii fertur per omne corpus Ecclesiae luce clarior, qua dicit: „Nemo tollit a me animam meam, sed ego pono eam, et potestatem habeo ponendi eam, et potestatem habeo iterum sumendi eam“* (1049C). Bemerkenswert ist hier auch, daß Rufin das Zitat (Joh 10,18) vollständiger bringt, aber mit demselben Wortlaut, d. h. samt der Ergänzung Vers 6a, wie die Katene.

30,5—7: Rufin kennt dieselbe, auf 1 Kor 15,3 bezogene Erklärung wie der Katenenverfasser, führt aber eine erweiterte Begründung für diese Anschauung an:
Potest ergo quis compendiosius in his dicere quia hic mortem, communem hanc dicit et mediam qua „mortuus est“, sicut idem Apostolus dicit, „secundum Scripturas“, et nihil absurdum videri, si is qui formam servi susceperat, dominatum pertulerit mortis, quae sine dubio dominatur omnibus qui in carne positi sub servili forma censentur. (1050A)
Rufin beschreibt den imaginären Diskussionsgegner als *compendiosius*, scheint jedoch die Vorstellung vom Tod als ἀδιάφορον nicht begriffen zu haben. Der Katenenschmied entscheidet sich wiederum für eine knappe Wiedergabe und geht gleich

auf die Entgegnung über, während sich Rufin im folgenden anhand von Überlegungen zu 1 Kor 15,42 ff. weiter auf die möglichen Argumente des Gegners einläßt. Der Übergang in der Katene wirkt etwas unvermittelt und spricht daher für die Annahme, daß Rufins weitere Bemerkungen dem ursprünglichen Werk entnommen sind.

30,8—17: Derselbe Einwand gegen die falsche Deutung von „Tod" Röm 6,9 findet sich bei beiden Kommentarausgaben, Rufin aber zeigt wiederum eine Neigung zu ausführlicheren Formulierungen:

Illud autem quod huic assertioni valde contrarium est (id est quod mortui sumus cum Christo, et consepulti sumus ei; quod utique nullo modo de communi hac morte potest intelligi), hoc modo explanare conabitur, ut sicut in superioribus, cum de diversitate legum exponeremus, ostendimus Apostolum in uno eodemque loco legem nunc naturalem, nunc Moysi, nunc etiam peccati nominare, et hoc in usu esse Scripturae divinae etiam ex aliis locis adhibitis docuimus testimoniis, ita et in praesenti nunc mortem communem, nunc peccati, nunc etiam ipsum auctorem mortis, qui et novissimus destruendus dicitur inimicus, nunc etiam locum inferni, in quo mortis habere imperium diabolus dicitur, confirmet ab Apostolo nominari. Et hic ergo quod ait: „Mors ultra nun dominabitur", de ista morte dictum confirmabit, qua communiter mortuus creditur Christus. (1050C—1051A)

Während die zwei Fassungen im wesentlichen Inhalt miteinander übereinstimmen, kann man hingegen nur mit Mühe den Einfluß des Wortlautes des Katenentextes bei Rufin identifizieren. Dem vorangegangenen Argument wird in beiden Fällen eine Anspielung auf 6,8 — Rufin schließt eine Ergänzung aus Vers 4 an — entgegengehalten, in der Katene wird jedoch der Gegensatz durch das Zitieren von v 10a geschärft. Zur folgenden Katenenerklärung über den geistlichen und leiblichen Sinn der Schrift, findet sich bei Rufin eine grobe Parallele, obwohl der das Prinzip der dichotomischen Schriftauslegung nur umschreibt und nicht namentlich erwähnt. Rufin ist die Begründung durch Beispiele aus Joh 4 ganz fremd; er zieht es vor, Veranschaulichungsmaterial für die doppeldeutige Verwendung von *mors* in der Schrift bei Paulus zu suchen. Zum Abschluß des Exkurses (30,14—17 bzw. 1051A) finden sich die zwei Erklärungen wieder zusammen, indem 6,9b nochmals erwähnt und wiederum behauptet wird, daß an dieser Stelle nur der Tod im allgemeinen Sinn gemeint ist. Man kann allgemein sagen, daß auch an dieser Stelle die Katene eine gekürzte Wiedergabe des ursprünglichen Kommentartextes zu bringen scheint, denn die Übergänge zwischen einzelnen Sätzen wirken nicht immer natürlich und der Stil zeigt wenig Sinn für Feinheiten. Rufin andererseits paßt die Zitate und Anspielungen fortwährend in seinen zusammenhangsvolleren Kommentar ein, bringt einerseits mehr Anspielungen als der Katenenverfasser, läßt aber dafür manche, die seinem Zusammenhang vielleicht nicht zugetan sind (z. B. Joh 4), überhaupt aus. Dem Gedankengang des Katenenkommentars folgt er auf jeden Fall, jedoch ohne viele Einzelformulierungen zu übernehmen.

30,17—20: Die Gestalt des Meerungeheuers als Typos für den allgemeinen Tod wird auf bemerkenswert ähnliche Weise auch von Rufin erörtert:

Alius vero qui profundiorem in his Pauli sensum in virtute Spiritus contuetur, dicet quia mors hic, de qua dicitur quod ultra non dominabitur Christo, ille ipse intelligendus est novissimus inimicus, qui figuram habuit ceti illius qui absorbuerat Jonam, de quo in Job scriptum est: „Sed maledicat illam qui maledixit illam diem, ille qui magnum cetum perempturus est". (1051A)

Obwohl Rufin in diesem Abschnitt eine nähere Entsprechung für den Katenenwortlaut bietet als bisher gesehen, ist trotzdem die Neigung zur Ausgestaltung durchaus feststellbar. Bereits im ersten Satz baut er das einfache λέγεται zu einer Behauptung aus, welche die geistbewirkte Autorität des Paulus untermauern soll. Der griechische Begriff τύπος findet sein Gegenpart im lateinischen *figura* (gegen die Variante τόπος in der Cramer-Ausgabe). Während in der Katene lediglich festgestellt wird, daß das Meerungeheuer bei Jona prophezeit wird, wird von Rufin hinzugefügt, daß dasselbe jenen verschlang. Die Belegstelle aus Hiob 3,8 wird in der Katene nur unvollständig zitiert, ein deutlicher Hinweis für die Annahme, daß die Stelle in vollständiger Form im ursprünglichen Kommentar angeführt wurde. Für diese Annahme spricht auch der Tatbestand, daß der ganze Vers in der lateinischen Übersetzung erscheint.

30,20–22: Der Hauptgedanke, der den Äußerungen Jesu vor seinem Tod (Joh 12,27) entnommen wird, findet in der Rufinischen Fassung keinen Widerhall. Rufin geht vielmehr auf die hier nur flüchtig durch ὁδεύων angedeutete Vorstellung von der Höllenfahrt ausführlich ein (1051B).

30,23 f.: Die folgenden Aussagen bei Rufin könnten eine zumindest inhaltliche Parallele zu diesem Abschnitt darstellen:

Propterea enim formam servi susceperat, ut ad ipsum locum, ubi mors regnum tenebat posset intrare, secundum quod et Propheta ex persona ipsius dicit: „Et deputatus sum cum his qui descendunt in lacum"; et iterum „Quae utilitas in sanguine meo, dum descendo in corruptionem?" (1051B)

Die Hauptaussage des Katenensatzes ist im lateinischen Wortlaut ohne Zweifel erkennbar, sie tritt jedoch nicht nur in ausführlicher, sondern auch in anders begründeter Form auf. Es ist bemerkenswert, daß Rufin, obwohl er andere Zitate als der Katenenverfasser bringt, immerhin dieselbe Psalmengattung zitiert. Der häufig wiederkehrende Parallelismus läßt sich auch hier feststellen, da das einfachere εἰς χοῦν θανάτου durch *ubi mors regnum tenebat* sowie *in lacum* und *in corruptionem* aus den Psalmenzitaten ergänzt wird. Rufin bestätigt auch an dieser Stelle seine Vorliebe für einsichtsvolle Einleitungsformeln, wenn er hinzufügt: *Propheta ex persona ipsius dicit*.

30,24–27: Phil 2,7 f. wird immer wieder von Rufin angesprochen, wie das obige Zitat (1051B) bestätigt. Die entsprechende Stelle in diesem Fall erscheint jedoch bei Rufin später, d. h. nach und nicht vor dem Beispiel des Freien, der sich freiwillig in die Gefangenschaft begibt, um andere zu befreien (30,27–32 bzw. 1051C):

Hoc ergo modo etiam Christus voluntate quidem „exinanivit" tunc „semetipsum" et „formam servi" accepit, passusque est dominatum tyranni, „factus obediens usque ad mortem": per quam mortem destruxit eum qui habebat mortis imperium, id est diabolum, ut liberaret eos qui tenebatur a morte. (1051D f.)

Abgesehen von der wörtlichen Wiedergabe des Pauluszitates, sind die zwei Stellen zugegebenermaßen von nur begrenzter Ähnlichkeit. Bezeichnenderweise steht die Überwindung vom Tod und Teufel als Folge der Selbsterniedrigung Christi bei Rufin im Vordergrund. Die Katene nimmt in diesem und ähnlichem Zusammenhang eher auf die Befreiung von der Sünde Bezug (cf. 29,6 f.). Hier wiederum zitiert Rufin vollständiger als der Katenenschmied, wahrscheinlich der griechischen Vorlage entsprechend.

30,27—31: Das Gleichnis von der freiwilligen Unterwerfung findet sich bei Rufin in abgeänderter Form und zeigt mehr Phantasie als der eher farblose Bericht in der Katene:

Regem ponamus justum et nobilem, adversum injustum aliquem tyrannum ita bellum gerere volentem, ne violento videatur cruentoque vicisse conflictu, quia militantes sub tyranno sui erant, quos non perdere, sed liberare cupiebat. Consilio igitur meliore habitum sumit eorum qui apud tyranno erant, et specie per omnia fit similis eis, donec sub dominatione positus tyranni eos quidem qui ei parebant suaderet abscedere, et ad regnum legitimum repedare, ipsum vero fortem tempore opportuno alligaret, et potestates eius ac principatus exueret, et avulsam captivitatem quae ab eo tenebatur, abstraheret. (1051C)

Wie bei den vorigen Vergleichen, verwendet Rufin an dieser Stelle eine längere und wohl auf den Leser zugeschnittene Einleitungsformel. Fast jedes Stichwort, das in der Katenenversion aufscheint, wird durch zusätzliche Beschreibungswörter und manchmal sogar ganze Nebensätze ausgemalt. Bemerkenswert ist auch die veränderte Erzählweise bei Rufin: Hier wird Spannung erzeugt, indem der Ratschluß des Königs, sich dem Feind zu übergeben, um auf einen günstigen Augenblick zu warten, gegen das Ende der Erzählung verlagert wird. Dieser Tatbestand wird bereits im ersten Satz des Katenenabschnittes vorweggenommen. Eine ausgesprochene Tendenz zur Steigerung von Einzelheiten läßt sich auch in Rufins Überlieferung erkennen. Der Freie wird zum König, der Heerführer wird zum Tyrannen und der Mord auch noch zur Raubtat. Die Gleichnishandlung bleibt bei Rufin dieselbe, sie macht jedoch eine literarische Wandlung durch, die dem ursprünglichen Kommentarwerk die Lesbarkeit eines Romans verleihen sollte.

30,32—35: Diesem Katenenabschnitt entspricht am ehesten die oben zitierte Stelle bei Rufin, in der Phil 2,7f. ausführlicher, jedoch wiederum in angepaßter Weise zitiert wird (1051Df.). Es fällt allerdings wie oben unter 30,24—27 auch in diesem Fall schwer, von einer großen Ähnlichkeit zu sprechen, geschweige denn von einer Entsprechung. Geht man davon aus, daß die Katene dem Gedankengang des ursprünglichen Werkes zumindest in der Struktur genauer folgt, so ergibt sich, daß Rufin auf das vollständige Zitieren von Phil 2,8 bis nach der Gleichniserzählung offensichtlich zugunsten eines wirkungsvolleren Stils, verzichtete. Daß er aber von der Voranstellung des Zitats in seiner Vorlage gewußt hat, geht aus wiederholten Anspielungen auf Phil 2,7f. an früheren Stellen (1050B; 1051B) hervor. Die Anspielung auf Heb 2,14f. wird bezeichnenderweise vom Katenenverfasser nur in gekürzter Form gebracht, wie die Hinzufügung von καὶ τὰ ἑξῆς nahelegt.

30,35—38: Bei Rufin findet sich keine ähnliche Stelle, obwohl die bereits behandelten Abschnitte (1051B—1052A) den Inhalt der Katenenaussage bestätigen. Der Anklang an Heb 2,15 (ῥυόμενος τοὺς ὑπ'αὐτοῦ κεκρατημένους) erhärtet die These, daß vv 14f. im Original wie bei Rufin, vollständiger zitiert wurden.

31,19—41: Zwei Fragen stellen sich zunächst, wenn man dieses Katenenstück näher untersucht. Zum einen ist es etwas problematisch, daß eine Abhandlung über den Sinn von Röm 6,11 unter dem Lemma zu Röm 6,12—14 vorkommt, zweitens ist auffällig, daß diese Überlegungen in Rufins Ausgabe nicht zu finden sind. Die Einleitungsformel des Abschnittes καὶ ἤδη τοῦτο εἴρηκεν scheint auf den ersten Blick die Frage nach der unregelmäßigen Einordnung des Stückes zu beantworten.

Es ist jedoch durchaus nicht auszuschließen, daß dieser Satz auf den Katenenschmied zurückgeht und daher eine redaktionelle Hinzufügung ist.

Diese Möglichkeit erscheint angesichts ähnlicher Beobachtungen Scherers an anderen Stellen[78] umso wahrscheinlicher. Für die Antwort zur Frage, warum Rufin diesen Abschnitt in seine Fassung nicht aufnahm, hat man sich dem Inhalt des Stükkes zuzuwenden. Im ersten Teil geht es nämlich um die Frage, ob Mose und die Gerechten im alten Bund auch für Gott in Jesus Christus lebten. Im übrigen werden Argumente dafür angeführt, daß Leben für Gott in Christus Jesus zugleich Totsein für die Sünde bedeutet, daß sich also beides gegenseitig einschließt. Es ist durchaus vorstellbar, wenngleich freilich nicht zu beweisen, daß, begründet aus seinem Vorhaben einerseits, den Kommentar um die Hälfte zu kürzen, und seiner Verpflichtung andererseits, dem allgemeinen Leser Überflüssiges oder sogar Verwirrendes zu ersparen, der Verzicht auf diesen Abschnitt für Rufin kein Verlust war. Die Möglichkeit, daß der Abschnitt in der von Rufin selbst als lückenhaft bezeichneten Vorlage nicht einmal vorhanden war, bleibt natürlich auch offen; demgegenüber haben die Untersuchungen Bammels verdeutlicht, daß wahrscheinlich nur Bände aus der zweiten Kommentarhälfte gefehlt hatten.[79] Gegen jene These spricht auch die Beobachtung, daß die Kürzungstendenz bei der Übersetzung der ersten Kommentarbände stärker zum Tragen kam und dann allmählich einer vollständigeren Wiedergabe Raum gab, umso freiwilliger, wenn in der Überlieferung des Origeneskommentars zu Röm 9 ff. wesentliche Lücken bestanden.[80]

2.4.1.4. Zusammenfassung

Im folgenden wird versucht, die Ergebnisse der vorhergehenden Untersuchung der Katenenauszüge und der Rufinischen Übersetzung zusammenzufassen. Der Leser wird auf den Vergleich der Aussagenreihenfolge bei den Ausgaben in tabellarischer Form im Anhang 3 hingewiesen. Die Übersicht zeigt zunächst, daß die Kommentaraussagen zu den einzelnen Versen in den meisten Fällen in derselben Reihenfolge auftreten. Eine Ausnahme bildet die oben erwähnte Stelle 1051 D f. bei Rufin. Die häufigen Anspielungen auf Phil 2,7 f., auch an früheren Stellen, könnten ein Hinweis darauf sein, daß Rufin den gesamten Abschnitt um die Gleichniserzählung frei angeordnet hat. Als Gesamteindruck ergibt sich jedoch, daß der Katenenschmied und Rufin griechische Vorlagen des Origenischen Kommentarwerkes vor sich hatten, welche im strukturellen Aufbau einander sehr ähnlich, wenn nicht identisch gewesen sein mußten. Dies ist freilich nicht überraschend, denn die Reihenfolge der Lemmata wird diese Struktur diktiert haben.

Trotz der Tatsache, daß nur zu drei Versen[81] Bemerkungen in der Katene vorkommen, gibt es mindestens fünf Katenenstellen, die keine auch nur entfernte Entsprechung bei Rufin finden. Dies entspricht der eingangs erwähnten

[78] *Scherer* 1957, 68 f.
[79] *Bammel* 1985, 91 ff.
[80] *Bammel* 1985, 59.
[81] 5.9 und 11.

Absicht Rufins, zwecks einer verständlicheren Vermittlung der Gedanken des Origenes an den lateinischen Leser manches zu kürzen, zusammenzufassen oder überhaupt auszulassen. Wenn man die einzelnen Auslassungen näher untersucht, wird zumindest vorstellbar, daß Rufin in den meisten Fällen[82] Äußerungen vorfand, die er nur auf umständliche Art in seinen Gedankengang hätte einflechten können.

Es gibt bei Rufin mehrere verschieden große Abschnitte, für die nicht einmal ein annähernd entsprechender Satzteil in der Katene gefunden werden kann. Der häufigste Grund dafür ist, daß bei den Katenenauszügen nur wenige Verse im Zusammenhang kommentiert werden. Zum Beispiel behandeln die Abschnitte 1045B bis 1047C das Thema *corpus peccati* aus 6,6, einem Vers, der in keinem Lemma oder Nebenlemma in der Katene zitiert wird. Ein anderer Grund für diesen Tatbestand liegt darin, daß Rufin immer wieder anhand von Exkursen Häresien zu widerlegen versucht, die einer Fehlauslegung des jeweiligen Verses entstammen. Als Beispiele dafür dienen 1044B (gegen eine doketische Deutung des Todes Jesu), 1047B f. (gegen die Ablehnung der Taufe von *parvuli*) und 1052B bis 1055B (gegen die Behauptung, Christus müsse in Zukunft wieder für die Sünden leiden). Mangels einer Vergleichsmöglichkeit kann hier natürlich nicht untersucht werden, in welchem Ausmaß, wenn überhaupt, diese Exkurse im Original vorhanden waren, die Frage wäre jedoch in Zukunft einer weiteren Behandlung wert.

Aus der Gesamtlänge der beiden Kommentarausgaben ergibt sich die Folgerung, daß die Katenenauszüge eine kompromißlose gekürzte Fassung des Origenischen Textes bieten, denn wenn man den Behauptungen Rufins glauben kann, bringt auch er nur eine Teilausgabe des gesamten Kommentars, welche immerhin weit umfangreicher als die Katenenausgabe ist. Diese Sachlage wirft etwas Licht auf die Vorgangsweise bei der Rufinischen Übersetzung. Daß Rufin manche Teilabhandlungen seiner Vorlage ausgelassen hat, geht klar aus der Anwesenheit mehrerer Schriftzitate und einiger Abschnitte in der Katene hervor, welche offensichtlich nicht von Rufin aufgenommen wurden. Rufin traf vielmehr eine Auswahl aus jenen Kommentaraussagen und begleitenden Schriftzitaten, die sich in sein literarisches Konzept einordnen ließen.

Diese These wird untermauert durch einige Beobachtungen, die sich anhand des vorhergehenden Vergleiches ergaben. Zum einen waren nur wenige Stellen zu vermerken, in denen Rufin den durch die Katene bezeugten griechischen Originalwortlaut auf Latein genau wiederzugeben suchte. Zweitens zeigt Rufin in seiner Wiedergabe gegenüber dem Katenentext eine ausgesprochene Neigung zu einer personalisierenden Anpassung, d. h. er wandelt vielfach den ursprünglichen sachlichen Stil in eine Personalform um, sei es als Kohortativ (z. B. *nos non possumus* 1044A) oder um den Verfasser einer zitierten Schrift-

---

[82] Besonders 29,2 f.6−9.14−18 und 30,20−22.

stelle zu erwähnen bzw. näher zu charakterisieren.[83] Schließlich bringt er häufig Anspielungen auf eine Stelle, für die sich nur ein einmaliges, kurzes Zitat in der Katene befindet. Bei all diesen offensichtlichen Änderungen durchzieht ein lebendiger und zusammenhängender Schreibstil das ganze Stück, als Zeichen für die Arbeit eines einzigen Verfassers. Rufin blieb seinem Vorbild und Vorgänger bei der inhaltlichen Wiedergabe treu, schrieb jedoch ein literarisches Werk eigener Prägung.

Über die Beziehung zwischen dem Katenenwerk und der Übersetzung Rufins läßt sich nur wenig Positives sagen. Mit Sicherheit kann man sagen, daß die Katenenhandschrift Rufin nicht als Vorlage diente. Diese Einsicht geht ohnedies aus dem verhältnismäßig geringen Alter der HS (10./11. Jh.) hervor.[84] Ob Rufins Vorlage zum selben Texttyp gehörte, kann angesichts all dessen, was bisher zur Rufinischen Übersetzungsfreiheit festgestellt wurde, kaum ermittelt werden. Solche Überlegungen müssen an der unterschiedlichen Beschaffenheit der Texte scheitern: Hier haben wir es mit einer stark gekürzten Teilwiedergabe, dort mit einer eigenwilligen, aber stilvollen Paraphrase zu tun.

2.4.2. Der Paulustext des Origenes

2.4.2.1. Übersicht der Forschungsgeschichte

Es mag im vorhergehenden Abschnitt aufgefallen sein, daß weder auf den Lemmatext noch auf die Zitate aus Röm 6 der beiden Kommentarausgaben Bezug genommen wurde, obwohl diese eine fruchtbare Vergleichsmöglichkeit darstellen könnte. Der Grund für diese durchaus beabsichtigte Vorgangsweise liegt vor allem darin, daß die Frage nach dem von Origenes für seine Werke verwendeten Bibeltext ein Thema für sich bildet. Wenn auch Rufin bekanntlich die Schriftzitate in *De principiis* unmittelbar aus dem Griechischen mitübersetzte, als er die Übersetzung des Römerbriefkommentars in Angriff nahm, folgte er keiner so einheitlichen Vorgangsweise.[85] Was den Lemmatext des Kommentars betrifft, hat bereits 1887 B. F. Westcott darauf aufmerksam gemacht, daß Rufin einen geläufigen lateinischen Text zu diesem Zweck zur Hand genommen hatte.[86] Diese Einsicht kann nicht überraschen, wenn man die erklärte Absicht Rufins bedenkt, eine für jedermann annehmbare Kommentarübersetzung herauszugeben, die natürlich auch dem Origenismus neue Anhänger gewinnen sollte. Die Beobachtung Westcotts führte bald zu einer intensivierten Suche nach der Quelle des von Rufin benutzten lateinischen Textes.

---

[83] Z. B. *Paulus autem audet et dicit* 1049C.
[84] *Staab* 1926, 7.
[85] *Bardy* 1920, 232.
[86] B. F. *Westcott,* Dictionary of Christian Biography, *W. Smith* und *H. Wace* (Hrsg.), Bd. 4, London 1897, 116 f.

So etwas wie ein Durchbruch in dieser Frage gelang H. J. Vogels, als er fest-
stellte, daß zwei Ambrosiaster-HSS, Amiens 87 und Wien 743, einen dem
Lemmatext in der Übersetzung Rufins sehr nahestehenden Texttyp aufwiesen.
Er konnte jedoch die eindeutige Verwandtschaft nicht feststellen: „Ferner muß
entweder in Amiens 87 der nämliche Text eingesetzt sein, den auch Rufin benutzt hat, oder Rufin hatte eine Form jenes Ambrosiastertextes in Händen, die
sonst nur durch Amiens 87 bezeugt wird."[87] Angesichts der fehlenden Übereinstimmung an manchen Stellen postulierte er, daß Rufin gelegentlich einen
Vulgatatext eingesetzt hätte.[88]

Die Fragen nach Herkunft, Art und Ausmaß der Benutzung des in der lateinischen Übersetzung Rufins verwendeten Paulustextes sind zum größten Teil
durch eine von C. P. H. Bammel jüngst veröffentlichte Studie beantwortet
worden.[89] In dieser Arbeit werden die Mängel früherer Untersuchungen möglichst vermieden, indem nicht nur die alte Delarue-Ausgabe des lateinischen
Kommentars (dieser Text liegt sowohl der Migne-Ausgabe, als auch der von
Lommatzsch zugrunde) zum Vergleich herangezogen wird, sondern alle ver-
fügbaren HSS von neuem ausgewertet werden, um eine kritische Ausgabe der
Übersetzung Rufins herzustellen. Die Ergebnisse Vogels' sowie anderer früherer Forscher werden durch diese neue Grundlage im wesentlichen bestätigt.[90]
Nach der sorgfältigen Untersuchung des Lemmatextes unter Berücksichtigung
der von Vogels vorgestellten Ambrosiaster-HSS A (Amiens 87) und W (die
verwandte Wien 743) kommt Bammel zum folgenden Ergebnis:

> Daß dieser Text [i. e. der Lemmatext] tatsächlich Rufin in einer lateinischen
> Paulushandschrift vorlag und nicht das Ergebnis seiner eigenen Übersetzung der
> Lemmata des Origenes war, wird nicht nur durch den Charakter des Textes und
> die textkritischen Bemerkungen Rufins darüber, sondern auch dadurch, daß er in
> den Ambrosiasterhandschriften AW selbständig überliefert wird, bewiesen. Daß
> der in der Handschriften AW eingesetzte Text wiederum nicht etwa aus den Lem-
> mata Rufins exzerpiert worden war, erhellt daraus, daß er mit dem Text Rufins
> nicht voll identisch ist, und daß die Bearbeitung des Paulustextes in der Ambro-
> siasterhandschrift A sich auch auf den ersten Korintherbrief erstreckte (W bringt
> nur den Römerbrief).[91]

Anders als beim Lemmatext verhält es sich bei den Römerbriefzitaten in der
übersetzten Erklärung. Bereits 1920 stellte G. Bardy fest, daß in der Übersetzung Rufins manchmal aus anderen lateinischen Paulus-HSS zitiert wird, an
mehreren Stellen Zitate sogar direkt aus dem Griechischen übertragen wer-

---

[87] *H. J. Vogels,* Untersuchungen zum Text paulinischer Briefe bei Rufin und Ambrosiaster, BBB, Bonn 1955, 32.
[88] AaO., 32.
[89] *Bammel* 1985.
[90] AaO., 15.
[91] AaO., 145.

den.[92] In ihrer Untersuchung dokumentiert Bammel diese Vorgangsweise im einzelnen. Dabei stellt sich heraus, daß die Diskrepanz zwischen einer Lesart des Lemmatextes und dem wiederholten Zitat in der Kommentarerklärung zu Unstimmigkeiten oder sogar Widersprüchen führen kann.[93] Wenn der Lemmatext Rufins nicht bereits anhand eines griechischen Textes bearbeitet worden wäre, hätte es an zusätzlichen Mißhelligkeiten vermutlich nicht gefehlt.[94]

Begründet durch den Umstand, daß die lateinische Übersetzung des Römerbriefkommentars nur mit Vorbehalt für die Wiederherstellung des von Origenes benutzten Paulustextes herangezogen werden darf, ist man für dieses Vorhaben zunächst auf die erhaltenen griechischen Fragmente angewiesen. Man könnte also alle darin vorkommenden Zitate und Anspielungen sammeln, miteinander vergleichen und schließlich anhand der im Lateinischen möglicherweise überlieferten Origenischen Sonderlesarten nachprüfen, um so zu einer griechischen Textgestalt aus dem frühen 3. Jh. zu gelangen.

So einfach ginge es aber doch nicht. Denn es gilt erstens einmal immer noch als umstritten, ob Origenes ein besonderer Texttyp — manche pflegen ihn „Cäsarea-Text" zu nennen — zuzuordnen ist.[95] Jener müßte nämlich in mehreren, regelmäßig wiederkehrenden Sonderlesarten seinen Niederschlag finden. P. Koetschau fiel allerdings der Mangel an solcher Regelmäßigkeit bereits 1900 auf, indem er beobachtete, daß Origenes oft dieselbe Stelle sogar im selben Werk verschiedenartig zitiert.[96] Dies mag nicht überraschen angesichts der eigenen Äußerungen des Origenes zum Zitatverfahren des Apostels Paulus', der es im Umgang mit der Septuaginta vorziehe *non tam verbis interpretum, quam sensibus Scripturae uti vult sua enuntiatione.*[97] Nach Überzeugung Koetschaus habe Origenes auch keine kritische Ausgabe des Neuen Testaments, wie etwa in der Art der Hexapla für das Alte Testament, in Angriff genommen.[98] Man müsse also davon ausgehen, daß die Vielfalt der Zitate, selbst innerhalb derselben Schrift des Origenes, lediglich die Verwendung mehrerer zur Verfügung stehender neutestamentlicher HSS widerspiegelt. Von dieser Annahme ausgehend empfiehlt Koetschau folgende Verfahrensweise bei der Auswertung der Bibelzitate bei Origenes: „Man darf von zwei verschiedenen hs. gut bezeugten und an sich richtigen und möglichen Lesarten eines Citates an verschiedenen Stellen derselben Schrift weder die eine noch die andere als hs. Corruptel verwerfen, sondern muss sie beide als gleich richtig und als gleich berechtigt gelten lassen."[99] Es gäbe also keinen Origenischen Texttyp an sich, vielmehr begegneten Lesarten verschiedener Texttypen in den Schriften des Origenes.

[92] *Bardy* 1920, 238.
[93] *Bammel* 1985, 13.
[94] AaO., 146.
[95] *Aland* 1982, 180.
[96] P. *Koetschau*, Bibelcitate bei Origenes, ZWTh 43 (1900) 335.
[97] *Com Rom* 10,8.
[98] *Koetschau* 1900, 345.   [99] AaO., 348 f.

Eine mögliche Quelle des Römerbrieftextes des Origenes tritt mit der Entdeckung der HS Athos Lawra 184 B 64 durch Ed. Freiherrn von der Goltz zutage.[100] Dieser Codex wird bei Nestle / Aland durch die Zahl 1739, in der Fachliteratur aber oft als „Codex von der Goltz" bezeichnet. Die Besonderheit dieser die Apostelgeschichte, die Paulinischen und die Katholischen Briefe enthaltenden HS für die Römerbrieftextforschung geht aus der Überschrift hervor, die am Anfang der Paulusbriefe steht. Dort wird nämlich behauptet, daß der Römerbrieftext aus dem Römerbriefkommentar des Origenes abgeschrieben wurde, abgesehen von den Teilen, für die kein Kommentarband erhältlich war.[101] Diese textkritische Arbeit, welche auch durch mehrere Randnotizen z. B. über unterschiedliche Lesarten im Lemma und in der Erklärung des Kommentars dokumentiert wird, wurde vermutlich um 400 in Cäsarea durchgeführt.[102] Der Codex selbst fand allerdings erst im 10. Jh. durch einen gewissen Mönch namens Ephraim seine Niederschrift.[103]

In einer vergleichenden Untersuchung des Codex mit einigen anderen verwandten HSS, gelang es N. Birdsall, die textgeschichtliche Überlieferung ein wenig zu erhellen.[104] Vor allem die Handschrift 1908 (Oxford Bodl. Roe 16, 11. Jh.) weist etliche gemeinsame Sonderlesarten auf, welche die Verwandtschaft der HSS miteinander sicherstellen. Dazu gibt es manche abweichende Lesarten, die insgesamt den Anschein vermitteln, als stammten beide HSS vom selben Archetyp, wobei an 1739 wahrscheinlich eine nachträgliche Korrektur nach dem griechischen Normaltext vollzogen wurde.[105] Man hat also bei der Untersuchung des Codex von der Goltz davon auszugehen, daß manche Lesarten, die mit dem Normaltext übereinstimmen, ursprünglich im Kommentar als Sonderlesarten aufschienen. Die erste Auswertung des Codex im Hinblick auf eine Feststellung des von Origenes kommentierten Römerbrieftextes unternahm O. Bauernfeind 1923.[106] Mangels der erst später durch Birdsalls Untersuchung gewonnenen Einsicht, daß die Vorlage des Codex nach der textkritischen Arbeit im 5. Jh. anhand des Normaltextes revidiert wurde, ging Bauernfeind von der Annahme aus, daß der Römerbrieftext aus dem Kommentar des Origenes erst bei der Codexniederschrift im 10. Jh. abgeschrieben

---

[100] *Ed. Freiherr von der Goltz,* Eine textkritische Arbeit des zehnten bzw. sechsten Jahrhunderts, TU 17,3b, Leipzig 1899.

[101] *O. Bauernfeind,* Der Römerbrieftext des Origenes, TU 44,3, Leipzig 1923, 3.

[102] *Bammel* 1985, 36.

[103] Loc. cit.

[104] Die ursprüngliche Dissertation, A Study of ms. 1739 of the Pauline Epistles and its Relationship to mss. 6, 424, 1908 and M, *Nottingham 1959, war mir nicht zugänglich; cf. die Zusammenfassung der Ergebnisse bei N. Birdsall,* The Text and Scholia of the Codex von der Goltz and its Allies and their Bearing upon the Texts of the Works of Origenes, especially the Commentary on Romans (Origenia: Premier colloque international des études origèniennes, Bari 1975, 215−22).

[105] Zusammenfassung bei *Bammel* 1985, 37 f.

[106] *Bauernfeind* 1923.

wurde.[107] Dementsprechend begründete er die häufig anzutreffenden Sonderlesarten in der Athos HS gegenüber Zitaten aus dem Römerbrief an anderen
Stellen in den Werken des Origenes durch die These, daß dieser früher verwendete Texte von „westlichen" Lesarten bereinigt hätte, um so eine eigene Textgestalt für seinen Kommentartext zu schaffen.[108] Diese Ansicht stieß sofort auf
Kritik. Später hat der Vergleich zwischen den Lesarten des Turapapyrus und
denen des Codex diese Kritik als berechtigt erwiesen. Scherer konnte nämlich
auch bestätigen, daß der Codex von der Goltz einen Römerbrieftext beinhaltet,
der nicht unmittelbar dem griechischen Kommentar des Origenes entnommen
wurde:

> ... il reste que le papyrus confirme plusieurs fois la leçon origènienne du codex,
> parfois en la précisant, et que plusieurs fois également il garde une leçon origè-
> nienne ignorée du codex. Il nous apparaît donc, sur ce point particulier des citat-
> ions de s. Paul, comme exempt de toute corruption. Au contraire, le codex, en
> dépit du soin qui a présidé à ce recueil des épîtres pauliniennes, présente, en plu-
> sieurs endroits, un texte altéré ou évolué.[109]

Was also die durch den Papyrus überlieferten Kapitel des Römerbriefs betrifft, nämlich Röm 3,5 bis 5,7, kann man vom Codex als Quelle für den Römerbrieftext des Origenes zugunsten des ersteren absehen. An diesen Stellen
bringt der Papyrus solche Lesarten, die mit größerer Wahrscheinlichkeit von
Origenes selbst sind.

2.4.2.2. Der Text von Röm 6,1–11 bei Origenes

Schwieriger wird die Aufgabe, wenn man sich unserer Stelle, Röm 6,1–11,
zuwendet, denn in diesem Fall überliefert der Codex von der Goltz den einzigen vollständigen Text, der möglicherweise unmittelbar auf Origenes zurückgeht. Es wird also im folgenden die Aufgabe sein, den von Origenes kommentierten Text für diese Stelle vorzustellen, indem nicht nur der Codex, sondern
auch die Katenenauszüge sowie die Übersetzung Rufins — insofern er einzelne
Zitate in der Erklärung dem griechischen Text direkt entnimmt — zu diesem
Zweck verwertet werden. Zur Nachprüfung werden Zitate oder Anspielungen
aus anderen Werken des Origenes herangezogen, obwohl man jederzeit mit der
Möglichkeit zu rechnen haben wird, daß Origenes selbst verschiedene Paulus-
texte kannte und benutzte, und daß dementsprechend sowohl innerhalb des gesamten *corpus Origenianum,* als auch innerhalb einzelner Werke dasselbe Zitat
mit jeweils unterschiedlichem Wortlaut auftreten kann. Die verschiedenen im
folgenden zitierten Fassungen von Röm 6,1–11 samt anderen bedeutenden Varianten aus den Werken des Origenes scheinen in Tabellenform im Anhang 4
auf.

---

[107] AaO., 3f.
[108] AaO., 87ff.
[109] *Scherer* 1957, 65.

6,1 ἐπιμένομεν: Die Lesart des Codex von der Goltz (Präsensform) wird von einer Vielzahl von Majuskeln und Minuskeln (darunter KP 0221^{vid} 1175 1881 2464) geteilt. Rufins Lemmatext bringt in Übereinstimmung mit fast allen Altlateinern die Zukunftsform. Da die Argumentation des Origenes (1036C) entweder eine Zukunfts- oder Konjunktivform erfordert, ist die Lesart des Codex höchstwahrscheinlich der oben erwähnten Tradition angeglichen worden.

6,2 ζήσομεν αὐτῇ: Obwohl in *Cat Luc 107* auf die Präposition verzichtet wird, muß diese Lesart mangels zusätzlicher Bezeugung als unbewußte Anpassung an 6,1 (ἐπιμένωμεν τῇ ἁμαρτίᾳ) beurteilt werden.

6,3 εἰς Χριστὸν: Während der Lemmatext zum Großteil der Überlieferung beider Sprachen folgt (d. h. mit dem Zusatz Ἰησοῦν), wird an einigen Stellen der Erklärung sowie in manchen anderen Übersetzungen Rufins (z. B. *Hom Num 15,4*) die gekürzte Form zitiert. Daß der Text des Origenes eine kürzere Lesart aufwies, könnte aufgrund der Bezeugung dieser Variante in wenigen anderen griechischen HSS angenommen werden. Es bleibt jedoch nicht ausgeschlossen, daß er sowohl die kürzere als auch die längere Lesart kannte.

6,4 οὖν: Die Lesart des Codex sowie die des neulich von Bammel durchgesehenen Lemmatextes bringen die am besten bezeugte griechische Variante (lat. *ergo*). In der übersetzten Erklärung scheint jedoch die Form *enim* (1038A) auf, während die Lemmalesart nie wieder erscheint. In anderen griechisch oder lateinisch überlieferten Schriften des Origenes kommt entweder γὰρ bzw. *enim* oder gar kein Wort an dieser Stelle vor. Da diese häufige Auslassung bei mancher Anspielung durch den Zusammenhang bedingt sein dürfte, muß γὰρ als die Origenische Lesart angesehen werden.

6,5 σύμφυτοι: Es kann kaum ein Zweifel bestehen, daß die in der Katene und im Codex bezeugte Lesart auf den Text des Origenes zurückgeht. Sie wird auch in der Übersetzung Rufins (*complantati*) widergespiegelt. Wenn zwar an manchen Stellen σύμμορφοι eine eigene Variante zu sein scheint (z. B. *Com Io* 20,227; *Cels* 2,69; *Cat Cor* 29,13f.; *Hom Luc* 17), so muß man doch vielmehr annehmen, daß Origenes Röm 6,5 mit Phil 3,10 oder Röm 8,29 im Gedächtnis zusammenfließen ließ und in Folge dessen manchmal einen eigenartigen Wortlaut anführt.

6,7: Dieser kurze Vers kommt zwar im Codex vor, wird aber in der Katene weder zitiert noch behandelt. Auch im Lemmatext Rufins scheint der Vers nicht auf und wird dementsprechend in der Erklärung auch nicht ausgelegt. Da es äußerst unwahrscheinlich ist, daß Rufin einen ganzen Vers samt dem dazu gehörenden Kommentar willkürlich und ohne Erwähnung ausgelassen hätte, ist vielmehr anzunehmen, daß der Vers auch im Paulustext des Origenes nicht vorkam. Diese These wird vom auffallenden Datum gestützt, daß der Vers in keinem anderen Origenes-Werk zitiert wird. In den zwei Stellen des Römerbriefkommentars, wo auf diesen Vers angespielt wird (1057B und 1068C), befindet sich im Gegensatz zum üblichen ausführlichen Einleitungswort die einfache Formel *dicitur*. Dies könnte darauf hinweisen, daß der Vers Rufin zwar als geläufiger Spruch, nicht aber als Pauluszitat bekannt war. Nichts deutet jedoch darauf hin, daß Origenes diesen Vers gekannt hätte.

6,9 ἀποθνήσκει: Auch an dieser Stelle stellt die Lesart der Katene und des Codex gegenüber dem Rufinischen Lemmatext, der mit den meisten Lateinern *morietur* liest, die ursprüngliche Origenische Lesart dar. Dies wird durch den Wechsel auf *moritur* in der Erklärung (1049B) bestätigt.

κυριεύει: Sowohl im Lemma als auch in der Erklärung des Katenenauszuges besteht Origenes, im Einklang mit dem Großteil der griechischen Zeugen, auf die Präsensform. Daß diese in die Zukunftsform umgewandelt wird an der Stelle, wo Origenes diesen Vers mit 6,14 — an welcher Stelle die Zukunft tatsächlich gebraucht wird — vergleicht, ist durchaus verständlich. Der Mechanismus der logischen Zukunft, der auf den Großteil der Lateiner Einfluß ausgeübt hat, wurde oben im Zusammenhang mit dem Irenäischen Text besprochen und ist auch für die Rufinische Lesart verantwortlich.

6,11 ἑαυτοὺς νεκροὺς μὲν εἶναι: Während die Anwesenheit von εἶναι von einigen griechischen Zeugen (p[46] vid ADFG) in Zweifel gezogen wird, stimmt die große Mehrheit der HSS beider Sprachen sowie der Codex und der Katenenauszug für die Aufnahme dieses Wortes als Teil des Urtextes. Die Stellung von εἶναι im Text ist jedoch umstritten. In diesem Fall zeigt der Codex eine auffallende Neigung zu einer Lesart bestimmter anderer HSS (BC 81 365 1506 1881 cf. v 1), welche die Möglichkeit einer nachträglichen Anpassung nahelegt. Dafür, daß die Katenenlesart die ursprünglich Origenische ist, spricht die Wiederholung der Satzstellung des Lemmatextes an zwei Stellen der Erklärung (31,19 f. und 30).

τῷ κυρίῳ ἡμῶν: Die Entscheidung, ob dieser Satzteil zum Text des Origenes gehört hat, wird dadurch erschwert, daß das Lemma des Katenenauszuges die längere Lesart, dessen Erklärung jedoch die kürzere wiederholt bringt (31,20.21 f.22 f. 28.29.33.33 f.35.36 f.38). Während der Codex von der Goltz das einfache Versende bezeugt, schreibt Rufin: *in Christo Jesu Domino nostro,* in seinem Nebenlemma (ein Hauptlemma zu dieser Stelle gibt es nicht) zitiert er aber später *viventes Deo in Christo Jesu* (1054C bzw. 1056A). Diese Lesart des Nebenlemmas geht wahrscheinlich auf Rufins Lemmatext zurück, wie die Übereinstimmung mit Amiens 87 und anderen nahelegt. Die im Laufe der Erklärung immer wieder auftretende kürzere Lesart ist aber als bequemere Fassung für eine Anspielung auch durchaus denkbar. Wenn die Katenenlesart im Lemma ursprünglich ist, so wird der Vers im Codex der übrigen Überlieferung angeglichen worden sein. Origenes könnte freilich auch beide Lesarten, die kürzere und die längere, gekannt und verwendet haben.

2.4.2.3. Zusammenfassung

Wenn man diese Varianten zusammenfassend betrachtet, ergibt sich der Eindruck, daß Origenes sehr wohl einen anderen Texttyp als den sog. Normaltext für seine Kommentarwerke benutzte. Obwohl die Abweichungen von diesem hauptsächlich geringfügiger Art sind, können in mindestens vier Fällen[110] Lesarten festgestellt werden, die sich nicht ohne weiteres in die übrige griechische Textüberlieferung einordnen lassen und sich ebensowenig durch eine nachträgliche Korrektur anhand der altlateinischen oder der Vulgata-Tradition erklären lassen. Dies gilt vor allem für den durch die Katenenauszüge bezeugten Texttyp, soweit er vorhanden ist. Im Einklang mit früheren Untersuchungen ergibt sich für den Codex von der Goltz (1739) das Bild eines griechischen neutesta-

---

[110] Verse 3.4.7. und 11.

mentlichen Textes, der sehr wohl aus den Römerbriefzitaten im Origeneskommentar hätte extrahiert werden können, der aber nachträglich durch Vergleich mit einem anderen Texttyp, am wahrscheinlichsten mit einem Vertreter des Alexandrinischen Texttyps, dem Normaltext angepaßt wurde. Beispiele für diese Entwicklung fallen im Vers 1 und 11 (zweimal) auf.

Aufgrund der Ergebnisse dieser kleinen Untersuchung ist kaum zu sagen, ob oder inwiefern Origenes mehrere Texte des Römerbriefes zur Hand nahm, als er seinen Kommentar schrieb. In zwei Fällen[111] stellen wir fest, daß er zwei verschiedene Lesarten benutzt haben dürfte, ohne genauer sagen zu können, ob diese Varianten ihm in Form von HSS zur Verfügung standen oder ob er sie aus seinem Gedächtnis zitierte, das im übrigen wahrscheinlich einer kleinen Bibliothek gleichkam. Die relative Bedeutung dieser zwei Stellen verliert an Gewicht, wenn man bedenkt, daß es sich in beiden Fällen um gekürzte Formen handelt, die u. U. lediglich aus Bequemlichkeit entstanden sind. Man wird deswegen anzunehmen haben, daß Origenes einen anderen Texttyp als den, der heute mit der Bezeichnung „Normaltext" versehen wird, gekannt hat. Inwiefern sich seine textkritischen Arbeiten auch auf das Neue Testament erstreckten, läßt sich aus dem Vorhergehenden nicht schließen.

2.5. Die übrigen Väter der ersten drei Jahrhunderte und ihre Paulustexte

Gleich zu Beginn dieses Abschnittes muß erneut betont werden, daß einerseits aufgrund der Kürze des hier behandelten Römerbriefabschnittes und andererseits wegen der geringen Anzahl von Zitaten bei den übrigen Vätern der Ertrag der folgenden Einzeluntersuchung gering ausfallen muß. Bei der überwiegenden Mehrheit der Stellen bei Klemens von Alexandrien, Hippolyt von Rom, Cyprian von Karthago und Methodios von Olymp, wo Röm 6,1–11 benutzt wird, geht es um knappe Anspielungen, die von nur sehr begrenztem Wert sind, will man die von ihnen verwendete Textgestalt näher bestimmen. Das Wenigste hat man von Ignatius zu erwarten, der nur an zwei kurzen Stellen auf die Römerbriefstelle Bezug nimmt. Aus diesem Grund finden seine Anspielungen im folgenden keine Erwähnung.

2.5.1. Klemens von Alexandrien

Klemens zitiert in den *Stromateis* zweimal[112] aus Röm 6,1–11. Im ersten Fall bringt er 6,2b und knüpft 6,6b und c unmittelbar daran. In Übereinstimmung mit dem Normaltext liest er ζήσομεν im Gegensatz zur Konjunktivform

---

[111] Verse 3 und 11.
[112] *Strom* 3,75,3 und 4,51,1.

ζήσωμεν bei p[46] CFGLΨ und einigen Minuskeln. Dies kann als Bestätigung für den Alexandrinischen Ursprung der ersten Lesart gedeutet werden. Beim Zitat von Vers 6 fällt auf, daß Klemens mit ὁ παλαιὸς ἄνθρωπος ἡμῶν eine andere Wortreihenfolge als die große Mehrheit der anderen Zeugen kennt. Diese veränderte Reihenfolge kehrt in 4,51,1 wieder, wo das Zitat sonst mit dem Normaltext übereinstimmt. Es besteht also die Möglichkeit, daß der ihm bekannte Texttyp diese Wortreihenfolge aufwies, obwohl sie auch auf gewohnheitsmäßige Gedächtniszitierung zurückgehen kann.

2.5.2. Hippolyt von Rom

Ein hinsichtlich des Wortlautes interessantes Zitat aus 6,8 f. findet sich in der armenischen und georgischen Übersetzung der *Benedictio Moysis* des Hippolyt. Diese Stelle wird hier nach der französischen Übersetzung[113] zitiert:

> Et si nous mourons sous le baptême du Christ, nous croyons que, de sa résurrection aussi, nous devenons participant, sachant bien ceci, que le Christ ressuscité d'entre les morts ne meurt plus, et que la mort sur lui n'a plus empire.

Obwohl uns an dieser Stelle die Gestalt eines geschlossenen Zitats begegnet, ist kaum denkbar, daß Hippolyt unmittelbar aus einem ihm vorliegenden Text abschrieb. Denn einige Zeilen weiter oben im selben Abschnitt liest man die Variante zu Vers 9: „la mort sur lui ne peut avoir empire" (138 f.). Es handelt sich hier offensichtlich um ein Gedächtniszitat, das zum Zweck der Auslegung umgeformt und vervollständigt wurde. Dem Zitat kann daher keine textkritische Bedeutung beigemessen werden.

2.5.3. Cyprian von Karthago

Cyprian bringt kein wörtliches Zitat aus Röm 6,1−11, eine Anspielung bei *De zelo et livore* 14 ist jedoch für die Untersuchung von Interesse:

> *Qui ergo in baptismo secundum hominis antiqui peccata carnalia et mortui sepulti sumus, qui regeneratione caelesti Christo consurreximus, quae sunt Christi et cogitemus pariter et geramus, sicut idem apostolus docet rursus et monet dicens:* ...
> De zel et liv 14 (CCSL 3A,83)

Anschließend an diese Stelle zitiert Cyprian 1 Kor 15,47 ff. Wenn diese Bemerkung eine Zusammenfassung von Röm 6,3−11 darstellen soll, fällt der Gebrauch von *cogitemus*, offensichtlich in Anlehnung an λογίζεσθε Vers 11 auf. Das Vorkommen dieses Begriffes im Zusammenhang mit Röm 6,11 ruft die Bemerkung Rufins in der Kommentarübersetzung in Erinnerung: *Non sine causa autem dixit: „existimate vos mortuos esse peccato", quod melius quidem in graeco*

---

[113] Hippolytus Romanus, De benedictionibus Isaaci et Iacobi et Moysi, M. Brière, L. Maries and B.-Chr. Mercier (Hrsg.), PO 27,1 f., Paris 1954, 139 f.

habet: „cogite vos mortuos esse peccato. "[114] Wogegen λογίζεσθε am häufigsten mit
existimate wiedergegeben wird — außer bei Tertullian, der *repudate* liest —,
könnte eine frühe Textüberlieferung Nordafrikas diese für das lateinische
Sprachgefühl bessere Übersetzung gekannt haben. Wenn das der Fall war, so
tritt die Quelle für die Idee der textkritischen Bemerkung Rufins gegenüber der
altlateinischen Texttradition zutage. Diese Vorstellung läßt sich mangels zusätzlicher Zeugen für die afrikanische Version freilich nicht stärker begründen.

2.5.4. Methodios von Olympos

Auch Methodios von Olympos, Zeitgenosse des Origenes, gibt ein wenig
Auskunft über die Art des Paulustextes, der zu seiner Zeit und in seiner Umgebung geläufig war. Der Wert seiner Zitate aus Röm 6,1–11 ist von vornherein
beschränkt, zumal sie in slawischen Übersetzungen seiner Werke vorkommen.
Dies ist tatsächlich bei *De cibis* (Über die Speisen) der Fall, eine Schrift, die Röm
6,3 f. 7 und 9 ausführlicher zitiert. Die slawischsprachige Überlieferung ist allerdings meist zuverlässig, wie Vergleiche mit erhaltenen Fragmenten der griechischen Vorlage bewiesen haben.[115] Die anderen zwei Hauptschriften, in denen Methodios auf die Römerbriefstelle Bezug nimmt, *De resurrectione* und
Symposion (oder *Convivium*), sind zwar in gut erhaltenen HSS griechischer
Sprache überliefert, enthalten dafür wenig, was für die Textgeschichte des
Neuen Testaments von Interesse ist.

De cibis 12,6 weist zwei Varianten auf, denen wir auch bereits in manchen Zitaten des Origenes aus dem Römerbrief begegnet sind und die von wenigen anderen griechischen Zeugen gelesen werden. Es handelt sich um folgende Stelle:
„Denn die ‚in Christus' Getauften, spricht der Apostel, ‚sind in seinen Tod getauft; wir sind aber mit ihm begraben durch die Taufe' usw. " Als erstes fällt
hier die kürzere Formel „in Christus" auf, die auch bei B, zwei Minuskeln (104[c]
326) sowie wenigen anderen und Tert (*De pud* 17) gelesen wird. Wir haben bereits festgestellt, daß die kürzere Form auch in den exegetischen Schriften des
Origenes wiederkehrt. Die in die Mitte des Zitats eingefügte Einleitungsformel
bekräftigt den Anschein eines wörtlichen Zitats. Es könnte sich also hier durchaus um eine frühe Alexandrinische Lesart handeln. Die zweite bei *De cibis* 12,6
auftretende Variante läßt sich mit etwas weniger Sicherheit erörtern. Es geht in
diesem Fall um den Satzteil „wir sind aber mit ihm begraben", wobei zu fragen
ist, ob „aber" auf das griechische οὖν oder γὰρ zurückzuführen ist. Trifft das
Zweite zu, so haben wir es hier mit einem Zeugen für die von Origenes oft gebotene Lesart (γὰρ bzw. *enim*) zu tun. Man müßte natürlich auf den slawischen
Text zurückgehen, um in dieser Frage mehr Aufschluß zu erzielen.

Die Stelle *De cibis* 13,5 beinhaltet ein Zitat, dessen Anwesenheit im Paulus-

---

[114] *Com Rom* 5,10 (PG 14,1054C).
[115] G. N. *Bonwetsch*, Methodius, GCS 27, Leipzig 1917, xxiii.

text des Origenes angezweifelt wurde. Methodios zitiert folgendermaßen: „‚Denn wer gestorben ist‘, spricht er, ‚ist gerechtfertigt von der Sünde.‘" „Er" an dieser Stelle bezieht sich gleich wie oben (12,6) auf den Apostel Paulus. Welche Ähnlichkeiten auch immer der Text des Methodios mit dem des Origenes aufweisen mag, aus diesem Zitat geht klar hervor, daß Methodios von Röm 6,7 als Pauluswort gewußt hat. Diese Feststellung mag wohl gar nicht überraschen, denn bei allen wichtigen griechischen Zeugen kommt dieser Vers in der Reihenfolge des Normaltextes vor. Wenn also Origenes diesen Vers gar nicht gekannt hat − eine These, welche allerdings oben aus einem *argumentum e silentio* hervorgegangen ist −, dann wird man diese Unkenntnis als relativ unbedeutend für die Textgeschichte zu beurteilen haben.

2.6. Zusammenfassung und Bewertung der Ergebnisse zur neutestamentlichen Textgrundlage der einzelnen Kirchenväter

Im folgenden wird auf die wichtigsten Ergebnisse der vorhergehenden Untersuchungen zum Text von Röm 6,1−11 bei den einzelnen Vätern eingegangen. Die einzelnen Feststellungen sollen als Grundlage für die Analyse der Väterexegese in den folgenden zwei Kapiteln dienen.

Das wichtigste Fazit aus der Betrachtung der Zitate bei Tertullian war die Feststellung mehrerer *hapax legomena* in der lateinischen Übersetzung. Tertullian scheint so etwas wie eine Sonderstellung in der Geschichte der altlateinischen Bibel einzunehmen, denn insbesondere seine Wortwahl zur Übersetzung der bei Röm 6,1−11 auftretenden griechischen Begriffe ist eigenwillig und bewegt sich vielfach weit außerhalb des großen Stromes der übrigen lateinischen Varianten. Aus diesem Grund halte ich die These für eher wahrscheinlich, daß Tertullian unmittelbar aus einem griechischen Text übersetzte − wobei ihn einzelne Formeln aus dem Sprachgebrauch seiner Kirche sicherlich beeinflußt hatten −, als daß er sich eines seither zum Großteil verlorengegangenen Texttyps bediente. Wo einzelne Varianten später bei anderen Zeugen wiederkehren, hat man anzunehmen, daß eine Frühform des D-Textes, wahrscheinlich in Form eines Gedächtniszitates, auf Tertullian Einfluß ausgeübt hat.

Als Einleitung zur Untersuchung der Römerbriefzitate bei Irenäus, wurde die Frage nach der Zuverlässigkeit der für das Studium des Hauptwerkes, *Adversus haereses,* unentbehrlichen lateinischen Übersetzung erörtert. Es hat sich herausgestellt, daß die Gefahr einer zu wörtlichen, hölzernen Wiedergabe des Griechischen eher gegeben ist, als daß man fürchten muß, der anonyme Interpret habe sein Handwerk mit zu großer Freiheit ausgeübt. Die Einzeluntersuchung der Schriftzitate aus Röm 6,1−11 hat zusätzliche Hinweise für die These geliefert, daß *Adv haer* zwischen 200 und 400 nach Christus übersetzt wurde, wobei die Anzahl von Afrikanischen Lesarten für einen späteren Zeitpunkt innerhalb dieses Rahmens sprechen. Andererseits ist es nicht wahrscheinlich, daß

der Übersetzer einen altlateinischen Paulustext afrikanischer Herkunft eingesetzt hat, denn selbst in diesen wenigen Versen sind die Abweichungen von anderen Zeugen zu häufig und zu eigenwillig. Irenäus selbst hat offensichtlich einen D-Texttyp gekannt, aber benutzte wahrscheinlich keine griechische Vorlage als er *Adv haer* schrieb, sondern beschränkte sich auf Gedächtniszitate.

Ehe die Römerbriefzitate des Origenes näher betrachtet wurden, wurde zuerst versucht, etwas Klarheit über die Zuverlässigkeit und Treue der durch Rufin von Aquileia erfolgten lateinischen Übersetzung des Römerbriefkommentars zu verschaffen. Rufin wurde offenbar durch apologetische Beweggründe
zur Übersetzung veranlaßt und gibt selbst zu, manches vereinfacht, ergänzt
oder ausgelassen zu haben, um dem lateinischen Leser ein lesbares und an-
nehmbares Kommentarwerk anzubieten. Vergleichende Studien der jüngsten
Vergangenheit haben das Bild eines ergebenen Origenes-Übersetzers skizziert,
der sich zwar große Freiheiten in der Kürzung, Umordnung und Auswahl des
Stoffes aus der griechischen Vorlage nimmt und dessen Leistung besser als „Paraphrase" anstatt „Übersetzung" bezeichnet wird, der aber schließlich doch
sucht, die Gedanken und oft auch den Stil seines Meisters zu vermitteln.

Eine eigene vergleichende Untersuchung der Katenenauszüge zu Röm
6,1–11 und der entsprechenden Abschnitte bei der Übersetzung Rufins hat zunächst ergeben, daß beide Werke die ihnen gemeinsamen Kommentarbemerkungen etwa in derselben Reihenfolge bringen. Es gibt jedoch kürzere Abschnitte in der Katene und längere bei Rufin, die bei der anderen Ausgabe nicht
vorzufinden sind. Rufin scheint seinerseits auf Gedanken zu verzichten, die sich
nur mit Mühe in sein Gesamtkonzept einordnen lassen. Der Katenist andererseits scheint einige der großen Exkurse bei Rufin nicht gekannt zu haben.
Schließlich zeigt Rufin gegenüber dem Katenenwerk eine Neigung zur stilisti-
schen Ausformung, wobei er häufig personalisierende Redeweisen sowie bildhafte Ergänzungen einflicht. In der Frage des von Origenes benutzten Paulustextes hat zunächst der Überblick über die wichtigsten Entwicklungen in diesem Jahrhundert gezeigt, daß die Suche nach besagtem Text noch nicht abge-
schlossen ist. Die Zitate in seinen exegetischen Werken können selbst innerhalb
derselben Schrift im Wortlaut variieren. Die Kommentarübersetzung Rufins
führt in folgerichtiger Weise Zitate aus einer Ambrosiasterhandschrift für die
Lemmata an, kennt jedoch eine wechselnde Zitierpraxis in der Erklärung und
kann daher nicht als primäre Quelle für Origenische Bibelzitate dienen. Der
sog. Codex von der Goltz, dessen Vorlage angeblich aus dem Römerbriefkommentar des Origenes abgeschrieben wurde, zeigt eine Neigung zum Wortlaut
des Normaltextes, weil seine Vorlage offensichtlich nachträglich angeglichen
wurde. Durch den eigenen Vergleich des Katenentextes mit dem Codex, mit
den übersetzten Zitaten bei Rufin sowie mit Schriftzitaten in anderen Werken
des Origenes hinsichtlich der Stelle Röm 6,1–11 konnten einige Origenische
Lesarten ausfindig gemacht werden. Dabei zeigte sich auch, daß der Codex
oft eine anscheinend angeglichene Lesart aufweist. Daher sind die Katenenaus-

züge als mögliche Quelle für den Paulustext des Origenes durchaus besser geeignet.

Die übrigen Kirchenväter aus der Zeit, die für diese Arbeit in Betracht kommt, bringen nur einzelne Varianten zu Röm 6,1–11, die von textkritischem Interesse sind. Am auffallendsten waren die Lesarten ὁ παλαιὸς ἄνθρωπος ἡμῶν 6,6 bei Klemens und *in Christus* 6,3 bei Methodios, die jeweils Hinweise auf eine gegenüber dem Normaltext unterschiedliche Texttradition darstellen könnten. Im Laufe der vorhergehenden Behandlung der Zitate aus Röm 6,1–11 ist die Problematik anschaulich geworden, die immer wieder auftritt, wenn Kirchenväterzitate für die Rekonstruktion der Textgeschichte des Neuen Testaments ausgewertet werden sollen. Die Hauptschwierigkeit bei diesem Vorhaben liegt darin, zu bestimmen, ob der Schriftsteller von einer Vorlage abhängig ist oder ob er sich auf sein Gedächtnis verläßt. Wenn man betrachtet, wie oft manche Schriftsteller in ihren Werken ein Bibelzitat verwenden (wie in diesem Fall bei Origenes aufgefallen ist), so ist durchaus vorstellbar, daß der Kommentator schon längst aufgehört hatte, jedesmal einen griechischen oder lateinischen Bibeltext aufzuschlagen, wenn er ein Zitat anführen wollte. Dazu kommt das im Vorhergehenden hin und wieder beobachtete Phänomen, daß Schriftzitate bei Vätern der ständigen Gefahr ausgesetzt waren, von einem wohlmeinenden Abschreiber nach Muster der ihm geläufigen Tradition beschliffen zu werden.

Einiges Allgemeine in bezug auf die Art, wie die Väter mit ihren Bibelzitaten umgegangen sind, ist auch ans Licht gekommen. Die Mehrheit der hier erörterten Schriftsteller scheint doch Wert darauf gelegt zu haben, durch eine entsprechende Einleitungsformel den Satz auf den Apostel zurückzuführen. Andererseits ist es oft genug deutlich geworden, daß ihnen in den wenigsten Fällen etwas an einem vollständigen und klar abgegrenzten Zitat gelegen ist. Mit wenigen Ausnahmen scheinen diese Kirchenväter ein freies Verhältnis zu ihrem Bibeltext gehabt zu haben, insofern einzelne Zitatteile in eigene Beobachtungen und Ansichten eingewoben werden. Die Abgrenzung zwischen der eigenen Äußerung und der vom Apostel ausgeliehenen wird oftmals dadurch erschwert, daß der Wortschatz dieser Kirchenväter aus der biblischen Quelle beider Testamente reichlich geschöpft hat. Die vielen Anspielungen unbewußter Art bezeugen diese Erfahrung.

In den folgenden Kapiteln wird sich noch Gelegenheit ergeben, die Kirchenväter der ersten drei Jahrhunderte in ihrem Umgang mit der Schrift zu beobachten. Anhand der exegetischen Arbeit der einzelnen Kirchenväter wird es vor allem interessant zu beobachten sein, welche anderen Schriftstellen auf welche Weise mit unserer Hauptstelle Röm 6,1–11 in Verbindung gebracht werden. Doch soll das Hauptziel, vom Verständnis der Väter ausgehend, sich zu einem tieferen Verständnis der Ausführungen der genannten Stelle anleiten zu lassen, nicht aus dem Blickfeld geraten.

3. Röm 6,1–11 in der Auslegung der einzelnen Väter

3.1. Allgemeines zur Väterauslegung

Die bevorstehende Aufgabe kommt einer Reise in ein fernes und fremdes Land gleich. Denn wie wenn heute ein Durchschnittsbürger Mitteleuropas, der z. B. nach Kambodscha fährt, alsbald aus Unwissenheit und mangelnder Erfahrung im Umgang mit den Einheimischen zu Fehlurteilen über seine Umgebung gelangen wird, so wird auch der Leser unseres Jahrhunderts im Umgang mit den Schriften der frühkirchlichen Väter leicht zu Fehlinterpretationen neigen, wenn er nur von sich und seiner Palette kultureller Erfahrung ausgeht. Wie der gewissenhafte kulturelle Anthropologe braucht auch der Forscher *in spe* der Väterschriften allgemeine Orientierungspunkte, ehe er seine Reise antreten kann.

In einem Aufsatz allgemeiner Art zum Verständnis und Wert der patristischen Exegese bietet der bedeutende Patrologe Henri Crouzel seine Auffassung über die Hauptmerkmale dieser Art frühchristlichen Schreibens.[1] Zuerst ist zu beachten, daß die Väter den alten Bund ganz im Lichte der messianischen Verheißung verstehen. Die im Alten Testament berichteten Ereignisse sind daher nicht in erster Linie wegen ihres eigenen Offenbarungsgehaltes wichtig, sondern weil sie die Offenbarung schlechthin, die Menschwerdung Gottes in Jesus Christus, im voraus ankündigen und darlegen. Das will aber nicht heißen, daß die Väter dem Alten Testament keinen eigenen Aussagewert beimessen, sondern nur, daß dieser dem primären Anliegen bewußt nachgeordnet wird. Das christologische Ereignis selbst wird vor allem anthropologisch gedeutet. Christus ist erschienen, um den Menschen in den Genuß des Heils zu versetzen. Heil wird in diesem Fall selten innerweltlich verstanden; wenn, dann meist als die Nebenwirkung einer Lebensführung, die ein für allemal mit der Sünde gebrochen hat. Vielmehr ragt der eschatologische Gesichtspunkt hervor. Weil Christus gekommen ist, hat der Mensch die ἀθανασία, ζωὴ αἰώνιος; obwohl die irdische Erfahrung mit ihrem Trug und Schein dieser Verheißung zu widersprechen sucht, ist ihr kein Vertrauen zu schenken. Die Wirklichkeit ist in der Ewigkeit bei Gott beheimatet. Der Gläubige nimmt jedoch den ewigen Schatz nur bedingt in Besitz, denn dieser wird dem Christen erst allmählich durch die Teilnahme an den Sakramenten und durch die Nachahmung Christi im eigenen

---

[1] *Crouzel* 1970, 511. Die folgenden Einzelpunkte sind der Darlegung Crouzels entnommen.

Lebenswandel zugeeignet. Von manchen Vätern wird den Sakramenten, d. h. der Eucharistie und der Taufe, anscheinend eine fast eigenmächtige Kraft zugeschrieben, so könnte man jedenfalls manche Aussage auffassen. Die Gleichwerdung mit Christus fängt mit dem Bruch mit der Sünde beim Christwerden an und findet ihre Vollendung im Märtyrertod. Dieser gilt als die krönende Tat des christlichen Lebens, der, ähnlich wie Taufe und Eucharistie, heilsvermittelnde Kraft zuerkannt wird.

Diese Hauptmerkmale der Väterexegese können natürlich der Art und dem Denken des einzelnen nur annähernd gerecht werden, denn jeder Ausleger zeigt in bezug auf die eben angesprochenen Einzelfragen Nuancierungen in der Auffassung. Es fällt jedoch auf, wie einheitlich der exegetische Befund besonders im 2. Jh. ausfällt, abgesehen von einigen umstrittenen Fragen, wie etwa die der Auferstehung.[2] Im folgenden werden diese allgemeinen Beobachtungen immer wieder auf die Waagschale gestellt werden müssen, um der Meinung des jeweiligen Exegeten Rechnung zu tragen.

3.2. Die Frühzeit bis Ignatios von Antiochien

3.2.1. Hebräerbrief und 1. Klemensbrief

Es mag zunächst überraschen, wie wenig die wichtigste Stelle zur Taufe bei Paulus in der christlichen Literatur des späten 1. und des frühen 2. Jh.'s angeführt wird. Man muß jedoch bedenken, wie wenige einzelne Schriften von Christen dieser Zeit überhaupt abgefaßt wurden. Die, welche uns aus dieser Zeit erhaltengeblieben sind, befassen sich vornehmlich mit Fragen des Gemeindelebens und mit der Gemeindeverfassung.

Die frühesten nachneutestamentlichen Schriften hatten von ihrer Thematik her kaum Anlaß, sich auf Röm 6,1–11 zu beziehen. Hinzu kommt, daß diese Stelle auch Frühchristen aufgrund ihres theologischen Inhalts nur schwer zugänglich war. Die ersten Anzeichen solcher Verständnisschwierigkeiten treten bereits in nichtpaulinischen Spätschriften des Neuen Testaments auf. Wenn der Verfasser des Hebräerbriefes das Wort des Paulus gekannt hat,[3] daß „wir der Sünde gestorben sind" (6,2), so wird es dieses wörtlich verstanden haben, denn nach ihm gibt es kein Opfer (d. h. Sündenvergebung) mehr, wenn man nach der „Erkenntnis der Wahrheit" sündigt.[4] Mit diesem Ausdruck wird zweifelsohne zumindest auch u. a. die Taufe gemeint, wie der Gebrauch des Syn-

---

[2] *E. Aleith,* Paulusverständnis in der alten Kirche, BZNW 18, Berlin 1937, 1.

[3] Neuerdings vertritt *A. Lindemann* (Paulus im ältesten Christentum, Tübingen 1979) die These, daß der „Paulinismus" des Hebräerbriefes auf gemeinchristliche Tradition zurückzuführen ist; cf. 239 f.

[4] Heb 10,26.

onymbegriffes φωτισθέντας[5] in einem ähnlichen Zusammenhang nahelegt. Es werden hier schon für die spätere Auseinandersetzung mit der Forderung des Paulus angesichts der in der Gemeinde vorzufindenden Sünde die Weichen gestellt.[6]

Spuren unserer Römerbriefstelle klingen hin und wieder bei den apostolischen Vätern an. Gegen Ende des 1. Jh.'s schreibt Klemens, nach Iren (*Adv haer* 3,33) und Euseb (*Hist eccl* 3,15,34) der 3. Nachfolger des Petrus als römischer Bischof,[7] folgende Worte an die Christen in Korinth, um sie vor einem falschen Verständnis der Gnade Gottes zu schützen:

> Τί οὖν ποιήσωμεν ἀδελφοί; Ἀργήσωμεν ἀπὸ τῆς ἀγαθοποιΐας καὶ ἐγκαταλίπωμεν τὴν ἀγάπην; μηθαμῶς τοῦτο ἐάσαι ὁ δεσπότης ἐφ' ἡμῖν γε γενηθῆναι, ἀλλὰ σπεύσωμεν μετὰ ἐκτενείας καὶ προθυμίας πᾶν ἔργον ἀγαθὸν ἐπιτελεῖν.

1 *Clem* 33,1 (F–B 52)

Ähnlich wie Paulus in Röm 3–5, kommt der Briefverfasser von einer Darlegung der Rechtfertigung aus dem Glauben her,[8] um dem möglichen Mißverständnis, d. h. der libertinischen Deutung der Gnade als Freibrief zum beliebigen Lebenswandel, zu begegnen. Während Paulus jedoch dieses Mißverständnis zum Anlaß nimmt, auf die Notwendigkeit des Bruches mit der Sünde einzugehen, wird hier die positive Kehrseite dazu, das Bemühen um gute Werke, ins Blickfeld gerückt. Man wird aber Klemens kaum vorwerfen können, er habe Paulus falsch verstanden, vielmehr geht er einen eigenen, seinem Briefzweck angemessenen Argumentationsweg.

3.2.2. Die Zwölfapostellehre

Eine andere Schrift der frühesten Zeit, die vermutlich nicht lange nach dem 1. Klemensbrief, aber in Syrien oder Palästina entstand,[9] ist die sog. *Didache.* Dem 7. Kapitel über die Taufe geht ein längerer paränetischer Abschnitt voraus, der aufgrund der Einleitungsformel zum 7. Kapitel („Nachdem ihr all dieses vorgesagt habt") allgemein als Katechese gedeutet wird. Obwohl keine Anspielung auf unsere Römerbriefstelle in der *Didache* vorkommt, gibt es zwei Bemerkungen im 7. Kapitel, die in gewisser Weise auf Röm 6 Bezug nehmen. Hier wird empfohlen, den Täufling im Namen des Vaters, des Sohnes und des Heiligen Geistes zu taufen, entweder durch dreimaliges Untertauchen in „lebendiges" (ζῶν) Wasser oder durch dreimaliges Gießen über den Kopf. Das

---

[5] Heb 6,4.

[6] Weiteres über die Paulusverständnis des Hebräerbriefes bei *Aleith* 1937, 9.

[7] O. *Bardenhewer,* Die Geschichte der altkirchlichen Literatur, Bd. 1, Leipzig 1902, 98; *J. Quasten,* Patrology, Bd. 1, Utrecht 1952, 42; *Altaner / Stuiber* 1978, 45.

[8] 1 *Clem* 32.

[9] *J. B. Lightfoot,* The Apostolic Fathers (London 1891) Anne Arbor 1978 (10. Ed.), 122; cf. *Quasten* 2, 1952, 37; *Altaner / Stuiber* 1978, 81.

dreimalige Untertauchen oder Gießen, entsprechend dem dreigliedrigen Tauf-
bekenntnis,[10] weist darauf hin, daß der Täufling vor jedem Eintauchen nach
seinem Glauben ausgefragt wurde.[11]

Anschließend werden der Taufende, der zu Taufende sowie andere, die dazu
imstande sind, aufgefordert, vor der Taufe zu fasten. Dem Täufling wird eine
Fastenzeit von einem oder zwei Tagen vorgeschrieben.

Obwohl das Taufen auf den Namen Jesu in diesem Zusammenhang nicht
unmittelbar auf Röm 6,3 zurückgeht, kann diese Schilderung der Vorgangsweise bei der Taufe als Anzeichen dafür verstanden werden, wie εἰς Χριστὸν in
der Frühzeit ausgelegt wurde. Entspricht die Gleichsetzung von εἰς τὸ ὄνομα
τοῦ υἱοῦ und εἰς Χριστὸν dem frühchristlichen Sprachgebrauch dahingehend,
daß der Getaufte unter Ausrufung des Namens zum Herrn in Beziehung gesetzt
wird, und zwar nicht als geheimnisvolle Versetzung in einen unsichtbaren
Machtbereich, sondern als die Herstellung einer Lebensbeziehung,[12] so haben
wir es an dieser Didachestelle mit der abschließenden Handlung der Vorbereitung auf eine solche Beziehungsstiftung zu tun. Der der Taufhandlung voraus-
gehende Glaubensunterricht bestätigt diesen Eindruck. Auch die Erwähnung
von einer Fastenzeit vor der Taufe deutet auf ein Verständnis des „Sterbens für
die Sünde" (Röm 6,2) als Umkehr hin. J. Daniélou stellt dem von manchen für
diese Frühzeit angenommenen „magischen" Sakramentsverständnis dieses
Verständnis gegenüber:

> Diese lange Vorbereitung beweist den personalen Charakter der Taufe und
> zeigt, daß dem Frühchristentum nichts ferner lag, als im sakramentalen Gesche-
> hen eine Art magischen Vorgang zu sehen. Aufrichtige und vollständige Umkehr
> ist unumgängliche Voraussetzung für den Empfang des Sakraments.[13]

Wie Daniélou hervorhebt, liest man nicht zu viel in die Aufforderung zur Besinnung durch Fasten und Unterricht hinein, wenn man sie als Ausdruck für
die Umkehr deutet. Somit wird klar, daß das Taufsakrament – ein Begriff, der
zugegebenermaßen in den zeitlichen Zusammenhang der *Didache* nicht unpro-
blematisch hineinpaßt – zumindest vorbereitungsbedürftig ist, ohne aus dieser
Stelle etwas Näheres über die genaue Art seiner Wirksamkeit sagen zu können.

3.2.3. Der Hirte des Hermas

Der Hirte des Hermas ist ein anderes Schreiben, das sich den sog. apostolischen Vätern zugesellt hat und welches wahrscheinlich auch in den frühen Jahr-
zehnten des 2. Jh.'s abgefaßt wurde, obwohl das Muratorische Fragment es et-

---

[10] Mat 28,19.

[11] *K. W. Noakes*, Christian Initiation: From New Testament Times until St. Cyprian.
(The Study of Liturgy, *C. Jones, G. Wainwright* und *E. Yarnold* [Hrsg.], London 1978), 88.

[12] *G. Delling*, Die Zueignung des Heils in der Taufe, Berlin 1961, 63 ff.

[13] *J. Daniélou*, Liturgie und Bibel: Die Symbolik der Sakramente, München 1963, 41.

was später geschrieben worden haben will. [14] Bekanntlich besteht das Buch aus drei Hauptabschnitten, den *visiones,* den *mandata* und den *similitudines.* In diesem letzten Abschnitt wird ein Gleichnis erzählt, welches als Sinnbild für die Entstehung der Gemeinde gedeutet wird. Die Steine, die zum Turmbau (die Gemeinde) benötigt werden, steigen herauf aus der Tiefe (ὁ βυθός) und werden von jungen Männern in Reihen in den Bau eingefügt. Hermas fragt den Hirten nach dem Sinn dieser Handlung und bekommt folgende Antwort:

> Ἔτι μοί, φημί, κύριε, δήλωσον. Τί φησίν, ἐπιζητεῖς; Διατί, φημί, κύριε, οἱ λίθοι ἐκ τοῦ βυθοῦ ἀνέβησαν καὶ εἰς τὴν οἰκοδομὴν τοῦ πύργου ἐτέθησαν, πεφορηκότες τὰ πνεύματα ταῦτα; Ἀνάγκην, φησίν, εἶχον δι᾽ ὕδατος ἀναβῆναι, ἵνα ζωοποιηθῶσιν· οὐκ ἠδύναντο γὰρ ἄλλως εἰσελθεῖν εἰς τὴν βασιλείαν τοῦ θεοῦ, εἰ μὴ τὴν νέκρωσιν ἀπέθεντο τῆς ζωῆς αὐτῶν τῆς προτέρας. ἔλαβον οὖν καὶ οὗτοι οἱ κεκοιμημένοι τὴν σφραγῖδα τοῦ υἱοῦ τοῦ θεοῦ καὶ εἰσῆλθον εἰς τὴν βασιλείαν τοῦ θεοῦ· πρὶν γὰρ, φησί, φορέσαι τὸν ἄνθρωπον τὸ ὄνομα τοῦ υἱοῦ τοῦ θεοῦ, νεκρός ἐστιν· ὅταν δὲ λάβῃ τὴν σφραγῖδα, ἀποτίθεται τὴν νέκρωσιν καὶ ἀναλαμβάνει τὴν ζωήν. ἡ σφραγὶς οὖν τὸ ὕδωρ ἐστίν· εἰς τὸ ὕδωρ οὖν καταβαίνουσι νεκροὶ καὶ ἀναβαίνουσι ζῶντες. κα᾽ κείνοις οὖν ἐκηρύχθη ἡ σφραγὶς αὕτη καὶ ἐχρήσαντο αὐτῇ, ἵνα εἰσέλθωσιν εἰς τὴν βασιλείαν τοῦ θεοῦ.

Herm 9,16,1–4 (GCS 48,89 f.)

Es gibt einiges Bemerkenswertes an dieser Stelle. Zum einen wird Joh 3,5 angedeutet, um die Notwendigkeit der Taufe zu beweisen. Zweitens wird diese Anspielung mit dem Paradox des Totseins im früheren Leben – ein Thema in Röm 6, aber auch anderswo im paulinischen Schrifttum[15] – in Verbindung gebracht. Drittens begegnet hier auch die Bezeichnung für die Taufe als σφραγίς, offensichtlich in Anlehnung an Eph 1,13 f., obwohl an dieser Stelle nur das Zeitwort σφραγίζειν vorkommt. Viertens wird die Taufhandlung anders umschrieben als die Annahme des Namens des Sohnes Gottes. Schließlich deutet der Hirte das Siegel ohne Vorbehalt aus: Das Siegel ist daher das Wasser; sie steigen also tot in das Wasser hinab und steigen lebendig herauf. Später wird erklärt, daß andere Steine, die Apostel und Propheten, auch in das Wasser hinabsteigen, um denen, die eingeschlafen waren, zu predigen und somit das Siegel zu geben.

Die einzelnen Motive, die hier zusammengefügt den Hauptinhalt des Gleichnisses ausmachen, entstammen zwar z. T. dem Neuen Testament, könnten aber auch von gnostisierendem Einfluß herrühren. Letzteres trifft vor allem für die Gleichsetzung von σφραγίς und ὕδωρ zu. Diese Identifizierung tritt auch in manchen apokryphen Apostelakten auf, und zwar in eindeutig gnostischer Gestalt.[16] Die Handlung des σφραγίζειν geht vermutlich auf die Heeressprache zurück (lat. *signare*) und sollte die hingabevolle Verpflichtung des Soldaten dem

---

[14] *Lightfoot* 1978, 161 f.; *Bardenhewer* 1902, 571; *Altaner / Stuiber* 1978, 55.
[15] Eph 2,1 f.
[16] *Acta Pauli et Theclae* 32–40; *Acta Pauli* 3.24.31 f.; cf. G. *Lampe,* The Seal of the Spirit, London 1951, 106 ff., für andere Stellenhinweise.

Kaiser gegenüber und damit den faktischen Übergang in dessen Besitz zum Ausdruck bringen.[17] Unter den Anhängern von Mysterienreligionen kam der Versiegelung die Bedeutung einer Umprägung zu, wodurch dem Neugeweihten das Wesen und der Charakter der Gottheit aufgeprägt wurde.[18] Daß sich ein solches mystisch-sakramentales Verständnis in bezug auf die Taufe bei manchen Christen durchgesetzt hat, geht zunächst aus apokryphen Schriften hervor. Die *Acta Pauli et Theclae,* die sich als Art Evangelium der Enthaltsamkeit verstehen, schreiben der Taufe geradezu wirksame Schutzkraft gegen die Versuchung zu.[19] Die in dieser Schrift vertretene Taufwirkung wird von A. Stromberg folgendermaßen zusammengefaßt:

> Durch die Taufe wird der Mensch wirksam imstand gesetzt, die Enthaltsamkeit zu bewahren; die Bewährung in der Enthaltsamkeit erhält das Fleisch als einen Tempel Gottes, d. h. als Wohnstätte des heiligen Geistes, und sichert ihm deshalb die Auferstehung.[20]

Es läßt sich allerdings kaum mit Sicherheit sagen, daß die Erwähnung von σφραγίς als Taufbezeichnung unbedingt auf gnostischen Einfluß deutet, denn das Wort hat auch eine einfache und unproblematische Verwendung in der großkirchlichen Literatur gekannt.[21] Hinsichtlich des Gleichnismotivs im Hirten des Hermas 9,16 ist ferner festzuhalten, daß, obwohl hier eine Querverbindung zu den eben genannten apokryphen Schriften möglicherweise vorliegt, sich eine unmittelbare Abhängigkeit weder in der einen noch in der anderen Richtung nachweisen läßt. Vermutlich ist der Hirte früher entstanden, wogegen die ursprüngliche Zugehörigkeit des Turmbaugleichnisses zur Grundschrift von Forschern angezweifelt wird.[22] Man wird deshalb aus den genannten Gründen die in den *Acta P. et Th.* vertretene und möglicherweise beim Hirten angedeutete gnostische Taufvorstellung nur mit Vorbehalt als die Erklärung des Hirten zu Röm 6,3 ansehen dürfen.[23] Es gibt nämlich kaum Anzeichen dafür, daß diese Auslegung des Taufgeschehens als geheimnisvolle Versiegelung und weihevolle Umprägung für weite frühchristliche Kreise normativ war. Es handelt sich vielmehr um eine Randerscheinung, die durch die religiöse Umwelt begünstigt wurde und in manchen christlichen Schriften einen sprachlichen Niederschlag fand.

---

[17] *F. J. Dölger,* Sacramentum Militae, ACh 2 (1930) 280.

[18] *Lampe* 1951, 121.

[19] Kap. 34.40.

[20] *A. von Stromberg,* Studien zur Theorie und Praxis der Taufe in der christlichen Kirche der ersten zwei Jahrhunderte, Berlin 1913, 205.

[21] Cf. *G. Fitzer,* σφραγίς, ThWNT 7, 939—54.

[22] *G. F. Snyder,* The Apostolic Fathers: A New Translation and Commentary, Bd. 6: The Shepheard of Hermas, Camden N. J. 1968, 4 ff.

[23] Sowohl *M. Dibelius* (Der Hirte des Hermas, Tübingen 1923, 625) als auch *G. Fitzer* (ThWNT 7, 952) messen der Gleichsetzung von σφραγίς und ὕδωρ keine Bedeutung als gnostischen Sprachgebrauch bei; anders *Lampe* 1951, 105.

Die anderen bei *Hermas* 9,16 auftretenden Bilder, wie die einzelnen Gläubigen als Bausteine, das Motiv von Abstieg und Aufstieg, die Höllenfahrt und dortige Predigt und die darauffolgende Auferweckung der schlafenden Gläubigen, kennen alle deutliche Vorbilder im Neuen Testament.[24] Daß sie aber hier zu einem einheitlichen Geschehen mit der Taufhandlung als Mittelpunkt zusammengestellt werden, versteht sich nicht von selbst. Durch diese Verflechtung entsteht eine Aussage, die auf das frühe Verständnis von Röm 6,3 f. etwas Licht wirft: Die Taufe ist zugleich Abstieg mit Christus in das Totenreich samt allen Verhängnissen, denen man auf einer derartigen Fahrt ausgesetzt wird, sowie Wiederaufstieg in das Leben nach der Lebendigmachung durch das verkündigte Wort. Es ist höchst bedeutungsvoll, daß die Parallelität von Tod und Eintauchen sowie Lebenserneuerung und Auferstehungsleben in paulinischer Art zumindest implizit durchgehalten wird.

3.2.4. Das koptische Philippusevangelium

Abstieg und Aufstieg in der Taufe wird im Philippusevangelium, einer auf Koptisch überlieferten gnostischen Schrift,[25] auf ähnliche Art angesprochen:

> Wie Jesus das Wasser der Taufe (βάπτισμα) vollendete, so goß er den Tod weg. Deswegen steigen wir zwar (μὲν) hinunter ins Wasser, wir gehen aber (δὲ) nicht hinunter in den Tod, damit wir nicht hinweggegossen werden im Geiste (πν.) der Welt (κ.). Wenn (ὅταν) er weht, läßt er den Winter entstehen. Wenn (ὅταν) der Heilige Geist (πν.) weht, wird es Sommer.
> *Ev Phil* 25,7–15 (Spr. 109)[26]

Hier erkennen wir in dieser kurzen Erklärung zur Taufe manche gnostische Elemente. Als Erstes fällt der folgerichtige Dualismus auf, der durch die Gegenüberstellung von Tod, Geist der Welt und Winter einerseits, Heiligem Geist und Sommer andererseits dargestellt wird, wobei das Leben implizit auch gemeint sein wird. Nach Auffassung dieses Textes ist der Tauftod nur ein Scheintod; ginge der Gnostiker wirklich in den Tod, so würde er sich folglich wieder im Machtbereich des Weltlichen und Vergänglichen befinden.[27] Dieses gnostische Taufverständnis geht von der Vorstellung aus, daß Jesus das Wasser der Todesmacht entwaffnet hat, indem er den Tod ausgoß. Zugleich wurden der Geist der Welt und mit ihm die ihm Zugehörigen ausgeschüttet. Das Wasser wird also zum Symbol des Gerichtes, aber auch des Gerichtsvollzuges, dem der Gläubige nur knapp entkommt. Nach dieser Auffassung bedeutet βαπτίζειν εἰς

---

[24] 1 Pet 2,4 f.; Eph 4,8–10; 1 Pet 3,18 f.; 1 Thes 4,13–15.

[25] *W. C. Till,* Das Evangelium nach Philippus, PatTSt 2, Berlin 1963; cf. *Altaner / Stuiber* 1978, 105.

[26] *Till* 1963, 55.

[27] *J. E. Ménard,* L'évangile selon Philippe, Paris 1967, 226: „La mort du baptême n'est qu'apparente"; cf. *R. M. Wilson,* The Gospel of Philip, London 1962, 168.

τὸν θάνατον αὐτοῦ, mit der gefürchteten Zerstörungsmacht in Berührung zu kommen. Der Täufling bleibt jedoch vor dieser verschont, weil er bei seinem Herrn aufgehoben wird. Wir sehen an dieser Stelle ferner das Grundproblem des Gnostizismus, der wohl das Vergängliche und Irdische bereits hinter sich gebracht haben will, dafür aber die Tatsache des Todes verleugnen muß.

3.2.5. Die Philippusakten

Die *Acta Philippi* werden zu den apokryphen Apostelakten gezählt. Darunter befinden sich auch Märtyrererzählungen in ähnlicher Art wie die erst im 3. Jh. häufiger aufgezeichneten Märtyrerakten. An einer Stelle wird das Gebet der Apostelschar für Nikanora, eine gerade zum Märtyrertod verurteilte Neubekehrte, folgendermaßen wiedergegeben:

> Ταῦτα εἰπούσης τῆς Νικανόρας, προσηύξατο περὶ αὐτῆς πρὸς τὸν θεὸν ὁ ἀπόστολος Φίλιππος ἅμα Βαρθολομαίῳ καὶ Μαριάμνῃ καὶ τοῖς σὺν αὐτοῖς λέγων· Ὁ ζωοποιῶν τοὺς νεκροὺς Χριστὲ Ἰησοῦ δέσποτα, ὁ ἐλευθερώσας ἡμᾶς διὰ τοῦ βαπτίσματος ἐκ τῆς δουλείας τοῦ θανάτου, ῥῦσαι αὐτὴν ἐκ τῆς πλάνης τοῦ ἐχθροῦ τελείως, ζωοποίησον αὐτὴν ἐν τῇ ζωῇ σου καὶ τελείωσον αὐτὴν ἐν τῇ τελειότητί σου, ἵνα πορευθῇ εἰς τὴν χώραν τῶν πατέρων αὐτῆς ἐν ἐλευθερίᾳ, ἔχουσα κλῆρον ἐν τῇ ἀγαθότητί σου κύριε Ἰησοῦ.

Act Phil 117 (Lipsius / Bonnet 47)

Während die Entstehungszeit des ganzen Stückes nicht genau zu ermitteln ist, kann man aufgrund der bekenntnishaften Formulierung darauf schließen, daß zumindest die ersten zwei Sätze des Gebets, die ohnehin nicht auf αὐτήν bezogen sind, ältere, übernommene Traditionsstücke darstellen, welche vielleicht sogar auf das 1. Jh. zurückgehen. Interessant an diesem Stück ist, daß die Taufe als Mittel zur Befreiung von der Todesknechtschaft beschrieben wird. Wogegen δουλεία τοῦ θανάτου nirgendwo im Neuen Testament gebraucht wird, kommt die Erwähnung von ἔνοχοι δουλείας φόβῳ θανατοῦ Heb 2,15 diesem Gedanken sehr nahe. Sünde und Tod als zwei verwandte Größen im paulinischen Denken, könnten in diesem Fall Anlaß für einen sprachlichen Austausch bereitet haben, eine Entwicklung, die das Traditionsstück noch näher an Röm 6 heranrückt. Dort redet Paulus wiederholt von Befreiung aus der Sündenknechtschaft (Verse 18.22), die zugleich Auswirkung und Anspruch aus der Tatsache des Gestorbenseins mit Christus ist. Für unseren Text ist die Befreiung zwar eine tatsächliche, sie bleibt jedoch bedingt, denn das Gebet der Gemeinde für den Märtyrer richtet sich auf die Errettung vor der Hinterlist des Feindes sowie auf die Vervollkommnung gleich dem Herrn. Diese Gebetsschilderung bringt eine zusätzliche Vorstellung von dem, was διὰ τοῦ βαπτίσματος geschieht: Die Befreiung vom Tod und die Aussicht auf Vollendung mit Christus, ohne daß die Vollendung und die völlige Befreiung vor der Begegnung mit dem Herrn erwartet wird.

3.2.6. *Ignatios von Antiochien*

Der erste unmittelbare Gebrauch unserer Römerbriefstelle findet sich wahrscheinlich bei Ignatios ὁ θεοφόρος. Laut der Überlieferung Eusebs[28] wurde Ignatios unter dem römischen Kaiser Trajan (98−117) zum Tode verurteilt und unter der Begleitung von zehn Soldaten in die Hauptstadt gebracht. Unterwegs schrieb er von zwei Aufenthaltsorten Briefe an andere Gemeinden: Von Smyrna an Ephesos, Magnesia, Tralles und Rom, und von Troas an Philadelphia, Smyrna sowie an den Bischof von Smyrna, Polykarp. Ignatios verwendet eine ihm in ihrer Lebhaftigkeit eigene Sprache, um die hinterlassenen Gemeindemitglieder vor allem zum Gehorsam dem Bischof gegenüber zu ermahnen. Er läßt keine Trauer in seinen Äußerungen durchblicken, vielmehr freut er sich auf die ihm bevorstehende Befreiung vom irdischen Dasein und fleht sogar die Christen in Rom an, keine Schritte zu unternehmen, um die Erfüllung seiner Sehnsucht nach dem Märtyrertod zu verhindern.[29]

Da unterschiedliche Sammlungen von Ignatios-Briefen existieren, ist bis in die jüngste Zeit umstritten geblieben, welche Briefe echt Ignatianisch sind. Zum Zweck dieser Untersuchung entscheide ich mich für die 7 Ignatios-Briefe mit dem von Bauer / Paulsen verzeichneten Bestand.[30]

Zwei Stellen bei Ignatios bringen Anspielungen auf Röm 6,1−11. Die erste kommt in einem bekenntnishaften Abschnitt im Brief an die Trallianer vor (9,1 f.). Nachdem Ignatios seine Leser vor den doketischen Irrlehrern warnt, welche die Wahrhaftigkeit (ἀληθῶς) des irdischen Lebens und Sterbens Jesu Christi leugnen, schließt er seine Nacherzählung des christologischen Heilsereignisses mit folgenden Worten ab:

> ὅς καὶ ἀληθῶς ἠγέρθη ἀπὸ νεκρῶν, ἐγείραντος αὐτὸν τοῦ πατρὸς αὐτοῦ, ὃς καὶ κατὰ τὸ ὁμοίωμα ἡμᾶς τοὺς πιστεύοντας αὐτῷ οὕτως ἐγερεῖ ὁ πατὴρ αὐτοῦ ἐν Χριστῷ Ἰησοῦ, οὗ χωρὶς τὸ ἀληθινὸν ζῆν οὐκ ἔχομεν.

Tral 9,2 (Funk / Bihlmeyer 95)

Die Beobachtung, daß wir es hier mit einer Frühform des ersten Glaubensartikels zu tun haben, führt manchen Forscher zur Ansicht, daß man höchstens eine mittelbare Beziehung zu Röm 6,4 f. über die gemeinsame mündliche Überlieferung voraussetzen darf.[31] Dies trifft wohl für das erste Glied ἐγείραντος αὐτὸν τοῦ πατρὸς αὐτοῦ zu, die Mitauferweckung der Gläubigen gemäß dem Gleichbild findet jedoch im Glaubensbekenntnis keine Erwähnung und ist

---

[28] *Hist eccl* 3,36,2 ff.

[29] F. *Funk* und K. *Bihlmeyer,* Die apostolischen Väter, 1. Teil, Tübingen 1924 (3. Ed.) (1901), xxxi f.

[30] Für eine Darstellung der Forschungsgeschichte und der Argumente für den hier gewählten Standpunkt cf. W. *Bauer / H. Paulsen,* Die Briefe des Ignatius von Antiochien und der Brief des Polykarp von Smyrna, HNT 18, Tübingen 1985, 4.

[31] H. *Rathke,* Ignatius von Antiochien und die Paulusbriefe, TU 99, Berlin 1967, 47 f.; cf. *Lindemann* 1979, 207 (ähnlich).

daher Urgedankengut des Paulus. Dies mag nicht überraschen, denn, obwohl Ignatios nur selten aus dem *corpus paulinum* zitiert, seine Briefe sind durchaus vom Paulinischen Geist bestimmt.[32]

Für die Auslegung von Röm 6,5 ist die Feststellung wichtig, daß Ignatios ὁμοίωμα nicht mehr im ursprünglichen Sinn gebraucht. Er setzt zwar implizit voraus, daß es das ὁμοίωμα τοῦ θανάτου αὐτοῦ gibt, redet aber an dieser Stelle vom ὁμοίωμα τῆς ἀναστάσεως αὐτοῦ.[33] Er erachtet also das etwas undeutlich anmutende καὶ τῆς ἀναστάσεως ἐσόμεθα (Röm 6,5b) für ergänzungsbedürftig. Ignatios beschreibt diesen Vorgang als künftiges Geschehen und schließt sich somit dem weiteren Gedankengut von Röm 6,1–11 (besonders Verse 5 und 8) an. Diese eschatologische Schau der Auferstehung geht im übrigen aus dem Ignatianischen Sakramentsverständnis hervor, das von K. Niederwimmer im folgender Weise dargelegt wird:

> Denn der Besitz [i. e. des Heilsgutes] ist nicht unverlierbar, er allein garantiert nicht, das Sakrament ist ja nicht magisch gedacht, sondern der Christ muß sein sakramentales Sein im sittlichen Handeln ergreifen . . .[34]

Auf diese Weise läßt sich auch der letzte Teil des Verses verstehen (οὗ χωρὶς τὸ ἀληθινὸν ζῆν οὐκ ἔχομεν). Denn so gewiß Ignatios sagen will, daß seine Glaubensgenossen das ἀληθινὸν ζῆν bereits besitzen, so dient dennoch die Warnung gegen die doketische Gefahr als Ausgangspunkt dieser Erörterung dazu, den bedingten Charakter des Heilsgutes von vornherein zu verdeutlichen.[35]

Die Bedeutung von Ign *Tral* 9,1 f. für die Auslegung von Röm 6,1–11 liegt also vor allem darin, daß hier ὁμοίωμα das erste Mal nach Paulus ergänzungsmäßig auf die Auferstehung bezogen wird. Dabei wird die paulinische eschatologische Perspektive durchaus beibehalten und sogar entfaltet. Es ist zudem auffallend, daß Ignatios Röm 6,4 ohne Hinweis auf die Taufe gebraucht. Obwohl er wahrscheinlich die Taufe als ὁμοίωμα des Todes Jesu voraussetzt, ist ihm in diesem Zusammenhang das christologische Ereignis wichtiger als das Sakrament.

Das 19. Kapitel des Briefes an die Epheser fand Ignatios wahrscheinlich zuerst in Form einer urchristlichen Hymne vor, die er dann umdichtete und als Darlegung der Gottesoffenbarung an dieser Stelle einsetzte.[36] Er nennt zuerst „drei laut rufende Geheimnisse, die in der Stille Gottes vollbracht wurden", nämlich die Jungfrauschaft Marias, ihr Gebären und den Tod des Herrn. Im

---

[32] *Rathke* 1967, 98.

[33] *Schelkle* 1956, 205.

[34] K. *Niederwimmer,* Grundriß der Theologie des Ignatius von Antiochien, Dissertation Wien 1956, 63.

[35] F. *Blaß* / A. *Debrunner,* Grammatik des neutestamentlichen Griechisch. Bearbeitet von F. *Rehkopf,* 1976 (14. Ed.) (1896) § 323. Bei ἔχομεν handelt es sich wohl um einen Gebrauch der Präsens mit futurischer Bedeutung.

[36] *Niederwimmer* 1956, 115.

zweiten Vers geht er auf die Erscheinungsart des φανεϱοῦν ein: Ein Stern wird am Himmel sichtbar und überstrahlt alle anderen samt Sonne und Mond. Er ruft Staunen und Bestürzung wegen seiner Neuheit und seines plötzlichen Erscheinens hervor. Vers 3 schildert den weiteren Verlauf:

> ὅϑεν ἐλύετο πᾶσα μαγεία καὶ πᾶς δεσμὸς ἠφανίζετο κακίας· ἄγνοια καϑῄϱειτο, παλαιὰ βασιλεία διεφϑείϱετο ϑεοῦ ἀνϑϱωπίνως φανεϱουμένου εἰς καινότητα ἀϊδίου ζωῆς· ἀϱχὴν δὲ ἐλάμβανεν τὸ παϱὰ ϑεῷ ἀπηϱτισμένον. ἔνϑεν τὰ πάντα συνεκινεῖτο διὰ τὸ μελετᾶσϑαι ϑανάτου κατάλυσιν.

Eph 19,3 (Funk / Bihlmeyer 88)

Der Vers, in dem die Anspielung auf Röm 6,4, καινότης ζωῆς vorkommt,[37] wird von Zeitwörtern durchzogen, die von Bewegung und Umsturz reden. Die Offenbarung des Soters rafft das Alte hinweg: die Magie, die Fesseln der Bosheit, das Unwissen und die alte Königsherrschaft, d. h. die alte vergängliche Zeit.[38] Damit wird die göttliche οἰκονομία ins Leben gerufen, um die Neuheit des ewigen Lebens einzuführen und damit den Tod zu zerstören.

Die große Wende der universalen Geschichte, geschieht „als sich Gott auf menschliche Art offenbarte zur Neuheit ewigen Lebens". An der Zentralaussage wird also ersichtlich, daß Ignatios, trotz der gnostisch gefärbten Begrifflichkeit des 19. Kapitels, den Kerngedanken seiner Ausführungen paulinischer Christologie entnimmt.[39] Es ist bemerkenswert, daß die Offenbarung Gottes die Neuheit ewigen Lebens zum Ziel hatte (εἰς καινότητα κτλ.), womit der Charakter dieser Neuschaffung als Prozeß bestimmt wird. Dieser Eindruck wird durch die folgenden zwei Aussagen bestätigt, daß nämlich das von Gott Fertiggestellte seinen Anfang nahm und daß die große kosmologische Bewegung für die Zerstörung des Todes sorgen sollte. In diesem letzten Satz deutet der Gebrauch von μελετάω darauf hin, auf welche Weise der Tod aufgelöst werden sollte. Der Begriff kann nämlich sowohl „sorgen für etwas oder jem." als auch „betreiben, üben oder ausüben" bedeuten,[40] was in diesem Zusammenhang wiederum auf die Prozeßhaftigkeit der kosmologischen Erneuerung verweist. Wenn die göttliche οἰκονομία ihren Anfang bei der Offenbarung Gottes auf menschliche Art fand, worin findet sie ihren τέλος? Im Tod oder in der Auferstehung des Soters etwa? Der Zusammenhang gibt uns keinen näheren Aufschluß darüber, von der menschlichen Seite her gesehen legt das oben besprochene Sakramentsverständnis des Ignatios jedoch die Interpretation nahe, daß die kosmologische Erneuerung *in re* dem Eschaton zuzuordnen ist.

---

[37] *Lindemann* 1979, 204, meint in bezug auf *Eph* 19,3, daß es sich um keine Anspielung auf Röm 6,4 handelt; anders *Schelkle* 1956, 205.

[38] *Rathke* 1967, 35.

[39] *Niederwimmer* 1956, 115, verweist auf den gnostischen Einfluß bei der begrifflichen Gestaltung der Hymne.

[40] Cf. μελετάω, G. W. H. *Lampe*, A Patristic Greek Lexicon, Oxford 1961 und *W. Bauer*, WNT, Berlin 1963 (5. Ed.) (1958).

Man könnte leicht zur Auffassung kommen, daß die καινότης ἀϊδίου ζωῆς ausschließlich eschatologischen Charakter trage,[41] und zwar in dem Sinn, daß das ewige Leben die vollständige Erneuerung des Kosmos erst abwarten müsse, ehe der Mensch in jenes Leben eingehen könne. Dieses Heilsgut wird jedoch bereits durch die Offenbarung des Soters zumindest im Ansatz zugänglich, ist also während des Prozesses der kosmologischen Erneuerung, d. h. auch in der Gegenwart vorhanden. Die καινότης ἀϊδίου ζωῆς ist für Ignatios auch eine präsentische Möglichkeit.

Versuchen wir die bisher gewonnenen Erkenntnisse in Beziehung zu Röm 6,4 zu setzen. Ignatios sieht die Neuheit des Lebens im engen Zusammenhang mit den μυστήρια, die für ihn, wie für Paulus, in den christologischen Heilsdaten bestehen.[42] Diese kennzeichnen die Offenbarung des Heilandes und signalisieren zugleich den Abbruch der alten Herrschaft dieser Welt samt ihrer Zielsetzung für den Menschen, dem Tod. Der Sieg des Heilands offenbart eine neue Herrschaft, die Neuheit ewigen Lebens, welche jedoch nur in prozeßhafter Weise durch die Erfüllung der göttlichen οἰκονομία ihre Vollendung findet. Es fällt auf, daß Ignatios in diesem Zusammenhang die Taufe gar nicht thematisiert. Vielmehr ist die soteriologische Offenbarung das wesentliche Moment für die Erlangung des Heilsgutes, wobei freilich anzunehmen ist, daß Ignatios die Taufe bei seinen Lesern voraussetzt. Für Ignatios ist aber Röm 6,4 (περιπατήσωμεν ἐν καινότητι ζωῆς) mehr ein Hinweis auf die Auswirkung des Kommens des Soters in die Welt als auf die Taufwirkung.

Aufgrund dieser Analyse der zwei Stellen, in denen Ignatios auf Röm 6,4 f. Bezug nimmt, stellen wir also fest, daß es ihm in seinem Verständnis der Paulusstelle in erster Linie um christologische bzw. soteriologische Überlegungen geht. Er stellt diese Aussagen in die Nähe frühchristlicher Glaubensbekenntnisse und verwendet sie, um aufkommende Häresien, am deutlichsten den Doketismus, zu widerlegen. Die Aussagen werden merkwürdigerweise nicht mit dem Taufgeschehen verbunden. Aber er deutet sie auf die persönliche Heilserfahrung seiner Leser, indem diesen ihr Platz im universalen Heilsplan Gottes gezeigt wird. Dabei trägt Ignatios der Vorstellung des Paulus vom angebrochenen Eschaton voll Rechnung, indem er das Heilsgut als Besitz *in re*, jedoch nicht in vollständiger Weise, in Aussicht stellt. Auch den Paulinischen Gebrauch von μυστήριον als das in Christus offenbarte Heilsdatum behält er bei.[43]

3.2.7. Zusammenfassung

Die Ergebnisse dieser Untersuchung der Auslegung von Röm 6,1—11 werden in folgenden Punkten zusammengefaßt:

---

[41] So *Schelkle* 1956, 204.
[42] 1 Kor 2,6 ff.; cf. *Bauer/Paulsen* 1985, 44.
[43] *Eph* 19,1 (F−B 87); *Mag* 9,1 (F−B 91); *Tral* 2,3 (F−B 93).

1. Die christlichen Schriftsteller der Frühzeit (i. e. bis zur Mitte des 2. Jh.'s) machen auffallend selten von dieser Stelle Gebrauch. Dies könnte mit der Schwierigkeit im Verständnis dieser Textstelle zusammenhängen. Einige flüchtige Anspielungen weisen jedoch darauf hin, daß die Stelle bekannt war und paränetisch gedeutet wurde (so der Hinweis im 1. Klemensbrief).

2. Der taufliturgische Bezug in *Didache* 7 zeigt, wie Taufe εἰς Χριστὸν verstanden wurde, nämlich als die Herstellung einer Lebensbeziehung zum Herrn. Dieser geht jedoch die durch Fasten gekennzeichnete Umkehr sowie der paräneseartige Unterricht voraus; dies könnte auf ein bereits früh vorhandenes Verständnis von „Sterben für die Sünde" (Röm 6,2) als ernst gemeinte Buße hinweisen.

3. Ignatios verwendet Begriffe aus Röm 6,4f. losgelöst aus dem Zusammenhang mit der Taufe. Die Neuheit des Lebens (Röm 6,4) ist für diesen Schriftsteller in erster Linie in bezug auf das eschatologische Leben zu verstehen, obwohl er auch einen präsentischen Sinn dieses Ausdrucks kennt, denn das Leben kann seit dem Kommen des Soters zumindest im Ansatz in Anspruch genommen werden. Erst nach der sittlichen Bewährung wird der Mensch nach diesem Leben in Ähnlichkeit (ὁμοίωμα) mit Christi Auferstehung auferweckt. Ignatios sieht also eine Ergänzung für Röm 6,5b im abstrakten Sinn vor.

3.3. Irenäus von Lyon

3.3.1. Leben und Lehre

Über das Leben des Irenäus weiß der Historiker nur Weniges mitzuteilen. Nach eigenen Angaben stammte Irenäus aus dem Küstengebiet Kleinasiens, wo er in Smyrna schon als Knabe dem Apostelschüler und späteren Märtyrer Polykarp zu Füßen saß.[44] Aus seinen Äußerungen kann man schließen, daß Irenäus in einem christlichen Elternhaus aufwuchs. Später befand er sich in Südfrankreich, wo er zunächst als Presbyter in der Gemeinde zu Lyon diente. Als im Jahr 177 der Bischof einer lokalen Verfolgung zum Opfer fiel, wurde Irenäus an seiner Stelle gewählt und übernahm damit die geistliche Aufsicht über Lyon sowie Vienne und andere kleinere Gemeinden im Süden von Gallien.[45] Noch als Presbyter wird er im Namen der Gemeinde nach Rom gesandt, um wegen der neuerlich aus Phrygien hervorgegangenen Sonderlehre des Monta-

---

[44] Eus *His eccl* 5,20,5–8.
[45] *Bardenhewer* 1902, 571. *Quasten* 1, 1952, 287; *Altaner / Stuiber* 1978, 110; *H. von Campenhausen*, Griechische Kirchenväter, Stuttgart 1981 (6. Ed.) (1955) 24 f. Der Umstand, daß Irenäus aus Kleinasien stammte und daher das Griechische vermutlich besser beherrschte als den in seiner neuen Heimat gesprochenen keltischen Dialekt (*Adv haer* 1, *Praef* 3), scheint ihn weder an seinem bischöflichen Einsatz noch an der Erlangung eines gewissen Maßes an Beliebtheit unter dem Volk gehindert zu haben.

nismus beim Bischof von Rom Rat einzuholen (Eus *His eccl* 5,4,2). Angesichts der am Hauptwerk des Irenäus ersichtlichen Neigung zum Pneumatischen ist es nicht verwunderlich, daß er selbst für diese neue geistliche Strömung unter dem Volk Verständnis fand.[46]

Als Schriftsteller ist Irenäus kein Neuerer. Ihm ist es durchaus recht, sich auf die ihm überlieferten Säulen der Tradition zu stützen. Dementsprechend nimmt bei ihm die Schrift eine autoritative Stellung ein, obwohl uns in dieser Frage ein nivelliertes Verständnis begegnet, insofern das Alte Testament einen festeren Platz als die im Anerkennungsprozeß begriffenen neutestamentlichen Schriften beanspruchen darf.[47] Obgleich Irenäus den Büchern Mose und den Propheten ein größeres Maß an Inspiration zuerkennt, zitiert er die Paulus-briefe in seinen Auseinandersetzungen mit Häretikern in beständiger und nor-mativer Weise.[48] Dies fällt ihm kaum schwer, denn er betrachtet sowohl die Schrift als auch die seither hinzugekommene kirchliche Tradition als lediglich verschiedene Ausdrücke desselben, seit Urzeiten vorhandenen Offenbarungs-gutes. Seine konservative und durchaus kirchliche Haltung verleiht ihm Si-cherheit in der Ausscheidung von ketzerischen Lehren, die auf Neuerung hin-zielen.[49]

Diesem Ziel ist sein Hauptwerk Ἔλεγχος καὶ ἀνατροπὴ τῆς ψευδονύμου γνώσεως (lat. *Adversus haereses*) gewidmet. In dieser polemischen Schrift be-kämpft er offensichtlich die valentinianische Spielart jener berüchtigten Lehre, indem er alle ihm zur Verfügung stehenden Waffen, wie philosophische Argu-mente, Hinweise auf kirchliche Tradition, Belege aus der Bibel sowie eschato-logische Vorstellungen gegen die Häretiker ins Schlachtfeld führt. Das Werk ist vermutlich kurze Zeit nach seiner Wahl zum Bischof, also 180 bis 185, entstan-den.[50] Zu einer nicht näher bekannten Zeit während der folgenden zwei Jahr-hunderte[51] wurden die fünf Bücher in ein eher hölzernes Latein übersetzt. Heute ist die Schrift noch zum Teil in Griechisch durch Zitate bei einzelnen Kirchenvätern (vor allem Eusebius, Johannes von Damascus und Theodoret) erhalten. Eine armenische Übersetzung des 4. und 5. Buches bietet eine am An-fang des Jahrhunderts entdeckte HS;[52] wenige zusätzliche armenische Frag-mente bieten die HS Galata 54 und der sog. Glaubenssiegel aus dem 7. Jh. Zu-dem gibt es noch wenige, praktisch unbrauchbare syrische Fragmente.[53]

---

[46] *v. Campenhausen* 1981, 25 f.

[47] *A. Benoit,* Saint Irénée: Introduction à l'étude de sa théologie, Paris 1960, 141.

[48] AaO., 135.

[49] *v. Campenhausen* 1981, 28 f.

[50] *Altaner / Stuiber* 1978, 111.

[51] Die in dieser Arbeit erzielten Untersuchungsergebnisse (siehe 2.3.3.) weisen auf ein spätes Datum hin.

[52] Cf. Irenaeus gegen die Häretiker, Buch 4 und 5 in armenischer Version entdeckt von *Karapet Ter-Mekerttschian,* TU 25,2, Leipzig 1910.

[53] Für genaue Angaben über den handschriftlichen Befund zu *Adv haer* cf. die Einleitun-gen in SC 100, 152, 210, 263 und 293, Paris 1965—82.

Als er an sein schriftstellerisches Werk in *Adv haer* heranging, scheint Irenäus zunächst ein klar geordnetes Konzept gehabt zu haben, von dem er jedoch an mehreren Stellen zugunsten einer freien Art abwich.[54] Die Widerlegung der fälschlich sog. Erkenntnis führte er erstens anhand der Propheten, dann durch die Herrnworte und schließlich mit der Apostellehre durch.[55] Letzterer schloß er Argumente aus dem kirchlich-traditionellen Bereich an, wie z. B. das Verzeichnis der ersten zehn Bischöfe Roms, deren ununterbrochene Kontinuität mit Petrus und Paulus die Unanfechtbarkeit des Bischofamtes überhaupt belegen sollte. Das 5. Buch erörtert hauptsächlich eschatologische Fragen, um die irrigen Ansichten der Ketzer richtigzustellen.

Die Hauptgedanken des Irenäus lassen sich in einigen wenigen Schwerpunkten darstellen. Gemäß seiner „katholischen" Haltung spricht er oft und gerne von Einheit. Hiermit ist zunächst die Einheit zwischen Vater, Sohn und Geist gemeint, wie sie immer wieder im umfassenden Heilsplan Gottes sichtbar wird;[56] es geht aber bei diesem Begriff auch um die Vereinigung (gr. ὁμοίωσις) mit Gott, die aus der zunehmenden Erkenntnis, der wiederholten Teilnahme an der Eucharistie, aber vor allem aus der personalen Verbindung mit dem Logos durch den Heiligen Geist hervorgeht.[57] Als Ziel des menschlichen Emporstrebens zu Gott hin erkennt Irenäus die Wiedergewinnung der verlorenen εἰκὼν τοῦ θεοῦ. „L'image et la ressemblance de Dieu sont ici non pas au point de départ, mais au point d'arrivée du développement humain."[58] Man soll jedoch keinen Augenblick den Verdacht hegen, Irenäus vertrete eine Selbsterlösungslehre. Denn ihm bedeuten Gottes Gnade, Liebe und Vorsehung alles.[59] Diese offenbaren sich in der großen οἰκονομία, dem Heilsplan Gottes, „l'unique histoire du salut, appartient à l'unique Dieu."[60] Irenäus versteht den Heilsplan als durchaus universalistisch: Er umfaßt alle Menschen sowie die ganze Menschheitsgeschichte.[61] Gemäß dieser gesamtgeschichtlichen Perspektive legt Irenäus besondere Bedeutung auf die heilsgeschichtliche Verbindung zwischen Adam und Christus, ja er erzeugt sogar einen „parallélisme trop pousée et trop rigid",[62] der auch Maria als Gegenpart zu Eva miteinbezieht. Als Fernziel steuert die οἰκονομία auf die ἀνακεφαλαίωσις, die Einverleibung aller Menschen in Christus zur Ehre Gottes.[63]

---

[54] *Quasten* 1, 1952, 292; *Altaner / Stuiber* 1978, 112.

[55] *Benoit* 1960, 197.

[56] AaO., 204.

[57] K. *Prümm*, Göttliche Planung und menschliche Entwicklung nach Irenäus' Adversus haereses, Sch 13 (1939) 216.

[58] *Benoit* 1960, 229.

[59] *Prümm* 1939, 209 ff.

[60] *Benoit* 1960, 221.

[61] *Prümm* 1939, 223.

[62] *Benoit* 1953, 200.

[63] M. *Widemann*, Irenäus und seine theologischen Väter, ZThK 54 (1957), 170.

3.3.2. Die Auslegung des Irenäus

3.3.2.1. Adv haer 3,16,9

In *Adv haer* 3,16,9 kommt eine etwas gekürzte Wiedergabe von Röm 6,3 f. als Widerlegung einer häretischen Christologie vor:

> Nescit ergo eum qui evolavit Christum ab Iesu; neque eum novit Salvatorum qui susum est, quem impassibilem dicunt. Si enim alter quidem passus est, alter autem impassibilis mansit, et alter quidem natus est, alter vero in eum qui natus est descendit et rursus reliquit eum, non unus, sed duo monstratur. Quoniam autem unum eum et qui natus est et qui passus est Christum Iesum novit Apostolus, in eadem epistola iterum dicit: „An ignoratis quoniam quotquot baptizati sumus in Christo Iesu, in morte eius baptizati sumus, uti quemadmodum resurrexit Christus a mortuis sic et nos in novitate vitae ambulemus?" Rursus autem significans Christum passum et ipsum esse Filium Dei, qui pro nobis mortuus est et sanguine suo redemit nos in praefinito tempore, ...

Adv haer 3,16,9 (SC 211,322 f.)

In der Folge zitiert Irenäus Röm 5,6.8−10, um zu beweisen, daß Christus wahrhaftig zur vorherbestimmten Zeit, d. h. während wir noch Sünder waren, gestorben ist. Als erstes fällt an dieser Stelle die starke Abhängigkeit des Irenäus vom Apostel Paulus auf, den er im Eingangssatz auch als keinen Freund der Häretiker hervorhebt. Die Irrlehre, gegen die Irenäus argumentiert, ist gewiß der sog. Adoptianismus oder dynamistische Monarchianismus, dessen Vertreter der Ansicht waren, Jesus sei nur ein vom Logos erfüllter Mensch gewesen, der jedoch zugleich als Mensch gestorben sei, da der Logos ihn vor seinem Tod verlassen habe (*rursus reliquit eum*).[64] Während das Hauptanliegen der Häretiker die Impassibilität Christi ist, legt Irenäus deren Überzeugung hingegen so aus, daß damit eine Unterscheidung zwischen Jesus und Christus gemeint sein müsse, und folglich nur einer von beiden gelitten habe. Seine Antwort auf diese Spaltung der Identität von Jesus und Christus ist das Zitat von Röm 6,3 f.

Wenn Irenäus dieses Zitat anführt, liegt sein Hauptinteresse wohl daran, daß Paulus in Vers 3 *in Christo Iesu* dem folgenden *in morte eius* offensichtlich gleichsetzt. Irenäus folgert daraus, daß beide bzw. derselbe, Christus und Jesus, gestorben sind, wobei er vor allem das Leiden Christi Jesu darin sieht. Mit dem folgenden Teilzitat,[65] in dem die Auferstehung Christi erwähnt wird, will er bekräftigen, daß derselbe sich damit als Sohn Gottes auswies. Die Auslassung von *per gloriam patris* könnte auf eine auch bei Tertullian bezeugte Texttradition zurückgehen, obwohl der Absicht des Irenäus durch die antisubordinationisti-

---

[64] A. *Rousseau* (SC 210, 191) setzt die hier Angesprochenen den in *Adv haer* 1,26 vorgestellten Lehrern gnostischer Trennungstheorien gleich. Die Ähnlichkeit der Gegner des Irenäus mit dem in Rom um 190 auftretenden dynamistischen Monarchianismus ist unverkennbar; cf. Hipp *Ref* 7,35; R. *Seeberg*, Lehrbuch der Dogmengeschichte, Bd. 1, Graz 1922 (3. Ed.), 564f.; A. *Adam*, Lehrbuch der Dogmengeschichte, Bd. 1, Gütersloh 1965, 169; A. *Ritter*, Lehrbuch der Dogmen- und Theologiegeschichte, Bd. 1, Göttingen 1982, 130f.
[65] Vers 4b.

sche Tendenz der Auslassung gewissermaßen gedient wird. Für Irenäus ist die *novitas vitae* die Auswirkung des stellvertretenden Todes Christi, wie die Ausführung nach dem Zitat zeigt. Es liegt daher auf der Hand, daß auch er das neue Leben präsentisch versteht.

Für unsere Untersuchung ist die Feststellung von Bedeutung, daß Irenäus Röm 6,3 f. als Belegstelle für eine antiadoptianistische Christologie verwertet, und zwar deshalb, weil er darin einen Hinweis auf das Leiden Jesu Christi sieht. Zumindest in diesem Fall findet er die Hauptaussage dieser Stelle nicht in der Erklärung über die Taufe, sondern in der Erwähnung des Todes Christi. Wir müssen feststellen, daß Irenäus Röm 6,3 f. einigermaßen aus dem Zusammenhang löst und daher willkürlich gebraucht.

3.3.2.2. *Adv haer 5,9,3*

Die Bedeutung von Röm 6,4b ἡμεῖς ἐν καινότητι ζωῆς περιπατήσωμεν beleuchtet Irenäus in *Adv haer* 5,9,3 im Zusammenhang mit der Abwehr der irrigen gnostischen Eschatologie. Seine Überlegungen gehen von der strengen Unterscheidung zwischen Geist und Fleisch aus und verfolgen das Ziel, ein vom Geist geprägtes und damit Gott gehorsames Leben als notwendig für den Eingang in das Himmelreich zu beweisen. Auf sehr anschauliche Weise stellt Irenäus seine Anthropologie wie folgt vor:

> *Ubi autem Spiritus Patris, ibi homo vivens, sanguis rationalis in ultionem a Deo custoditus, caro a Spiritu possessa, oblita quidem sui, qualitatem autem Spiritus assumens, conformis facta Verbo Dei. Et propter ait: „Sicut portavimus imaginem eius qui de terra est, portemus et imaginem eius qui de caelo est." Quid ergo est terrenum? Plasma. Quid autem caeleste? Spiritus. Sicut igitur, ait, sine Spiritu caelesti conversati sumus aliquando in vetustate carnis, non obavdientes Deo, sic nunc accipientes Spiritum „in novitate vitae ambulemus", obavientes Deo. Quoniam igitur sine Spiritu Dei salvari non possumus, adhortatur Apostolos nos per fidem et castam conversationem conservare Spiritum Dei, ut non sine participatione sancti Spiritus facti amittamus regnum caelorum, et clamavit non posse carnem solam et sanguinem regnum Dei possidere.*
> *Adv haer* 5,9,3 (SC 153,112 ff.)

An dieser Stelle treten die kennzeichnenden Elemente der Irenäischen Theologie hervor. Der Mensch befindet sich grundsätzlich in einem benachteiligten Zustand, denn seit dem Sündenfall ist er nicht fähig, sein von Gott bestimmtes Ziel, ἡ εἰκὼν τοῦ θεοῦ, wahrzunehmen.[66] Dieser Umstand wird allerdings nicht als besonders verhängnisvoll empfunden, weil Gott bereits von Anbeginn für den Verlust der Ebenbildlichkeit Vorsorge getroffen hat. Weiß man um den vorausgreifenden Plan Gottes, so wird die Sünde in einem anderen Licht gesehen, nämlich nicht mehr als die rebellische Auflehnung gegen Gott, sondern vielmehr als die unbefangene Missetat eines unwissenden Kindes, oder

---

[66] *Adv haer* 3,33,1 (SC 211,444).

wie Benoit im Hinblick auf *Adv haer* 3,22,4 sagt, „Une expérience malheureuse, qu'un faux pas, excusable et compréhensible, car Adam avait été créé dans un état d'enfance. "[67] Aufgrund der mystischen Einheit aller mit Adam teilen alle die Auswirkungen des Sündenfalls mit ihm.[68]

Wie das obige Zitat andeutet, tritt die große Wende eigentlich nicht erst durch Christi Tod und Auferstehung ein. Denn so wie Adam als Urbild oder Verkörperung der Grundbefindlichkeit des Menschen angesehen wird, so wird auch Christus als Vorbild bzw. Zielvorstellung des Menschen betrachtet. Dieser ist die eigentliche εἰκὼν τοῦ θεοῦ, er enthüllt die ὁμοίωσις mit dem Vater.[69] Vielmehr wird die Antwort auf die Frage nach dem Grundproblem des Menschen, also der verlorengegangenen *imago dei,* im geschenkten Geist gefunden. Im *spiritus dei* sieht Irenäus die große Chance für den Menschen, sich wieder auf den Weg zur Gottes-Ebenbildlichkeit zu begeben und somit dem Logos gleichgestaltet zu werden. Eine nicht wegzudenkende Rolle in der Wende zum göttlichen Leben spielt die Taufe. In *Adv haer* 3,17,1 f. wird sie von Irenäus als *lavacrum* der Mitteilung des Geistes (*aqua quae de caelo est*) gleichgesetzt.[70] Mit der Taufe treten also die wesentlichen Heilsgüter wie die Gnadenmitteilung, das ewige Leben, die Erneuerung des Daseins sowie die Unsterblichkeit (ἡ ἀφθαρσία) zumindest in Sicht, ja man kann sogar sagen, daß das ganze Heil in der Taufe vermittelt wird.[71] Die Taufe wird in diesem Zitat vorwiegend unter dem Gesichtspunkt des Geistesempfangs gesehen: Der Geistbesitz muß allerdings durch den Glauben und einen sittlich einwandfreien Lebenswandel bewahrt werden. Es ist in diesem Zusammenhang bemerkenswert, daß Irenäus dasselbe Schema benützt, das in der paulinischen Taufparänese vorkommt, wenn er das frühere Leben dem jetzigen gegenüberstellt.[72] Es kann daher kein Zweifel bestehen, daß die *novitas vitae* hier als im Gehorsam Gott gegenüber vollzogen, präsentisch verstanden wird.

Die Vorstellung von der Taufe als Versiegelung mit dem Geist tritt sachlich, wenn auch nicht namentlich auch an dieser Stelle zutage. Irenäus nennt das himmlische Bild (*imago* − εἰκὼν) den Geist, ohne den man keinen Eingang in das Reich Gottes findet. Nach diesem Muster ist der Geist das Siegel, wie auch der Hinweis in *Adv haer* 3,17,3 bestätigt.[73] Es mag daher ein wenig verwirrend wirken, wenn Irenäus an einer anderen Stelle[74] die Taufe als Siegel des ewigen Lebens bezeichnet. Was ist also das Siegel, die Taufe oder der Geist? Diese Frage übersieht die Tatsache bei Irenäus, daß Taufe und Geistesempfang zwei

---

[67] *Benoit* 1953, 191.
[68] *Gaudel* 1932, 328.
[69] *Lampe* 1961.
[70] SC 211,328 ff.; *Benoit* 1953, 203.
[71] *Stromberg* 1913, 211.
[72] πότε − νῦν; *aliquando − nunc;* Röm 11,30; Gal 1,23; cf. Eph 5,8; Kol 1,21 f. u. a.
[73] SC 211,336.
[74] *Dem* 4.

voneinander nicht zu trennende Größen sind, die eigentlich ineinander übergehen. Da Irenäus den Geist bzw. dessen Wirken im Menschen derart hervorhebt, erschöpft sich die Bedeutung der Taufe fast völlig in ihrer Rolle als Ver-
mittlerin des Geistes.

Die wichtigste Erkenntnis für die Auslegungsgeschichte von Röm 6,4 aus
dieser Irenäusstelle ist die Vorstellung von der καινότης τῆς ζωῆς, als die durch
die Taufe und die Geistesmitteilung eingeleitete Lebenserneuerung, die vom
Gehorsam gegenüber Gott gekennzeichnet und auf die Gottähnlichkeit ausge-
richtet ist. Es ist daher schwer verständlich, daß E. Aleith „keine religiös sittliche Erneuerung" in der Irenäischen Vorstellung von der Taufe als Aufnahme
des Geistes findet.[75] Das Ziel der Lebenserneuerung ist die Aufbewahrung des
Geistesgutes und somit die Entwicklung bis hin zur völligen Wiedergewinnung der εἰκὼν τοῦ θεοῦ, dem Gipfelpunkt der Irenäischen Heilsvorstellung,
zu sichern.

3.3.2.3. Adv haer 4,27,2

Für Irenäus ist die sittliche Lebenserneuerung unentbehrlich. Manchmal vertritt er sie derart streng, daß er Gefahr läuft, als Anwalt für einen erbarmungs-
losen Taufrigorismus zu erscheinen. Die folgende Auslegung von Röm 6,9
zeigt diese Neigung auf:

> *Et illis quidem curatio et remissio peccatorum mors Domini fuit; propter eos autem qui*
> *nunc peccant „Christus iam non morietur, iam enim mors non dominabitur eius", sed veniet*
> *Filius in gloria Patris, exquirens ab actoribus et dispensatoribus suis pecuniam quam eis cre-*
> *didit cum usuris, et quibus plurimum dedit, plurimum ab eis exiget. Non debemus ergo, in-*
> *quit ille senior, superbi esse neque reprehendere veteres, sed ipsi timere ne forte, post agni-*
> *tionem Christi agentes aliquid quod non placeat Deo, remissionem ultra non habeamus de-*
> *lictorum, sed excludamur a regno eius.*
> Adv haer 4,27,2; (SC 100,742)

Irenäus versteht Röm 6,9 als Sinnbild für den *Christus triumphans*, den mit aller Macht ausgestatteten Sieger, der aus der Tiefe des Todes hinaufstieg und
bald wiederkommen wird, um als Richter unter den ungehorsamen Menschen
seine Macht unter Beweis zu stellen. Man kann sich gut vorstellen, daß dieses
brisante Bild etwa 1350 Jahre nach Irenäus einen Florentiner dazu anregt, jene
schaurigen Gestalten auf die Altarwand der Cappella Sistina nachzuzeichnen.
Irenäus zeichnet sein Bild in der Sprache dreier Gerichtssprüche Jesu, deren
Mittelpunkt das Gleichnis der anvertrauten Talente bildet.[76] Diese Androhun-
gen verwendet Irenäus als Ausgangspunkt für eine Ermahnung seiner Glaubensgenossen, nicht hochmütig zu werden und damit in die Gefahr zu kommen, Gott zu mißfallen. Denn damit liefe man Gefahr, die Sündenvergebung

---

[75] *Aleith* 1937, 78.
[76] Mat 25,14 ff.; dazu Mat 16,27 und Luk 12,48.

zu verlieren und aus dem Reich Gottes ausgeschlossen zu werden. Während für die, welche vor Christi Leiden gesündigt hatten, sein Tod eine *curatio*, d. h. Vorsorgemaßnahme war, haben jene, welche seit seinem Tod sündigen, keine Aussicht mehr auf Vergebung. In diesem Abschnitt entsteht der Eindruck, daß Irenäus nur eine μετάνοια kennt, nämlich die in der Taufe, und daß der Christ danach auf vollkommene Weise zu leben hat. Ein solcher Rigorismus ist zwar den früheren apostolischen Vätern nicht unbekannt,[77] gilt jedoch nicht mehr für die Zeit des Irenäus, während der man infolge der Auseinandersetzung mit der gnostischen Auffassung von Gnade zu einer etwas abgestuften, milderen Betrachtungsweise gelangte.[78] Nach *Adv haer* 1,7,4[79] haben zumindest Verführte und Häretiker das Recht auf Kirchenbuße, sollten sie von ihren irrigen Wegen abkehren. Aber auch andere Christen, die nach der Sünde eine langdauernde Buße auf sich nehmen, haben wieder Aussicht auf Versöhnung mit der Kirche und Vergebung bei Gott.[80] Irenäus äußert sich allerdings nur spärlich über diese letzte Möglichkeit, damit nicht feststeht, unter welchen Umständen und wie oft dies geschehen kann.[81]

Für die hier behandelte Stelle, *Adv haer* 4,27,2, bedeutet das Wissen um eine zweite Buße bei Irenäus, daß man hier vor allem den starken paränetischen Charakter zu beachten hat. Der Bischof schreibt nämlich nicht, daß wir die *remissio* verlören, wenn wir sündigen, nachdem wir Christus erkannt haben, sondern, daß wir uns zu fürchten haben, dies könnte geschehen. Ähnlich wie Paulus[82] verwendet Irenäus die Väter des alten Bundes als negatives Beispiel, um seine Leser vor falscher Heilssicherheit und daraus entstehender sittlicher Laxheit zu warnen. So gesehen und angesichts der gesamten Anschauung des Irenäus über μετάνοια ist Schelkles Urteil über diese Irenäusstelle, als gäbe es für jetzt begangenen Sünde keine Nachlassung mehr, etwas überstrapaziert.[83]

Irenäus faßt also Röm 6,9 als eine Aussage über die Einmaligkeit des Sühnetodes Christi auf und zugleich als eine Warnung an die, welche seither dadurch Vergebung erlangten, angesichts der Gefahr, die Vergebung zu verlieren, ein sündloses und Gott gefälliges Leben zu führen. Ohne die Möglichkeit zur zweiten Buße aus dem Blickfeld zu verlieren, ruft er mit allem Ernst dazu auf, nach

---

[77] Dies trifft für den Hauptteil der apostolischen Väter zu, wobei das späte Werk dieser Zeit, der Hirte des Hermas, bereits Anzeichen für eine mildere Tendenz in der Gemeindebußpraxis aufweist.

[78] *K. Rahner,* Sünde als Gnadenverlust in der frühkirchlichen Literatur, ZKTh 60 (1936) 486−90.

[79] SC 264,108 ff.

[80] *Adv haer* 3,3,4 (SC 211,42) und vielleicht auch 1,10,1 f. (SC 264,158).

[81] *B. Poschmann,* Paenitentia secunda: Die kirchliche Buße in ältestem Christentum bis Cyprian und Origenes, Bonn 1940, 220−29; *K. Rahner,* Die Sündenvergebung nach der Taufe in der Regula Fidei des Irenäus, ZKTh 70 (1948) 455, findet jedoch keine Lehre von einer kirchlichen Buße bei diesem Kirchenvater.

[82] Röm 11,21; 1 Kor 10,1 ff.

[83] *Schelkle* 1956, 216.

der Taufe ganz mit der Sünde zu brechen. Christi Tod ist zwar wirksam genug, um die Vergehen der alttestamentlichen Väter zu decken, reicht aber im Fall von willkürlichem Sündigen unter Christen nicht mehr aus.

An vier weiteren Stellen in *Adv haer* klingt der Wortlaut von Röm 6,10b und 11b ζῶν τῷ θεῷ an. Diese Stellen werden wegen ihrer thematischen Beziehung zueinander im folgenden gemeinsam behandelt.

3.3.2.4. *Adv haer 3,23,6*

Im dritten Buch von *Adv haer* ist Irenäus bestrebt, die Irrlehre durch eine heilsgeschichtliche Auslegung des Sündenfalles zu widerlegen. Da seine Gegner mit dem alttestamentlichen Gottesbild nichts anzufangen wissen, muß er beweisen, daß die durch die Schrift Israels skizzierten Charaktereigenschaften des Schöpfergottes mit der Liebe und Barmherzigkeit des Erlösergottes durchaus vereinbar sind. So legt Irenäus in 3,23,6 die Vertreibung aus dem Paradies als Erbarmungstat Gottes aus, welche der im Menschen befindlichen Sünde ein Ende setzen sollte. Selbst den Tod vermag Irenäus in einem günstigen Licht zu sehen:

> *Prohibuit autem eius transgressionem, interponens mortem et cessare faciens peccatum, finem inferens ei per carnis resolutionem quae fieret in terra, uti cessans aliquando homo vivere peccato et moriens ei inciperet vivere Deo.*
> *Adv haer* 3,23,6 (SC 211,462)

Es muß als sicher gelten, daß Irenäus den Tod im allgemeinen Sinn meint, wenn er ihn dem Zustand der Unsterblichkeit im Paradies gegenüberstellt. Er stellt sich vor, daß, wenn der Mensch an jenem glückseligen Ort geblieben wäre, die sich vermehrende Sünde im Menschen den Ort bald heillos gemacht hätte.[84] Der irdische Tod, die Auflösung des Fleisches auf Erden, dient der Erlösung des Menschen, obwohl er dem Menschen unverständlich und befremdend erscheint. Er stellt die Trennung von dem der Sünde ausgelieferten Leben und zugleich die Befreiung zum Leben für Gott dar.

Es muß nicht verwundern, daß Irenäus in diesem Zusammenhang ζῶν τῷ θεῷ ausschließlich eschatologisch deutet. Denn er befindet sich mitten in der Darlegung der Heilsgeschichte, wo von der Erlösungstat Christi zunächst keine Rede gewesen ist. Vorerst befaßt er sich nur mit der Grundbefindlichkeit des Menschen im adamitischen Zeitalter. Leben für Gott heißt demzufolge zumindest sündenfreies Dasein bei Gott, nachdem der Mensch den irdischen Leib verlassen hat, freilich ohne die eventuell hinzukommende christliche Interpretation im vorhinein auszuklammern.

---

[84] Diese Feststellung des Irenäus geht dem zitierten Satz voraus.

3.3.2.5. Adv haer 5,9,2

In der Abhandlung über die richtig verstandene Eschatologie (5. Buch), legt Irenäus 1 Kor 15,50: „Fleisch und Blut können das Reich Gottes nicht erben" aus. Er weist die materiefeindliche Interpretation dieser Stelle seitens der Häretiker zurück und tritt im Gegensatz dazu für ein ganzheitliches Menschenbild, zu dem Fleisch, Seele und Geist gleichermaßen gehören, ein. Die Menschen, die den Geist Gottes in sich nicht wohnhaft haben, werden mit Recht nur als Fleisch und Blut bezeichnet. Die Gläubigen hingegen verfügen über ein Gut, das sie aus ihrem der Vergänglichkeit geweihten Grundzustand heraushebt:

> *Quotquot autem timet Deum et credunt in adventum Filii eius et per fidem constituunt in cordibus suis Spiritum Dei, hi tales juste homines dicentur et mundi et spiritales et viventes Deo, quoniam habent Spiritum Patris qui emundat hominem et sublevat in vitam Dei.*
> Adv haer 5,9,2 (SC 153,108 ff.)

Diese Stelle verweist erneut auf die Tatsache, daß Irenäus nicht die Sündlosigkeit an sich als Voraussetzung zum Christsein ansieht, sondern vielmehr die reinigende Kraft des Heiligen Geistes vor Augen hat und von diesem eine Lösung für das Grundproblem des Menschen erwartet.[85] Diese Anschauung wird durch die spätere Aussage im selben Abschnitt, daß der geisterfüllte Mensch ein lebendiger Mensch sei, weil er zugleich aus Geist und Fleisch bestehe, bestätigt. Es gilt vor allem, den Geist durch Gottesfurcht und wahren Glauben zu bewahren, so wird man mit Recht rein, geistlich und gottlebend genannt. Diese Bezeichnungen für den Gläubigen dürfen also nicht absolut gesetzt werden, wie die darauf folgende Beschreibung des Wirkens des Geistes (*emundat . . . sublevat*) zeigt, sie sind vielmehr als Merkmale der ὁμοίωσις zu verstehen, die erst dann eintritt, wenn der Mensch das Endziel seiner geistlich-moralischen Laufbahn erreicht hat.[86] Dieser Endzustand wird hier anhand von *vita Dei* angedeutet.

3.3.2.6. Adv haer 5,11,1

In der Fortführung der Auslegung von 1 Kor 15,50 nimmt Irenäus Bezug auf Gal 5,19, die Aufzählung der Werke des Fleisches, um das von Paulus an jener Stelle mit „Fleisch und Blut" Angesprochene zu veranschaulichen. Dann fügt er hinzu:

> *Qui enim illa* [i. e. *opera carnis*] *agunt, vere secundum carnem ambulantes, vivere Deo non possunt. Et iterum spiritales actus intulit vivificantes hominem, hoc est insertionem spiritus, sic dicens . . .*
> Adv haer 5,11,1 (SC 153,134)

Anschließend zitiert Irenäus Gal 5,22 über die Frucht des Geistes.

---
[85] Gegen *Windisch* 1908, 401 ff.
[86] *Lampe* 1961, εἰκών.

Der erste Teil dieses Kommentarstückes widerspiegelt eine durchaus paulinische Gesinnung, wie der Anklang an Röm 8,4 („wir wandeln nicht nach dem Fleisch, sondern nach dem Geist") beweist. Gleich wie sein apostolisches Vorbild, hält Irenäus eine von Untugend gekennzeichnete Lebensführung für unvereinbar mit dem Geistbesitz. Es ist daher der Natur der Sache nach nicht möglich, dem Fleischlichen nachzugehen und zugleich für Gott zu leben. In dieser Beziehung ist am Paulinismus des südgallischen Bischofs nicht zu rütteln.

Der zweite Satz des obigen Zitats stellt mancherlei Schwierigkeit für den Übersetzer bzw. den Interpreten des Irenäus dar. Der Genitiv *spiritus* läßt sich nämlich sowohl objektiv als auch subjektiv verstehen. Nach der ersten Möglichkeit hieße es also, daß der Geist dem Menschen durch die Übung in der Geistesfrucht eingeprägt wird. Dies hätte den verdächtigen Anschein stoischen Selbstvervollkommnungsdenkens und wäre daher eher unpaulinisch. Wenn jedoch *insertio spiritus* subjektiv verstanden wird, dann fügt sich diese Umschreibung des Geisteshandelns auf sehr schöne Weise in das gleich darauf angesprochene Bild aus Gal 5,22 ein. Somit wird der Geist als der Gärtner angesehen, der seine Frucht dem wachsenden Christen einpfropft. Hier ist zu bemerken, daß der Herausgeber der neuesten Ausgabe von *Adv haer insertio mit* ἐγκεντρισμὸν ins Griechische zurückübersetzt und daher ganz im Einklang mit der Anknüpfung an Gal 5,22.[87] Irenäus denkt freilich an keinen Geisteszwang, als sei der Mensch der verändernden Kraft des Geistes völlig ausgeliefert, vielmehr erkennt seine Anthropologie die vermittelnde Stellung der Seele, die sich freiwillig bald zum Geist, bald zum Fleisch hinneigt.[88] Auch in diesem Teilaspekt seiner Auslegung zeigt sich Irenäus durchaus paulinisch: Der geisterfüllte Mensch hat sich nach dem Geist ausrichten zu lassen, damit er mit dem Geist in Gemeinschaft bleibt und die Geistesfrucht in seinem Leben wächst.

3.3.2.7. Adv haer 5,12,1

Seine Erörterung des 15. Kapitels des 1. Korintherbriefes fortführend, kommt Irenäus auf die grundsätzliche Unvereinbarkeit von Leben und Tod zu sprechen. Diese Dualität folgt aus dem Gegensatz zwischen den Fleisches- und Geisteswerken:

Ὡς γὰρ φθορᾶς ἐπιδεκτικὴ ἡ σάρξ, οὕτως καὶ ἀφθαρσίας, καὶ ὡς θανάτου, οὕτως καὶ ζωῆς. Καὶ ἀμφότερα οὐ μένει κατὰ τὸ αὐτό, ἀλλ᾽ ἐξωθεῖται τὸ ἕτερον ὑπὸ τοῦ ἑτέρου, καὶ παρόντος τοῦ ἑτέρου ἀναιρεῖται τὸ ἕτερον. Εἰ οὖν ὁ θάνατος ἐπικρατήσας τοῦ ἀνθρώπου ἔξωσεν αὐτοῦ τὴν ζωὴν καὶ νεκρὸν ἀπέδειξε, πολλῷ μᾶλλον ἡ ζωὴ ἐπικρατήσασα τοῦ ἀνθρώπου ἀπωθεῖται τὸν θάνατον καὶ ζῶντα τὸν

---

[87] SC 153,135.
[88] Cf. *Adv haer* 5,9,1.

ἄνθρωπον ἀποκαταστήσει τῷ θεῷ. Εἰ γὰρ ὁ θάνατος ἐνεκροποίησε, διὰ τί ἡ ζωὴ ἐπελθοῦσα οὐ ζωηποιήσει τὸν ἄνθρωπον;
Adv haer 5,12,1 (SC 153,140 ff.)[89]

Um die Besiegbarkeit des Todes zu beweisen, zitiert Irenäus anschließend Jes 25,8. In diesen Entgegnungen hört man die beharrliche Behauptung des Gnostikers durch, daß das Fleisch, wie alles Geschaffene, der Vergänglichkeit unterworfen sei. Dem stellt Irenäus die grundsätzliche Bestimmbarkeit des Fleisches gegenüber, wobei er der Dualität von Fleisch und Geist, Tod und Leben usw. nach wie vor voll Rechnung trägt. Das sterbliche Fleisch hält er für wandelbar, und zwar durch das den Menschen in Besitz nehmende Leben. Nach seiner Darlegung im vorhergehenden Kapitel versteht er darunter die je und je eintretende Wirkung, wenn der Mensch die Werke des Geistes beständig vollbringt. Dieses so entstandene Leben hat wiederum zur Folge, daß der lebendige Mensch wieder zu Gott zurückgestellt wird. Hierin begegnet wiederum ein Grundbegriff des Irenäus, ἀποκατάστασις, die Zielvorstellung der οἰκονομία Gottes. Das Lebendigsein für Gott ist aber dem Endziel nicht gleichzusetzen, sondern entspricht einem Vorstadium der Vollendung. Das ζῆν τῷ θεῷ ist also kein gleichmäßiger Zustand, etwa ein Bereich, in den der Mensch versetzt wird; es ist vielmehr ein Leben, das zunehmend lebendiger wird, indem die Geistesfrucht im Menschen überhandnimmt. In dieser Weise kommt der Fortschrittsgedanke des Irenäus auch in seiner Auslegung von ζῆν τῷ θεῷ (Röm 6,10 f.) zum Tragen.

Was versteht Irenäus unter ζῆν τῷ θεῷ? Die einzelnen zitierten Stellen haben gezeigt, daß er diese Anspielung auf Röm 6,10 f. in auffallend beständiger Weise deutet, indem er sie in seinen gesamttheologischen Entwurf von der οἰκονομία τοῦ θεοῦ einzugliedern vermag. In vorchristlicher Hinsicht deutet Irenäus ζῆν τῷ θεῷ auf den Zustand des Menschen nach Eintritt des physischen Todes, und zwar allein deshalb, weil der Tod dem sündhaften Tun des Menschen ein Ende setzt. Nur also aufgrund dessen, daß der Mensch nicht mehr sündigen kann, ist die Existenz jenseits des irdischen Lebens ein Leben für Gott. Derselbe Begriff beschreibt im christlichen Gebrauch den geisterfüllten Menschen, der durch das Einwirken des Geistes von seiner Untugend gereinigt wird. Auf der anderen Seite ist ζῆν τῷ θεῷ der Gegensatz zum Leben nach dem Fleisch, wobei jenes Leben keineswegs absolut zu sehen ist, etwa als ein sündloses Dasein auf Erden. Es ist vielmehr ein Prozeß des zunehmenden Lebendigerwerdens, das zwar von Gottes Geist angeregt wird, aber weder zwangsläufig noch unabhängig vom Willen des Menschen geschieht, denn er muß sich ständig für die Werke des Geistes entscheiden, und somit die Leitung und Ge-

---

[89] Das griechische Zitat entstammt zum größten Teil den *Sacra Parallela* des Johannes Damascenus; nur der letzte Satz, der in dieser Handschrift offenbar durch homoioteleuton verloren ging, wird durch die griechische Übersetzung der Herausgeber der SC 153 ergänzt.

meinschaft des Geistes aktiv suchen. Je lebendiger der Mensch durch den Geist wird, desto näher kommt er dem Endziel, der ἀνακεφαλαίωσις und ὁμοίωσις mit Gott.

3.3.3. Zusammenfassung

Am Ende dieser Erörterung der Stellen bei Irenäus, die sich mit Gedanken aus Röm 6,1—11 befassen, wollen wir die Hauptergebnisse zusammenfassen:

1. Das durch den Tod Christi implizierte Leiden Christi Jesu (Röm 6,3 f.) wird der adoptianistischen Behauptung entgegengehalten, daß nur Jesus, nicht aber Christus am Kreuz gelitten habe. Indessen zeigt Irenäus in diesem Zusammenhang kein Interesse an der christlichen Taufe, vielmehr gilt sein Interesse dem christologischen Aspekt dieser Stelle.

2. Die Neuheit des Lebens (Röm 6,4) wird durch die Taufe, welche zugleich die Verleihung des Heiligen Geistes bedeutet, eingeleitet. Sie stellt eine moralische Erneuerung des Menschen dar, die auf die Wiedergewinnung der durch den Sündenfall verlorengegangenen εἰκὼν τοῦ θεοῦ hinzielt. Der Geistbesitz des Menschen ist jedoch durch Gehorsam Gott gegenüber bedingt.

3. Da Christus nie wieder vom Tod beherrscht wird (Röm 6,9) ist der stellvertretende Charakter seines Todes einmaliger Art. Dies heißt für Irenäus, daß der Gläubige ständig darauf zu achten hat, daß er nicht die Gültigkeit jenes Todes als ἄφεσις ἁμαρτιῶν durch eine sündhafte Lebensführung verspielt. Damit wird jedoch keinem jegliches Vergehen ausklammernden Taufrigorismus das Wort geredet, denn die Möglichkeit zur Umkehr nach der Taufe ist gegeben, wenn auch nicht näher erörtert.

4. Das ζῆν τῷ θεῷ ist ein vom Geist Gottes gesteuerter Prozeß, der dem Endziel der Wiedervereinigung mit Gott vorausgeht. Diesem Prozeß setzt sich der Mensch durch seine jeweils freiwillige Entscheidung für die Führung des Geistes laufend aus. Somit gewinnt der Mensch an Gemeinschaft mit dem Geist und entweicht dem Streben nach der Erfüllung der fleischlichen Gesinnung samt deren Endziel, dem Tod.

3.4. Tertullian von Karthago

3.4.1. Leben und Lehre

Quintus Septimius Florens Tertullianus kam um die Mitte des 2. Jh.'s in der Hauptstadt der römischen Provinz Afrika zur Welt. Als Sohn eines Offiziers lernte er nicht nur sehr früh die römisch-militärischen Werte kennen, die später in seinem theologischen Schrifttum in Form von Begriffen wie *disciplina, sacramentum* und *oboedentia* ihren Niederschlag finden. Da er aus einer angesehenen

Familie kam, wurde ihm auch der Zugang zu einer hervorragenden Ausbildung gewährt. Sein späteres Werk zeugt gleichermaßen von seiner rhetorischen Begabung wie von seinen juristischen Fachkenntnissen, welche er eine zeitlang in Rom als Advokat beruflich umgesetzt haben mag.[90] Wann und wo Tertullian zum Glauben gekommen ist, liegt im Schweigen der Geschichte verhüllt. Es ist jedoch zumindest verständlich, daß seine für die Wahrheit heiß brennende Seele ihm keine Ruhe ließ, bis er auf die für seine Begriffe „bessere Philosophie" traf.[91] Vor allem wird es sein ausgeprägter Sinn für das Praktische gewesen sein, der ihn auf den moralisch konsequenten Lebensstil der nordafrikanischen Christen, der bis hin zum Märtyrertod reichen konnte, aufmerksam werden ließ. Im Gegensatz zu solchem ernsthaften Eifer mußte die wortreiche Philosophie seiner Zeitgenossen Tertullian kalt gelassen haben. Er bezeugt nämlich an mehreren Stellen seine Abscheu vor der Wortschwelgerei der ruhmgierigen Sophisten, deren Künste er als Rhetor nur zu gut zu durchschauen wußte.[92]

Zeitlebens zeigt Tertullian einen Hang zum Rigorismus. Dies bestätigt sich auch in den Schriften, die er bereits während seiner Tätigkeit als Katechet der großkirchlichen Gemeinde Karthagos (197 bis 203) abgefaßt hat.[93] Anfangs sind seine sittenstrengen Forderungen der Sprache und den Verhältnissen der Großkirche zugeschnitten, später klagt er die Mißstände unter der großen Masse der Christen von seiner Warte aus als Montanist an. Auch während der zunehmenden Distanzierung von der laxen Haltung der Menge und zugleich einsetzenden Annäherung an die geisterfüllte Bewegung aus Phrygien, gelingt es Tertullian dennoch, eine nüchterne und verantwortungsvolle Haltung gegenüber Schrift und Tradition zu bewahren. Seine Ehrfurcht vor der Bibel bedarf keines Beweises, denn in allen seinen Werken gebraucht er ausführliche Zitate aus beiden Testamenten in zusammenhangsvoller Weise. Zumindest in der Frühzeit sieht er sich gegenüber den Häretikern für die richtige Schriftauslegung auf die kirchliche Tradition und insbesondere die *regula fidei* angewiesen.[94] Als Schrifttheologe par excellence arbeitet er an seinem Text nach einem gewissenhaft ausgedachten Schema: Die Schriftmitte ist hervorzuheben; der Wortsinn kommt als Erstes in Betracht; man soll von dem *levior* auf das *difficilior* schließen; der Zusammenhang einer Stelle ist auf jeden Fall zu beachten; man achte darauf, daß in der Auslegung keine Widersprüche mit der Schrift

---

[90] *Bardenhewer* 1902, 332; *Quasten* 1952, 246 f.; *Altaner / Stuiber* 1978, 148; *von Campenhausen* 1983, 12 f.
[91] *De pall* 6,2 (CCSL 2,750).
[92] *Apol* 46 (CCSL 1,160 ff.); *De anim* 1 f. (CCSL 2,781 ff.); *Bardenhewer* 1902, 333 f.; *Quasten* 1952, 247 f.; *von Campenhausen* 1983, 12 f.
[93] *H. Karpp,* Schrift und Geist bei Tertullian, Gütersloh 1955, 9.
[94] *De praescr* 13 (CCSL 1,1970); *O. Kuss,* Zur Hermeneutik Tertullians, Neutestamentliche Aufsätze: Festschrift für Josef Schmid, Regensburg 1963, 145.

entstehen; und klare Vorschriften sind für die Auslegung verbindlicher als Beispiele.[95]

Im Gegensatz zu alexandrinischen Zeitgenossen, zeigt Tertullian keine ausgeprägte Vorliebe für allegorisierende Auslegungsmethoden. Er ist wohl scharfsinnig genug, daß manche alttestamentliche Erzählungen seinem Verstand widerstreben, er blickt jedoch immer zu deren rationalem Kern durch und kann daher seine vernunftgemäße Natur letzten Endes befriedigen.[96] In der Abwehr häretischer Interpretationen stellt er die *interpretatio in allegoriis et parabolis* der *in definitionibus certis et simplicibus* gegenüber.[97] Er tritt dafür ein, daß der Christ nach dem Vorbild des Paulus auch das Törichte akzeptiere,[98] ja sein Vertrauen zur höheren Vernunft Gottes reicht so weit, daß er sagen kann „*Certum, quia impossibile*".[99] Kein bestimmter philosophischer Einfluß läßt sich in seiner exegetischen Vorgangsweise durchblicken, eine kaum überraschende Tatsache, wenn man seine ausgesprochene Abneigung gegen die herkömmliche griechische Philosophie seiner Zeit bedenkt. Vielmehr ist seine Schriftauslegung, um mit R. Hanson zu sprechen, „simply an example of the working of robust common sense".[100]

Wenn auch Tertullians Gesamtschaffen zu umfangreich ist, um es hier auf zufriedenstellende Weise darzustellen, so soll im folgenden zumindest auf einige Themen seines theologischen Denkens, die den Hintergrund seines Kommentars zu Röm 6 bilden, eingegangen werden. Hinsichtlich der Anthropologie läßt sich Tertullian in der gedanklichen Nähe seines südgallischen Vorgängers Irenäus ansiedeln. Eine gewisse Querverbindung zwischen diesen beiden Schriftstellern läßt sich nicht leugnen, zumal sie eine ähnliche Begrifflichkeit gebrauchen. Eine ähnliche Verwendung von *imago* und *similitudo* wird nicht nur auf den vermuteten, jedoch kaum beweisbaren Umstand zurückgeben, daß der Irenäusübersetzer Tertullianische Schriften gelesen hatte und sich deren Sprache zum Vorbild machte, vielmehr gehört diese Zweiteilung zum eigentlichen Menschenbild beider Schriftsteller.

Während jedoch Irenäus nur ungenau mit der Unterscheidung beider Begriffe umgeht,[101] ordnet Tertullian die *similitudo dei* dem Menschen vor dem Sündenfall zu, wogegen nur die *imago dei* nach dem Sündenfall am Menschen haftenbleibt.[102] Diese Vorstellung gründet in der Tauftheologie Tertullians:

[95] *Karpp* 1955, 24 ff.

[96] *U. Wickert,* Glauben und Denken bei Tertullian und Origenes, ZThK 62 (1965), 165 f.

[97] *Adv Prax* 13 (CCSL 2,1174).

[98] 1 Kor 1,18 ff.; *Adv Marc* 5,5 f. (CCSL 1,675 ff.).

[99] *De carn Chr* 5,4 (CCSL 2,881).

[100] *R. P. C. Hanson,* Notes on Tertullian's Interpretation of Scripture, JThSt 12 (1961) 277.

[101] *G. Wingren,* Man and the Incarnation, Edinburgh 1959, 157 f.

[102] *S. Otto,* Der Mensch als Bild Gottes bei Tertullian, MüThZ 10 (1959) 276.

Exempto scilicet reatu eximitur et poena. Ita restituitur homo deo ad similitudinem eius, qui retro ad imaginem dei fuerat — imago in effigie, similitudo in aeternitate censentur —: recipit enim illum dei spiritum quem tunc de adflatu eius acceperat sed post amiserat per delictum.

De bapt 5,6f. (CSSL 1,282)

Kraft des in der Taufe vermittelten Geistes wird der Mensch also wieder zum vollen Ebenbild Gottes.

Wenn der Mensch gemäß der Natur als *imago* sowie gemäß der Gnade als *similitudo* Gott ähnelt, so sind wohl alle beiden Arten der Ähnlichkeit Merkmale, die den Menschen von der gesamten übrigen Schöpfung abheben. Für Tertullian ist das Einzigartige, das aus allen Geschöpfen nur der Mensch mit Gott teilt, das *arbitrium liberum*. Mit dieser Einsicht steht er am Anfang einer Tradition, die zwar viele Anhänger, besonders im Abendland, finden wird, die aber auch in Form des Pelagianismus Anlaß zur häretischen Vereinseitigung geben soll.[103]

Die Frage der Erbschuld ist zur Zeit Tertullians noch nicht thematisiert worden; er selbst hält die Kinder für schuldlos, zumindest im Vergleich zur Sündenanhäufung bei den Erwachsenen.[104] Wenn man bedenkt, daß Tertullian die Wortschöpfung *vitium originis* aus der Taufe hob,[105] ist seine Anschauung über Kindesschuld wenigstens bemerkenswert. Von daher ist seine vorsichtige Haltung gegenüber der Säuglingstaufe — er empfiehlt sogar den Taufaufschub, außer im Fall von Todesgefahr — immerhin einigermaßen erklärlich.[106]

Der Leitgedanke der Tauftheologie Tertullians ist der unüberbietbare Stellenwert der Taufgnade. Diese kann verlorengehen und ist danach nur durch das Blutbad, d. h. den Märtyrertod zurückzugewinnen.[107] Seiner Auffassung nach ist die Taufe die *remissio peccatorum,* der Bruch mit dem alten sündhaften Leben und der Anfang des neuen Lebens in Heiligkeit.[108] Wenn auch die Sündenschuld samt ihrer naturgemäßen Folge, nämlich dem ewigen Tod, kraft des Leidens Christi in der Taufe vernichtet wird,[109] so kann trotzdem nur der Reumütige, der die Mahnung zur Sündlosigkeit während des Taufunterrichts beherzigt hat, die ganze Taufwirkung erwarten.[110]

Die Taufliturgie, die in den einzelnen Schriften Tertullians dokumentiert

---

[103] AaO., 280f.

[104] *Gaudel* 1932, 365; cf. *De bapt* 18: *Quid festinat innocens aetae ad remissionem peccatorum?*

[105] *De anim* 41,1 (CCSL 2,844).

[106] *De bapt* 18 (CCSL 1,293); *Altaner / Stuiber* 1978, 162; cf. J. *Gross,* Entstehungsgeschichte des Erbsündendogmas von der Bibel bis Augustinus, München 1960, 120: Die Taufe beseitigt nur die Naturverderbnis, die von Adam geerbt wird und den Seelenglanz verdeckt (*De anim* 41).

[107] *De bapt* 15—18 (CCSL 1,290ff.); *De pat* 13 (CCSL 1,314).

[108] *De bapt* 1 (CCSL 1,227).

[109] *De bapt* 11 (CCSL 1,286).

[110] *Windisch* 1908, 415—17.

wird, kann auch über dessen Deutung des Taufgeschehens Aufschluß geben.
Nach Abschluß des eben erwähnten Katechumenats, dessen Höhepunkt in den
andauernden und anstrengenden Gebets- und Fastenzeiten zur Erweiterung
des Schuldbewußtseins zu sehen ist,[111] wird das Taufwasser geheiligt, indem
der über dem Wasser schwebende Geist im Gebet feierlich angerufen wird.[112]
Es ist wahrscheinlich verfehlt, den Lobpreis Tertullians für das Taufwasser als
Anerkennung einer im Wasser naturgemäß vorhandenen reinigenden Kraft zu
deuten, vielmehr handelt es sich um ein für diesen Schriftsteller sicherlich nicht
ungewöhnliches rhetorisches Mittel, um die Erwartung auf die von Gott ge-
spendete Geisteskraft zu steigern.[113] Vor dem Eintauchen ins Wasser sagt sich
der Täufling von der Macht der Finsternis los: *Renuntio diabolo et pompae et an-
gelis eius.*[114] Hier hat man es noch nicht mit einem Taufexorzismus im eigentlichen Sinn zu tun; er wird erst um 256 durch Cyprian bezeugt.[115] Vielmehr stellt
die *abrenuntiatio diaboli* die liturgische Ausformung eines Ansatzes dar, der viel
früher im neutestamentlichen Denken angelegt ist.[116]

Gemäß der dreigliedrigen Absage an den Teufel und seine Macht wird der
Täufling dreimal nach seinem Glauben an Gott gefragt, jeweils vor dem Eintauchen ins Wasser.[117] Während Mat 28,19 als Vorbild für diese Handlung gedient hat, läßt sich wiederum eine liturgische Entfaltung dahingehend feststellen, daß der Getaufte ausführlicher durch den Gebrauch von längeren Tauffor-
meln ausgefragt wird.[118] Nach der eigentlichen Taufe – Tertullian gebraucht
jedoch *baptismus* (und vermutlich auch *baptisma*) um die Tauffeier insgesamt zu
bezeichnen – bekommt der Neugetaufte eine Ölsalbung, die offensichtlich am
ganzen Leib vollzogen wird, denn er soll sich des täglichen Badens für sieben
Tage nach der Taufe enthalten.[119] Die Rolle des Bischofs bei der Feier wird besonders in der folgenden *obsignatio crucis* und in der Handauflegung deutlich.
Letztere wird *per benedictionem advocans et invitans Spiritum sanctum* vollzogen,[120]
was offensichtlich bedeutet, daß bereits zu dieser Zeit und zumindest in der
Kirche Nordafrikas die Auffassung von der Geistverleihung durch die Handauflegung des Bischofs Verbreitung gefunden hatte.[121] Das weiße Gewand, das

---

[111] *De bapt* 20 (CCSL 1,294 f.).

[112] *De bapt* 3 f. (CCSL 1,279).

[113] *De bapt* 3 (CCSL 1,279); *Stromberg* 1913, 234.

[114] *De spect* 4,3 (CCSL 1,231); *De anim* 35,3 (CCSL 2,837); *De cor* 3,2 (CCSL 2,1042).

[115] Die Synode zu Karthago unter Cyprian (256) setzt diese Praxis voraus; cf. *Sent episc*
1.8.31.37 (CSEL 3,1,436.441.448.450).

[116] Cf. Mat 4,10 und 16,23; Eph 2,1 f.; Kol 1,13 etc.; *H. Kirsten,* Die Taufabsage, Berlin
1959, 102.

[117] *ter mergitamur amplius aliquid respondentes quam dominus in evangelio determinavit: De cor*
3,3 (CCSL 2,1042); cf. *Adv Prax* 26,9 (CCSL 2,1198).

[118] *Noakes* 1978, 92.

[119] *De cor* 3 (CCSL 2,1043) ebd.

[120] *De bapt* 8 (CCSL 1,283).

[121] *Lampe* 1951, 162.

der Neugetaufte nach der Reinwaschung anziehen darf, deutet Tertullian als Symbol für die Hoffnung auf die leibliche Auferstehung.[122] Nach der Tauffeier darf der Täufling das erste Mal an der Eucharistie teilnehmen.[123]

In den Schriften Tertullians begegnet *sacramentum* erstmals in der christlichen Literatur als Bezeichnung für die Taufe.[124] Dies bedeutet freilich nicht, daß er eine Sakramentslehre im späteren tridentischen Sinn bietet, vielmehr hat *sacramentum* bei ihm die allgemeine Bedeutung von einer „*res sacra arcana,* die auf das Heil des Menschen zielt".[125] In *De praescr* 40[126] nennt er z. B. einige Zeichen des Wirkens Gottes, die vom Teufel in den Häresien sichtbar nachgeahmt werden. Dazu gehören die Taufe, die Eucharistie, die Einehe, aber auch priesterliche Aufgaben, Abzeichen, Auszeichnungen, Dienste der Opfernden und sogar Geräte und Gefäße, *de quibus sacramenta Christi administrantur.* Dieser Sprachgebrauch befindet sich immer noch in eindeutiger Nähe zur paulinischen Verwendung von μυστήριον für ein christologisches Heilsdatum.[127] Der taufliturgische Bezug von *sacramentum* wird wohl durch den ursprünglichen Gebrauch des Begriffes als Bezeichnung für die Militärweihe gefördert worden sein. Ähnlich wie sich der Soldat durch das *signaculum,* durch die Eintragung in die Stammrolle und durch den Fahneneid dem Kaiser wie einem Gott verpflichtete, diente die Taufe samt Kreuzzeichnung sowie der Absage von der Teufelsmacht und dem dreimaligen Bekenntnis dazu, den Sachverhalt, daß der Neubekehrte das Geheimnis des Heils durch die Taufe im Empfang genommen, sich von der finsteren Herrschaft abgewandt, und sich seinem neuen Herrn anvertraut hatte, zum sichtbaren Ausdruck zu bringen.[128] Die sich mit der Zeit fest einbürgernde Gleichsetzung von μυστήριον und *sacramentum* im landläufigen Sinn von „Militärweihe" hat Tertullian nicht erfunden, vielmehr setzt er diesen Sprachgebrauch bei seinen Lesern voraus.[129] Daß er jedoch ein gutes Stück dazu tat, diese Gleichsetzung zu fördern, kann angesichts der Verbreitung und Beliebtheit seines Schrifttums nicht geleugnet werden.

Wenn man sich Tertullians Schilderung des Taufvorgangs im späten 2. Jh. sowie seine Beobachtungen darüber vor Augen hält, so macht sich die Grundtendenz bemerkbar, die in der Taufe schon immer implizierten und vom

---

[122] *De res* 27 (CCSL 2,956).

[123] *De cor* 3 (CCSL 2,1043). Für eine systematische Darstellung der Tauffeier in Nordafrika um 200 cf. weiterhin den Aufsatz von *Noakes* 1978.

[124] *De praescr* 40 (CCSL 1,220); *De bapt* 1.4.10 (CCSL 1,277.280.284).

[125] *A. Kolping,* Sacramentum tertullianeum, Münster / Regensburg 1948, 49.

[126] CCSL 1,220.

[127] *Prümm* 1937, 396; wie andere frühe Väter kennt Tertullian einen Gebrauch von *sacramentum,* der dem biblisch-paulinischen nahesteht (cf. *Kolping* 1948, 49–58); dazu gibt es eine Vielzahl an Stellen, wo *sacramentum* als Bezeichnung für den Kultritus gebraucht wird (aaO., 59–64). Schließlich wird die Taufe an folgenden Stellen in *De bapt* sacramentum genannt: 1.3.4.5.8.9.12.13 (zweimal).

[128] *Dölger* 1930, 280.

[129] *Kolping* 1948, 97.

Neuen Testament herrührenden Glaubensinhalte sichtbar zum Ausdruck zu bringen. Zugleich werden die Begriffe, die im urchristlichen Gebrauch zumeist eine unsichtbare, geheimnisvolle Handlung Gottes bezeichnet hatten, mit den neuentstehenden taufliturgischen Einzelhandlungen enger in Verbindung gebracht. Manche Forscher sehen in dieser Entfaltung der Taufliturgie zugleich eine Veränderung in der Taufauffassung selbst, und zwar dahingehend, daß man die Taufgnade zunehmend stärker in der Taufhandlung selbst und weniger im geschichtlichen Heilshandeln Gottes betrachtete.[130] Nach dieser Auffassung stellt Tertullians Beschreibung der Wasserweihe, der Geistvermittlung durch Handauflegung des Bischofs und der Kreuzzeichnung den ersten Schritt hin zu einer späteren „magischen" Sakramentsauffassung dar.[131]

Demgegenüber hält sich Tertullian nach wie vor an die Notwendigkeit der Abkehr vom sündhaften Leben nach der Taufe. Schon in seiner großkirchlichen Zeit betont er mit Nachdruck, daß die Taufgnade einmaliger Art sei und durch keine zweite Buße wieder gewonnen werden könne.[132] In der frühen Taufschrift scheint Tertullian mit der Vorstellung einer zweiten Buße nicht ganz vertraut zu sein, erwähnt sie aber trotzdem.[133] Die drei Schriften, die die Entwicklung seiner Gedanken zur Buße dokumentieren, *De bapt, De Paen* und *De Pud,* sind durchwegs von einem strengen Taufrigorismus gekennzeichnet, bezeugen aber zugleich eine zunehmend klare Unterscheidung von leichteren und schwereren Sünden. Während er als Montanist die großkirchliche Gemeinde kritisiert, weil sie selbst Ehebrecher und Unzüchtige nach Wiedergutmachung abermals in ihre Reihen aufnimmt, erkennt er in dieser späteren Zeit (i. e. nach 203) nur mehr für die *peccata leviora* eine kirchliche Vergebung durch den Bischof an. Diese faßt Tertullian jedoch nur als Aussöhnung mit der Kirche und nicht als Absolution auf.[134] Für die schweren Sünden gibt es nach wie vor keine Möglichkeit, wenigstens im Wirkungsbereich der Kirche, die verlorene Taufgnade wieder zu erlangen.[135]

Es wird sich erweisen, daß diese knappe Betrachtung der Tauf- und Bußtheologie Tertullians für das Verständnis seiner Bemerkungen zum Röm 6,1–11 wichtig sein wird. Denn mit einer Ausnahme[136] legt Tertullian diesen

---

[130] *Lampe* 1951, 131.
[131] *Stromberg* (1913, 248) faßt das spätere „magische" Taufverständnis als das *ex opere operato* auf. Diese Gleichsetzung beruht auf dem häufigen Mißverständnis, daß nach dieser Anschauung das Sakrament ohne die Voraussetzung des Glaubens wirksam sei, das Geschenk des Heils auf unverlierbare Art zu gewährleisten. Wenn jedoch der Begriff so verstanden wird, daß die Heilswirksamkeit des Sakraments von Gott selbst ausgeht, durch den Abfall des Täuflings auch in sittlicher Hinsicht (1 Kor 10) jedoch verwirkt werden kann, so kann diese Auffassung nicht als „magisch" bezeichnet werden. Cf. *Barth* 1951, 364 ff.
[132] *De bapt* 15–18 (CCSL 1,290 ff.).
[133] *Windisch* 1908, 420.
[134] *De pud* 14,16 (CCSL 2,1308) und 18,18 (CCSL 2,1319); *Poschmann* 1940, 347.
[135] *Rahner* 1936, 498 f.
[136] *De res* 19 (CCSL 2,944 f.).

Abschnitt mit Betonung auf paränetische Gesichtspunkte aus. In noch eindringlicherer Weise als sein Vorbild Paulus, wirbt er für eine nicht nur folgerichtige, sondern auch unverzichtbare Abkehr von der sittlichen Verdorbenheit des alten Menschen.

3.4.2. Die Auslegung des Tertullian

3.4.2.1. De paen 6,11ff.

In der Schrift über die Buße aus der frühen großkirchlichen Zeit *De paenitentia,* beklagt sich Tertullian über die allgemein leichtfertige Einstellung zur Buße, welche er auf ein falsches Bild der in der Taufe geschenkten Gnade zurückführt.[137] Demgegenüber sieht er die Sündentilgung und das daraus folgende ewige Leben als Lohn, den nur der verdient, der die Bußübung in vollem Ausmaß auf sich nimmt. Dabei stellt er nicht in Frage, daß die Vergebung eigentlich durch nichts verdient werden kann oder daß die Taufgnade grundsätzlich bei jeder Taufe verliehen wird. Er macht jedoch schärfstens darauf aufmerksam, daß der Täufling jederzeit der Gefahr ausgesetzt ist, die Taufgnade zu verlieren und von Gott abgelehnt zu werden, wenn er die Forderung nach inbrünstiger Reue und Umkehr zu wenig sorgsam zu erfüllen bemüht ist:

> *Quidam autem sic opinantur, quasi deus necesse habeat praestare etiam indignis quod spopondit, et liberalitatem eius faciunt servitutem. Quodsi necessitate nobis symbolum mortis indulget, ergo invitus facit; qui autem promittit permansurum et quod tribuerit invitus? Non enim multi postea excidunt? Non a multis donum illud auferetur? Hi sunt scilicet qui obrepunt, qui paenitentiae fidem adgressi super harenas domum ruituram conlocant!*
> De paen 6,11–13 (CCSL 1,331)

Tertullian weist die irrige Anschauung derer zurück, die meinen, Gott sei auf alle Fälle verpflichtet, die Sündenvergebung zu schenken. Gott verspricht (*spondere*) sie zwar in der Taufe, sie bleibt jedoch seiner Großzügigkeit unterworfen und darf daher nicht als Folge einer äußeren Notwendigkeit betrachtet werden. Das Argument wird durch einen Vergleich aus dem menschlichen Bereich unterstützt: Wer verspricht etwas Fortwährendes, das er jedoch nur unfreiwillig zugestanden hat? Der Beweis dafür, daß sich Gott nicht zwingen läßt, liegt in der Erfahrung von vielen, die vom Glauben abgefallen sind. Ihnen hat Gott offenbar sein Gnadengeschenk entzogen. Im Hinblick auf die Buße hatten sie zwar im Glauben angefangen, bauten jedoch ein eingestürztes Haus auf Sand.

Einige Übersetzungsschwierigkeiten hindern an einem eindeutigen Verständnis dieser Stelle. Zum Beispiel steht man vor der Frage, wie *symbolum mortis* am besten wiederzugeben ist. Allem Anschein nach handelt es sich hier um einen etwas mehrdeutigen Hinweis auf die Taufe. Sie bedeutet mehr als bloße

---

[137] *De paen* 6 (CCSL 1,331).

Todesdarstellung, d. h. ein Sinnbild für den Tod Christi, denn ihr wird in diesem Zusammenhang verpflichtende Kraft zugeschrieben. Sie stellt ein Versprechen (*promittere*) dar, das grundsätzlich für immer gilt. Da manche HSS (NX) *permittit* anstelle von *promittit* lesen, könnte Tertullian ein anvertrautes oder zugestandenes Gut in der Taufe sehen, womit man natürlich an die *remissio peccatorum* denken könnte. Die erste Variante (*promittit*) fügt sich jedoch besser in die Sakramentstheologie Tertullians ein, wie Ausführungen weiter unten zeigen werden.

Der letzte Satz des obigen Zitats gewährt auch keine einfache Wiedergabe. Die Stellung von *paenitentiae* vor *fidem* legt den Anschein einer genitiven Verbindung nahe (i. e. Glauben der Buße), diese Deutung gibt jedoch nur wenig Sinn für den Satz insgesamt. Deshalb hat man *paenitentiae* wahrscheinlich als Dativ zu verstehen, der in hervorragender Beziehung zu *qui* steht.[138]

Obwohl *symbolum mortis* nur schwer als Übersetzung für ὁμοίωμα τοῦ θανάτου gelten kann, bietet dieser Hinweis auf die Taufe Einsicht in Tertullians Auslegung von Röm 6,1–4. Für ihn muß die Umkehr die Taufe begleiten, damit man sich der Taufgnade sicher sein kann. Entsprechend der Vorstellung von Sakrament als weihevoller Verpflichtungserklärung, die den Anfang eines Vertrauensverhältnisses anzeigt, benützt Tertullian ein Vokabel aus dem kaufmännischen Bereich, um den Lohncharakter der Taufe zu veranschaulichen. Als *symbolum mortis Christi* legt die Taufe dem Einzelnen Gottes Absicht dar, den Lohn, d. h. die Sündenvergebung und folglich die Auferstehung zum Leben, auszubezahlen, unter der Bedingung jedoch, daß die „Vereinbarung" auf aufrichtige Weise getroffen wird. Dazu gehört die reuevolle und zuverlässige Umkehr seitens des Täuflings. Hält aber der Mensch seine Pflicht zur Umkehr nicht ein, so ist Gott folglich nicht zur χάρις[139] verpflichtet.

3.4.2.2. *Adv Marc* 5,10,10f.

Wegen der thematischen Verwandtschaft der zwei Stellen miteinander bringen die Kirchenväter der Frühzeit Anspielungen auf bestimmte Versteile aus Röm 6,1–11 oft im Zusammenhang mit einer Auslegung von 1 Kor 15,45ff.[140] Die gemeinsame Grundlage besteht in der von Paulus an einigen Stellen dargebotenen Adam-Christus-Typologie sowie in der Thematisierung der christlichen Auferstehung als Folge der einmaligen geschichtlichen Auferstehung Jesu Christi.[141] Tertullian schließt sich der Irenäischen Auslegungstradition an,

---

[138] I. e. welche in bezug auf die Buße, nachdem sie den Glaubenswandel begonnen haben, ein eingestürztes Haus auf Sand bauen.
[139] Röm 6,1.
[140] Cf. *Clem Ecl proph* 24,1ff.; *Iren Adv haer* 5,9,3; *Meth De res* 2,18,5ff.; *Orig Com Io* 20,228f.; *Com Mat* 13,9; *Hom Luc* 16; *Hom Num* 12,3.
[141] Siehe oben zu *Adv haer* 5,9,3 (3.3.2.2.).

wenn er folgende Bemerkungen in seiner Schrift gegen den Ketzer Marcion anführt:[142]

> *Et ideo iam ad exhortationem spei caelestis: sicut portavimus, inquit, imaginem terreni, portemus et imaginem caelestis, non ad substantiam illam referens resurrectionis, sed ad praesentis temporis disciplinam. „Portemus" enim, inquit, non „portabimus", praeceptiue, non promissiue, volens nos sicut ipse incessit ita incedere, et a terreni, id est veteris, hominis imagine abscedere, quae est carnalis operatio.*

Adv Marc 5,10,10 f. (CCSL 1,694)

Tertullian legt auf klare Weise seine Vorstellung vom himmlischen und irdischen Abbild (εἰκὼν) dar. Das Feuer für sein Argument holt er von einer offensichtlich mangelhaften Überlieferung der Aussage des Paulus in 1 Kor 15,49, denn obwohl die Variante φορέσωμεν sich einer besseren und breiter angelegten Bezeugung erfreuen kann,[143] paßt die Lesart φορέσομεν[144] doch besser in den Gedankengang von 1 Kor 15 hinein. Obwohl sich Paulus an dieser Stelle derselben Typologie wie in Röm 5 bedient, welche also den Ausführungen von Röm 6 vorausgeht, verfolgt er anhand der Äußerungen der Korintherbriefstelle jedoch keine paränetische, sondern eine didaktisch-theologische Absicht. Es geht ihm um die Beziehung zwischen Urzeit und Eschatologie, der Ur- und der Neuschöpfung des Menschen. Für diese Darlegung genügt ihm eine indikativische Redeweise.

Tertullian kennt jedoch nur die kohortative Lesart und baut dementsprechend seine Auslegung zu einer Mahnung zur *disciplina* aus. Dafür greift er tief in seinen Wortschatz aus dem Bereich der Kriegsführung hinein, um zu zeigen, daß das Bild des Himmlischen nicht nur abstrakter Gegenstand der Hoffnung ist und also nur futurisch zu verstehen ist, sondern auch in der Jetztzeit greifbar wird, wenn sich der Mensch durch einen künftigen himmlischen Erfordernissen entsprechenden Lebenswandel der Zucht Gottes unterwirft. Den vermeintlichen Kohortativ des Paulus interpretiert Tertullian als Marschbefehl: Zieht vom Bild des alten Menschen ab und schreitet in das himmlische Leben hinein![145] An dieser Stelle begegnen wir der möglichen Anspielung auf ὁ παλαιὸς ἄνθρωπος aus Röm 6,6, ein Begriff, welcher aufgrund seines mehrmaligen Gebrauches als *terminus technicus* der paulinischen Taufparänese gilt.[146] Es läßt sich natürlich mit keiner Sicherheit sagen, ob Tertullian unbedingt an die Römerbriefstelle denkt; die Tatsache jedoch, daß er in diesem Zusammenhang von 1 Kor 15,45 ff. ausgeht, einer Stelle, die immer wieder von den Vätern mit

---

[142] *Karpp* 1955, 9. Dieses Werk entstammt vermutlich der mittleren Schaffensperiode Tertullians, in der er als Glied der Großkirche Sympathien für die Montanistische Bewegung zunehmend entwickelt hat.

[143] Lat. *portemus:* p[46] ACDFGΨ 075.0243 latt bo; CL Or Epiph.

[144] Lat. *portabimus:* B I 6.630.945[vl]. 1881 sa.

[145] *abscedere — incedere.*

[146] Cf. Eph 4,22 und Kol 3,9.

mit Röm 6 in Beziehung gebracht wird, läßt diese mögliche Herkunft der Anspielung als wahrscheinlich erscheinen.

Was ist die *imago hominis veteris?* Es ist das Wirken des Fleisches. Für Tertul-
lian ist *imago* (εἰϰὼν) kein stativer, sondern ein dynamischer Begriff, da er zur
Beschreibung des Fortschrittes auf dem Weg zu Gott hin dient. Das Tun des
Fleisches, der sichtbare Ungehorsam gegenüber der Zucht Gottes, versteht
Tertullian demgegenüber als Hinweis darauf, daß der Mensch immer noch im
unbußfertigen Lebensabschnitt verharrt.

Wenn diese Bemerkungen Tertullians in *Adv Marc* 5,10,10 f. verwendet werden dürfen, um sein Verständnis von ὁ παλαιὸς ἄνϑρωπος[147] zu beleuchten, so
können wir feststellen, daß dieser für Tertullian eine fortwährende Möglichkeit
im Leben des Gläubigen ist, er wird also nicht durch die Taufe beseitigt. Ferner
stellt dieser Begriff den Gegenpol zur *imago caelestis*[148] dar. In ähnlicher Weise
wie Paulus hebt er durch den Hinweis auf die Notwendigkeit einer zuchtvollen
Lebensweise[149] den paränetischen Charakter des Begriffes hervor. Wie die Abkehr vom παλαιὸς ἄνϑρωπος geschieht, thematisiert Tertullian zwar nicht,
aber es ist anzunehmen, daß er die Beseitigung der Tatsünden im Sinne hat.

3.4.2.3. De res 19,4f.

Etwa in dieselbe Zeit wie die fünf Bücher gegen Marcion fällt Tertullians
Abhandlung über die Auferstehung des Fleisches.[150] Neben der seiner Ansicht
nach rechtgläubigen Darstellung der Auferstehung, die vor allem durch ein
massives Bekenntnis zur Wiederbelebung des Körpers nach dem irdischen Tod
gekennzeichnet ist, führt er einen in seiner gewohnten Art lebhaften und satiri-
schen Schreibfederkampf gegen die Häretiker, die eine abgeschwächte, vergeistlichte Form der Auferstehung durch ihre Lehrtätigkeit unter naiven Ge-
meindegliedern verbreiten. Durch eine allegorisierende Redeweise deuten sie
die Auferstehung im Sinne einer Erweckung zur Erkenntnis der Wahrheit Gottes.[151]

> *Itaque et resurrectionem eam vindicandam, qua[m] quis adita veritate redanimatus et re-*
> *vivificatus deo ignorantiae morte discussa velut de sepulchro veteris hominis eruperit, quia*
> *et dominus scribas et Pharisaeos sepulchris dealbatis adaequaverit. Exinde ergo resurrectio-*
> *nem fide consecutos cum domino esse, quem in baptismate induerint.*
> De res 19,4 f. (CCSL 2,944)

---

[147] Röm 6,6a.
[148] 1 Kor 15,49.
[149] *disciplina.*
[150] *De resurrectione mortuorum* (CCSL 2,919 ff.); *Karpp* 1955, 9.
[151] *Iren Adv haer* 1,23,5; 2,31,2; *Hipp Ref* 7,36; *Jus Dial* 80; *Tert De anim* 50; *Phil Ev* 23;
Epistula ad Rhegium 46,3−49,9; cf. M. *Peel,* Gnosis und Auferstehung, Neukirchen 1974
(Philadelphia 1969), bes. 148 ff.

In den folgenden Abschnitten nimmt Tertullian die Beweisführung gegen die bildhafte Auslegung der Auferstehung in Angriff und tritt für eine reale, literale Vorstellung ein. Zumindest was *resurrectio* in dieser Schrift betrifft, meint er durchwegs das futurische eschatologische Ereignis, das dieseits des Grabes dem Gläubigen höchstens *in spe* widerfahren kann. Daher muß all das, was er an dieser Stelle als zum allegorisierenden Auferstehungsverständnis gehörend anführt, d. i. die Wiederbeseelung und Wiederbelebung durch den Zugang zur Wahrheit, die Beseitigung der Unwissenheit durch den Tod und das Hervorbersten aus dem Grab des alten Menschen, als seinem Auferstehungsverständnis fremd gelten. Das *sepulchrum* greift Tertullian als Bild für den Menschen auf, der für Gott tot ist, da er von geistlicher Unwissenheit umnebelt ist. Der Prototyp dieser Art von Menschen kommt aus der Gruppe der Erzgegner Jesu, der Schriftgelehrten und Pharisäer. Durch die Gleichsetzung dieser mit dem *vetus homo* zeigt Tertullian mindestens zwei Züge des letzteren auf. Vor allem hatte Jesus die Pharisäer wegen ihrer Blindheit und ihres mangelnden Gehorsams trotz allem widersprechenden Anschein verurteilt.[152] Derselbe Mangel an geistlicher Erkenntnis sowie an moralischer Unfähigkeit, Gott in einer ihm geziemenden Weise mit dem eigenen Leben zu gefallen, kennzeichnet in Tertullians Augen den Zustand des παλαιὸς ἄνθρωπος.

Die Darstellung in *De res* 19,5, gibt in der Tat mehr Aufschluß über den gnostischen Gebrauch von ὁ παλαιὸς ἄνθρωπος[153] als über Tertullians Verständnis dieses Begriffes. Wogegen es als sicher gelten kann, daß Tertullian eine Auferstehungsvorstellung vertritt, welche die gnostische ausschließt, kann man von dieser Stelle nicht sagen, daß er die Erleuchtung wesentlich anders denkt als seine Gegner. Er polemisiert lediglich gegen die Gleichsetzung von Erleuchtung und Auferstehung samt der daraus folgenden Verleugnung der Auferstehung des Körpers.

Wegen der Kürze des Hinweises auf Röm 6,6 (παλαιὸς ἄνθρωπος) ist es auch nicht festzustellen, ob gerade diese Stelle oder eines der anderen Vorkommen desselben Begriffes nachwirkt. Es muß vielmehr angenommen werden, daß Tertullian den allgemeinen Begriff dem paulinischen Schrifttum entlehnt, um den Zustand des Menschen zu beschreiben, der aufgrund seiner geistlichen Blindheit fern von Gott lebt.

In Zusammenfassung können wir festhalten, daß es Tertullian in *De res* 19,4 f. vor allem um die Abwehr einer spiritualistischen Vorstellung der Auferstehung seitens der Gnostiker geht. Er scheint deren Idee vom *vetus homo*, nämlich als vom Menschen ohne Erkenntnis der Wahrheit, der aufgrund seiner in Irrtum gefangenen Lebensweise für Gott tot ist, zu teilen. Allerdings gehen weder Tertullian noch die von ihm Bekämpften, nämlich die Gnostiker, von einer

---

[152] Mat 23,13 ff.
[153] Röm 6,6.

ausschließlich in Röm 6,6 angelegten Deutung von ὁ παλαιὸς ἄνθρωπος aus, vielmehr wirkt der Begriff als Gemeinplatz der paulinischen Theologie nach.

3.4.2.4. De res 47,1 f.

In derselben Abhandlung über die Auferstehung des Fleisches zitiert Tertullian in ausführlichster Art aus Röm 6, um die Logik seiner Auferstehungsvorstellung zu untermauern. Unsere Kenntnis des Bibeltextes Tertullians zu Röm 6 haben wir hauptsächlich dieser Stelle zu verdanken.[154] Anhand der in diesem Kapitel mit gewohntem rhetorischen Nachdruck angeführten Beweise versucht Tertullian vor allem, seine Leser von der Notwendigkeit einer leiblichen Wiederbelebung des Menschen am Ende der Zeit zu überzeugen. Als gekonnter Redner weiß er jedoch vorläufig auf Entlegenes und Abstraktes zu verzichten, um seine Hörer zunächst von ihrem eigenen Standort inmitten der Wirklichkeiten, zu denen sie bereits Beziehung haben, abzuholen. Dementsprechend greift er die Paränese des Paulus aus Röm 6 auf und beweist damit, daß dem Sündensold, d. h. dem Tod, nur durch die Heiligung des Lebens entgangen werden kann. Für Tertullian betrifft die Heiligung u. a. natürlich auch den Leib. Wenn aber der Leib diese sittliche Anstrengung auf sich nehmen muß, so folgt naturgemäß daraus, daß er auch zu seinem gerechten Lohn kommt. Diesen sieht Tertullian in der Wiederherstellung des Leibes bei der Auferstehung des Menschen.

Den ersten Teil der Ausführungen in *De res* 47 (v 1 f.) könnte man mit der Überschrift „Der Tod mit Christus: Nicht dem Fleisch sondern der Übertretung gegenüber" versehen:

> *Haec* [enim] *erit vita mundalis, qua*(m) *veterem hominem dicit confixum esse Christo, non corporalitatem, sed moralitatem. Ceterum si non ita accipimus, non est corporalitas nostra confixa nec crucem Christi caro nostra perpessa est, sed quemadmodum adiecit: „ut evacuetur corpus delinquentiae", per emendationem vitae, non per iteritum substantiae, sicut ait, „uti hactenus delinquentiae serviamus" et ut hac ratione „conmorti in Christo" credamur, quod „etiam convivemus illi". „Sic" enim, inquit, „et vos reputate mortuos quidem vos". Cuinam? Carni? Non, sed delinquentiae. Ergo salvi erunt carni, viventes autem deo in Christo Iesu, per carnem utique, cui mortui non erunt, delinquentiae scilicet mortui, non carni.*

De res 47,1 f.; (CCSL 2,984 f.)

Indem er sich mit den Worten des Apostels bewaffnet, weiß Tertullian allen möglichen Einwänden seiner Gegner auf Schritt und Tritt zu entgegnen. Zunächst legt er dar, was es heißt, mit Christus „zusammengenagelt" zu werden. Wie bereits vorher im Kapitel zu Tertullians Römerbrieftext bemerkt,[155] ver-

---

[154] *De res* 47 (CCSL 2,984 ff.); siehe Anhang 1.
[155] Siehe 2.2.1.

wendet er hier ein etwas eigenartiges Wort aus der Alltagssprache, da er wahrscheinlich die später für die lateinische Übersetzungtradition geläufige Wortschöpfung *crucifixus* noch nicht kennt. Die Wortwahl vermittelt immerhin eine bildhafte Vorstellung, wenn auch die Bedeutung von συσταυροῦν zugunsten des Teilaspekts des συμπαθεῖν etwas eingeschränkt wird. Offensichtlich wird *vetus homo* der *vita mundalis* gleichgesetzt, denn eine Deutung der Aussage im Sinn eines ohnehin schwach bezeugten Ablativs ist kaum zumutbar.[156] Das weltliche Leben bzw. der alte Mensch sind daher durch eine moralische Qualität gekennzeichnet. In diesem Fall kann Tertullian nicht umhin, sich für eine bildliche Auslegung von ὁ παλαιὸς ἡμῶν ἄνθρωπος συνεσταυρώθη im Sinn einer moralischen Mitkreuzigung zu entscheiden, obwohl er sich an anderen Stellen gegen eine allegorisierende Auslegungsweise wehrt.

Ist man nicht bereit, so setzt Tertullian fort, diese Interpretation anzunehmen, so hat man sich nur dem empirischen Befund zuzuwenden: Unsere Körperlichkeit ist nicht mitgekreuzigt worden, noch hat unser Fleisch das Kreuz erlitten. Vielmehr geht es um die Befreiung vom Leib der Übertretung, wobei sich Tertullian diesen Vorgang offenbar ähnlich einer Dämonenaustreibung vorstellt, wie der Gebrauch von *evacuetur* nahelegt. Das *corpus delinquentiae* ist für ihn vom *homo vetus* zu unterscheiden, insofern er die Abschaffung von jenem zunächst nur als Ziel vor Augen hat.[157] Der Leib der Übertretung wird durch die Lebensverbesserung (*emendatio*) abgeschafft, hier also denkt Tertullian offenbar an die Buße als moralische Korrektur. Die Abschaffung des Sündenleibes geschieht aber nicht durch die Vernichtung der Substanz, d. h. nicht, indem das Wesen des irdischen Lebens entweder allmählich abgebaut oder schlagartig hinweggerafft wird – hier denkt er einerseits an übertriebene Askese und andererseits an die Platonische Vorstellung vom Befreiungstod –, sondern durch die Befreiung aus der Knechtschaft der Übertretung. Gemäß diesem Vorgang (*ratio*) ist der gläubige Mensch zusammen mit Christus tot und darf sich auf das Leben mit ihm freuen.

An dieser Stelle treten Unklarheiten in Bezug auf die ursprüngliche Textgestalt auf, da drei HSS[158] im Gegensatz zum oben zitierten Wortlaut den folgenden bringen: „... *credamus, quod ‚etiam convivamus illi‘*". Während die erste hier genannte Variante keinen erheblichen Bedeutungswandel herbeiführt, muß hingegen die zweite (*convivamus*) als nachträgliche Ausbesserung nach einigen griechischen Zeugen[159] beurteilt werden, denn sie steht in Spannung zu Tertullians Hauptargument, daß auch der Leib am künftigen Auferstehungsleben mit Christus teilhaben wird. *Commortus* ist der Gläubige in diesem Leben aufgrund seines gebrochenen Verhältnisses zur *delinquentia; convicturus* wird er erst, wenn ihn Gott auferweckt.

---

[156] Die Lesart *qua* wird nur von der HS T bezeugt.
[157] Der Gebrauch vom Konjunktiv *evacuetur* weist auf diese Interpretation hin.
[158] MPX.
[159] CKP 104.326.614 u. a.

Mit der Wahl von *reputate*, um das griechische λογίζεσθε wiederzugeben, betont Tertullian die Notwendigkeit, bei der Vorstellung des eigenen Totseins für die Sünde zu verharren. Wenn man in dieser bußfertigen Haltung bleibt, so wird man auch nach dem Fleisch *salvus*, d. h. unversehrt, ganz erhalten sein. Nach der Auferstehung wird der Gläubige für Gott in Christus Jesus leben, nicht trotz des Fleisches, sondern sogar durch das Fleisch! Das Leben ohne Sünde ist nicht nur denkbar, es ist möglich und erstrebenswert; das Leben ohne den Körper ist jedoch nicht vorstellbar.

Es mag verwundern, wie einseitig futurisch Tertullian in diesem Fall Röm 6,11 auslegt. Er geht sogar so weit, daß er den eigenen Wortlaut des Paulus aus dem Zusammenhang reißt, um ihn in seine eigene Vorstellung von einem zeitlichen Rahmen einzuflechten.[160] Wenn man aber seine in dieser Schrift massiv verfolgte Absicht bedenkt, nämlich die körperliche Wiederbelebung als die einzig richtige Auffassung von Auferstehung zu beweisen, dann gewinnt man zumindest Verständnis dafür, daß er sich der Gefahr einseitiger Äußerungen aussetzt. Mit dieser Auslegungsart ist zudem nicht ausgeschlossen, daß Tertullian unter Umständen auch eine präsentische Vorstellung von Auferstehung bejahen könnte. Wogegen er jedoch in *De res* kämpft, ist eine vollkommen spiritualisierende Interpretation der christlichen Auferstehung.

3.4.2.5. *De res 47,8ff.*

Im folgenden Abschnitt von *De res* 47[161] zitiert Tertullian Röm 6,12f. und 19–23, um zu seinem Hauptgedanken zu kommen: Dem Leib wird die Zucht auferlegt, damit auch er zum Heil gelangt. Dies bringt er im Kommentar zum Zitat folgendermaßen zum Ausdruck:

> *Ita per totam hanc sensum seriem ab iniustitia et delinquentia membra nostra divellens et iustitiae et sanctimoniae adiungens et transferens eadem a stipendio mortis ad donativum vitae aeternae, carni utique compensationem salutis repromittit. Cui nullam omnino conpetisset inperari propriam sanctimoniae et iustitiae disciplinam, si non ipsius esset et praemium disciplinae, sed nec ipsum baptisma committi, si per regenerationem non etiam restitutioni inauguretur, hoc quoque apostolo ingerente: „An ignoratis, quod quicumque in Iesum tincti sumus, in mortem eius tincti sumus? Consepulti ergo illi sumus per baptisma in mortem, uti, quemadmodum surrexit Christus a mortuis, ita et nos in novitate vitae incedamus".*

De res 47,8–10 (CCSL 2,985 f.)

Tertullian verwendet eine dynamische, plastische Sprache, um das Gedankengut von Röm 6,12ff. zusammenzufassen. Die Leibesglieder sollen von Ungerechtigkeit und Übertretung losgerissen (*divellere*), der Gerechtigkeit und Heiligkeit hinzugefügt (*adiungere*), und von der Todesstrafe hinüber zum kö-

---

[160] I. e. *erunt . . . viventes autem deo in Christo Iesu.*
[161] Verse 3–7 (CCSL 2,985).

niglichen Geschenk des ewigen Lebens überstellt werden. Seiner Gewohnheit entsprechend und in Anlehnung an den Apostel Paulus selbst beschreibt Tertullian diesen Vorgang mittels einer Begrifflichkeit, die der Heeressprache entlehnt ist. Das Ringen mit der Sünde um die Befreiung der Glieder findet seinen Höhepunkt im Anschluß an die *militia Christi*! Einmal in diesem Lager angekommen, bezieht man nicht mehr den früheren Soldatenlohn (*stipendium*) des Todes, es wartet vielmehr die kaiserliche Belohnung (*donativum*). Natürlich kommt auch dem Leib sein Ausgleich für die Kampfmühen in Form des Heils zu. Es wäre dem Leib gegenüber keineswegs gerecht, ihm eine besondere Zucht aufzuerlegen, wenn es für ihn keinen Preis gäbe.

Es ist bezeichnend, daß Tertullian die dem Leib eigene Zucht mit *sanctimoniae* und *iustitiae* näher beschreibt, offensichtlich in Anlehnung an das Zitat von Röm 6,19[162] aber vielleicht auch in der Absicht, die Notwendigkeit der Keuschheit hervorzuheben.[163] Jedenfalls darf sich der Leib auf seinen Siegespreis, die *resurrectio carnis* freuen, denn nicht umsonst bändigt er die fleischlichen Triebe und übt sich in tadellosem Lebenswandel.

Der eigentliche Kommentar zu Röm 6,3 f. setzt mit der Bemerkung ein, daß die Taufe dem Leib anvertraut wird. Indem Tertullian dieses Verhältnis, oder vielleicht besser gesagt, diese „Verhältnisstiftung" mit *committere* veranschaulicht, bringt er neben seiner Auffassung nach weih- und eidhaften Charakter der Taufhandlung zum Ausdruck. Die Taufe ist ja nicht nur Geschenk, sondern sie stellt mit ihren Forderungen an den Getauften auch eine Last dar. Mit dieser Einsicht läßt Tertullian seine Überzeugung zutage treten, daß die Taufe nicht losgelöst von der Verpflichtung des Menschen gesehen werden darf.

Für Tertullian, wie für seinen Vorgänger Irenäus, ist die Taufe *regeneratio,* die Geburt des neuen Menschen. Mit diesem Hinweis bringt er die Vorstellung von der Taufe als einer Wiedergeburt durch Waschung mit der der Taufe als Todesgemeinschaft mit Christus in Verbindung.[164] Tertullian denkt jedoch nicht hauptsächlich an die Taufe als Tod oder Grablegung, vielmehr sieht er darin die Anfangstat der Neuschöpfung des Menschen. Der Weihcharakter der Taufe, diesmal stärker in Anlehnung an den religiösen Sprachgebrauch, kommt durch den Begriff *inaugurare* zum Ausdruck, ursprünglich eine Bezeichnung für die Einweihung des Zeichendeuters oder Propheten, aber in diesem Fall offensichtlich aus dem mysterienhaften Zusammenhang losgelöst. Es geht Tertullian vor allem darum, den Blick für die Taufe als erste von Gott eingesetzte und begleitete Handlung in der Entwicklung bis hin zur *similitudo dei* zu schärfen. Die Taufe allein bessert das zerrissene Bild nicht aus (*restituere*), aber sie bringt den heilenden Prozeß in Gang. Das Hauptgewicht der Ausle-

[162] *Iustitia in sanctificium.*
[163] Mit dieser Nebenbedeutung wird *sanctimonia* auch von *Tacitus Ann* 3,69 gebraucht.
[164] Tit 3,5 und Röm 6,3 f.

gung liegt auf dem letzten Teil des folgenden Zitats,[165] wobei sich sofort die Frage stellt, wie oder ob überhaupt Tertullian das Bild der Grablegung mit Christus in der Taufe verstanden hat. Hier muß erneut betont werden, daß im Blick auf Tertullians erklärte Absicht in diesem Kapitel von *De res* negative Schlußfolgerungen *e silentio* über sein Verständnis von Röm 6,3 f. als äußerst fraglich dahingestellt bleiben müssen.[166]

3.4.2.6. De res 47,11 f.

Man könnte jedoch Tertullians Argument, daß die Taufe der Anfangsakt in Vorbereitung auf die Auferstehung des Leibes ist, mit seiner auf das diesseitige Leben beschränkten Auslegung von *nos in novitate vitae incedamus* entkräften. Diesen Zug des Gegners sieht Tertullian voraus:

> *Ac ne de ista tantum vita putes dictum, quae ex fide post baptisma in novitate vivenda est, providentissime adstruit: „Si enim consati sumus simulacro mortis Christi, sed et resurrectionis erimus". Per simulacrum enim morimur in baptismate, sed per veritatem resurgimus in carne, sicut et Christus, „ut, sicut regnavit in morte delictum, ita et gratia regnet per iustitiam in vitam sempiternam per Iesum Christum dominum nostrum".*
> De res 47,11 f. (CCSL 2,986)

Die Neuheit bezieht sich zwar auf das nach der Taufe um sittliche Erneuerung bemühte Leben, beschränkt sich jedoch nicht nur (*tantum*) darauf. Paulus hat diese Fehlinterpretation selbst vorausgesehen und fügte deshalb v 5 hinzu. Tertullians Wahl von *conserere* um das griechische συμφυτεύειν zu übersetzen, deutet auf eine Bedeutungseingrenzung, die an keiner anderen Stelle in der lateinischen Bibelübersetzungstradition nachvollzogen wird.[167] Die Vermutung liegt auf der Hand, daß dieser Schriftsteller bewußt oder unbewußt von der Beschreibung des Sterbens als eine Pflanzung anderswo bei Paulus,[168] beeinflußt wird. *Serere* als Metapher für die leibliche Geburt begegnet jedoch auch bei zahlreichen anderen Autoren[169] und könnte daher Tertullians Wortwahl mitbestimmt haben, d. h. *tinguere* wäre zugleich *regenere* und *conserere*.

Ebenfalls gegenüber der übrigen Übersetzungstradition führt Tertullian *simulacrum* als Ersatz für ὁμοίωμα an. Dieser Sprachgebrauch deutet zunächst auf die Eigenständigkeit seiner Übersetzungsarbeit, bietet aber zudem Aufschluß über sein systematisches Denken. Während gewöhnlich *similitudo* anstelle von ὁμοίωμα in der lateinischen Bibel erscheint, bewahrt Tertullian jenes Vokabel,

---

[165] Vers 6,4b: *uti, quemadmodum surrexit Christus a mortuis, ita et nos in novitate vitae incedamus.*

[166] Gegen *Aleith* 1937, 58.

[167] Siehe 2.2.1.

[168] 1 Kor 15,43 f.

[169] Cf. *sero,* Handwörterbuch der lateinischen Sprache, R. *Klotz* (Hrsg.), Graz 1963, Bd. 2, 1311 f.

um den Menschen im sittlich wiederhergestellten Zustand in der Ewigkeit zu beschreiben.[170] Die Taufe darf jedoch nicht beanspruchen, jenen gottähnlichen Zustand im voraus herbeizuführen: Sie bleibt ein „bloßes" Abbild des Todes Christi.[171] Im Gegensatz dazu wurde die Wirklichkeit der leiblichen Auferstehung durch Christi eigene Auferstehung vorweggenommen. Eine doketische Deutung dieses Ereignisses käme ihm überhaupt nicht in den Sinn.[172] Es ist bemerkenswert, daß Tertullian *simulacrum mortis* (Vers 5) nicht durch das logische zweite Glied des Begriffpaares, *simulacrum resurrectionis,* sondern durch *veritas resurrectionis* ergänzt. Man würde ihn jedoch falsch vertreten, bliebe man bei dieser einfachen Begriffspaarung, denn in der Tat erkennt Tertullian auch die präsentische Deutung von *novitas vitae* an. Daher muß sein Denkschema folgende Möglichkeiten miteinschließen:

simulacrum
    mortis = die Taufe samt dem Sterben für die Sünde
    resurrectionis = der neue Lebenswandel im Glauben nach der Taufe
veritas
    mortis = der leibliche Tod
    resurrectionis = die Auferstehung des Fleisches, die in das ewige Leben mündet

In *De res* liegt Tertullian natürlich am meisten daran, die oben zuletzt vorgestellte Kategorie, die *veritas resurrectionis,* gerade als *veritas resurrectionis in carne* zu beweisen.

3.4.2.7. *Zusammenfassung zu* De res 47

Fassen wir die Ergebnisse der vorhergehenden Untersuchung zu *De resurrectione mortuorum* 47 zusammen. Da Tertullian von der Absicht bestimmt ist, die die Häretiker kennzeichnende spiritualisierende Sicht der Auferstehung zu bekämpfen, wird die in diesem Zusammenhang auftretende Auslegung zu Röm 6 zugunsten dieser Zielsetzung beeinflußt. Entsprechend der Überzeugung, daß nur sittlicher Fortschritt auf dem Weg zur Wiederherstellung des zerrissenen Ebenbildes Gottes (*similitudo dei*) hinführt, beschreibt dieser Schriftsteller die Taufe in Christus (6,3, f.) als eid- oder weihhafte Handlung, der Militärweihe vergleichbar, die den Anfang eines neuen Gehorsamsverhältnisses des Leibes darstellt. Diesen Anfang nennt Tertullian, im Einklang mit anderen Stellen im Neuen Testament, *regeneratio.*[173] Seiner Auffassung nach signalisiert die Taufe

---

[170] *De bapt* 5 (CCSL 1,282).

[171] Daß die *versio afra* εἴδωλον mit *simulacrum* durchwegs wiedergibt, deutet auf den Stellenwert dieses Vokabels; cf. *H. von Soden, Das lateinische Neue Testament in Afrika zur Zeit Cyprians,* Leipzig 1909, 300.

[172] Tertullian setzt die Geschichtlichkeit der Auferstehung voraus, er versucht nicht gegenüber den Doketisten diese Tatsache erst zu beweisen; cf. *Schelkle* 1956, 207 f.

[173] Tit 3,5; Joh 3,3.

den Anbeginn eines Heiligungsprozesses, der in die *similitudo dei* einmündet. Dementsprechend versteht er das neue Leben (6,4) als zunächst moralisch erneuert und daher als das gehorsame Leben nach der Taufe. Dies gilt als Vorwegnahme der körperlichen Erneuerung nach der Auferstehung, denn auch im zweiten, eschatologischen Sinn legt Tertullian 6,4 aus.

Der Wachstumsgedanke wird durch die Übersetzung von 6,5 (*consati*) weitergeführt; im Anschluß an 1 Kor 15,43 f. birgt die Erkenntnis, mit Christus „zusammengesät" worden zu sein, die Aussicht auf die leibliche Auferstehung in sich. Während Tertullian die Taufe für ein Abbild (*simulacrum* = ὁμοίωμα) des Todes Christi hält, sieht er deren Vollendung in der „wirklichen Auferstehung" (*veritas resurrectionis*) und gibt somit zu erkennen, in welcher Weise er 6,5b ergänzt.

In Blick auf die erhoffte Auferstehung unterscheidet Tertullian zwischen dem alten Menschen, der mit Christus gekreuzigt wurde, d. h. dem durch Ungehorsam gekennzeichneten weltlichen Leben und dem Sündenleib, den es bis zur Auferstehung durch die *emendatio vitae* noch abzuschaffen gilt (6,6). Zu diesem Zweck sieht er die Zucht des Leibes vor. Wenn sie konsequent geübt wird, wird sie Gott durch die leibliche Auferstehung belohnen.

Tertullian geht davon aus, daß der in der Taufe mit Christus Gestorbene auch der *delinquentia* gestorben ist (6,8). Die Bedingtheit dieses Totseins gibt er jedoch dadurch zu erkennen, daß er die Getauften mahnt, diesen Tatbestand beharrlich zu betrachten (λογίζεσθε − *reputate;* 6,11), damit der Leib an das Ziel der Auferstehung, das Leben für Gott, gelangen wird.

3.4.2.8. De pud 17

Nachdem Tertullian die großkirchliche Gemeinde in Karthago verlassen hatte, war er mindestens einige Jahre Anhänger der montanistischen Bewegung. Neben der Offenheit für neue Offenbarungen sowie andere Erscheinungsformen des Geistes wies diese Bewegung moralisch-rigoristische Züge auf. Diese mehr als jene bereiteten Tertullian Anlaß, sich den Anhängern des Parakleten aus Kleinasien anzuschließen, denn bereits längere Zeit hatte er sich gegen die sittliche Laxheit in der Großkirche gesträubt.[174] Als Montanist wurden seine Angriffe gegen dieses Unwesen noch heftiger, wie insbesondere eine Schrift aus dieser Zeit, *De pudicitia,* bezeugt. Im 17. Kapitel dieses Traktats führt Tertullian Zeugen aus der „apostolischen Schlachtreihe" an, um die Unverzichtbarkeit der Ehrbarkeit, Keuschheit und Heiligkeit hervorzustreichen. Er findet Unterstützung für sein Anliegen in 1 Thes 2,3 und 4,3 und im Katalog der Fleischeswerke in Gal 5,19 ff. Als nächste Belegstelle zitiert er Röm 6,1−11 mit Ausnahme von Vers 6b und 7.[175]

---

[174] *von Campenhausen* 1983, 31 f.
[175] Den 7. Vers zitiert Tertullian an keiner Stelle; siehe oben 2.2.1.

Das Römerbriefzitat leitet er mit der folgenden Frage ein: *Romani vero quid magis discunt quam non derelinquere Dominem post fidem?*[176] Damit gibt er den Gesichtspunkt bekannt, unter dem das Zitat betrachtet werden soll. Nach der Auffassung Tertullians an dieser Stelle, handelt Röm 6,1–11 von der Forderung, nach dem Gläubigwerden den Herrn nicht mehr zu verlassen. In diesem Zusammenhang steht *fides* stellvertretend für den gesamten Vorgang der Bekehrung, wobei Umkehr und Taufe selbstverständlich miteingeschlossen sind. Gemäß der Ausrichtung dieses Kapitels von *De pud* bedeutet *derelinquere Dominum* den Rückfall in die Sünde, insbesondere Unzucht, Wollust, Unreinheit und ähnliche *peccata graviora*. Es ist zunächst bemerkenswert festzustellen, daß eine Schriftstelle, die in einer früheren Schrift ganz unter dem Zeichen der *resurrectio carnis* gesehen wurde, in dieser späteren Schrift ausschließlich im Hinblick auf die sittliche Reinheit ausgelegt wird.

Wenn man von der These ausgeht, daß Tertullian gleichzeitig aus einem im Gedächtnis festgehaltenen griechischen Text unmittelbar ins Lateinische übersetzt,[177] so kann seine Übersetzungsart einigen Aufschluß über sein Verständnis der Römerbriefstelle vermitteln. Im ersten Vers stellt *perseveramus* zwar eine Wiedergabe der sonst schwach bezeugten griechischen Variante ἐπιμένομεν dar, fügt sich jedoch auch auf bemerkenswerte Weise in die Absicht der Darstellung ein, da Tertullian die offensichtlichen Mißstände im sittlichen Leben der Großkirche vor Augen hat. Er spricht auf realistische Weise, um seine Leser von ihrer Schuld zu überzeugen. In einer Zeit der Kirchengeschichte Nordafrikas, in der das griechische Fremdwort in die Sprache der Kirche nur gegen Widerstand aufgenommen wurde,[178] benützt Tertullian einen Begriff aus der Sprache des Färbers, um das Untertauchen des ganzen Körpers beim Taufvorgang zu beschreiben.[179] Es läßt sich kaum feststellen, ob Tertullian *tinguere* (Vers 3) als Bezeichnung für den Taufakt in die lateinische Kirchensprache einführte, da dieses Wort zwar nicht hier, aber an anderen Stellen bei Altlateinern aufscheint.[180] Auf jeden Fall betont er bei der Taufe die vollständige Bedeckung mit Wasser, was die Grablegung mit Christus in seinen Augen symbolisieren könnte.

Einige Fragen wirft die Auslegung von *per gloriam patris* (Vers 4) auf. Oben stellten wir fest, daß diese Auslassung Irenäus zur Bekräftigung seiner anti-adoptianistischen Position gedient haben könnte.[181] Dies geht zunächst aus der Überlegung hervor, daß das Wort des Paulus über die Rolle des Vaters bei der

---

[176] *De pud* 17,4 (CCSL 2,1315).
[177] Siehe oben 2.2.2.
[178] *Kolping* 1948, 97.
[179] Tertullian zeigt dieselbe Tendenz wie Cyprian nach ihm, *tinguere* nur dort zu verwenden, wo der Taufakt an sich gemeint ist und *baptizare* bzw. *baptisma* in bezug auf die Tauffeier insgesamt zu gebrauchen; cf. *von Soden* 1909, 251 f.
[180] Cf. die Abwandlungen *tinti* und *tintus* bei Apg 9,18 und 18,8 in h.
[181] Siehe 3.3.2.

Auferstehung Christi vom Adoptianisten als Bestätigung der verlorenen Macht Jesu bzw. des entschwundenden Logos nach dessen Tod verstehbar gewesen wäre. Bei Tertullian sind solche Motive für die Auslassung allerdings kaum anzunehmen. Er bekämpfte vielmehr die modalistische Lehre, die sich mit ihrer Anschauung von Christus als bloße Erscheinungsweise Gottes nur schlecht mit Tertullians subordinationistischer Christologie vertrug.[182] Väterzeugen aus dem 4. Jh. bestätigen zwar, daß diese Aussage später auf etwas gezwungene Art als Bestätigung für die Gottessohnschaft Christi gedeutet wurde,[183] eine derartige Umdeutung kann jedoch nicht unbedingt für Tertullians Zeit (um 200) vorausgesetzt werden. Hätte er *per gloriam patris* als Teil des Urtextes gekannt,[184] so hätte er diese Worte zur Bekräftigung seiner eigenen christologischen Stellung mit aufgenommen. Daraus kann man folgern, daß Tertullian lediglich eine mangelhafte Texttradition — hier wird man zunächst an den D-Text zu denken haben — weiterreicht, also daß man ihm keine dogmatischen Absichten unterstellen kann.

Oben wurde auf die einzigartige Übersetzung *consati* (Vers 5) im Text von *De res* 47 aufmerksam gemacht. In dieser späteren Schrift geht Tertullian von der Verbindung dieses Verses zu 1 Kor 15,43 f. offensichtlich ab, denn er übersetzt σύμφυτοι diesmal mit *consepulti* und stärkt damit die Verbindung zum Mitsterben. Dies wird nicht überraschen, wenn man seine erklärte Absicht in *De pud* 17 bedenkt; diese Wortwahl stellt jedoch nahezu eine Übertragungsgewalttat dar. Dadurch wird deutlich, wie groß das Anliegen Tertullians ist, die Leser von der Unvereinbarkeit eines unehrbaren Lebenswandels mit der Todesgemeinschaft mit Christus, der μετάνοια, zu überzeugen.

Im Vers 9 bringt Tertullian jeweils eine Konjunktivform anstelle von ἀποθνῄσκει und κυριεύει. Mit diesen Varianten steht er ohne unterstützende griechische Zeugen da, wobei sich nur wenige spätere lateinische Zeugen[185] der ersten Variante *moriatur* und keine der zweiten Variante *dominetur* anschließen. Durch diesen Umstand ist man geneigt, auf die durch den Zusammenhang des Zitats im Kommentar untermauerte These zu schließen, daß diese Lesarten von Tertullian selbst herrühren und seine Argumente in diesem Kapitel von *De pud* bekräftigen sollen. Die Umstellung von Präsens und Futur auf Konjunktiv läßt es nämlich noch unwahrscheinlicher klingen, daß Christus nochmals sterben oder vom Tod beherrscht wird. In diesem Fall scheint Tertullian einen veränderten Wortlaut zu bevorzugen, um seiner Rhetorik eine bessere Durchschlagskraft zu verleihen.

---

[182] *Seeberg* 1922 (3. Ed.); 570 f.; *Ritter* 1982, 142 f.
[183] *Schelkle* 1956, 207.
[184] Siehe oben 2.2.1.
[185] A Monac 4577ᶜ Aug.

3.4.2.9. De pud 17,8 f.

Sein Hauptinteresse in diesem Zusammenhang liegt am 9. Vers des Zitats, wie die darauf folgende Kommentarstelle deutlich macht:

> *Igitur semel Christo mortuo nemo potest, qui post Christum mortuus, delinquentiae, et maxime tantae, reviviscere. Aut si possit fornicatio et moechia denuo admitti, poterit et Christus denuo mori. Instat autem apostolus prohibens regnare delinquentiam in corpore nostro mortali, cuius infirmitatem carnis noverat.*

De pud 17,8.9a (CCSL 2,1315 f.)

Nach dieser Bemerkung bringt er eine Anspielung auf Röm 6,19. Zwei Tatsachen, die aus den Aussagen des Paulus hervorgehen, einmal daß Christi Tod bzw. dessen Unterwerfung unter die Macht des Todes einmalig ist (6,9), und zum anderen, daß die Taufe einer Gemeinschaft mit ihm in seinem Tod entspricht (6,4), führen Tertullian unweigerlich zum Schluß, daß das Wiederaufleben insbesondere der schweren Sünden nach dem Sterben für die Sünde schlechthin eine Unmöglichkeit ist. Anhand dieser Logik wird auffallend klar, wie wenig dieser Schriftsteller zwischen Sündentod und Taufe zu unterscheiden gewillt ist. Diese Feststellung will jedoch nicht heißen, daß der Sündentod in der Taufe die Sündenmacht im sterblichen Körper des einzelnen endgültig entkräftet; Tertullians zusätzlicher Hinweis auf Röm 6,12 macht dies klar. Wenn also die Taufe kein Zwangsheilmittel gegen das Wiederaufflammen selbst der schwersten Sünde ist, so muß die ernste Buße zumindest eine nicht unwesentliche Rolle beim Taufgeschehen spielen. Bleibt die Buße aus, dann kann man nach Tertullian nicht mehr von einem Mitsterben mit Christus und von einer Grablegung ihm zur Seite reden. Geschieht andererseits echte Reue und Umkehr und dadurch eine Verschmelzung mit Christi Tod aber treten dennoch die großen Tatsünden ein, dann müßte Christus nochmal in den Tod gehen, um die Sündenmacht erneut zu tilgen. Dies wird jedoch von Paulus eindeutig für nicht mehr möglich erklärt. Wenn also beim Gläubigen solch schwere Vergehen wie Ehebruch und Hurerei wieder vorkommen, dann muß die Echtheit der ursprünglichen Umkehr und damit der Todesgemeinschaft mit dem gestorbenen Herrn ernstlich in Frage gestellt werden.

Es ist bezeichnend, daß Tertullian immer wieder nur die *peccata graviora* im Zusammenhang mit seinen Ausführungen bei *De pud* 17 erwähnt. Dies ist zunächst im Hauptanliegen dieses Traktates begründet, die weniger strenge Bußpraxis der großkirchlichen Gemeinde als schriftwidrig zu beweisen. Tertullian wird aber auch genug Menschenverständnis gehabt haben, daß er sich zumindest zeitweise von seiner strengen, juristisch-rigoristischen Haltung gegenüber der Sünde so weit distanzieren konnte, um die Undurchführbarkeit eines gänzlichen Totseins für die Sünde einzusehen. Für ihn gilt jedoch der Grundsatz – und diesen Standpunkt vertritt er zeitlebens –, daß ein offensichtlicher Rückfall in grobe Sünde nach der Taufe ein sicheres Zeichen für eine leichtsinnige oder sogar ausgebliebene Umkehr und folglich eine unvollkommene Gemeinschaft mit Christus in seinem Tod bei der Taufe und seither darstellt.

Tertullians Äußerungen zu Röm 6,1—11 unter dem besonderen Gesichtspunkt der beharrlichen Abkehr von der Sünde bieten einige Beobachtungen, die für die Auslegungsgeschichte dieser Paulusstelle von Interesse sind. Er sieht diese Mahnworte an eine sündigende Gemeinde gerichtet und nicht nur an eine, die noch sündigen könnte (*perseveramus;* 6,1). Der Taufvorgang besteht in einem vollständigen Untertauchen (*tinguere;* 6,3), vermutlich kennzeichnend für Tertullians Vorstellung vom Taufritus als Abbild der Grablegung Christi. Für ihn kommt es auf die Echtheit des Mitsterbens und Mittotseins für die Sünde an: So unmöglich es ist, daß Christus wieder stürbe (*moriatur — dominetur;* 6,9), so unvorstellbar ist es, daß sich der wirklich Mitgestorbene abermals auf grobe Art der Sündenmacht aussetzt. Die Wirkung von βάπτισμα liegt sowohl im über die Sündenmacht siegenden Tod Christi, als auch in dem den Reumütigen mit ihm vereinenden ἀποθάνειν τῇ ἁμαρτίᾳ, der μετάνοια.

3.4.3. Zusammenfassung

Tertullians Beitrag zur Auslegungsgeschichte von Röm 6,1—11 soll in den folgenden Punkten zusammengefaßt werden:

1. Die Taufe wird als *symbolum mortis,* d. h. als Abbild des Todes Christi von Gott angeboten (Vers 4), um seine Absicht kundzutun, den Lohn des ewigen Lebens auszubezahlen. Seine Selbstverpflichtung wird er jedoch nur einhalten, wenn der Mensch seine in der Taufe erklärte Absicht, mit der Sünde zu brechen (*paenitentia —* μετάνοια), einhält, sonst ist Gott nicht mehr an sein Versprechen der Gnade (χάρις; Vers 1) gebunden. Fälle von Vertrauensbruch gegenüber Gott gibt es jedoch ständig in der Gemeinde (*perseveramus;* Vers 1).

2. Die Taufe wird in eid- und weihhafter Art dem irdischen Leib anvertraut (cf. Vers 3 f.). Sie ist nicht nur Tod, sondern auch (wie Tit 3,5 und Joh 3,3) Wiedergeburt, denn sie zeigt die Entwicklung zur Wiederherstellung des zerrissenen Ebenbildes Gottes im Menschen an. Der Taufvorgang (*tinguere*) widerspiegelt zwar die Grablegung Christi, die eigentliche Macht der Taufe liegt aber vor allem im Tod Christi selbst und zudem in der Abkehr von der Sünde (cf. Vers 2 f.).

3. Die Bedeutung vom Wandel in Neuheit des Lebens (6,4) wird in der moralischen Erneuerung im Diesseits nicht erschöpft, vielmehr weist καινότης ζωῆς auf die körperliche Erneuerung nach der Auferstehung hin, welche ihren Anfang nimmt, wenn der Mensch mit Christus in der Taufe „zusammengesät" (*consati* 6,5) wird (cf. 1 Kor 15,43 f.). Die Taufe ist nur ein ὁμοίωμα des Todes Christi: Die Wahrheit seiner Auferstehung für den einzelnen tritt erst bei der *resurrectio carnis* in Kraft.

4. Tertullian gebraucht ὁ παλαιὸς ἄνθρωπος (6,6a) ähnlich wie Paulus als paränetischen Begriff, um die ständige Notwendigkeit eines zuchtvollen Le

benswandels (*disciplina*) zu betonen. Daher kann der alte Mensch nicht einfach durch den Taufakt beseitigt werden, darüber hinaus kommt es auf die voranschreitende Abkehr vom alten Menschen an. Als Gegenpaar zu der beim Sündenfall verlorenen εἰϰὼν τοῦ θεοῦ bezeichnet ὁ παλαιὸς ἄνθρωπος einerseits den seither im Menschen bestehenden Mangel an geistlicher Erkenntnis und andererseits die daraus folgende Unfähigkeit, Gott mit dem Leben zu gehorchen. In diesem paränetischen Zusammenhang scheint Tertullian keinen Unterschied zwischen ὁ παλαιὸς ἄνθρωπος und τὸ σῶμα τῆς ἁμαρτίας (6,6b) zu machen, wie auch in ähnlicher Weise συσταυροῦν (6,6a) als das Mitleiden des Menschenleibes durch *emendatio vitae* näher erläutert wird.

5. In diesem Leben ist der Gläubige durch sein gebrochenes Verhältnis zur Sünde mit Christus gestorben (6,8), mit Christus leben wird er erst nach der Auferstehung des Fleisches. Diesen seit der Taufe eingetretenen Zustand des Totseins mit Christus soll man sich als Gegenstand der Kontemplation ständig vor Augen halten (*reputate* 6,11), damit die bußfertige Haltung nicht verlorengeht und der moralische Fortschritt nicht zurückbleibt. Dementsprechend deutet Tertullian ζῶντας τῷ θεῷ (6,11) in einseitig futurischer Art auf das Leben nach der Auferstehung. Die Einmaligkeit des Todes Christi (6,9f.) dient angesichts der strengen Forderung nach makellosem Lebenswandel als zusätzliche Warnung an die gläubige Gemeinde: Wer abermals fällt, nachdem er gläubig geworden ist — in diesem Fall denkt Tertullian an öffentliche Verstöße gegen die moralische Auffassung der Gemeinde, die gröberen *peccata graviora* —, darf nicht erwarten, daß Christus für ihn das Heil aufs neue stiftet. Vielmehr beweist ein zweiter Rückfall in die Sünde, wie wenig man mit der Umkehr ernstgemacht hat. Vom Menschen aus gesehen, liegt also die Macht der Taufe in der wahren, ernsthaften Umkehr.

3.5. Cyprian von Karthago

3.5.1. Leben und Lehre

Caecilius Cyprianus nimmt nur an zwei Stellen in seinen Werken auf Röm 6,1–11 Bezug. Für diesen bemerkenswerten Sachverhalt gibt es zunächst mindestens zwei Gründe. Zum einen wurde Cyprian als Bischof einer der größten und einflußreichsten Kirchen Nordafrikas in seinem schriftstellerischen Werk hauptsächlich von Anliegen aus der Praxis der Kirche bestimmt.[186] Angesichts der schwierigen Frage der Aufnahme solcher, die außerhalb der Großkirche getauft wurden, widmen sich Cyprians Äußerungen zur Taufe hauptsächlich diesem speziellen, zeitgemäßen Aspekt.[187] Zum anderen stand er ganz bewußt in

---

[186] *Bardenhewer* 1902, 402; *von Campenhausen* 1983, 55.
[187] *Ep* 72.74; CSEL 3/2, 775 ff.

der theologischen Tradition Tertullians[188] — obgleich er seine Verehrung für seinen Vorgänger nirgendwo ausdrücklich preisgibt — und hätte daher vermutlich nicht viel Besseres zu dieser Stelle zu sagen gehabt. Wie wir später erfahren werden, geht sein Kommentar zu Röm 6,6 in der Tat nicht sehr weit über den Tertullians hinaus.

Die wichtigsten Daten aus Cyprians Lebensgeschichte lassen sich kurz zusammenfassen. Cyprian wurde als Heidensohn um 200 geboren und genoß nach Brauch der römischen Oberschicht bereits in seinen frühen Jahren eine Ausbildung als Rhetor.[189] Etwas später um 246 wurde er durch einen Priester namens Caecilianus, dem er vermutlich seinen Beinamen zu verdanken hatte, zum christlichen Glauben bekehrt.[190] Nicht ohne Gegenstimmen wurde er für damalige Verhältnisse sehr bald, bereits zwei Jahre später, zum Bischof der Karthagischen Gemeinde gewählt.[191] Die ersten Schwierigkeiten ließen nicht lange auf sich warten: Während der Decischen Verfolgung (249 f.) mußte er die Flucht ergreifen und konnte deshalb sein Amt nur mittels Briefverkehrs ausüben. Dies scheint ihm jedoch durchaus gelungen zu sein, denn gleich nach der Rückkehr aus seiner unfreiwilligen Abwesenheit rief er eine Synode der nordafrikanischen Bischöfe ein, um die Frage der *lapsi,* der aus Angst vor der Verfolgung Abgefallenen, zu klären. Das Ergebnis der Synode bescheinigt Cyprians eigene Auffassung über die kirchliche Buße: Die Bußstrafen wurden je nach der Schwere des Abfalls für unterschiedliche Zeitlängen auferlegt.[192] Hier zeigt sich die Fortsetzung der Neigung Tertullians, Sünden nach der Schwere des Vergehens voneinander abzustufen und dementsprechend kirchlich zu behandeln.[193]

Der sog. Ketzertaufstreit der folgenden Jahre stellte eine neue Herausforderung an die Autorität Cyprians dar. Der Anlaß zu dieser Kontroverse war der unter Bischof Stephanus in Rom erneut aufgekommene Brauch, zur Großkirche übertretende Häretiker ohne kirchliche Taufe und lediglich nach Handauflegung in die Gemeinde aufzunehmen.[194] Auf Synoden in Karthago 255 f. vertritt Cyprian die Auffassung Tertullians, daß die Taufe von der Geistverleihung durch die Handauflegung des Bischofs nicht zu trennen ist und daß also die *remissio peccatorum* sowie der Heilige Geist erst nach der großkirchlichen Taufhandlung empfangen werden.[195]

---

[188] *Hier De vir ill* 53.

[189] *Bardenhewer* 1902, 402; *Altaner / Stuiber* 1978, 172.

[190] *Hier De vir ill* 67; *Quasten* 1953, 341; *Altaner / Stuiber* 1978, 172; *von Campenhausen* 1983, 38.

[191] *Bardenhewer* 1902, 402; *Quasten* 1953, 341; *Altaner / Stuiber* 1978, 172; *von Campenhausen* 1983, 39.

[192] *Bardenhewer* 1902, 398 f.; *Quasten* 1953, 341 f.; *von Campenhausen* 1983, 44.

[193] *De lap* 24 (CCSL 3,234); *Rahner* 1936, 508.

[194] *Noakes* 1978, 93.

[195] *Ep* 73 (CSEL 3/2, 791 ff.); *Lampe* 1951, 172 f.

Konnte sich Cyprian mit der kennzeichnend afrikanischen kirchlich-rigoristischen Taufauffassung gegen den Primatsanspruch des römischen Bischofs auf der Synode zu Karthago 256 durchsetzen, so blieb dies die letzte hervorragende Tat seiner kurzlebigen Karriere als Bischof. So kann man allerdings nur urteilen, wenn man von seinem Lebensausgang absieht. Im Jahr nach dem Sieg auf der Synode wurde Cyprian unter Kaiser Valerian verhaftet und einige Zeit danach gemäß einem neuen Edikt zum Tode verurteilt. Entgegen seiner früheren Haltung scheint Cyprian dieser jüngsten Glaubensverfolgung als wahrer μάρτυς begegnen zu wollen. Er sucht nicht die Flucht und nimmt auch keine Anstrengungen auf sich, das Todesurteil behördlicherseits zu wenden. Als mutiger Blutzeuge, umgeben von Bewunderern und Verehrern seiner Gemeinde, Menschen, die wahrscheinlich mehr von solchem gewaltigen Handeln als von synodalen Beschlüssen verstanden, folgt er seinem Herrn in den Tod.[196]

Wie schon angedeutet ist Cyprians theologischer Nachlaß bei weitem nicht so umfangreich und eigentümlich wie das Werk seines karthagischen Vorgängers Tertullian. Insbesondere in den Fragen der Buße und der Taufe, die Hauptthemen in Röm 6, zeigt Cyprian keine auffallende Eigenständigkeit, sondern begnügt sich damit, sich an die bestehende nordafrikanische Tradition, die bis dato mit Tertullian fast identisch ist, anzulehnen. So sieht er die *remissio peccatorum* als nur in der durch Reue und Buße richtig vorbereiteten Taufe gewährleistet.[197] Durch den späteren Fall in schwere Sünde kann aber die Taufgnade sowie das Heilsgut des innewohnenden Geistes verlorengehen. Wenn der Gläubige *gravissima et extrema delicta* begeht, besteht immer noch die Möglichkeit, kirchliche Bußforderungen zu erfüllen, um wieder in die Gemeinde aufgenommen zu werden.[198] Eine solche Rekonziliation betrifft nur die Beziehung des einzelnen zur Kirche; man kann des erneuten Verzeihens Gottes nie mehr ganz sicher sein.[199]

Die Taufauffassung Cyprians hebt sich nicht so sehr in bezug auf die Taufwirkung, sondern vielmehr in der Frage des Taufalters von der Tertullians ab. Während beide von der Vermittlung der Vergebung für alle vergangenen Sünden durch die Taufe ausgehen, tritt Cyprian dafür ein, daß auch Säuglinge getauft werden, denn sie besitzen *aliena peccata*.[200] Oben wurde festgestellt,[201] daß Tertullian zwar eine Vorstellung von der Verdorbenheit selbst des Neugeborenen aufgrunde der Missetat Adams hat, sich jedoch nicht von der Tatsache der Erbschuld und der daraus folgenden Notwendigkeit der Taufe von Kleinst- oder Kleinkindern überzeugen lassen kann. Es wurde also von einer Bischofs-

---

[196] *Bardenhewer* 1902, 401; *Quasten* 1953, 343; *Altaner / Stuiber* 1978, 173.
[197] K. *Rahner*, Die Bußlehre des Heiligen Cyprian von Karthago, ZKTh 74 (1952) 383.
[198] *Poschmann* 1940, 417.
[199] AaO., 424.
[200] *Ep* 64,5 (CSEL 3/2) 721.
[201] Siehe 3.4.1.

synode unter Cyprians Aufsicht erstmals festgelegt, daß die Kindertaufe wegen Fremdverschuldens durch Adam einen rechtmäßigen Platz in der sakramentalen Praxis der Kirche besitzt.[202] Im selben Zusammenhang wird folgerichtig behauptet, daß auch Kinder den Heiligen Geist je nach ihrem Vermögen empfangen können.[203] Auch in diesem Fall läßt sich Cyprians Anliegen bemerken, die Einheit des Taufsakraments d. h. Sündenvergebung und Geistverleihung zugleich, bewahren zu wollen.

Cyprian steht mit seiner Betonung des sittlichen Fortschrittes auch vollkommen in der Lehrtradition Tertullians. Er kann nach wie vor von Gnade im Sinne von Sündenvergebung und Geistverleihung reden, läuft jedoch Gefahr, die nach seinem Ermessen zum ewigen Leben unentbehrliche moralische Entwicklung ganz dem Bemühen des Menschen selbst zu überlassen.[204] Der Blick für die paulinische Glaubensgerechtigkeit wird dadurch stark getrübt, wenn auch nicht vollkommen verstellt, wie das folgende Zitat aus *De dominica oratione* 14[205] aufzeigt:

> *Qui in aeternum manere volumus Dei qui aeternus est voluntatem facere debemus.*

3.5.2. Die Auslegung des Cyprian

3.5.2.1. De hab virg 23

Diese rigoristische Art Cyprians kommt auch an den wenigen Stellen, an denen Cyprian auf die Rede des Paulus vom Sterben des Menschen in der Taufe Bezug nimmt, zum Tragen. In einer Frühschrift (249) warnt der neu gewählte Bischof vor Putzsucht und Weltsinn in den Reihen der Gemeindeglieder.[206] Dagegen bietet er das Mittel der Jungfräulichkeit an, obwohl er diese nicht als Weg für alle ansieht, auch wenn er sie als den besten Weg für den Gläubigen so hoch zu preisen weiß. Im 23. Kapitel deutet Cyprian an, daß es zwar für alle Christustreuen eine Wohnung beim Vater geben wird, daß jedoch die, welche ihre fleischlichen Lüste unterdrücken können, dem höheren himmlischen Lohn entgegenstreben:

> *Omnes quidem qui ad divinum munus et patrium baptismi sanctificatione perveniunt hominem illic veterem gratia lavacri salutaris exponunt et innovati spiritu sancto a sordibus contagionis antiquae iterata nativitate purgantur. Sed nativitatis iteratae vobis maior sanctitas et veritas conpetit, quibus desideria iam carnis et corporis nulla sunt. Sola in vobis quae sunt virtutis et spiritus ad gloriam remanserunt.*

> De hab virg 23 (CSEL 3/1,204)

---

[202] *Ep* 64,2–6 (CSEL 3/2,718–21); *P. B. Neunhauser,* Taufe und Firmung, Handbuch der Dogmengeschichte 4/2, Freiburg 1956, 46.
[203] *Ep* 64,3 (CSEL 3/2,719).
[204] *Aleith* 1937, 68.
[205] CCSL 3,99.
[206] *Altaner / Stuiber* 1978, 173.

Der alte Mensch wird also in der Taufe selbst abgelegt, und zwar als Folge der von Gott durch seine Gnade geschenkten Heiligung. Zudem wird der Mensch in dieser „Geburtsstunde" durch den Heiligen Geist erneuert, was für Cyprian Reinigung vom Schmutz der Sündenseuche des früheren Lebens bedeutet. Die geschenkte Reinheit nach der Taufe bringt aber eine Verpflichtung mit sich, nämlich die neu erlangte Heiligkeit durch ein tugendhaftes Leben nicht nur zu bewahren, sondern auch zu bewahrheiten. In der Folge zitiert Cyprian 1 Kor 15,47−49 um seine Leser, die Jungfrauen der Gemeinde, zu ermutigen, das himmlische Bild durch ein Leben in Jungfräulichkeit, Heiligkeit, Wahrheit, Zucht usw. tatsächlich zu tragen.

Die Bemerkungen Cyprians in *De hab virg* 23 beinhalten die bereits erwähnte Unterscheidung zwischen Taufgnade und der daraus hervorgehenden sittlichen Reinheit einerseits und der Verantwortung des Menschen, das geschenkte Gut durch ein entsprechendes Leben zu bewahren, andererseits. Im Zusammenhang mit dieser Zweiteilung, die jedoch noch keine Gegenüberstellung ist, wird die Befreiung von der Sünde als das „göttliche und väterliche Geschenk" gesehen. Mit diesem Ausdruck will Cyprian offensichtlich mehr als nur die Vergebung von der Schuld ansprechen, denn er sieht die Taufheiligung mit der Ablegung des alten Menschen und der Erneuerung durch den Geist als Einheit. Cyprian hat also doch die Befreiung von der Sündenmacht − vermutlich die seit dem Sündenfall des Menschen vorhandene und von Adam her auf seine Nachkommen übertragene Neigung zum Ungehorsam gegen Gott − vor Augen, wenn er sich die Taufgnade vorstellt. Daß Gott diese Neigung in der Taufe nicht voll aufhebt, geht klar aus Cyprians Ermahnung in Hinblick auf 1 Kor 15,47−9 hervor, durch ein zuchtvolles Leben die himmlische εἰκὼν als Zielvorstellung anzustreben, es nicht als gesichertes Erbe zu betrachten. Cyprian scheint mit diesem Entwurf die Vorstellung des Paulus vom christlichen Wandel einseitig auszulegen, wenn nicht gar zu beschneiden. Cyprian teilt zwar Paulus' Verständnis vom Wirken Gottes bei der Bekehrung zu Christus und in der Taufhandlung, tendiert jedoch dazu, ab jenem Zeitpunkt dem Menschen die Verantwortung für sein eigenes Heil aufzuerlegen. Indessen beschränkt er die Geisteserneuerung im wesentlichen auf die Befreiung von der Sünde, womit er freilich nicht nur die Schuld aus dem Leben vor der Bekehrung, sondern auch die den Menschen drohende Macht meint, die ihn hinfort durch seine Körperlichkeit zum Vergehen gegen Gottes Gesetz verführen will.

Diese kurze Stelle, *De hab virg* 23, kann jedoch schwer als unmittelbarer Kommentar zu Röm 6,6a angesehen werden, denn *homo vetus* wird nicht notwendigerweise dieser Stelle entnommen worden sein, wiewohl Cyprians Gebrauch des Begriffs, um die Taufwirkung zu erklären, für einen Bezug zu Röm 6,6a spricht. Vielmehr müssen wir annehmen, daß Cyprian einen Begriff verwendet, der aus dem Umfeld der paulinischen Taufsprache kommt, um sein eigenes Taufverständnis darzulegen. Nach diesem Verständnis wird der *homo vetus* in der Taufe, und zwar als Folge des göttlichen Geschenks abgetan und dem

Neugetauften die Chance geboten, durch eine tugendhafte Lebensführung die verlorengegangene Ebenbildlichkeit Gottes wiederzuerlangen (1 Kor 15,47 ff.).

3.5.2.2. De zel et liv 14

Nicht nur an die Jungfrauen der Gemeinde, sondern an alle Glieder richtet Cyprian seine mahnenden Worte im kurzen Traktat „Über Eifersucht und Neid" (*De zelo et livore*). Wie beim eben behandelten Schreiben geht es hier um Ermahnung zu einer dem Heilsgeschenk entsprechenden Sittlichkeit, wobei die Gewißheit des ewigen Heils von Cyprian immer wieder in Zweifel gezogen wird, um die Ernsthaftigkeit dieser Forderung zu untermauern. Das 14. Kapitel dieses Traktats klingt annähernd wie eine Gerichtspredigt, indem die noch gefährliche Befleckung des irdischen Leibes der dem Gläubigen zwar zugänglichen, aber sich nicht aufzwingenden Kraft des Geistes zur Bekämpfung jenes Schmutzes gegenübergestellt wird. Für Cyprian besteht nach wie vor die Möglichkeit, in den Lebenswandel des παλαιὸς ἄνθρωπος zurückzufallen. Deshalb mahnt er seine Herde, den Blick auf den verherrlichten Christus emporzurichten und zitiert Kol 3,1–4 als Bekräftigung dieses Rates. Im folgenden geht er auf die Bedeutung der Taufwende ein:

> *Qui ergo in baptismo secundum hominis antiqui peccata carnalia et mortui et sepulti sumus, qui regeneratione caelesti Christo consurreximus, quae sunt Christi et cogitemus pariter et geramus, sicut idem apostolus docet rursus et monet dicens:*

Cyprian zitiert auch an dieser Stelle 1 Kor 15,47–9 in vollständiger Weise und fügt dann folgende, das Kapitel des Traktats abschließende Bemerkung hinzu:

> *Imaginem autem caelestem portare non possumus, nisi in eo quod esse nunc coepimus Christi similitudinem praebeamus.*
> De zelo et liv 14 (CCSL 3A,83)

Genaugenommen geschieht nach Cyprian das Sterben für die fleischlichen Sünden des alten Menschen zwar in der Taufe sowie im Begrabenwerden, aber auch in der Mitauferstehung mit Christus durch die himmlische Wiedergeburt. Angesichts dieses neuen Zustandes soll man sich dessen, was Christus eigen ist, nicht nur besinnen, sondern es auch ausführen. Der Anschluß an 1 Kor 15 bietet den Hinweis auf das Himmlische bzw. den himmlischen Menschen: Die Taufe als Neugeburt zum Himmlischen weist zugleich auf die Verpflichtung hin, ab der Taufe die εἰκὼν des Himmelmannes zu tragen. Dies gilt nicht nur für das künftige Leben nach der Auferstehung, sondern muß gleich nach der Taufe einsetzen, indem der Christusgläubige die Ähnlichkeit mit seinem Herren zeigt.

Wie im vorigen Zitat aus *De hab virg* 23 zeigt sich auch hier ein Verständnis vom παλαιὸς ἄνθρωπος (Röm 6,6a), das sich hauptsächlich auf die vom ungläubigen Leben her anhaftende Sündenlast beschränkt. Cyprian sagt diesmal zwar nicht direkt, daß der alte Mensch stirbt, jedoch daß das, was er hervorbringt, die fleischlichen Sünden, beseitigt werden. Mit diesem Hinweis auf das Begrabenwerden verläßt Cyprian seine informelle Exegese von Kol 3,1−4 und befaßt sich mit Röm 6,4 (συνετάφημεν οὖν αὐτῷ διὰ τοῦ βαπτίσματος), ruft jedoch mit *regeneratione* (παλιγγενεσία) gleich noch eine Taufstelle in Erinnerung und kehrt schließlich zu Kol 3,1 (*consurreximus;* συνηγέρθητε) zurück. Da die angedeuteten Paulusstellen ein jeweils etwas differenziertes Taufverständnis aufweisen, ist es wahrscheinlich unmöglich, Eindeutiges über den Hinweis auf Röm 6,4 zu sagen. Dieses Sammeln und Aneinanderfügen von Taufstellen ist nicht als Mangel an exegetischer Schärfe zu beurteilen, sondern zeugt vielmehr von Cyprians Bemühen, eine Synthese paulinischer Aussagen über die Taufe zu erlangen. Es ist für Cyprian kein Widerspruch, wenn Paulus an einer Stelle von der Auferstehung als künftiger Möglichkeit (Röm 6,5), an einer anderen jedoch von ihr als verwirklichte Tatsache (Kol 3,1) spricht. Man kann vielmehr daraus schließen, daß er beide Vorstellungen von der Auferstehung in einem jeweils bestimmten Zusammenhang annehmen kann, in diesem Kapitel von *De zel et liv* jedoch ausschließlich auf die paränetische Wirkung der präsentischen Auferstehungsvorstellung eingeht. Diese Schlußfolgerung scheint noch mehr angebracht, wenn man Tertullians Darlegung der Auferstehungen[207] bedenkt, die Cyprian als Denkmuster gedient haben könnte. Der Einfluß Tertullians macht sich auch im Schlußsatz bemerkbar.

Hier führt Cyprian dieselbe Unterscheidung zwischen der *imago* und der *similitudo dei sive Christi* an. Ersteres gilt als Zielvorstellung, die durch die sittliche Verwandlung und die folgende zunehmende Christusähnlichkeit angestrebt wird. Bedingt durch die praktischen Anliegen eines Bischofs ist die Eschatologie des Cyprian durchaus ethisch bestimmt.

So weit diese Stelle, *De zel et liv* 14, zu Röm 6 in Beziehung steht, ergibt sie einige Einsichten, die das Bild der exegetischen Erkenntnisse Cyprians zur Römerbriefstelle erhellen. In diesem Fall geht er differenzierter auf den Begriff ὁ παλαιὸς ἄνθρωπος (hier übersetzt er *homo antiquus* statt *vetus*) ein, indem er das Sterben und Begrabenwerden in der Taufe den fleischlichen Sünden und nicht dem alten Menschen selbst zuordnet. Dieser bleibt eine immerwährende Möglichkeit bis die *imago* des Himmlischen erlangt wird. Gemäß der Unterscheidung Cyprians von *imago* und *similitudo dei*,[208] kann man mit einiger Sicherheit annehmen, daß dieser Schriftsteller auch eine differenzierende Vorstellung von christlicher Auferstehung vertritt: Sittlich erneuter Lebenswandel einerseits und künftige Existenz in Ewigkeit andererseits, obwohl er in diesem Traktat keinen Anlaß hat, die Frage nach der künftigen Auferstehung des Fleisches aufzugreifen.

---

[207] Siehe 3.4.2.6.
[208] Cyprian steht in der Tradition des Irenäus, die von Tertullian fortgesetzt und entwickelt wird und die zwischen *imago* und *similitudo dei* unterscheidet; cf. *Karpp* 1956, 53f.

3.5.3. Zusammenfassung

In folgenden Punkten soll Cyprians Beitrag zur frühen Exegese von Röm 6,1–11 festgehalten werden:

1. Mit Christus begraben zu werden (6,4), bedeutet nicht, daß der ganze Mensch stirbt, diese Aussage wird vielmehr durch 6,2 ἀπεθάνομεν τῇ ἁμαρτίᾳ eingeschränkt. Nach dieser Anschauung wurden nur die fleischlichen Sünden des alten Menschen (6,6) durch die Taufe mit ins Grab gelegt.

2. Der παλαιὸς ἄνθρωπος (*homo vetus sive antiquus* Röm 6,6) wird zwar in der Taufe in der Weise abgelegt, daß der Mensch von altem Sündenschmutz gereinigt und durch den Heiligen Geist erneuert wird, der alte Mensch kann jedoch durch Rückfall in alte Sünden wieder aufleben. Zur Veranschaulichung führt Cyprian ohne Ausnahme Beispiele von sog. Schwersünden an.

3. Die καινότης ζωῆς (6,4) wird als gegenwärtiges sittliches Leben verstanden. Für diese Auslegung lehnt sich Cyprian an Kol 3,1 an, wobei nicht auszuschließen ist, daß er auch eine futurische Vorstellung von Auferstehung hat, die behandelten Zusammenhänge beschränken sich jedoch auf die christliche Existenz im Diesseits bzw. auf Paränese.

4. Wie sein karthagischer Vorgänger Tertullian rückt Cyprian die Rede von der Taufe als Sterben für die Sünde in die thematische Nähe von 1 Kor 15,47–49. Die Taufe gilt daher als erste Handlung, die den Gläubigen seinem Herrn ähnlich macht und so die *similitudo* Christi hervorruft. Der Getaufte selbst muß aber diesen Weg zur Erlangung der *imago dei* durch moralische Anstrengung fortsetzen.

3.6. Hippolyt von Rom

3.6.1. Leben und Lehre

Hippolyt hat ungefähr gleichzeitig mit Tertullian gewirkt, war also Cyprian chronologisch um einige Jahre voraus. Sein schriftstellerisches Wirken zeugt stärker vom Einfluß seitens des früheren Bischofs von Lugdunum, Irenäus, als der hauptsächlich aus Alexandrien stammenden, mehr für das 3. Jh. charakteristischen Theologie. Vermutlich im Osten um 170 geboren, blieb Hippolyt in der altkirchlichen orthodoxen Tradition fest verwurzelt. Anhand einer polemischen Apologetik versucht er den bereits von seinen Vorgängern gekämpften Häresien wie Doketismus, aber auch neu entstandenen Christologien wie Adoptianismus und Modalismus zu widerlegen. Ihnen gegenüber hält er an dem seit den Apologeten verbreiteten Subordinationismus fest.[209]

Hippolyts Werke zeichnen sich durch einen streng vertretenen Rigorismus in Fragen der Gemeindeordnung aus. Dieses Merkmal macht sich in den Einzel-

---

[209] *Altaner / Stuiber* 1978, 164.

bestimmungen der mit aller Wahrscheinlichkeit auf ihn zurückgehenden Apostolischen Tradition bemerkbar. Hier wird eine gründliche Durchleuchtung der Lebensweise von Taufanwärtern gefordert, wobei manche Berufsgruppen, wie z. B. Soldaten, als Taufkandidaten gar nicht in Frage kommen durften. Abgesehen von wenigen Ausnahmen, die noch zu erörtern sein werden, ähnelt Hippolyts Taufordnung in auffallender Art dem Bild der Tauffeier bei Tertullian.[210]

In seinen späteren Jahren (ab 217) ist Hippolyt aufgrund seiner rigoristischen Anschauungen mit der Mehrheit seiner Gemeindeglieder in Konflikt geraten. Während er sich entschieden gegen die Wiederaufnahme von „Fleischessündern" in die Reihen der Gemeinde stellte, befürwortete sein Gegner eine laxere Vorgangsweise und genoß somit Beliebtheit unter jenen Kreisen innerhalb der Gemeinde, die sich für die römische Oberschicht öffnen wollten. Das in Folge der Bischofswahl 217 entstehende Schisma dauerte bis 235 an, als Hippolyt zusammen mit dem zweiten Nachfolger des Kallistos nach Sardinien verbannt wurde. Dort söhnten sich die beiden miteinander aus, wozu es Hippolyt notwendig war, auf die Ernennung eines Nachfolgers in Rom zu verzichten. Obwohl manche Forscher eine spätere Rückkehr Hippolyts nach Rom nicht ausschließen wollen,[211] starb er wahrscheinlich 238 auf Sardinien den Märtyrertod.

Die Tauftheologie Hippolyts weicht kaum von der von Irenäus vertretenen Linie ab. Umstritten ist allerdings seine Auffassung von der Verleihung des Heiligen Geistes bei der Taufe. An nur wenigen Stellen in seinen Werken finden sich Hinweise auf die Übertragung des Geistes nach dem gewohnten dreimaligen Untertauchen ins Taufbad, und zwar durch die Ölung und begleitendes Gebet des Bischofs. Ob diese Stellen eine Anpassung des Wortlauts an die spätere rituelle Praxis darstellen könnten, wird von Forschern erwogen.[212]

Ehe die einzelnen Zitate aus Röm 6 bei Hippolyt der Reihe nach betrachtet werden, ist ein Wort zur Verfasserschaft der unter seinem Namen veröffentlichten Schriften angebracht. Früher in diesem Jahrhundert neigten Forscher dazu, einige der mit dem römischen Gegenbischof in Verbindung stehende Schriften auf andere Schriftsteller zurückzuführen. P. Nautin z. B. vertrat die These, daß der Danielkommentar, die Schrift über den Antichristen sowie der

---

[210] *Noakes* 1978, 91.

[211] Cf. *K. Baus,* Von der Urgemeinde zur frühchristlichen Großkirche, HKG 1, *H. Jedin* (Hrsg.), Freiburg (1962) 1983 (3. Ed.) 282.

[212] *Trad apos* 21 (*Botte* 1963, 52 f.); *G. Lampe* 1951, 141, erklärt diese offensichtliche Abweichung von der bisherigen altkirchlichen Tradition mit einem Hinweis darauf, daß der Abschnitt über die gleichzeitige Ölung und Geistverleihung im lateinischen Text fehlt und nur von östlichen (d. h. koptischen, ägyptischen und arabischen) Versionen geboten wird, deren Lesart „an adaptation to the common theory of later times which frequently associates the gift of the Spirit with unction and the seal of the Cross rather than with ‚the laver of regeneration'" darstellt. Dieses Urteil wird allerdings vehement angefochten: cf. *Noakes* 1978, 92f. und *Quasten* 1953, 192.

Segen des Jakob einem unbekannten Christen aus dem Osten zuzuschreiben seien. Zudem galt die Widerlegung aller Häresien bis in dieses Jahrhundert hinein als nicht von Hippolyt von Rom stammend.[213] Seither haben jüngere Untersuchungen die Verfasserschaft der genannten Schriften zwar nicht mit absoluter Sicherheit, aber doch mit einem hohen Maß an Wahrscheinlichkeit auf den Anfang des 3. Jh.'s in Rom wirkenden Presbyter und späteren Bischof der kleineren Faktion der Gemeindeglieder zurückführen können. In der folgenden Untersuchung wird von der Hippolyt'schen Verfasserschaft der zitierten Werke ausgegangen.[214]

Als frühchristlicher Schriftsteller verdient Hippolyt nicht zuletzt wegen seiner exegetischen Leistungen Erwähnung. Er bahnte eine Tradition der Schriftauslegung an, die im Verlauf des 3. Jh.'s in den Kommentaren und Homilien des Origenes in viel umfangreicherer Art fortgesetzt werden sollte. Ursprünglich entstanden Kommentare oft, um dunkle Bibelstellen mit der Kirchenlehre in Einklang zu bringen und sie dadurch gegen die Gefahr des Mißbrauchs durch Ketzer zu schützen.[215] Es überrascht also nicht, daß sich Hippolyt fast ausschließlich der Auslegung alttestamentlicher Bücher widmet.

3.6.2. Die Auslegung des Hippolyt

3.6.2.1. Ben Is 2

In der Erklärung zur Segnung der Stämme Israels durch Mose geht der römische Presbyter auf die nähere Bedeutung des Segens über Ruben ein, nämlich daß er lebe und nie sterbe und daß seine Männer zahlreich würden.[216] Er lehnt die wörtliche Deutung dieser Aussage sofort ab mit Hinweis auf die Tatsache, daß Ruben schon seit langem tot und in Ägypten begraben ist.[217] Dieser Ausspruch des Mose ist für ihn vielmehr einem Psalmenvers (118,17) artverwandt: „Ich werde nicht sterben, ich werde leben." Beide alttestamentlichen Aussagen sollten „in unseren Tagen in der Gemeinde der Heiden" in Erfüllung gehen. Für diese Auslegung beruft sich Hippolyt auf Jes 54,1:

---

[213] *Altaner / Stuiber* 1978, 165.

[214] Die Frage der Verfasserschaft der *Refutatio* gilt angesichts der Hinweise in 10,32 und 10,30 auf andere Werke desselben Autors (*Syntagma*, Über das All und die Chronik) als einigermaßen zufriedenstellend beantwortet; cf. *Quasten* 1953, 166.

[215] Beim Danielkommentar des Hippolyt kommt der Beweggrund hinzu, durch Hinweis auf die Treue der verbannten Juden seine zeitgenössischen Mitchristen zur Standhaftigkeit trotz Verfolgung zu ermutigen; cf. G. *Bardy*, Hippolyte, Commentare sur Daniel, SC 44, Paris 1947, 20.

[216] Dt 33,6.

[217] Anstelle der armenischen und georgischen Versionen wird die französische Übersetzung von M. *Brière*, L. *Maries* und B.-Ch. *Mercier*, Hippolyte de Rome: Sur les Bénédictions d'Isaac, de Jacob et de Moise, Patrologia orientalis 27/1 und 2, Paris 1954, zitiert.

„Et plus nombreux se trouvent être les fils de la Délaissée que ceux de la femme qui avec elle a son mari", lesquels (fils de la Délaissée) sont fils de la Résurrection. A l'avance, Moïse ayant sous les yeux ce prodige: la Résurrection du Seigneur, savoir que „la mort sur Lui ne peut avoir empire", a dit: „Qu'il vive et point ne meure!" Car David, lui aussi, ce n'est pas de lui-même qu'il pouvait dire: „Je vivrai et point ne mourrai", lui qui bel et bien „est mort; et son tombeau est là au milieu de nous jusqu'à aujourd'hui". Mais lui „aussi, à l'avance, voyait la résurrection du Seigneur", et pour ceux qui devaient croire il prophétisait. De plus l'Apôtre dit: „Celui qui est mort, au péché est mort une fois pour toutes et ceux qui vivent, vivent pour Dieu". Et quant à ce qu'il dit: „Au péché il est mort une fois pour toutes" cela signifie que, tous les hommes étant pécheurs, Celui qui précisément ne vanquait pas la mort, „pour nous tous, une fois pour toutes, celui-là est mort, pour que ceux qui sonts vivants ne vivent plus pour eux-mêmes, mais pour Celui qui pour eux est mort et a ressuscité". Et „si nous mourons sous le baptême du Christ, nous croyons que, de sa resurrection aussi, nous devenons participant, sachant bien ceci, que la Christ ressuscité d'entre les morts ne meurt plus, et que la mort sur lui n'a plus empire". C'était là ce que Moïse lui aussi a dit: „Qu'il vive et point ne meure! Et qu'il soit, en nombre, multitude".
Ben Is 2 (Brière 138 ff.)

Hippolyt sieht im alttestamentlichen Segensspruch eine Vorankündigung des Auferstehungslebens Jesu sowie der Auferstehungshoffnung der „Söhne der Auferstehung". In ähnlicher Weise wie Paulus[218] deutet Hippolyt die Rede von den „Söhnen der Verlassenen"[219] auf das Nachkommen Abrahams und Sarahs in geistlicher Hinsicht, also auf die Gemeinde. Zu dieser Verbindung gelangt er jedoch nur über die Erkenntnis, daß Christi Auferstehung an mehreren Stellen im Alten Testament vorausgesagt ist. Die Rechtfertigung für seine Auslegung von Dt 33,6 findet er in der Predigt des Petrus zu Pfingsten,[220] der eine Vorhersage der Auferstehung Christi in einem Psalmwort[221] erblickt. In eigentümlicher Weise läßt Hippolyt das Teilzitat von Röm 6,10 mit einer Anspielung auf 2 Kor 5,15a zusammenfließen.[222] Aus dieser Vermischung zweier sachlich einander ähnlicher Paulusstellen verrät Hippolyt, in welcher Weise er Röm 6,10 begreift: Christi Sterben für die Sünde war ein stellvertretendes Sterben für den Sünder. Er ließ sich von der Sündenmacht, dem Tod, beherrschen, um den sündhaften Menschen von der Sündenmacht zu befreien. Die Befreiung geschieht jedoch nicht von sich aus, sondern durch das Sich-Selbst-Sterben, wie Hippolyt durch das folgende, vollständigere Zitat aus 2 Kor 5,15 zeigt. Christi Tod hat also nur dann einen Sinn für den Menschen, wenn er die

---

[218] Gal 4,27 f.
[219] Jes 54,1.
[220] Apg 2,29.31.
[221] Ps 118,17.
[222] „Der gestorben ist, ist der Sünde einmal für alle gestorben, und die, die leben, leben für Gott."

alte Herrschaftsbeziehung zur Sünde abbricht,[223] um sich unter die Herrschaft Christi zu stellen.

Hippolyts Art, Röm 6,8 f. durch 6,4a und 6,5 zu ergänzen, mutet auch etwas eigenartig an: „Wenn wir unter der Taufe Christi sterben, glauben wir, daß wir auch an seiner Auferstehung teilnehmen, indem wir dies wissen, daß nachdem Christus von den Toten auferstanden ist, er nicht mehr stirbt, und daß der Tod nicht mehr über ihn Herrschaft hat". Wenn der Ausdruck „die Taufe Christi" nicht bloß eine Unzulänglichkeit der Übersetzung ist, so muß man daraus schließen, daß Hippolyt die Rede von Taufe als Begrabenwerden mit Christus in dessen Tod (6,4 f.) auf dem Hintergrund der Taufe Christi durch Johannes sah. Für diese Annahme sprechen die vielen Hinweise aus frühchristlicher Zeit, die den kirchlichen Initiationsritus als in Christi eigener Taufe bereits angelegt finden und nicht erst in der späteren Praxis der Urgemeinde.[224]

Im übrigen soll darauf aufmerksam gemacht werden, daß Hippolyt Röm 6,8b[225] wahrscheinlich futurisch deutet, indem er diesen Versteil offensichtlich durch 5b ergänzt. Wenn das, was durch den französischen Wortlaut „de sa résurrection aussi, nous devenons participant" zum Ausdruck kommt, eine Wiedergabe von 6,5b sein soll, so hat Hippolyt keine Ergänzung von ὁμοίωμα τοῦ θανάτου durch ὁμοίνμα τῆς ἀναστάσεως für notwendig gehalten, vielmehr verstand er den Genitiv im Sinn von Zugehörigkeit. Ohne den Wortlaut des griechischen Urtextes des Kommentars Hippolyts zur Segnung Israels durch Mose muß diese Schlußfolgerung freilich etwas gewagt bleiben.

3.6.2.2. *Ref 10,33,15*

„Der alte Mensch" (Röm 6,6a, aber auch andere Paulusstellen) ist für Hippolyt, wie für seine theologischen Väter, ein fester Begriff, der seine Anthropologie deutlich geprägt hat. Im 10. und letzten Buch seines Hauptwerkes, κατὰ πασῶν αἱρέσεων ἔλεγχος (gewöhnlich *Refutatio* genannt), erwähnt Hippolyt den alten Menschen im Zusammenhang mit einer Darlegung, die die Fähigkeit des Menschen zum freiwilligen Entschluß und dessen Bedeutung für das Heil des Menschen zum Gegenstand hat.

Im ersten Zitat will Hippolyt zeigen, wie diese Fähigkeit gerade durch die Sendung des Logos verdeutlichlich werden sollte:

τοῦτον ἔγνωμεν ἐκ παρθένου σῶμα ἀνειληφότα καὶ τὸν παλαιὸν ἄνθρωπον διὰ καινῆς πλάσεως πεφορηκότα, ἐν βίῳ διὰ πάσης ἡλικίας ἐληλυθότα, ἵνα πάσῃ ἡλι-κίᾳ αὐτὸς νόμος γενηθῇ καὶ σκοπὸν τὸν ἴδιον ἄνθρωπον πᾶσιν ἀνθρώποις ἐπι-δείξῃ παρὼν καὶ δι' αὐτοῦ ἐλέγξῃ, ὅτι μηδὲν ἐποίησεν ὁ θεὸς πονηρὸν καὶ ὡς αὐ-

---

[223] Angesichts Hippolyts rigoristischer Auffassung insbesondere in bezug auf „Fleisches-sünden" wird man den Bruch mit der Sünde asketisch zu deuten haben; cf. *Noakes* 1978, 91.

[224] Hippolyt identifiziert die kirchliche Taufe mit der Taufe Christi durch Johannes auch in *De theophania* 5 (GCS 1/2,260).

[225] „Wir glauben, daß wir auch mit ihm leben werden".

τεξούσιος ὁ ἄνθρωπος ἔχων τὸ θέλειν καὶ τὸ μὴ θέλειν, δυνατὸς ὢν ἐν ἀμφότεροις.

Ref 10,33,15 (GCS 26,291)

Die zentrale Aussage über den παλαιὸς ἄνθρωπος steht gleich am Anfang dieser Stelle, daß nämlich der Logos aus einer Jungfrau einen Leib angenommen und den alten Menschen durch „eine neue Gestalt" getragen hat. Ferner ist er durch jedes Lebensalter gegangen, damit er selbst jedem Alter zum Gesetz werde und sich zugleich allen Menschen als Ziel vorstelle. Dies sollte beweisen, daß Gott nichts Böses geschaffen hat und daß also der Mensch imstande ist, von sich aus zu wollen oder nicht, d. h. daß er frei ist, sich selbst zu bestimmen.

Die Bedeutung von πλάσις ist in diesem Zusammenhang entscheidend. Hier gebraucht Hippolyt die Sprache der Bildhauer, um die bereits durch Irenäus verbreitete εἰκών-Theologie in Erinnerung zu rufen. Hippolyt greift auf das Bild vom ersten und zweiten Menschen in 1 Kor 15,47 ff. zurück, um dann näher zu beschreiben, wie der Logos vom Alten zum Neuen verwandelt wurde. Der Logos war nicht wirklich der alte Mensch als er in die Welt kam, sondern er hat nur den alten Menschen durch das neue Gebilde getragen. Die Präposition διὰ an dieser Stelle wird man wohl als Bezeichnung für das Agens zu betrachten haben.[226] Der alte Mensch wurde vom Logos nur kraft des neuen Gebildes d. h. des himmlischen Menschen, erduldet. Das Hauptaugenmerk liegt in der ganzen Aussage auf der Rolle des Bildners, Gott, wie nur aus der subordinatianischen Logoschristologie hervorgehen kann.

Diese Beobachtungen führen zur Einsicht, daß Hippolyt den παλαιὸς ἄνθρωπος ähnlich wie Irenäus im Sinn von εἰκὼν χοϊκοῦ[227] versteht und ihn auf dem Hintergrund der Adam-Christus Typologie[228] sieht. Schließlich ist es interessant zu bemerken, daß Hippolyt den Auftrag des Logos vordergründig in der Funktion eines sittlichen Vorbildes sieht. Durch den Sündenfall und die daraus entstehende Vermehrung des alten Menschen ist die Fähigkeit des Menschen, sich für das Gute zu entscheiden, nicht verlorengegangen, dies bildet vielmehr die Voraussetzung für eine Rückkehr zum Schöpfer.

3.6.2.3. *Ref 10,34,5*

In ähnlicher Weise redet Hippolyt vom alten Menschen an folgender Stelle am Schluß der *Refutatio*:

Χριστὸς γάρ ἐστιν ὁ κατὰ πάντων θεός, ὃς τὴν ἁμαρτίαν ἐξ ἀνθρώπων ἀποπλύνειν προσέταξε, νέον τὸν παλαιὸν ἄνθρωπον ἀποτελῶν, εἰκόνα τοῦτον καλέσας ἀπ' ἀρχῆς, διὰ τύπου τὴν εἰς σὲ ἐπιδεικνύμενος στοργήν, οὗ προστάγμασιν ὑπακούσας σεμνοῖς καὶ ἀγαθοῦ ἀγαθὸς γενόμενος μιμητὴς ἔσῃ ὅμοιος ὑπ' αὐτοῦ τιμηθείς.

Ref 10,34,5 (GCS 26,293)

---

[226] *Blaß / Debrunner / Rehkopf,* § 223.
[227] 1 Kor 15,49.   [228] 1 Kor 15,45 f.

Diesem Zitat geht eine Ermahnung zur Selbsterkenntnis und zur Umkehr voraus; das daran Anschließende, oben Zitierte, soll also diese Forderung begründen. Die Vorherrschaft Christi über alles ermöglicht ihm zu beschließen, die Sünde vom Menschen abzuwaschen und ihn somit vom alten zum neuen Menschen zu verwandeln. Dies war Gottes ursprüngliche Absicht, da er den Menschen bereits am Anfang ein Ebenbild genannt hat.[229] Christi Liebe wird in seinem Vorbild (τύπος) für den Menschen ersichtlich; das Vorbild enthält aber edle Vorschriften, denen es zu gehorchen gilt. So wird man zum guten Nachahmer des Guten, ihm ähnlich und von ihm geehrt. Die Verwandtschaft der ersten Sätze mit dem Taufbefehl des Auferstandenen (Mat 28,18−20) ist hier zu beachten. Hier wie dort finden sich derselbe universale Autoritätsanspruch, die Anordnung der Taufe, und die Aufforderung zur Befolgung seiner Gebote. Auf dieses Gerüst hängt Hippolyt Einzelelemente seiner eigenen Theologie, indem er den einfacheren Befehl durch Ausführungen von anderen Schriftstellen her ergänzt. Hippolyt teilt die gängige altkirchliche Vorstellung, daß die Sünden in der Taufe abgewaschen werden, wodurch eine neue Ausgangslage für den Menschen geschaffen wird, um das verlorene Ebenbild zu erlangen. Obwohl er es nicht eindeutig sagt, kann Hippolyt den neuen Menschen nicht als gesichertes Ergebnis der Taufe gesehen haben, denn er verweist gleich anschließend auf moralische Erneuerung als Weg zur Wiederherstellung des verlorenen Ebenbildes. Die Einwilligung des Menschen in diesen Verwandlungsprozeß ist auch notwendig; der charakteristisch paulinische Gebrauch von παλαιὸς ἄνθρωπος im paränetischen Zusammenhang findet auch bei Hippolyt seinen Niederschlag.

3.6.2.4. *Com Dan 1,17,14*

Der Rückfall zum alten Menschen findet auch in Hippolyts Kommentar zum Propheten Daniel Erwähnung. In diesem Zusammenhang wird die Geschichte von Susanna und dem Urteil Daniels kommentiert, welche zum apokryphen Teil des Prophetenbuches (Kapitel 13) gehört. Hippolyt sieht im Garten, in dem Susanna badet (13,15), einen versteckten Hinweis auf den Garten von Eden und nimmt dies zum Anlaß, die Bedeutung der Vertreibung aus dem Paradies zu beleuchten. Die Analogie zur Kirche ergibt sich für Hippolyt von selbst:

> Ebenso wieder der, welcher gläubig geworden und die Gebote nicht bewahrt hat, wird beraubt des heiligen Geistes, ausgetrieben seiend aus der Kirche, fortan nicht redend, sondern Erde werdend kehrt er zurück zu seinem alten Menschen.[230]

---

[229] Gen 1,26.
[230] *Com Dan* 1,17,14 (GCS 1,29). An dieser Stelle wird aus verständlichen Gründen die deutsche Übersetzung des in altslawischer Sprache erhaltenen Fragments zitiert.

Bei dieser Gelegenheit schärft Hippolyt seinen Lesern wiederum eine Warnung vor den Folgen des Ungehorsams ein. Der Heilige Geist wird an dieser Stelle weniger als Hilfe und Beistand zum Heil des Menschen gedacht. Vielmehr erscheint er als ein von Gott geschenktes Gut — vermutlich im Blick auf die künftige Auferstehung —, welches Gott im Fall des Ungehorsams auch strafend zurücknimmt. Daß ein solcher Ungehorsamer von der Kirche ausgetrieben wird, ist für den rigoristisch denkenden Hippolyt selbstverständlich. Einer, der Christi Gebote mißachtet, kehrt zum naturhaften, geistlosen Zustand des Menschen nach dem Sündenfall zurück. Für ihn gibt es keine Hoffnung mehr, die εἰκὼν τοῦ θεοῦ wiederzuerlangen. Diese drei Stellen bei Hippolyt[231] geben Aufschluß über sein Verständnis vom παλαιὸς ἄνθρωπος.[232] Diesen Begriff versteht er zunächst in Beziehung zum Sündenfall, welcher den Menschen seiner Gottähnlichkeit (εἰκών) beraubte und sein Leben auf das Irdische, Naturhaft, begrenzte. Zu dieser Vorstellung wird er durch die sachliche Ähnlichkeit von 1 Kor 15,44 ff. mit jenem Begriff bei Röm 6,6a geführt. Der alte Mensch wird zwar durch die Befreiung von der Sündenschuld in der Taufe abgeschafft, kann jedoch jederzeit zurückkehren, wenn der Mensch die Gebote Christi mißachtet und ungehorsam wird. Daher ist dieser Begriff für Hippolyt in erster Linie für die Paränese von Bedeutung.

3.6.2.5. De Antichr 31

„Sterben mit Christus" und „Leben für Gott" nahmen für Hippolyt angesichts des wachsenden Widerstands und der Opposition des Staates gegen die Christen im 3. Jh. an Bedeutung zu. In einem Frühwerk, Περὶ τοῦ Ἀντιχρίστου (*De Antichristo*), welches um 200 entstanden ist, geht er von einem Zitat aus Jesaja[233] über die künftige Verwüstung des Landes durch feindliche Heerscharen aus, um das Schicksal des Gläubigen in dieser Welt zu charakterisieren. Nachdem er Vergleiche zur Mißhandlung der alttestamentlichen Propheten zieht, bietet er folgendes, trostspendendes Wort:

πόσοις ὑμᾶς στόμασι καὶ γλώσσαις δοξάσω· μᾶλλον δὲ τὸν ἐν ὑμῖν λαλήσαντα λόγον. ἀπεθάνετε γὰρ σὺν Χριστῷ, ἀλλὰ ζήσετε ἐν θεῷ. ἀκούσατε καὶ χαρῆτε. ἰδοὺ τὰ ὑφ' ὑμῶν λελαλημένα κατὰ καιροὺς πεπλήρωται· εἴδατε γὰρ αὐτὰ πρῶτον, εἶθ' οὕτως ἐκηρύξατε πάσαις γενεαῖς τὰ τοῦ θεοῦ λόγια, διηκονήσατε πάσαις γενεαῖς.

De Antichr 31 (GCS 1/2,20)

Diese Aufforderung zum Lob und zur Freude richtet sich an die mißhandelten Propheten. Sie dürfen sich trotz ihres vielfach tragischen und grausamen Ausgangs freuen, denn sie sind als Träger des Wortes Gottes gestorben. Sie

---

[231] *Ref* 10,33,5 und 34,5 (GCS 26,291.293); *Com Dan* 1,17,14 (GCS 1,29).
[232] Röm 6,6.
[233] Jes 1,7 f.

starben daher mit Christus und dürfen ein künftiges Leben mit Gott erwarten. Sie erfuhren Gottes Mitteilungen im voraus, verkündigten sie in zuverlässiger Weise und dienten somit allen folgenden Generationen.

Dieser Zusammenhang ist bemerkenswert, insofern hier das erste Mal die Rede des Paulus vom Sterben mit Christus[234] ausdrücklich auf das Schicksal der Märtyrer unter dem alten Bund bezogen wird. Ferner wird behauptet, daß sie mit Gott leben werden. Diese Vorstellungen sind freilich schon im Neuen Testament vorhanden;[235] nur die Entlehnung des Ausdrucks von Röm 6,8 ist einzigartig. Ἀποθανεῖν σὺν Χριστῷ als Hinweis auf das Martyrium wollte Hippolyt jedoch nicht auf die alttestamentlichen Propheten beschränkt wissen,[236] vielmehr machte er diese Beschreibung für die verfolgten Christen seiner Tage geltend. Indem er die bereits gestorbenen Propheten unmittelbar anspricht und sie zur Freude und Zuversicht angesichts ihrer Auferstehungshoffnung auffordert, richtet Hippolyt den Blick auf die Lage seiner Mitchristen in Rom, welche bereits im 2. Jh. unter manchen christenfeindlichen Kaisern ihr Blut hatten vergießen lassen müssen.[237]

3.6.2.6. Com Dan 1,21,3ff.

Wenn Hippolyt den tieferen, wenn nicht ausschließlichen Sinn vom Sterben mit Christus im Akt des Martyriums findet, so kann es nicht überraschen, daß er das „Leben für Gott" als den auf das Blutzeugnis eintretenden Lohn d. h. das ewige Leben mit Gott auffaßt. Diese Auslegung der Parole aus Röm 6,11 kommt tatsächlich im folgenden Abschnitt aus dem Danielkommentar des Hippolyt vor, in dem dieser seine Gedanken zum Ausspruch Susannas angesichts einer Zwangslage eruiert. Nach der Überlieferung[238] hatten nämlich zwei wollüstige Älteste sich im Garten versteckt, wo Susanna ihrer Gewohnheit entsprechend vorhatte zu baden. Alleine mit dem Mädchen hinter geschlossenem Gartentor, forderten sie Susanna auf, sich ihnen hinzugeben; andernfalls würden sie gegen das Mädchen vor dem Gericht falsches Zeugnis ablegen und es wegen Unzucht zum Tod verurteilen lassen. Susannas Antwort darauf ist entschieden: „Von allen Seiten bin ich bedrängt; denn wenn ich dieses tue, ist mir der Tod gewiß; tue ich es aber nicht, so kann ich euren Händen nicht entrinnen! Doch ist es immer noch besser für mich, es nicht zu tun und in eure Hände zu fallen, als vor dem Herrn zu sündigen."[239] Die Entscheidung Susannas dient in Hippolyts Augen als Vorbild für die Haltung des mit der Todesstrafe bedrohten Christen:

---

[234] Röm 6,8a.

[235] Cf. Heb 11,34f.

[236] Cf. unten 3.6.2.6. zu *Com Dan* 1,21,3—5 (SC 14,110).

[237] Die Erinnerung an die Verfolgung durch den Kaiser Septimius Severus bestimmt den Grundton des Kommentarwerkes; cf. *Quasten* 1953, 171.

[238] Dan 13,19—27.

[239] Dan 13,22f.

„Ἐάν τε γὰρ τοῦτο πράξω, θάνατος μοί ἐστιν". Τὸ γὰρ παρακοῦσαι θεοῦ καὶ ὑπακοῦσαι ἀνθρώποις θάνατον καὶ „κόλασιν αἰώνιον" ἐργάζεται. „Ἐάν τε μὴ πράξω, οὐκ ἐκφεύξομαι τὰς χεῖρας ὑμῶν". Καὶ τοῦτο ἀληθὲς εἴρηκεν. Οἱ γὰρ προσαγόμενοι ἕνεκεν τοῦ ὀνόματος τοῦ Χριστοῦ, ἐὰν μὲν πράξωσι τὸ ὑπὸ ἀνθρώπων κελευόμενον, ἀπέθανον τῷ θεῷ, ζῶσι δὲ τῷ κοσμῷ, ἐὰν δὲ μὴ πράξωσιν, οὐκ ἐκφεύγουσι τὰς χεῖρας τῶν δικαστῶν, ἀλλ᾽ ὑπ᾽ αὐτῶν ἐκείνων κατακρινόμενοι ἀποθνήσκουσιν ... Τοῦτο γὰρ διαφορώτερον ἀποθανεῖν ὑπὸ ἀνθρώπων ἀδίκων, ἵνα παρὰ θεῷ ζήσωσιν, ἢ συνθεμένους αὐτοῖς καὶ ἀπολυθέντας ὑπ᾽ αὐτῶν „ἐμπεσεῖν εἰς τὰς χεῖρας τοῦ θεοῦ".

Com Dan 1,21,3−5 (SC 14,110)

Susannas Todesgewißheit als Folge der Unzucht verbindet Hippolyt mit der von Jesus angekündigten ewigen Pein.[240] Mit θάνατος mußte also Susanna den ewigen Tod gemeint haben. Der Ausleger kann den Überlegungen Susannas ganz Recht geben, denn Menschen anstelle von Gott zu gehorchen, heißt, für Gott abzusterben, aber der Welt zu leben; anders wird der Verweigerer den Händen seiner Verfolger nicht entfliehen, sondern schließlich umgebracht. Hippolyt rät jedoch, daß es vorzuziehen sei, von ungerechten Menschen umgebracht zu werden und so bei Gott zu leben, als in deren Forderungen einzuwilligen, aber schließlich in Gottes strafende Hände zu fallen. Durch Anspielung auf Heb 10,31 erinnert Hippolyt seine Leser daran, daß, in derselben Weise wie unter dem mosaischen Gesetz, Gott die eigenwillige Übertretung auch unter Christen[241] in furchterregender Art ahnden wird.

Genau gesehen, gibt es keine wörtliche Anspielung auf Röm 6,11 in diesem Kommentarstück von Hippolyt, er führt vielmehr nur seine umgekehrte Version des Pauluswortes (ἀπέθανον τῷ θεῷ) an. Auch weiter unten, wenn er rät, sich lieber von Ungerechten umbringen zu lassen als von Gott bestraft zu werden, spricht er vom „Leben bei Gott" (παρὰ θεῷ ζήσωσιν) und nicht vom „Leben für Gott" (ζῶν τῷ θεῷ). Trotz der mangelnden wörtlichen Überlieferung geht aus diesen Bemerkungen Hippolyts klar hervor, daß er an die Römerbriefstelle denkt, denn das Wort über Absterben für Gott hätte sich kaum anderswie als durch die Umkehrung der Parole von Paulus ergeben. Hippolyt setzt offenbar voraus, daß ἀπεθανεῖν τῷ θεῷ im Martyrium geschieht und daher das ζῆν τῷ θεῷ den Lohn des Blutzeugen darstellt.

Wenn also παρὰ θεῷ ζήσωσιν stellvertretend für den Ausdruck ζῆν τῷ θεῷ bei Paulus dasteht, so wird dies nicht nur im Sinn von „Gott dienen und gehorchen", also diesseitig, sondern auch jenseitig als Dasein nach Gottes Art verstanden. Freilich geht das eine Verständnis des Ausdrucks in das andere über. D. h. wenn der Christ die Pflicht zum Gehorsam Gott gegenüber bis zum Tod einhält, so lebt er auf vollkommenste Weise für Gott, wobei Hippolyt andere Formen des Gehorsams sicherlich nicht geringgeachtet hätte. Jene Art, Gott zu

---

[240] Mat 25,46.
[241] Heb 10,26.

leben, führt jedoch am sichersten zum weiteren Leben für Gott, also zum Leben in seiner Nähe. Bedenkt man dieses mehrfache Verständnis von ζῶν τῷ θεῷ, tut man Hippolyt unrecht, wenn man ihn auf den einfachen, diesseitigen Sinn der Redewendung festlegen wollte.[242]

3.6.2.7. Ein anonymer Märtyrerbericht

Später im 3. Jh., als Christen durch systematische Verfolgung noch häufiger angegriffen wurden, ist diese Redewendung des Paulus zum Schlagwort geworden. Daß „Leben für Gott" in dieser Zeit nicht ausschließlich in Hinblick auf das Schicksal des Märtyrers ausgelegt wurde, beweist folgender Auszug aus einem anonymen Märtyrerbericht jenes Jahrhunderts:

> *Nec in hos solos crudelitatis exercebatur insania qui superioribus persecutionibus inconcussi libere deo viverent sed in illos quoque manum diabolis insatiabilem porrigebat quos iamdudum in exilia submotos, etsi nondum sanguine, mente iam martyras, ferox praesidis amentia coronarat.*[243]

Die rasche und blutige Vertreibung der Christenverfolgung durch einen Präfekten wird in diesem Bericht als Angriff des Teufels dargestellt. Diese neue Feindlichkeit erfaßte nicht nur diejenigen, die in früheren Verfolgungen geschont geblieben waren und seither frei für Gott lebten, sie zog auch die Exilanten, d. h. Christen, die wegen früherer Verfolgung hatten flüchten müssen und bereits im Geist Märtyrer geworden waren, in Mitleidenschaft. Im Unterschied zum Gebrauch des Hippolyt wird ζῶν τῷ θεῷ gerade in bezug auf die Nichtmärtyrer genannt, obgleich diese bald für ihren Glauben sterben sollten. Dieser etwas differenzierte Sprachgebrauch aus der Zeit des Hippolyt bereitet zusätzliche Unterstützung für die Annahme, daß auch dieser Kirchenvater ζῶν τῷ θεῷ nicht ausschließlich als Bezeichnung für das Märtyrerschicksal gekannt hat. Es wäre zudem schwer vorstellbar, daß er die Wendung dem ursprünglichen Zusammenhang derart rücksichtslos entfremdet hätte.

3.6.3. Zusammenfassung

In den folgenden Bemerkungen sollen die exegetischen Einsichten Hippolyts in unsere Hauptstelle (Röm 6,1—11) erfaßt werden:

1. Der sakramentale Bezug zum Taufritus in 6,4 wird nicht betont. Als „Taufe Jesu" wird die allgemeine christliche Taufe weniger auf dem Hintergrund des Sterbens Christi als in Beziehung zu dessen eigener Taufe gesehen.

---

[242] Ein solcher Eindruck entsteht wegen der zu knappen Wiedergabe der Hauptaussage von *Com Dan* 1,2,3—5 bei *Aleith* 1937, 83. Daß solch eine einseitige Auslegungsweise nicht statthaft ist, zeigt die oben gebotene eingehende Analyse dieser Stelle.

[243] *Pas Mar et Iac* 2,5; H. *Musurillo,* The Acts of the Christian Martyrs, Oxford 1972, 196.

2. Der Genetiv τῆς ἀναστάσεως (6,5b) ist nicht ergänzungsbedürftig, sondern als Ausdruck für Zugehörigkeit zu verstehen.

3. Der παλαιὸς ἄνθρωπος Röm 6,6 ist in enger Verwandtschaft mit der εἰκὼν χοϊκοῦ (1 Kor 15,44 ff.), d. h. der Mensch nach dem Sündenfall, zu sehen und steht also Gottes sittlicher Zielvorstellung für den Menschen, der Wiedererlangung der verlorenen εἰκὼν θεοῦ gegenüber. Durch die Reinwaschung von Sündenschuld in der Taufe wird der alte Mensch zwar abgeschafft, kann aber aufgrund eines neuerlichen Rückfalls in den Ungehorsam jederzeit zurückkehren.

4. Das „Sterben mit Christus" (6,8) wird bereits im Schicksal der alttestamentlichen Propheten vorabgebildet, die wegen ihrer Botschaft umgebracht wurden. Noch deutlicher aber wird diese Art von Sterben im Schicksal der christlichen Märtyrer exemplifiziert.

5. Die Tatsache, daß Christus nicht mehr sterben wird (6,9), liegt der Hoffnung auf die Auferstehung zugrunde. Diese Hoffnung läßt sich sogar in die Zeit vor Christus in Form von alttestamentlichen Aussagen prophetischer Art zurückverfolgen und dient daher als exegetischer Schlüssel in der Auseinandersetzung mit den hebräischen Schriften.

6. Das ἐφάπαξ des Sterbens Christi (6,10) weist auf den stellvertretenden Charakter des Todes Christi hin. Diese Erkenntnis rückt die Aussage in die sachliche Nähe von 2 Kor 5,15, womit die Verpflichtung zum Leben für Gott als sittlicher Neuorientierung an den Geboten Gottes in Antwort auf den einmaligen Stellvertretungstod hervorgehoben wird.

7. „Sterben mit Christus" (6,8) und „Leben für Gott" (6,11) werden unter dem Eindruck der zunehmenden Christenverfolgungen bzw. durch die Ausweitung des Konflikts zwischen Gehorsam gegenüber Gott und den christentumsfeindlichen Forderungen des Staates in zugespitzter Weise auf das Martyrium bezogen. Während die grundsätzliche Bedeutung von ζῶν θεῷ als Gehorsam gegenüber Gottes Forderungen weitertradiert wird, kommen zwei Konkretisierungen des Begriffes, dem Blutzeugnis und dem darauffolgenden Märtyrerlohn, dem Leben bei Gott, mehr Gewicht zu.

3.7. Klemens von Alexandrien

3.7.1. Leben und Lehre

Bisher in unserer Untersuchung haben wir uns fast ausschließlich mit der Gedankenwelt westlicher Kirchenväter im weiteren Sinn beschäftigt. Aufgrund der durch die besonderen Verhältnisse unter der römischen Staatsmacht geprägten Denkweise haben die im vorhergehenden zitierten Kirchenväter eine stärkere oder schwächere Neigung zum Rigorismus gezeigt, besonders wenn es darum ging, die Verhältnisse innerhalb der Gemeinde zu ordnen. Im Gegen-

satz zu diesen weist Klemens von Alexandrien das Bild eines freidenkenden, in-
tellektuell spielerischen Geistes auf, der nur wenig Interesse für Fragen kirchen-
rechtlicher Art findet. Vielmehr ist er philosophischer Lehrer, der es versteht,
den christlichen Glauben in Zusammenhang mit den Denkströmungen der hellenistischen Welt zu bringen, um dadurch dem von der allgemeinen Philosophie Herkommenden Zugang zum christlichen Glauben zu erschließen.

Das Wenige, das man über Klemens' äußeres Leben weiß, läßt sich in einige
Sätze zusammenfassen. Nach der Überlieferung wurde er in Athen geboren,
obwohl diese Angabe vielleicht eher als Ehrentitel zu verstehen ist. Nach einer
längeren Zeit des Wanderns durch die geistigen Zentren des östlichen Reiches
lernt er in Alexandrien den für ihn wahren Lehrer in Gestalt des Pantainos kennen und entschließt sich, bei diesem zu bleiben. Über dieses große Vorbild des
Klemens wissen wir nur sehr wenig. In dessen Schule nimmt Klemens um 180
seine Lehrtätigkeit auf, wahrscheinlich jedoch nicht im Auftrag der Gemeinde,
etwa als Katechet, sondern in Nachahmung der traditionsreichen Philosophen-
schule in Athen.[244]

Klemens nahm selbstverständlich am Leben der alexandrinischen Gemeinde
teil, inwiefern er jedoch eine führende Rolle spielte, ist ebenfalls unklar.[245]
Seine Wirkensstätte mußte er mindestens einmal wegen einer Verfolgung um
202 verlassen. Nach seiner Vertreibung und nach weiterem Wirken im Osten
starb er in Kleinasien um das Jahr 215 n. Chr.[246]

Die Hauptschriften des Klemens sind bekannt und durch zahlreiche Studien
durchleuchtet worden. Den Anfang einer vorgesehenen Trilogie über das Wesentliche des christlichen Glaubens bildet der *Protreptikos,* eine Mahnrede, die
im Aufbau den christlich Apologeten des 2. Jh.'s ähnlich ist. In dieser Schrift
lädt Klemens den heidnischen Leser ein, auf den „neuen Orpheus" zu hören,
und führt ihn im folgenden durch ein polemisches, aber nicht geschmackloses
Exposé heidnischer Religion und Philosophie, um die überlegene Erkenntnis
durch den Logos begreiflich und überzeugend zu machen.[247] Der durch das erste Werk Eingeweihte wird durch den umfangreicheren *Paidagogos* in die aus
der Logoslehre entstehenden praktischen Umgangsformen eingeführt. Hier
zeigt sich eine starke Färbung durch Sittlichkeitsvorstellungen aus der Antike,
wobei Klemens eine mäßige, gegen asketische Übertreibung abgrenzende Auffassung als für den Christusgläubigen angemessen vertritt.[248] Das abschließende Werk der Trilogie, das angeblich *Didaskalos* betitelt werden sollte,
wurde nie auf das Papier gebracht.[249]

---

[244] *Bardenhewer* 2, 1905, 15 f.; *Quasten* 1953, 5; *von Campenhausen* 1981, 32 f.
[245] *Altaner / Stuiber* 1978, 190.
[246] *Altaner / Stuiber* 1978, 191.
[247] *von Campenhausen* 1981, 34 f.
[248] AaO., 35.
[249] *J. Munck,* Untersuchungen über Klemens von Alexandrien, Stuttgart 1933, 109 ff.

Die für Klemens kennzeichnende Art tritt vielleicht am sichtbarsten in den *Stromateis* zu Tage. Dieses Potpourri von Überlegungen weitläufiger Art beschäftigt sich u. a. mit Themen aus den früheren Werken, wie z. B. Glauben und Wissen und gewissen Irrlehren, erreicht jedoch seinen Höhepunkt in der Beschreibung des wahren Gnostikers. Der bisher meist spekulativ-philosophisch gebrauchte Begriff wird somit für das großkirchliche Verständnis vom Glauben als im geschichtlichen Zeugnis der Bibel gründend und sich in der sichtbaren Liebestat ausdrückend mehr oder weniger verwertbar gemacht.[250] Zwei Werke, aus denen zwar in diesem Abschnitt zitiert wird und die mit den anderen Schriften des Klemens überliefert worden sind, können kaum als echt Klementinisch gelten. Denn bei den *Excerpta ex scripturis Theodoti* und den *Eclogae ex scripturis propheticis* handelt es sich um Auszüge aus fremden Werken, offensichtlich zum größten Teil gnostischer Herkunft, sowie um Vorarbeiten.[251] Deshalb werden die im folgenden zitierten vier Auszüge aus den genannten Werken gesondert behandelt, um deren gnostische Inhalte zu berücksichtigen.

Ehe die einzelnen Zitate angeführt werden, wollen wir uns mit den Hauptzügen des Klementinischen Denkens bekanntmachen. Der Alexandriner ist trotz seiner Liebe zu den philosophischen Lehrern des alten Athen in erster Linie kirchlicher Didakt. Seine Hauptautorität ist dementsprechend die Schrift, die er in ähnlicher Weise wie sein Vorgänger Philon in bisweilen maßloser und den offensichtlichen Sinn des Textes vergewaltigender Art allegorisch auslegt. Im Gegensatz zu seinem angeblichen Schüler Origenes weiß Klemens noch nicht zwischen dem allegorischen und dem buchstäblichen Schriftsinn klar zu unterscheiden.[252] Die Aussage des Täufers über sein Unvermögen, die Schuhriemen des Kommenden zu lösen,[253] deutet er z. B. als Ausdruck für die Entfesselung von der Sünde, wobei er den zusammenhangsbezogenen Sinn der Aussage kaum beachtet.[254]

Das Menschenbild des Klemens ist mindestens ebenso stark durch platonische Vorstellungen wie durch biblisches Lehrgut geprägt. Der Mensch ist zwar nach wie vor die εἰκών Gottes, dies versteht er jedoch als νοῦς, die Grundlage der Willensfreiheit des Menschen.[255] Dementsprechend ist die ὁμοίωσις die durch sittliche Anstrengung erworbene Ähnlichkeit mit Gott, der vollendete Zustand des wahren Gnostikers.[256] Entsprechend dieser Anschauung vom freien Willen des Menschen, kennt er im Gegensatz zu zeitgenössischen Kir-

---

[250] Cf. die Analyse bei *Th. Camelot,* Foi et gnose, Paris 1945.

[251] *Altaner / Stuiber* 1978, 194.

[252] *Munck* 1933, 218.

[253] Luk 3,15.

[254] *Paed* 2,1,117 (SC 108, 222); *F. J. Dölger,* Das Lösen der Schuhriemen in der Taufsymbolik des Klemens von Alexandrien, Antike und Christentum, Münster 1936, 89 ff.

[255] *Strom* 5,94 (GCS 15, 388); *W. Völker,* Der wahre Gnostiker nach Clemens Alexandrinus, TU 57, Leipzig 1952, 116.

[256] *Strom* 2,131,6 (SC 38, 133); *Völker* 1952, 113.

chenvätern keine Erbsündenlehre in der im folgenden Jahrhundert allgemein angenommenen Form. Nach seiner Auffassung wirkt sich zwar das Beispiel Adams verderblich auf sein Nachkommen aus, die Urschuld wird jedoch nicht auf künftige Generationen weiter übertragen. Jeder Mensch ist für die eigene Schuld sowie den eigenen sittlichen Fortschritt selbst verantwortlich.[257]

Die Tauftheologie des Klemens fügt sich in dieses Schema ein, insofern er einerseits die entsündigende Wirkung der Taufe betont, andererseits einen konsequenten Moralismus in Form der vollständigen Umkehr von Sünden vertritt.[258] Die Taufe bildet die erste Stufe im Werdegang des christlichen Gnostikers und vermittelt (zumindest als Verheißung) die Vollkommenheit.[259] Die Erfüllung der Taufverheißung muß jedoch auf die Auferstehung der Gläubigen warten.[260] Der stoische Einfluß zeigt sich in der Vorstellung von der „geistigen Taufe", die nach den Bemerkungen an manchen Stellen bei Klemens die Wassertaufe zu überragen scheint.[261] Der Mensch wird zwar in der Taufe durch den Heiligen Geist umgestaltet, er muß sich selbst aber durch einen sittlich reinen Lebenswandel nach der Taufe für den in seinem νοῦς wohnenden Geist zunehmend geeignet machen.[262] Auf diese Weise wächst er stufenweise zum wahren Gnostiker heran, wird zunehmend zum „Erkennenden" (γνωστικός). Das Verdienst des Klemens ist es, die Tauflehre des Paulus anhand der platonischen Begrifflichkeit psychologisch reflektiert darzustellen.[263]

Klemens unterscheidet sich in seiner Vorstellung von μετάνοια nicht sehr stark von anderen zeitgenössischen Vätern. Die Taufe birgt die erste Buße in sich, sie muß jedoch von einer μετάνοια als Prozeß, Umlernen und allmählicher Läuterung vervollständigt werden, bis der Gläubige die Gnosis erlangt.[264] Wie im Hirten des Hermas ist die erste Buße wirksamer als alle späteren, denn sie wird mit der ἄφεσις ἁμαρτιῶν beantwortet; Buße nach der Taufe bringt nur γνῶμα (Nachsicht) mit sich und leitet den Läuterungsprozeß ein.[265] Klemens' Lehre von Taufe und Buße geht entschieden vom platonischen Begriff der moralischen Depravation aus: ἁμαρτία wurzelt in ἄγνοια und ἀσθένεια und kann daher am wirksamsten durch zunehmende γνῶσις bekämpft werden.[266]

Da Klemens von der Sprache der heidnischen Mysterien reichlichen Gebrauch macht, könnte man vorschnell zum Schluß kommen, daß sein Sakra-

---

[257] *Adumbr in ep Iudae* (PG 9,733); *Gaudel 1932*, 30 f.

[258] *Strom* 2,56,1 (SC 38,80); *Stromberg 1913*, 223.

[259] *Paed* 1,6,26 (SC 70, 158).

[260] ἐν δὲ τῇ ἀναστάσει τῶν πιστευόντων ἀπόκειται τὸ τέλος · τὸ δε οὐκ ἄλλου τινός ἐστι μεταλαβεῖν ἀλλ' ἢ τῆς προωμολογημένης ἐπαγγελίας τυχεῖν. *Paed* 1,6,28 (SC 70, 162).

[261] *Paed* 3,48,2 (SC 158,104); *Windisch 1908*, 440.

[262] *Strom* 3,77,3 (GCS 52, 230); *W.-D. Hauschild*, Gottes Geist und der Mensch: Studien zur frühchristlichen Pneumatologie, München 1972, 66.

[263] *Hauschild 1972*, 44 f.

[264] *H. Karpp*, Die Bußlehre des Klemens von Alexandrien, ZNW 43 (1950) 234.

[265] AaO., 231 f.

[266] *Strom* 7,101,6 (GCS 17,71).

mentsbegriff auch inhaltliche Ähnlichkeiten zum heidnischen Kultmysterium samt der Vorstellung der durch die Kulthandlung bewirkten, unergründlichen Einigung mit der Kultgottheit aufweist.[267] Abgesehen von einer Stelle, in der μυστήριον als die christliche Taufe gegenüber den heidnischen Mysterien erwähnt wird,[268] handelt es sich beim sonstigen Vorkommen des Begriffs entweder um eine Bezeichnung der heidnischen Mysterien oder um einen Hinweis auf Form oder Inhalt der christlichen Offenbarung.[269] Insgesamt wird man konstatieren, daß dieser Schriftsteller μυστήριον hauptsächlich als Stilmittel gebraucht, um heidnischen Zeitgenossen Zugang zum christlichen Gedankengut zu erleichtern.[270]

Wenn Paulus als Lehrer einerseits in starker Parusieerwartung steht, andererseits die Notwendigkeit einsieht, das spezifisch Christliche vom anfangs stark bestimmenden jüdischen Glauben deutlich abgrenzen zu müssen, fehlten diese Momente zur Zeit des Klemens völlig. Daher ist es nicht überraschend, daß dieser eine weitaus günstigere Anschauung über die Ehe, den Besitz, ja über die Teilnahme am Leben in der Welt überhaupt hat.[271] Noch schärfer entzweien sich die beiden, wenn es um die Erlösung des Menschen geht. Paulus erteilt dem Gesetz als moralischem Verbesserungsweg eine entschiedene Absage, Klemens jedoch sieht eine unentbehrliche erzieherische Funktion in ihm.[272] Σάρξ bzw. σῶμα sind für Klemens gleichwertige Ausdrücke für das Äußere am Menschen, die Hülle, die weder gut noch böse an sich ist. Paulus seinerseits sieht in σάρξ zuweilen eine gottfeindliche Instanz.[273] Christi Auferstehung ist für Paulus der Inhalt des Glaubens schlechthin, wogegen Klemens vor allem Christi Rolle als moralisches Vorbild auf dem Weg zur wahren Gnosis betont.[274] Schließlich hält Klemens an der hellenistischen Vorstellung von der Vergottung des Menschen als Glaubensziel fest; der Apostel will jedoch mehr als alles andere „in Christus", d. h. durch ihn gerecht gemacht sein.[275]

Obwohl hier zur Veranschaulichung die Gegensätze herausgearbeitet wurden, ist das Verbindende im Verhältnis des Klemens zu Paulus sicher größer als das Trennende. Die wesentlichen Unterschiede bestehen kaum in der Sache

---

[267] *Hauschild* 1972, 30 ff., befindet sich mit seiner Darstellung des Klementinischen μυστήριον-Begriffs in der Nähe dieser Interpretation.

[268] *Prot* 12,118,4 (SC 2,188).

[269] Cf. *H. G. Marsh,* The Use of MYΣTHPION in the Writings of Clement of Alexandria with Special Reference to his Sacramental Doctrine, JThSt 37 (1936) 73 f. und *Th. Camelot,* Foi et gnose, Paris 1945, 87.

[270] *Camelot* 1945, 85.

[271] *F. Buri,* Clemens Alexandrinus und der paulinische Freiheitsbegriff, Zürich 1939, 56–59.

[272] Cf. *Röm* 7,8 und *Strom* 3,84,1 (GCS 52, 234) sowie *H. Seesemann,* Das Paulusverständnis des Clemens Alexandrinus, ThStKrit 1936, 318.

[273] Cf. *Paed* 2,109,3 (SC 108,206 ff.) und *Röm* 8,7; *Seesemann* 1936, 331.

[274] Cf. *1 Kor* 1,22 ff. und *Strom* 1,9,3 (SC 30,49); *Seesemann* 1936, 338.

[275] Cf. *Strom* 3,95,2 (GCS 52,239 f.); *Seesemann* 1936, 346.

selbst als vielmehr in der Betonung gewisser Ansätze paulinischer Lehre, die
sich leichter durch die bei Klemens so stark ausgeprägte platonische und stoische Begrifflichkeit erörtern lassen.

3.7.2. Auslegung

3.7.2.1. Strom 3,75,3

Im folgenden wenden wir uns den Zitaten und Anspielungen aus Röm
6,1–11 bei Klemens zu. Kapitel 75 im 3. Buch der „Teppiche"[276] befindet sich
in einem Zusammenhang, in dem Klemens für die sittliche Reinheit und gegen
die Unzucht plädiert. Es ist bezeichnend, daß er gerade zwei Kapitel zuvor
aus dem levitischen Reinheitsgesetz zitiert (allerdings in Anlehnung an Paulus
in 2 Kor 6,16–28). Es liegt ihm offensichtlich besonders daran, daß die richtigen Eheverhältnisse – darunter versteht er natürlich die Einehe – unter Christen weiter aufrecht erhalten bleiben. Nachdem er aus 1 Pet 2,11 f. und 15 f., einer Ermahnung zum richtigen d. h. sittsamen Gebrauch von der christlichen
Freiheit zitiert, bringt er folgendes Pauluswort:

> ὁμοίως δὲ καὶ ὁ Παῦλος ἐν τῇ πρὸς Ῥωμαίους ἐπιστολῇ γράφει· „οἵτινες ἀπεθά-
> νομεν τῇ ἁμαρτίᾳ, πῶς ἔτι ζήσομεν ἐν αὐτῇ; ὅτι ὁ παλαιὸς ἡμῶν ἄνθρωπος συν-
> εσταυρώθη, ἵνα καταργηθῇ τὸ σῶμα τῆς ἁμαρτίας" ἕως „μηδὲ παριστάνετε τὰ
> μέλη ὑμῶν ὅπλα ἀδικίας τῇ ἁμαρτίᾳ."

Strom 3,75,3 (GCS 52,229)

Dieser Wiedergabe der Hauptaussagen aus dem ersten Teil von Röm 6 folgt
eine Verteidigungsrede für die Gültigkeit des Gesetzes, offensichtlich in Abwehr gegen gnostische Irrgläubige, die den Schöpfergott und die mosaische
Gesetzgebung als mit ihrer monistischen Weltanschauung nicht vereinbar ab-
lehnten. Zur Bekräftigung seines Arguments beruft sich Klemens wiederum
auf die Einschätzung des Gesetzes durch Paulus in Röm 7,7.

An der Verknüpfung der drei Verse aus Röm 6 (Verse 2.6 und 13) wird es
deutlich, daß der imperative Charakter dieser Stelle hervorgehoben wird.
Wenn er Vers 6 gleich an Vers 2 anschließt, so meint Klemens die Tatsache der
Mitkreuzigung und Zerstörung des Sündenleibs offensichtlich als Begründung
für die Aufforderung zum Sterben in bezug auf die Sünde. Die anschließende
Erwähnung von Vers 13, wiederum eine Aufforderung, sich von der Sünde
freizuhalten, vervollständigt den Eindruck, daß Klemens das Hauptmoment
der Römerbriefstelle in ihrem Befehlscharakter sieht.

Der Zusammenhang, in dem sich das Zitat befindet, weist auf die Schlußfolgerung hin, daß Klemens die Forderung nach dem Bruch mit der Sünde durchaus im Einklang mit den alttestamentlichen Heiligkeitsforderungen versteht.
Für ihn ist anscheinend nichts Neues zum Gesetz hinzugekommen; das Neue

---

[276] *Strom* 3,75 (GCS 52,228 f.).

durch Christus, das in der Taufe vermittelt wird, entgeht seinem Blick, zumindest an dieser Stelle.

3.7.2.2. Strom 4,27,3

Eine Diskussion über Armut und Reichtum im geistlichen Sinn bildet den Rahmen für eine Anspielung auf Röm 6,2. Geistliche Armut versteht Klemens zunächst als die Bereitschaft, Entbehrungen äußerer und innerer Art um der Gerechtigkeit willen auf sich zu nehmen. Insbesondere sieht er eine Selbsterfahrung der Unsterblichkeit darin, wenn man das Vergängliche an die Unvergänglichkeit Gottes hingibt. Diese Erfahrung führt zur Gnosis. Im weiteren legt Klemens die christliche Deutung dieses Prinzips dar:

> ὁ τοίνυν ἐπιγνώσκων κατὰ τὸν τῆς μετανοίας λόγον ἁμαρτωλὸν τὴν ψυχὴν ἀπολέσει αὐτὴν τῆς ἁμαρτίας ἧς ἀπέσπασται, ἀπολέσας δὲ εὑρήσει κατὰ τὴν ὑπακοὴν τὴν ἀναζήσασαν μὲν τῇ πίστει, ἀποθανοῦσαν δὲ τῇ ἁμαρτίᾳ. τοῦτ' οὖν ἐστι τὸ εὑρεῖν τὴν ψυχήν, τὸ γνῶναι ἑαυτόν.

Strom 4,27,3 (GCS 52,260)

Darauffolgend bringt Klemens Beispiele für μετάνοια aus der stoischen und platonischen Philosophie, d. h. die Umkehr zur Weisheit und zum Besseren.

Den unmittelbaren Ausgangspunkt für die zitierten Bemerkungen bildet das Zitat von Mat 10,39: „Wer seine Seele findet, wird sie verlieren, und wer sie verliert, der wird sie finden." Klemens deutet und mildert zugleich das Jesuwort, indem er nicht mehr vom Verlieren der Seele, sondern vom Befreien (ἀπολύω) der Seele von der Sünde redet. Dies geschieht, wenn man aufgrund der Umkehr die eigene Seele für sündhaft erkennt und sie also losreißt (ἀποσπάω) von der Sünde. Die befreite Seele wird man aber wieder finden, entsprechend dem durch den Glauben auflebenden Gehorsam, denn die Seele ist ja der Sünde gestorben. Dieser Vorgang, „die Seele finden", ist nichts anderes als das, was mit dem Spruch gemeint wird, „erkenne dich selbst".

Es ist bemerkenswert wie Klemens Jesu Aufforderung zum Verzicht auf die eigene Seele als sachverwandt mit dem Totsein in bezug auf die Sünde[277] sieht. Damit legt er wiederum sein Verständnis dieses Ausdrucks als Aufforderung zum Sterben an den Tag. Daß dies aktiv zu geschehen hat, wird durch den Gebrauch von ἀποσπάω[278] verdeutlicht. Nach Klemens hat man μετάνοια als das Sterben in bezug auf die Sünde beinahe als Gewaltakt zu denken. Da hier die Umkehr so deutlich der Anstrengung des Menschen entstammt, wird man sich fragen müssen, welche Rolle, wenn überhaupt eine, dem Wirken Gottes beigemessen wird.

An dieser Stelle bietet Klemens anhand der überlieferten Begrifflichkeit seinen Entwurf zum Weg in die Gnosis. Durch die Umkehr wird man zu weite-

---

[277] Röm 6,2.
[278] Dieses Wort bedeutet: abziehen, sich losreißen, trennen.

rem Gehorsam fähig, denn dadurch wächst der Glaube, der nach seiner Aufforderung eine Vorstufe zur γνῶσις bildet.[279] Nach diesem Entwurf ist daher der Glaube weniger ein persönliches Vertrauensverhältnis, vielmehr ist er Erkenntniskriterium, eine Verstehenshilfe in der Unterscheidung zwischen Gut und Böse.[280] Dieser Eindruck wird durch die Umschreibung der Umkehr als Selbsterkenntnis sowie durch den folgenden Vergleich des Vorgangs mit den stoischen und platonischen Vorstellungen bestätigt.

Es sei im übrigen bemerkt, daß Klemens offensichtlich das paulinische Dilemma angesichts der Sünde, nämlich das Unvermögen des Menschen, sich von der Sünde zu befreien,[281] gar nicht erkennt. Klemens ist anscheinend so sehr in der hellenistischen Anthropologie verhaftet, daß er die christliche Interpretation der Situation des Menschen völlig übergeht.

3.7.2.3. *Prot 59,3*

In seiner Mahnrede an die heidnischen Zeitgenossen, *Protreptikos,* sucht Klemens vor allem die Überlegenheit der vom neuen Orpheus angebotenen Philosophie angesichts konkurrierender Vorstellungen vom richtigen Lebensweg aufzuweisen. Im 59. Kapitel geht er von ein paar zitierten Strophen aus der *Odyssee* des Homer aus und stellt der Erzählung vom sinnlichen Umgang der Götter miteinander die christliche Vorstellung von der Gottebenbildlichkeit des Menschen gegenüber. Er hält den Gedanken, solche Beispiele der Unmoral nachahmen zu wollen, für schrecklich angesichts der wahren Berufung des Menschen zur sittlichen Reinheit vor Gott. Die Ruhmrede über die moralische Besonderheit der Christen setzt er folgendermaßen fort:

οἱ κατὰ τὸν Ἰωάννην οὐκ ὄντες „ἐκ τῶν κάτω", παρὰ δὲ τοῦ ἄνωθεν ἐλθόντες τὸ πᾶν μεμαθηκότες, οἱ τὴν οἰκονομίαν τοῦ θεοῦ κατανενοηκότες, οἱ „ἐν καινότητι ζωῆς περιπατεῖν" μεμελετηκότες.
Prot 59,3 (SC 2,123)

Der Anfangssatz des folgenden Kapitels bekräftigt wiederholt die Sonderstellung derer, die in der Lebensneuheit wandeln, gegenüber der Menge: Ἀλλ' οὐ ταῦτα φρονοῦσιν οἱ πολλοί.[282] Klemens verwendet das dualistische Schema aus dem Johannesevangelium,[283] jedoch auf veränderte Art, um das Anderssein des angehenden Gnostikers in der Welt zu beschreiben. Das Entscheidende bei der Absonderung von der übrigen Menschheit ist nicht wie in Joh 3,3 die Geburt „von oben her", sondern all das, was man von daher gelernt hat. Somit hat

---

[279] G. *Verkuyl,* Die Psychologie des Clemens von Alexandrien im Verhältnis zu seiner Ethik, Leipzig 1906, 42.
[280] AaO., 43.
[281] Röm 7,21 ff.
[282] *Prot* 60,1 (SC 2,123).
[283] Joh 8,23; cf. 3.3.31.

der Mensch Gottes dessen Heilsplan begriffen und übt sich folglich im neuen Lebenswandel.

Die Vorstellung des Klemens vom christlichen Weg als Erkenntnisprozeß schlägt sich auch in dieser Bemerkung stark nieder. Der Christ ist der, der beim himmlischen διδάσκαλος in die Schule gegangen ist (μαθετεύω), und zwar um alles (πᾶν) von ihm zu lernen, was an übernatürlicher Erkenntnis von daher erfolgt. Klemens denkt hier offenbar nicht nur an kognitive Erkenntnis, vielmehr richten sich seine durch das stoische Denken geprägten Erwartungen auf brauchbare Lebensweisheit, die sich in ausgelebte Tugend umsetzen läßt. Die Einschulung durch den Meister beschreibt Klemens andererseits als eine Wahrnehmung, jedoch keine bloß augenblickliche Bestandsaufnahme, sondern ein Verstehen (κατανοέω) der göttlichen Ordnung. Diesen Sprachgebrauch entlehnt Klemens von Irenäus, der mit οἰκονομία (lt. *dispensatio*) den vorausgesehenen, die ganze Menschheitsgeschichte umfassenden Heilsplan Gottes meint.[284] Der Schüler des himmlischen Meisters hat also seine Stellung im Gesamtentwurf Gottes erkannt und verinnerlicht; als wahrer Mystiker steht er über den αἰσθητά, dem sinnlich Wahrnehmbaren. Von diesem neuen Standpunkt aus hat er sich durch sorgsames Nachsinnen über die neue Lage im neuen Lebenswandel eingeübt (μελετάω). Das tugendhafte Leben erfolgt also naturgemäß aus der neuen Erkenntnislage, es richtet sich allerdings nicht eigenmächtig ein, sondern die sichtbare sittliche Umwandlung ist selbst das Ergebnis der Reflexion und das Umsetzen der dadurch neu gewonnenen Selbsterkenntnis.

Klemens' Verständnis vom Wandel in der Neuheit des Lebens[285] erschließt sich also nicht auf dem Hintergrund der sakramentalen Grablegung mit Christus, sondern als Bestandteil und Ergebnis des sittlichen Erkenntnisweges. Christi Tod ist lange nicht so entscheidend wie seine Rolle als himmlischer διδάσκαλος, der seinen irdischen Jüngern die Erkenntnis vermittelt, mit der sie imstande gesetzt werden, durch eigene Bemühung um die Tugend in die göttliche Gemeinschaft einzutreten. Der neue Lebenswandel ist daher zwar vornehmlich ethisch zu verstehen, er wird jedoch ohne die geistlich-mystische Lebenserfahrung nicht erreicht.

3.7.2.4. *Strom 4,51,1*

Ein elitäres Denken in bezug auf Christen angesichts der Masse sinnlichgesinnter Menschen kennzeichnet auch die Stelle *Strom* 4,51. Anhand von Zitaten aus den Werken griechischer Philosophen, vor allem des Vorgängers der Stoiker Herakleitos, zeigt Klemens, wie sinnlos und eitel das Streben um die Erfüllung leiblicher Bedürfnisse ist. Gegenüber solcher Gesinnung flicht Klemens das Zitat von Röm 6,6 ein:

---

[284] Cf. *Adv haer* 1,46,6 (SC 264,225); *Strom* 2,18 (SC 38,105).
[285] Röm 6,4.

Τοῖς μὲν οὖν πολλοῖς ἡ ματαιοπονία αὕτη αἱρετή, ἡμῖν δὲ ὁ ἀπόστολός φησει·
„τοῦτο δὲ γινώσκομεν ὅτι ὁ παλαιὸς ἄνθρωπος ἡμῶν συνεσταύρωται, ἵνα καταργηθῇ τὸ σῶμα τῆς ἁμαρτίας, τοῦ μηκέτι δουλεύειν ἡμᾶς τῇ ἁμαρτίᾳ.“
Strom 4,51,1 (GCS 52,271 f.)

Anschließend fügt Klemens ein Zitat aus 1 Kor 4 (Verse 9.11–13) hinzu, um
die Verachtung der Masse vor dem Glauben zu verdeutlichen. Vom Wort des
Herakleitos über die häufigsten Arbeiten der Menschen herkommend, bemerkt
Klemens, daß solch eitle Bemühung den meisten wünschenswert ist, die Masse
zieht es also vor, sich mit dem Einsatz für das leibliche Wohl zufriedenzugeben.
Demgegenüber verweist er auf die andersartige Zielsetzung bei Paulus in Röm
6,6. Es ist auffallend, wie worttreu er einerseits den Urtext insgesamt zitiert,
bei welchem Einzelwort er jedoch davon stark abweicht, nämlich indem er den
ursprünglichen Aorist συνεσταυρώθη durch das Präsens συνεσταύρωται ersetzt. Obwohl ein Gedächtnisfehler sicherlich nicht auszuschließen ist, fügt sich
das Präsens in das Argument auf geschickte Weise ein. Klemens sieht nämlich
das, was Paulus als παλαιὸς ἄνθρωπος bezeichnet, offensichtlich als dasselbe
wie σῶμα τῆς ἁμαρτίας. Diese Begriffe kommen ihrerseits dem gleich, dem die
oben erwähnte ματαιοπονία dient, nämlich dem Körper. Da Klemens bekanntlich kein Feind der Körperlichkeit an sich war — hierin sah er den Fehler des Hä-
retikers —, hat man in diesem Fall einen verhältnismäßig oberflächlichen Gebrauch von Röm 6,6 zu konstatieren. Die Kreuzigung mit Christus versteht er
gewiß als Besinnung auf höhere Werte, wogegen eine Verachtung oder Vernachlässigung des Körpers zugunsten dieser ihm sicherlich nicht in den Sinn
gekommen wäre.[286] Den Leib des Menschen betrachtet er daher zwar als σῶμα
τῆς ἁμαρτίας, nicht jedoch weil er der Sünde gänzlich verfallen wäre, sondern
weil er die Möglichkeit zum Sündigen überhaupt bietet. In Röm 6,6 sieht Klemens also eine Aufforderung zur moralischen Verbesserung durch die Besinnung auf Ziele, die höherliegend als irdisch-materielle sind. Diesen Vorgang
nennt er nachher „Glauben“. In diesem Zusammenhang haben die für ihn
gleichwertigen Ausdrücke παλαιὸς ἄνθρωπος und σῶμα τῆς ἁμαρτίας keinen
besonderen theologischen Stellenwert, sie bezeichnen lediglich den mit der Fähigkeit zur Sünde ausgestatteten fleischlichen Körper des Menschen.

3.7.3. Die Auslegung bei *Exc Theo* und *Ecl proph*

Im folgenden wenden wir uns Zitaten zu, die zwar in das Klementinische
Schrifttum aufgenommen wurden, aber mit großer Wahrscheinlichkeit nicht
durch den alexandrinischen Kirchenvater selbst entstanden, vielmehr gnostischen Schriften entnommen wurden. Da es sich bei den *Excerpta ex scripturis
Theodoti* (*Exc Theo*) und den *Eclogae ex scripturis propheticis* (*Ecl proph*) um

---

[286] Cf. *Buri* 1939, 56 f.

Fremdgut handelt, darf man Aussagen dieser Schriften nicht unmittelbar von Klemens her zu erklären versuchen. Im folgenden sollen deshalb Parallelen aus gnostischen (im Fall von *Exc Theo* valentinianischen) Schriften zum Vergleich herangezogen werden.[287]

3.7.3.1. Exc Theo 77,1ff.

Das valentinianische Verständnis der Taufwirkung erschließt das folgende Zitat:

> ταύτῃ θάνατος καὶ τέλος λέγεται τοῦ παλαιοῦ βίου τὸ βάπτισμα, ἀποτασσο-
> μένων ἡμῶν ταῖς πονηραῖς ἀρχαῖς, ζωὴ δὲ κατὰ Χριστόν, ἧς μόνος αὐτὸς κυριεύει.
> ἡ δύναμις δὲ τῆς μεταβολῆς τοῦ βαπτισθέντος οὐ περὶ τὸ σῶμα (ὁ αὐτὸς γὰρ ἀνα-
> βαίνει), ἀλλὰ περὶ ψυχήν. αὐτίκα δοῦλος θεοῦ ἅμα τῷ ἀνελθεῖν τοῦ βαπτίσματος
> καὶ κύριος τῶν ἀκαθάρτων λέγεται πνευμάτων, καὶ εἰς ὃν πρὸ ὀλίγου ἐνήργουν,
> τοῦτον ἤδη „φρίσσουσιν".
> *Exc Theo* 77,1–3 (SC 23,200)

Bereits im ersten Satz findet sich in Anlehnung an Röm 6,4 und 8 der Hinweis auf die Taufe als Tod jedoch hier, anders als bei Paulus, als Tod des alten Lebens (βίος). Indem die Taufe den Täufling von den bösen Gewalten trennt, bedeutet sie zugleich „Christus-gemäßes" Leben, über das der Herr allein regiert. Die Macht der Veränderung durch die Taufe betrifft nicht den Körper, sondern die Seele, denn sobald der Gottesknecht aus dem Wasser heraufsteigt, wird er Herr der unreinen Geister genannt. Diese mögen nur kurze Zeit gegen ihn wirken, ja sie zittern sogar jetzt schon vor ihm.[288]

Die in diesem Zitat angegebene Definition der Taufe als Tod und Ende des alten irdischen Lebens (βίος) wird offensichtlich dem Gedankengut von Röm 6 unmittelbar entnommen. Zudem zeigt sich eine Parallele zwischen dem πα-λαιὸς βίος und παλαιὸς ἄνθρωπος[289] als Ausdruck für das der Sündenmacht ausgelieferte Leben vor der Taufe. Obwohl auch die Großkirche die Taufe als gewaltsame Befreiung von den bösen Mächten gekannt hat,[290] erinnert die Erwähnung von einem Übertritt in das Leben in derselben Art wie Christus (κατὰ Χριστὸν) an die valentinianische Lehre von der Taufe als Voraussetzung zum Eingang in das Pleroma.[291] Laut Irenäus bekannten sich die Valentinianer zu einer Vorstellung von der Taufe als der sofortigen Mitteilung der Erlösung und

---

[287] *Quasten* 1953, 15.

[288] Hier wird auf Jak 2,19 angespielt.

[289] Röm 6,6.

[290] Cf. *Clem Strom* 4,27,3 (GCS 52,260) und oben 3.7.2.2.

[291] Cf. NHC 2,6 (131,3–132,2); K. *Rudolph*, Die Gnosis: Wesen und Geschichte einer spätantiken Religion, Göttingen 1977, 204f. und E. *Pagels*, A Valentinian Interpretation of Baptism and Eucharist and its Critique of „Orthodox" Sacramental Theology and Practice, HThR 65 (1972) 162.

Auferstehung.[292] Vor allem der Satz, daß die Verwandlung (μεταβολή) der Taufe nicht den Körper, sondern die Seele betreffe, zeugt von der valentinianischen Neigung, Kulthandlungen geistlich umzudeuten.[293]

Es kann daher kaum Zweifel geben, daß wir es hier mit einer valentinianischen Deutung des Taufgeschehens zu tun haben. *Exc Theo* 77 ergibt also ein Bild von der valentinianischen Auslegung von Röm 6,8: Der Glaube, daß der Getaufte mit Christus leben wird, muß nicht das Eschaton abwarten um bestätigt zu werden, sondern erfüllt sich unmittelbar nach der Taufe. Daß der Valentinianer den Sinn von Röm 6,8 nur unvollständig begriffen hat, muß hier nicht betont werden.

3.7.3.2. *Exc Theo 80,1ff.*

Aus dem Nag-Hammadi-Schrifttum geht hervor, daß die Schule um Valentinian die Initiations-Ölung bisweilen höher bewertete als die Taufe selbst.[294] Das folgende Zitat aus *Exc Theo* scheint dieses Bild des Initiationsritus zu widerspiegeln:

Ὅν γεννᾷ ἡ Μήτηρ, εἰς θάνατον ἄγεται καὶ εἰς κόσμον, ὅν δὲ ἀναγεννᾷ Χριστός, εἰς ζωὴν μετατίθεται, εἰς ὀγδόαδα. καὶ ἀποθνήσκουσιν μὲν τῷ κόσμῳ, ζῶσι δὲ τῷ θεῷ, ἵνα θάνατος θανάτῳ λυθῇ, ἀναστάσει δὲ ἡ φθορά. διὰ γὰρ πατρὸς καὶ υἱοῦ καὶ ἁγίου πνεύματος σφραγισθεὶς ἀνεπίληπτός ἐστι πάσῃ τῇ ἄλλῃ δυνάμει καὶ διὰ τριῶν ὀνομάτων πάσης τῆς ἐν φθορᾷ τριάδος ἀπηλλάγη· „φορέσας τὴν εἰκόνα τοῦ χοϊκοῦ, τότε φορεῖ τὴν εἰκόνα τοῦ ἐπουρανίου".
Exc Theo 80,1–3 (SC 23,202 f.)

Die zwei Geburten (γεννᾷ – ἀναγεννᾷ) führen zu ihrem jeweils unterschiedlichen Ziel, Tod und Welt oder Leben und der Achtheit (ὀγδόας). Die Wiedergeborenen sterben zwar der Welt, leben aber Gott, damit der Tod durch den Tod, die Verweslichkeit durch die Auferstehung abgelöst wird. Wer so mit der trinitarischen Namensformel versiegelt wurde, ist tadellos angesichts jeder anderen Macht sowie befreit von der verweslichen Welt.[295] Der so befreite Mensch trägt nicht mehr das irdische, sondern künftighin das himmlische Bild.

Auch an dieser Stelle der *Exc Theo* wird die vollkommene Erlösung als Folge der Initiation dargestellt. Den Eingang in die Achtheit verstand der Gnostiker als Aufstieg in ein Zwischenreich, jenseits dieser Welt aber noch nicht im Lichtreich.[296] Wichtig für ihn ist, daß ab diesem Zeitpunkt die Verweslichkeit aufgehoben ist durch die Auferstehung. Gemäß dem valentinianischen Initiations-

---

[292]   *Adv haer* 1,21,2 (SC 264, 296).

[293]   Rudolph 1977, 204 f.

[294]   Cf. Hinweise in aaO., 244.

[295]   So die sinngemäße Übersetzung von τῆς ἐν φθορᾷ τριάδος; τριάς bezieht sich hier auf die oberen drei Sphären der dämonischen Welten: cf. H. *Jonas,* The Gnostic Religion, Boston 1958, 52 f. und 190; sowie τριάς, Lampe 1961, 1404.

[296]   Rudolph 1977, 75.

brauch wird hier eine „Doppeltaufe" angedeutet, d. h. einmal als Wassertaufe aber auch als Ölung, wobei letztere manchmal als wichtiger erscheinen konnte.[297] Schließlich weist der Hinweis auf den Bereich der Verweslichkeit als die τριάς, der der Täufling durch die trinitarische Chrismation (σφραγίζειν) entrückt wird, dieses Stück als valentinianischen Ursprungs aus.[298]

Das Leben für Gott[299] verstand der Valentinianer als diesseitiges Ereignis, welches jedoch die ganze Fülle der Heilsgüter enthielt. Bemerkenswert an dieser Stelle ist die Anknüpfung an 1 Kor 15,49, eine Stelle, die auch von großkirchlichen Auslegern mit Röm 6,1 ff. oft in Verbindung gebracht wird.[300]

3.7.3.3. *Ecl proph 24*

Im folgenden Zitat aus *Ecl proph* wird das Bild des Himmlischen und des Irdischen aus 1 Kor 15 in Beziehung zu Röm 6,6 gedeutet:

> Ὅτε χοϊκοὶ ἦμεν, Καίσαρος ἦμεν. Καῖσαρ δέ ἐστιν ὁ πρόσκαιρος ἄρχων, οὗ καὶ εἰκὼν ἡ χοϊκὴ ὁ παλαιὸς ἄνθρωπος, εἰς ὃν ἐπαλινδρόμησεν. τούτῳ οὖν τὰ χοϊκὴ ἀποδοτέον, ἅ „πεφορέκαμεν ἐν τῇ εἰκόνι τοῦ χοϊκοῦ", καὶ „τὰ τοῦ θεοῦ τῷ θεῷ" ἕκαστον γὰρ τῶν παθῶν ὥσπερ γράμμα καὶ χάραγμα ἡμῖν καὶ σημεῖον. ἄλλο χάραγμα νῦν κύριος ἡμῖν καὶ ἄλλα ὀνόματα καὶ γράμματα ἐνσημαίνεται, πίστιν ἀντὶ ἀπιστίας, καὶ τὰ ἑξῆς. οὕτως ἀπὸ τῶν ὑλικῶν ἐπὶ τὰ πνευματικὰ μεταγόμεθα „φορέσαντες τὴν εἰκόνα τοῦ ἐπουρανίου".

Ecl proph 24 (GCS 17/2 143)

Die Gegenüberstellung vom ersten und zweiten Menschen als χοϊκός bzw. ἐπουράνιος[301] bietet dem Schriftsteller den Rahmen, um dem Münzvergleich Jesu einen tieferen Sinn zu geben. Das Bild auf der Münze stellt den Berührungspunkt der zwei Schriftstellen miteinander dar: Dem Kaiser gehört das irdische Bild, welches durch Vorläufigkeit und Vergänglichkeit gekennzeichnet ist. Dieses „Staubbild" ist zugleich der alte Mensch,[302] zu dem der Kaiser zurückgekehrt ist; diese Tatsache erschließt sich aus der weltlichen Lebensweise des Kaisers sowie dessen feindlicher Gesinnung den Christen gegenüber von selbst. Das Irdische, das man noch herumtrug, als man noch im Bild des Irdischen war, ist dem Kaiser zurückzugeben. Das Weltliche, Vergängliche soll daher abgelegt werden, gemäß dem bereits abgelegten Bild. Die einzelnen Teile dieses Bildes wie die Buchstaben, das Merkmal und sonstige Zeichen − der

---

[297] AaO., 244 mit Zitathinweis.
[298] Die valentinische Gnosis kennt σφραγίζειν als Ölung und Taufe zugleich, wobei die geheimnisvolle Bedeutung der Handlungen im Mittelpunkt steht; cf. *Fitzer*, σφραγίς, TWNT 7,953.
[299] Röm 6,11.
[300] Cf. *Iren Adv haer* 5,9,3 (SC 153,114 f.) und oben 3.3.2.2.
[301] 1 Kor 15,47 ff.
[302] Röm 6,6.

Autor denkt nach wie vor an das Münzbild — stellen die Merkmale des alten Menschen, die Leidenschaften, dar.

Demgegenüber kündigt der Kommentator die Neuprägung des Christen an, dessen Merkmal der Herr selbst ist. Dieses neue Münzbild wird dem Gläubigen in Form von neuen Namen und Buchstaben eingezeichnet, welche Sinnbilder für die Eigenschaften des neuen Lebens sind.[303] In dieser Weise wird der Gläubige von den stofflichen zu den geistlichen Dingen umgelenkt.

Daß in diesem Abschnitt von der Taufe als geistlicher Umprägung die Rede ist, kann als ziemlich sicher gelten. Denn hier finden sich mehrere Hinweise auf zwei entscheidende Handlungen um die Tauffeier, erstens die Namensnennung der Trinitätspersonen,[304] aber auch χάραγμα als möglicher Hinweis auf die die Taufe begleitende Kreuzzeichnung.[305]

Die Identifizierung des Kaiserbildes mit dem alten irdischen Menschen mutet fast wie eine politische Auslegung von Röm 6,6 an. Für diesen Ausleger war die römische Reichsmacht nichts anderes als eine andere Gestalt des Weltherrschers, des Demiurgen. Die Pflichten des Staatsbürgers wurden nicht mehr als Teil des christlichen Gehorsams gegenüber Gott, sondern in etwas abschätziger Art als Dienst des alten Weltalters verstanden, den es zusammen mit dem alten Menschen abzulegen gilt. In einer Zeit, in der christlicher Glaube und Reichsmacht im Spannungsverhältnis zueinander standen, kommt eine solche Interpretation von παλαιὸς ἄνθρωπος nicht als Überraschung; die Frage drängt sich jedoch auf, ob Paulus als Verfasser von Röm 13 seinen Ausdruck in Röm 6,6 so verstanden wissen wollte.[306]

Schließlich läßt sich bei *Ecl proph* 24 die Einordnung von παλαιὸς ἄνθρωπος in die Adam-Christus-Typologie[307] wieder konstatieren. Jenem Ausdruck wird eine zugespitzte Bedeutung verliehen, indem in der damaligen Zeit der

---

[303] Obwohl χάραγμα lediglich eine geistliche Prägung oder Signierung bedeuten könnte (i. e. das Versehen mit dem neuen göttlichen Bild, die Wiederherstellung der Ebenbildlichkeit), verlangt hier der Zusammenhang eine Interpretation, die einen Ritus der Neukennzeichnung, wie Taufe oder Ölung, voraussetzt; cf. U. *Wilckens,* χάραγμα, TWNT 9,406; *Lampe* 1951, 121 f.

[304] ὀνόματα; zugleich Ausdruck für den Wechsel in den Besitz der Angerufenen.

[305] Cf. *Hipp De consumatione mundi* 28 (GCS 1/2,300). G. *Lampe* 1951, 155, faßt die Bedeutung von *Ecl proph* 24 folgendermaßen zusammen: „At baptism the believer passes from his ‚hylic' or ‚choic' state into a heavenly or spiritual condition, because he is transferred from the power or ‚name' of the ruler of this world into the ‚name' of the Trinity, and receives the seal of baptism whereby the Trinitarian name is stamped upon him".

[306] Die Frage, ob Klemens selbst diesen Kurzkommentar geschrieben hat, muß nach wie vor offen bleiben. Gemäß der großkirchlichen Auffassung wird die geistlich-sittliche Neugestaltung nicht einfach in der Taufe verliehen (das gnostische Tauf- bzw. Initiationsverständnis), vielmehr bleibt, wie an dieser Stelle, der imperative Vorbehalt aufrecht. Auch die Unterscheidung von ὑλικά und πνευματικά wird von Klemens selbst oft genug verwendet, so daß dieser Sprachgebrauch den gnostischen Ursprung des Stücks keineswegs beweist; cf. *Windisch* 1908, 464.

[307] Röm 5; 1 Kor 15.

Verfolgung der Kaiser mit dem alten Menschen identifiziert wird. Die Umprägung mit den Eigenschaften des neuen Menschen geschieht zwar bei der Initiation (hier als Taufe oder Ölung oder beides miteinander verstanden), der
Mensch ist jedoch verpflichtet, das des Weltherrschers (d. h. die Wesensmerkmale des alten Menschen) diesem in gebührender Weise zurückzugeben.

3.7.3.4. *Ecl proph 14,1 f.*

Eine Darlegung des richtigen Verständnisses vom Fasten bildet den Inhalt
des folgenden Auszuges aus *Ecl proph* 14. In Abgrenzung gegen die Bemühung
um Selbstrechtfertigung durch körperliche Askese legt der Schriftsteller die
„mystische" Bedeutung der Enthaltung offen:

> Ἡ νηστεία ἀποχὴ τροφῆς ἐστι κατὰ τὸ σημαινόμενον, τροφή δὲ οὐδὲν δικαιοτέ-
> ρους ἡμᾶς ἢ ἀδικοτέρους ἀπεργάζεται, κατὰ δὲ τὸ μυστικὸν δηλοῖ ὅτι ὥσπερ τοῖς
> καθ' ἕνα ἐκ τροφῆς ἡ ζωή, ἡ δ' ἀτροφία θανάτου σύμβολον, οὕτως καὶ ἡμᾶς τῶν
> κοσμικῶν νηστεύειν χρή, ἵνα τῷ κόσμῳ ἀποθάνωμεν καὶ μετὰ τοῦτο τροφῆς θείας
> μεταλαβόντες θεῷ ζήσωμεν. ἄλλως τε κενοῖ τῆς ὕλης τὴν ψυχὴν ἡ νηστεία καὶ
> καθαρὰν καὶ κούφην σὺν καὶ τῷ σώματι παρίστησι τοῖς θείοις λόγοις.
> *Ecl proph* 14,1 f. (GCS 17/2, 140)

Dem letzten Satz folgt die Gegenüberstellung von der weltlichen Speise
(κοσμική) als den sündhaften Dingen und der göttlichen Speise als den in 1 Tim
6,11 aufgezählten Tugenden.

Die Symbolhaftigkeit des Fastens sucht der Verfasser in annehmbarer Weise
klarzumachen. Nach diesem dient das Fasten nicht nur als σύμβολον im Sinne
von Vergleich, sondern in zeichenhafter (κατὰ τὸ σημαινόμενον), ja noch mehr
in mystischer (κατὰ τὸ μυστικὸν) Weise, um die übersinnliche Beziehung zwischen Leben und Tod kundzutun. Die körperliche Abmagerung, die infolge
der Enthaltung von Speisen eintritt, führt die lebenserhaltende Funktion von
Essen vor Augen. Nicht unbedingt logisch darausfolgend, aber offensichtlich
für den Gnostiker verständlich ist die durch die Enthaltung von Speisen gewonnene Einsicht, daß es dem Menschen notwendig ist, sich der weltlichen
Dinge zu enthalten und dadurch der Welt zu sterben, damit er, nach Aufnahme
der göttlichen Speise, Gott lebe. Andererseits entleert das Fasten die körperliche Hülle und erleichtert die Seele, damit sie in die Gegenwart der göttlichen
Weisungen eintreten kann.

Obwohl die hier verwendete Sprache manche Gemeinsamkeit mit der Klementinischen Begrifflichkeit aufweist, vor allem was die Verwendung von μυ-
στικόν anbelangt,[308] ist das Zitat wahrscheinlich als gnostisches Logion anzusehen. Klemens kennt zwar den Ausdruck νηστεύειν τοῦ κοσμοῦ,[309] übernimmt
ihn jedoch wahrscheinlich von den Gnostikern seiner Umgebung, denn die

---

[308] Cf. *Marsh* 1936, 74, für eine Darstellung von μυστήριον bei Klemens.
[309] *Strom* 3,15,998 (GCS 52,242).

sehr ähnlich klingende Redewendung im koptischen Thomasevangelium zeugt vom ursprünglichen Sitz im Leben dieses Logions.[310] Es ist hier bezeichnend, daß von Verwandlung (μεταλαβεῖν) die Rede ist, offensichtlich als Hinweis auf die gnostische Sakramentsvorstellung.[311] Für den Gnostiker tritt die Veränderung erst dann ein, nachdem man den weltlichen Dingen fastet d. h. sich ihrer enthält und die göttlichen Geheimnisse empfängt. Gemäß dem bisher beobachteten Schema gnostischen Denkens ist ζῆν τῷ θεῷ auch an dieser Stelle eine Wechselbeziehung für die neue Existenz im Pleroma, die Entrückung von der Welt nach der Einweihung in die Gnosis.

3.7.4. Zusammenfassung

Wir fassen die Ergebnisse der Untersuchung zum Vorkommen von Röm 6,1—11 im Klementinischen Schrifttum zusammen:

1. Das gesamte Kapitel Röm 6 sieht Klemens vor allem unter dem Zeichen der Aufforderung zum Bruch mit der Sünde, den er im Zusammenhang mit den alttestamentlichen Heiligkeitsforderungen versteht. Er vergleicht diesen Vorgang mit dem Verlust der Seele (Mat 10,39; er deutet aber „Verlust" als „Befreiung"), der als wahre μετάνοια in Form von ἀποσπᾶν, einem Sich-Losreißen von der Sündengewalt zu erfolgen hat. Ἀποθανεῖν τῇ ἁμαρτίᾳ nimmt damit willentlichen, aktiven Charakter an.

2. Περιπατεῖν ἐν καινότητι ζωῆς ist zugleich Bestandteil und Ergebnis des sittlichen Erkenntnisweges. Christus führt auf diesem Weg durch seine Rolle als moralisches Vorbild, welches der christliche Gnostiker aus der geistlich-mystischen Lebenserfahrung heraus kennenlernt.

3. Der παλαιὸς ἄνθρωπος wird dem σῶμα τῆς ἁμαρτίας (6,6) gleichgestellt und bedeutet den mit der Fähigkeit zur Sünde ausgestatteten Leib des Menschen. In der Taufe wird der Mensch im Ansatz, aber nicht vollständig vom παλαιὸς ἄνθρωπος und von der über ihn herrschenden Gewalt des Bösen befreit; erst bei der Parusie Christi wird diese Macht ganz ausgeschaltet.

4. Wie andere Ausleger, sieht Klemens παλαιὸς ἄνθρωπος als Wechselbezeichnung für πρῶτος ἄνθρωπος (1 Kor 15,47) und bindet somit jenen Begriff in die Adam-Christus-Typologie ein.

5. Durch Klemens überlieferte Auszüge aus gnostischen Schriften bezeugen durchwegs das Verständnis von ζῆν τῷ θεῷ (6,11) als Bezeichnung für die neue, der Welt enthobene Existenzweise nach Empfang der Weihe und Eintritt in das Pleroma.

---

[310] Logion 27, L'évangile selon Thomas, *J. E. Ménard* (Hrsg.), NHS 5, Leiden 1975, 61. Die These *A. Bakers* (Fasting to the World, JBL 84 [1965] 291—294), daß die im syrischen *Liber graduum* gebotene Lesart den koptischen und griechischen Übersetzungen zugrunde liege, ist kaum haltbar, denn sicher geht das koptische Thomasevangelium den anderen zwei Schriften zeitlich voraus. Für diesen Hinweis danke ich Prof. K. Niederwimmer.

[311] Cf. oben 3.7.3.1. zu *Exc Theo* 77,1.

3.8. Methodios von Olympos

3.8.1. Leben und Lehre

Während Klemens von Alexandrien uns in erkennbarer Art als philosophischer Lehrer des Frühchristentums entgegentritt, ist Methodios eine historisch weniger greifbare und theologisch schwerer erfaßbare Gestalt. Laut Angaben von Hieronymus[312] und Sokrates[313] war Methodios Bischof von Olympos in Lykien, obwohl andere Gründe für eine episkopale Tätigkeit in der mazedonischen Hauptstadt Philippi sprechen.[314] Seine Schriften zeugen jedoch von nur wenig Interesse an Fragestellungen kirchlich-praktischer Art und deshalb möchte mancher in diesem Denker starker hellenistisch-philosophischer Prägung lediglich einen Privatgelehrten und Asketen sehen.[315] Nach der Überlieferung fand Methodios seinen Lebensausgang in Chalkis in Euböa im Jahre 311.[316]

Als Theologe steht Methodios in der Nachfolge von Irenäus und Klemens von Alexandrien. Wie jener vertritt er die Vorstellung von einem umfassenden Heilsplan Gottes in der Geschichte sowie die vor allem im 2. Jh., aber auch im 3. Jh. verbreitete Adam-Christus Typologie, die christliche Symbolik auch an unerwarteten Stellen im Alten Testament finden konnte. Wie Klemens macht Methodios kein Hehl aus seiner Hochachtung vor der hellenistischen Philosophie und gestaltet entsprechend sein Hauptwerk *Symposion* in Nachahmung des Stils Platons als eine nach sättigender Mahlzeit gehaltene, ausgedehnte Rede.[317]

Was Sprache und Stil betrifft, gibt es wenige Väter der alten Kirche, die ein vergleichbares Griechisch zu bieten haben. Seine Formulierungen zielen nicht nur auf Genauigkeit, er versteht es auch, durch Zusammenstellung von Wort und Bild eine ästhetisch wohltuende und rhetorisch durchschlagskräftige Sprache zu gebrauchen. Es muß daher als Redefloskel gelten, wenn er beteuert, im Gegensatz zu manchem Zeitgenossen von der überzeugenden Macht der Rhetorik wenig zu halten.[318]

Methodios scheint Origenes als Exegeten und Theologen zunächst geachtet zu haben, vielleicht ist es sogar angebracht, zumindest seine Frühzeit betreffend, ihn als Origenes-Anhänger zu bezeichnen.[319] Über diese anfängliche Be-

---

[312] *De vir illus* 83.
[313] *Hist eccl* 6,13 (PG 67,702).
[314] Cf. die divergierende Auffassungen von *Baus* (1985, 276) und *Quasten* 1953, 129).
[315] *Baus* 1985, 276.
[316] *Quasten* 1953, 129.
[317] Ebd.
[318] *V. Buchheit*, Studien zu Methodios von Olympos, TU 69, Berlin 1958, 105.
[319] *N. Bonwetsch*, Die Theologie des Methodius von Olympus. Abhandlungen der königlichen Gesellschaft der Wissenschaften zu Göttingen 7,1, Berlin 1903, 143.

geisterung legt er selbst Zeugnis ab.[320] Das Schriftverständnis des Methodios, das vom dreifachen Sinn der Aussagen (αἰσθητῶς – φυσικώτερον – πνευμα-τικώτερον) ausgeht und dementsprechend von der Allegorese mehr als gelegentlichen Gebrauch macht, dürfte dem alexandrinischen Vorbild entnommen worden sein.[321] Später im Leben sieht sich Methodios jedoch verpflichtet, die Gefahr des Origenismus gegenüber der überlieferten Lehre der Kirche abzuwenden. Damit meint er natürlich die Irenäische Theologie, zu deren Vorstellung von der fleischlichen Auferstehung die spiritualisierende Auferstehungslehre des Origenes im Widerspruch steht.[322] Zum Zweck der Widerlegung der seiner Meinung nach irrigen Auffassung des Origenes zieht Methodios in der polemischen Schrift Περὶ τῆς ἀναστάσεως zu Felde. Methodios ist jedoch kein einseitiger Polemiker, der es nur versteht, alle möglichen Argumentationsmittel an sich zu reißen und sie auch unter großer Anstrengung, unter Biegen und Brechen, wenn es sein muß, für seinen Standpunkt einzusetzen. Methodios ist zu feinfühlig und philosophisch unterscheidend, als daß er sich auf derartige Wortgefechte einlassen würde. Auch während seiner polemischen Angriffe bewahrt Methodios nach wie vor seine Bewunderung vor Origenes und setzt sich mit diesem in aller ihm gebührenden Hochachtung auseinander.[323] Er ist jedoch selbst in der hellenistischen Philosophie zu stark bewandert, um nicht zu erkennen, woher manche gewagte Spekulationen des Origenes, wie etwa die Präexistenz der Seele und deren Wanderung aus dem Körper zu höheren Welten oder der Zyklus der Weltschöpfung bis zur Versöhnung aller Wesen mit Gott, gekommen sind. Das Selbstbewußtsein als hellenistisch-christlicher Philosoph verbietet es Methodios, tatenlos zuzusehen, wie ein immerhin gutmeinender, aber etwas zu freidenkender Berufskollege solch fremdes Gedankengut mit der überlieferten Lehre der Kirche hoffnungslos vermischt.

3.8.2. Auslegung

3.8.2.1. De cibis 12,6

Die erste Reihe von Zitaten und Anspielungen aus Röm 6 entstammt einer frühen exegetischen Schrift, „Über die Unterscheidung der Speisen und über die junge Kuh, welche in Leviticus erwähnt, mit deren Asche die Sünder besprengt wurden", welche aus verständlichen Gründen meistens mit der lateinischen Abkürzung *De cibis* angeführt wird.[324] Der Hauptteil dieses Werkes (Kapitel 6–15) handelt vom Wesen der wahren Reinheit anhand einer Auslegung

---

[320] *De res* 1,19 (GCS 27,241).
[321] *Bonwetsch* 1903, 8.
[322] *Quasten* 1953, 129.
[323] *Buchheit* 1958, 130.
[324] *Bonwetsch* 1903, 44.

von Num 19,14–21.[325] Wie bereits oben bemerkt wurde,[326] ist diese Kommentarschrift nur in Form von Übersetzungen ins Slawische überliefert, wobei jedoch zu betonen ist, daß, soweit griechische Fragmente zum Vergleich vorhanden sind, die Treue der auf denselben Archetyp zurückgehenden slawischen HSS bescheinigt werden kann.[327]

Im folgenden Zitat aus *De cibis* 12 entfaltet Methodios die Symbolik der Asche, mit der das Reinigungswasser vorbereitet wurde. Durch die Zusammenstellung von Staub und Wasser kommt er zwangsmäßig auf die Wassertaufe als Sinnbild für Christi Tod zu sprechen:

> Denn die Asche, welche das besprengt, was befleckt worden ist, tut bald das Begräbnis des Leibes Christi kund, da er in den „Staub der Erde" unseretwegen gelegt wird, bald bezeichnet es die Reue über die Sünde. Denn wie dort, als Christus noch nicht gekommen war, sie mit Asche gereinigt wurden, so werden auch hier die gereinigt, welche „in den Tod Christi" getauft werden, der abwäscht die uns von der Übertretung bereiteten Schäden [Wunden]. Denn die „in Christus" Getauften, spricht der Apostel, „sind in seinen Tod getauft; wir sind aber mit ihm begraben durch die Taufe" usw.
>
> *De cibis* 12,6 (GCS 27,444)

Das Schlüsselsymbol der alttestamentlichen Stelle über rituelle Reinigung, das zugleich die Kluft zwischen der greif- und sichtbaren Handlung der hebräischen Religion und dem geistlich-unsichtbaren christlichen Glauben überbrückt, ist χοῦς, die Asche oder der Staub. Angesichts der Zweideutigkeit des Begriffes, welche bereits im Septuaginta-Gebrauch verankert ist, sieht sich Methodios berechtigt, χοῦς einmal auf das Begräbnis Christi, ein andermal auf die Reue über die Sünde zu deuten. Für die erste Auslegung des Symbols beruft sich Methodios auf den im Christentum allseits als messianisch anerkannten 22. Psalm (Vers 16). Nach der allegorischen Deutung des Alten Testaments bezeichnete die Staublegung die Grablegung Christi. Staub über den Kopf zu streuen, galt schon zur Zeit Josuas als Zeichen der Buße und Reue.[328] Methodios erkennt in dieser Handlung die von der Sünde reinigende Kraft, hält jedoch die Taufe, durch den Hinweis auf die Staublegung bzw. Grablegung bereits unterschwellig angedeutet, für noch reinigungskräftiger, denn sie entfernt „die von der Übertretung bereiteten Schäden". Methodios hat nicht nur die faktische Schuld des Täuflings vor Augen, sondern die durch die Urübertretung verursachte und mittels der Begehrlichkeit weiter übertragenen Erbschuld.[329]

Man muß aber wahrscheinlich noch einen Schritt weiter gehen. Denn Me-

---

[325] AaO., 45.
[326] Siehe oben bei 2.5.4.
[327] *Bonwetsch* 1917, xxii f.
[328] Jos 7,6.
[329] *Gaudel* 1932, 341.

thodios trifft eine eigenartige Wortwahl, um das durch die Taufe als Grablegung mit Christus Beseitigte zu bezeichnen. Hier ist die Rede von, je nach der
Wortwahl der Übersetzung, „Schäden" bzw. „Wunden",[330] offensichtlich in
Anlehnung an die Vorstellung von einer Urverderbnis (meist als φθορά bezeichnet), die schließlich Tod und Verwesung mit sich bringt. Gegen die
schicksalhafte Verweslichkeit des Menschen bietet Christus seinen Tod als
Heilmittel, das dem Menschen durch die Grablegung mit Christus in der Taufe
zugänglich gemacht wird.

3.8.2.2. *De cibis 13,5*

Verhältnismäßig selten wird Röm 6,7 von den Kirchenvätern zitiert. Der
Grund dafür scheint im allgemeinen Charakter dieser Aussage zu liegen, die
mit aller Wahrscheinlichkeit auf rabbinische Tradition zurückgeht.[331] Methodios kommt auf den Vers zu sprechen, als er den Sinn des Verbots der Anrüh-
rung von Toten hinterfragt. Er erwägt das Verbot hinsichtlich zweier möglicher Einstellungen gegenüber dem Tod. Wenn einer nicht gewillt ist zu sterben, so hat das Verbot eine Berechtigung. Wenn man aber keine Scheu vor dem
Sterben empfindet, eine Einstellung, die Methodios offensichtlich bei seinen
christlichen Lesern voraussetzt, so wirkt jene Gesetzesbestimmung zumindest
unlogisch:

> . . . was ist das für eine Ungereimtheit, zu verabscheuen die Leiber der Sterben-
> den, gleichsam nicht wollend solche sein, wie die Sterbenden, und nun sind die
> Gestorbenen viel mehr reiner als wir, da sie nicht geknechtet werden durch die
> Sünden, als die entronnen sind der Schuld der Sünde. „Denn wer gestorben ist",
> spricht er, „ist gerechtfertigt von der Sünde".
> *De cibis* 13,5 (GCS 27,445)

In der weiteren Folge dieser Ausführungen legt Methodios dar, daß die Toten d. h. die Leiber der Gestorbenen nicht unrein sind, welche Hoffnung auf die
Auferstehung haben, denn nur einen reinen Leib wird der Herr auferwecken
und in sein Reich aufnehmen.[332] Wenn auch die Logik dieser Stelle uns etwas
fremd anmutet, so kommt Methodios' Verständnis von Röm 6,7 trotzdem klar
zum Ausdruck. Der Gläubige soll es nicht verabscheuen, wie die Sterbenden zu
werden, denn der Tod ist ein wünschenswerter Zustand, das Ziel des wahren
Gläubigen. Der Gestorbene ist bereits rein von der Sünde, da der Körper, dessen sich die sündhaften Neigungen bedienen, nicht mehr fähig ist, sich der Sündenmacht auszuliefern. Der Gestorbene ist daher der Möglichkeit, sich durch
sündhafte Handlungen zu verunreinigen, und somit schuldig zu machen, entronnen.

---

[330] Das Wort im überlieferten Text ist nicht eindeutig.
[331] Cf. Niddah 61b; Schabbat 30a und 151b.
[332] *De cibis* 13,6 (GCS 27,445 f.).

Offensichtlich versteht Methodios Röm 6,7 in einer sehr dinglichen, gar vorpaulinischen Weise. Er geht an dem besonderen Gebrauch des Spruches im Zusammenhang des Römerbriefes vorbei und greift auf den wörtlichen, vermutlich rabbinischen Sinn zurück. Während er ὁ ἀποθανών als den leiblich Toten deutet, bezieht er δικαιόω überhaupt nicht auf die paulinische Rechtfertigungslehre, sondern verwendet den Begriff in ähnlicher Weise wie die Septuaginta,[333] indem er den Bedeutungskomplex „befreien" oder „retten" gegenüber dem häufigeren forensischen Gebrauch hervorhebt. Auch ἁμαρτία wird nicht juristisch, sondern moralphilosophisch gedeutet. Der Vers wird eigentlich zitiert, um die anthropologische Wirklichkeit darzustellen, die sich beim Sterben einstellt, nämlich die Unmöglichkeit, weiterhin moralisch oder unmoralisch zu handeln.

Wird Röm 6,7 durch den besonderen Gebrauch des Methodios dem ursprünglichen Zusammenhang entfremdet? Wenn im Ansatz, so doch nicht in vollständiger Weise. Denn Paulus selbst spricht die oben genannte anthropologische Wirklichkeit an, um die neue Befindlichkeit des Gläubigen nach dessen Vereinigung mit Christus in seinem Tod zu veranschaulichen. Der Getaufte ist für die Sünde tot, daher braucht er der Sünder nicht mehr zu dienen.

3.8.2.3. De cibis 12,8

Das einmalige Sterben Christi wird auch von Methodios im Zusammenhang mit seiner Erklärung zur Numeristelle thematisiert. Methodios' Hochachtung auch vor den unscheinbarsten Einzelheiten alttestamentlicher Berichte beweist er in folgender Erklärung zur „einen Kuh":[334]

> Daher nun wird auch nicht dem Volk befohlen, der Asche einer zweiten Kuh zu brauchen, wenn die erste mangel [mangeln wird], um rein zu erscheinen. Denn „unserthalben ist Christus gestorben", sagt der Apostel, „fortan wird er nicht sterben. Der Tod wird fortan nicht mehr über ihn herrschen. Denn was er der Sünde gestorben ist, ist er ein Mal gestorben, und was er lebt, lebt er Gott". Er hat das Fleisch in das ewige Leben eingeführt.

De cibis 12,8 (GCS 27,444)

Methodios geht von dem möglichen Fall aus, daß die Asche nicht ausreicht, um genug Reinigungswasser herzustellen, damit alle Fälle vor ritueller Unreinheit erledigt werden können. In solchem Fall müßte das Volk zum Teil unrein bleiben. Demgegenüber meint Methodios, daß ein Mangel nie eintreffen könnte, denn Christi stellvertretender Tod war einmalig. Ein einziges Mal starb er; der Tod wird ihn nie wieder in seiner Herrschaft haben; jetzt lebt er bei Gott. Insbesondere ist Methodios der letzte Teil von Röm 6,10 von Bedeutung. Die neue Seinsweise Christi nach der Auferstehung bürgt für die Auferstehung

---

[333] Cf. Septuaginta zu Ps 72,13.
[334] Num 19,2.

des Fleisches. Auch in dieser Schrift kommt das Anliegen zum Vorschein, das in viel größerem Umfang in *De resurrectione* entfaltet wird, daß nämlich auch das körperlich Wesenhafte am Menschen an der Auferstehung beteiligt sein wird.[335]

Es ist bezeichnend, daß auch Methodios im Hinweis auf die Einmaligkeit des Todes Christi zugleich eine Angabe über dessen stellvertretenden Charakter sieht. Das Bindeglied zwischen diesen zwei Gedanken ist die Vorstellung, daß ein einmaliges, nicht mehr zu wiederholendes Opfer für alle Zeiten ausreicht, die Vorstellung also von der vollen Zulänglichkeit des Opfertodes Christi. Abgesehen von Röm 6,10, wo ἐφάπαξ die Notwendigkeit eines einmaligen, endgültigen Sterbens für die Sünde bekräftigen soll, kommt diese, für Methodios als exegetischer Schlüssel zu Röm 6,10 unentbehrliche Vorstellung auch sonst nirgendwo im *corpus paulinum* in dieser Form zum Ausdruck.[336]

Die Aussage über die Einmaligkeit des Todes Christi in Röm 6,10 als Hinweis auf dessen Stellvertretungscharakter zu deuten, war keine Neuerfindung des Methodios. Denn wir haben bereits festgestellt, daß auch Hippolyt diese Bedeutung in ἐφάπαξ findet.[337] Jene Stelle wurde wahrscheinlich bereits im früheren 2. Jh. im Licht von Heb 9,26 gelesen. Obwohl keine festen Hinweise im überlieferten Werk des Irenäus vorhanden sind, könnte man aufgrund der offensichtlichen theologischen Nähe von Hippolyt und Methodios zum Bischof von Lyon annehmen, daß wir es in diesem Fall mit einer Auslegung aus der irenäischen Schule zu tun haben. Zwei wesentliche exegetische Erkenntnisse gehen also aus dem Gebrauch des Methodios von Röm 6,9 f. hervor. Zunächst deutet er die Angabe über das ἐφάπαξ des Todes Christi als Aussage über die volle Zulänglichkeit dieses Opfertodes zur Sündendeckung.[338] Zweitens dient der Hinweis auf das neue Leben Christi nach der Auferstehung, ζῆν τῷ θεῷ,[339] Methodios als Bestätigung für seinen Glauben an die Auferstehung des Fleisches. Christus, im Fleisch auferstanden, lebt im Fleisch bei Gott. Nur so gesehen eignet sich die Stelle zur Widerlegung spiritualisierender Auferstehungsvorstellungen.

---

[335] *De res* 1,6 f. (GCS 27,233); cf. *Quasten* 1953, 137 f.

[336] Obwohl Paulus Christi Tod als Opfer versteht (cf. Röm 14,15; 2 Kor 5,14 u. ä.), führt er an keiner Stelle die Einmaligkeit dieses Todes ausdrücklich als Beweis für dessen Suffizienz an. Diese Schlußfolgerung wird erst Heb 9,26 ausgesprochen. Auf keinen Fall entspricht dieser Gedankengang der Intention von Röm 6,10.

[337] *Ben Is* 2, Brière 138 f.; siehe oben 3.6.2.1.

[338] Wie oben bereits dargelegt, ist diese Deutung nicht neu bei Methodios, sie wird jedoch erwähnt, weil sie gewissermaßen in Spannung steht zur eigentlichen Absicht von Röm 6,10, an welcher Stelle Paulus den Hinweis auf die Einmaligkeit des Todes Christi für die Sünde als Beweggrund für den endgültigen Bruch mit der Sünde verwendet.

[339] Röm 6,10.

3.8.2.4. De res 2,18,6f.

Als Verfechter der kirchlichen Lehre von der Auferstehung tritt Methodios in seiner uns in der Ursprache erhaltenen Hauptschrift „Über die Auferstehung der Toten" auf. Ähnlich den Dialogen Platons bringt Methodios seine Gedanken in Form eines Gesprächs unter Freunden, die scheinbar zufällig auf das Thema der Auferstehung des Fleisches zu sprechen kommen. Im zweiten Buch der Abhandlung geht es Methodios darum, das Verhältnis zwischen Sterblichkeit oder Verweslichkeit, dem Tod und dem Fleisch einerseits und der Unsterblichkeit, der Auferstehung und der Seele andererseits zu klären. Er stützt sich naturgemäß hauptsächlich auf die Erörterung des Paulus in 1 Kor 15. Nach Bemerkungen zu etlichen Versen aus dem Zusammenhang von Versen 42–54, geht er auf die Bedeutung des „Bildes des Erdhaften" ein:

ἡ γὰρ εἰκὼν τοῦ χοϊκοῦ, ἥν ἐφορέσαμεν, τὸ „γῆ εἶ καὶ εἰς γῆν ἀπελεύσῃ" ἐστίν, ἡ δὲ εἰκὼν τοῦ ἐπουρανίου ἡ ἐκ νεκρῶν ἀνάστασις καὶ ἡ ἀφθαρσία, ἵν' „ὥσπερ ἠγέρθη ὁ Χριστὸς ἐκ νεκρῶν διὰ τῆς δόξης τοῦ πατρός, οὕτως καὶ ἡμεῖς ἐν καινότητι ζωῆς περιπατήσωμεν." εἰ δέ τις εἰκόνα μὲν χοϊκὴν τὴν σάρκα αὐτὴν οἴοιτο λέγεσθαι, εἰκόνα δὲ ἐπουράνιον ἄλλο παρὰ τὴν σάρκα σῶμα πνευματικόν, ἐνθυμηθήτω δὴ οὗτος πρότερον ὅτι Χριστός, ὁ οὐράνιος ἄνθρωπος, τὸ αὐτὸ σχῆμα (τοῦ σώματος καὶ) τῶν μελῶν καὶ εἰκόνα καὶ σάρκα τὴν αὐτὴν τῇ ἡμετέρᾳ φορέσας ἐφάνη, δι' ἥν καί, ἄνθρωπος οὐκ ὤν, ἄνθρωπος ἐγένετο, ἵνα καθάπερ „ἐν τῷ Ἀδὰμ πάντες ἀποθνήσκουσιν, οὕτως καὶ ἐν τῷ Χριστῷ πάντες ζωοποιηθήσονται."

De res 2,18,6f. (GCS 27,369f.)

Das Interesse in diesem Abschnitt gilt nicht primär dem Römerbriefzitat, vielmehr wird dieses zur Erklärung von 1 Kor 15,49 (εἰκὼν τοῦ ἐπουρανίου) verwendet. Hier sagt Methodios ganz offen, daß das Bild des Erdhaften auf die Verurteilung des ersten Menschen zum leiblichen Tod[340] zurückgeht. Somit sind θάνατος und φθορά Wesensmerkmale der εἰκὼν τοῦ χοϊκοῦ. Das Bild des Himmlischen ist aber die Auferstehung der Toten und die Unsterblichkeit. Diese Identifizierung belegt er mit Hinweis auf Röm 6,4, wobei er ab der Versmitte anknüpft und also den Bezug zur Taufe außer acht läßt. In der Folge greift er die Vorstellung des Origenes auf, daß der Auferstehungsleib nur geistlicher Art sei, daß also das Fleisch an der Auferstehung keinen Anteil habe.[341] Demgegenüber tritt Methodios für die Heilsfähigkeit des menschlichen Körpers ein, indem er auf Christus hinweist, der als fleischgewordener Mensch auferstand und somit das Schema der Auferstehung für alle Menschen vorzeichnete.

Bezeichnend für die Auslegung von Röm 6,4 durch Methodios ist einmal das Herauslösen der Aussage aus dem sakramentalen Zusammenhang, aber auch

---

[340] Gen 3,19.
[341] Cf. *Orig De princ* 2,10,2 (*Görgemanns* und *Karpp* 1976, 422ff.). Gegenüber gnostischen Einwänden hält Methodios am Grundsatz fest, daß das Fleisch moralisch unparteiisch sei, und bietet somit eine Grundlage für den popularchristlichen Glauben an die Fleischesauferstehung; cf. *De res* 1,31f. (GCS 27,267f.).

die Verlagerung des auslegerischen Interesses auf die eschatologische Bedeutung der Stelle. Methodios wird freilich ausschließlich vom Anliegen her bestimmt, die seiner Überzeugung nach richtige Anschauung über die Auferstehung zu entfalten und durch beweiskräftige Argumente zusätzliche Anhänger dafür zu gewinnen. Von dieser Absicht her erklärt sich die Vernachlässigung des in Röm 6,4 dominierenden Hinweises auf die christliche Taufe.

Für Methodios beweist also Röm 6,4b, daß die εἰκὼν τοῦ ἐπουρανίου die Auferstehung der Toten und die daraus folgende καινότης Unverweslichkeit ist, welche nach dem Sündenfall und durch die Verurteilung des Menschen zum materiellen Tod verlorenging. Daher ist die καινότης ζωῆς in diesem Zusammenhang ausschließlich im Sinne von Auferstehungsleben und somit eschatologisch zu verstehen. Die Aussage birgt aber auch einen Hinweis auf die Fleischwerdung Christi in sich, denn nur als Mensch im Fleisch konnte Christus durch seine Auferstehung das Schema der Unsterblichmachung des Menschen vorzeichnen.

3.8.2.5. De res 1,46,2f.

Aus der Verurteilung des Menschen zum leiblichen Tod geht der Irenäische Gedanke vom erzieherischen Zweck des Todes hervor. Wenn der Tod als für den Menschen letztlich dienlich gilt, so steht das alttestamentliche Bild von Jahwe als oftmals Menschenleben forderndem Gott in keinem so krassen Widerspruch zur Vorstellung vom mitleidsvollen Vatergott, welchen Jesus verkündigt hat. Wie wir später feststellen werden, wendet Origenes diese Argumentationsweise in seiner Antwort an den Stoiker Kelsos an.[342] Wahrscheinlich dieses Vorbild nachahmend, bringt auch Methodios eine eigene Auslegung von Deut 32,39 („Ich töte und mache lebendig"), die vor allem das Ziel hat, den heilvollen Charakter des Todes aufzuzeigen. Jedoch im Gegensatz zu Origenes geht Methodios von einem wörtlichen Verständnis vom Tod aus.[343] In der Folge zitiert er Röm 8,35—37, um geradezu die Sinnhaftigkeit leiblicher Unannehmlichkeiten samt dem Tod aufzuzeigen. Über den Zweck der Mißhandlung und schließlich des Leidentodes gibt Röm 6,11 Aufschluß:

> διὸ καὶ „ἐλογίσθημεν ὡς πρόβατα σφαγῆς", ἵνα ἀποθανόντες „τῇ ἁμαρτίᾳ" ζήσωμεν τῷ θεῷ. — καὶ ταῦτα μὲν μέχρι τοσούτου διεσκέφθω· τὰ δὲ συνεχῆ τούτοις ὧδε πάλιν προχειριστέον.
>
> *De res* 1,46,2 f. (GCS 27,296)

Methodios läßt keinen Zweifel daran bestehen, daß, wenn in der Schrift vom „Tod" die Rede ist, der leibliche Tod gemeint ist. Vom Jahwespruch aus Deuteronium leitet er die These ab, daß der Mensch den physischen Tod zuerst ko-

---

[342] *Con Cels* 2,24 (SC 132,350).
[343] Origenes spiritualisiert die Bedeutung von „töten" in Deut 32,39, indem er dieses Wort auf die Taufe bezieht; cf. *Hom Ier* 1,16 (SC 232,234).

sten muß, ehe er in das Leben bei Gott eingehen kann. Röm 8,35 belegt die Gültigkeit dieses Prinzips für den Christen und setzt zugleich die Schriftaussage in Beziehung zur Erfahrung der verfolgten Glaubensgenossen im späten 3. Jh. Das Sterben für die Sünde geschieht also im physischen Sterben, und das Leben für Gott tritt nach der Auferstehung des Leibes ein.

Auch an dieser Stelle fehlt jeglicher Bezug zur Taufe als Sterben für die Sünde. Methodios hält an der materiellen Auslegung von νεκροὶ τῇ ἁμαρτίᾳ in Röm 6,11 fest und deutet dementsprechend ζῆν τῷ θεῷ im eschatologischen Sinn. Er versteht jedoch ἀποθανεῖν τῇ ἁμαρτίᾳ nicht ausschließlich als Märtyrertod, wiewohl eine solche Auslegung angesichts der Todesgefahr für Christen in seinem Jahrhundert ihm sicherlich nahegelegen ist, vielmehr betont er das allgemein gültige Prinzip, daß der leibliche Tod der Auferstehung des Fleisches und dem Leben bei Gott vorausgehen muß.

3.8.2.6. *Sym 8,8*

In den bereits gebotenen Zitaten aus den Werken des Methodios ist die Taufe nur selten erwähnt worden. Etwas mehr Aufschluß über die Tauftheologie des Methodios dürfen wir aber aus dem Gespräch nach dem Gastmahl, *Symposion,* erwarten. Wie schon eingangs erwähnt wurde,[344] benützt Methodios den für Platon typischen Rahmen eines ungezwungenen Abendessens, um in annähernd natürlicher Weise seine Gedanken durch die Äußerungen der eingeladenen Gäste zum Ausdruck bringen zu lassen. Nach dem Mahl werden die anwesenden Jungfrauen aufgefordert, je eine Lobrede über ihren enthaltsamen Lebenswandel zu halten.[345] Im Verlauf ihrer Rede versucht Thekla Offenbarung 12,1–6, die Erzählung von der schwangeren Frau und dem Drachen, zu erklären. Die Auslegung erfolgt gemäß der Allegorese. Die Frau ist die Kirche; der Mond ist der Glaube derer, die sich durch die Taufe von der φθορά reinigen und durch die Geburt von Seelischen in Geistige verwandeln lassen.[346] Die geistige Geburt bringt die Nachgestaltung der Gemeinde hervor:

> καὶ διὰ τοῦτο ἡ ἐκκλησία σπαργᾷ καὶ ὠδίνει, μέχριπερ ἂν ὁ Χριστὸς ἐν ἡμῖν μορφωθῇ γεννηθείς, ὅπως ἕκαστος τῶν ἁγίων τῷ μετέχειν Χριστοῦ Χριστὸς γεννηθῇ· καθ' ὃν λόγον καὶ ἔν τινι γραφῇ φέρεται τὸ „μὴ ἅψησθε τῶν Χριστῶν μου, καὶ ἐν τοῖς προφήταις μου μὴ πονηρεύησθε", οἱονεὶ Χριστῶν γεγονότων τῶν κατὰ μετουσίαν τοῦ πνεύματος εἰς Χριστὸν βεβαπτισμένων, συλλαμβανούσης ἐνταῦθα τὴν ἐν τῷ λόγῳ τράνωσιν αὐτῶν καὶ μεταμόρφωσιν τῆς ἐκκλησίας·

Sym 8,8 (SC 95,220)

Die Geburtswehen der Frau[347] werden in Anlehnung an Gal 4,19 als das Gestaltwerden Christi in den Christen dargestellt. Das Bild wird jedoch plötzlich

---

[344] Siehe oben 3.8.1.
[345] *Bonwetsch* 1903, 11.
[346] AaO., 20.
[347] Apk 12,2.

umgedeutet: Jeder Christ wird in der Gemeinschaft Christi geboren. Methodios findet denselben Gedanken von der Identität Christi mit den einzelnen Gläubigen (ἅγιοι) in einem Psalmwort, in dem von „Gesalbten" die Rede ist.[348] Als diese χριστοί durch die Teilnahme am Geist in Christus getauft wurden, wurde die Kirche insgesamt mit deren Verklärung und Verwandlung durch den Logos schwanger.

Anhand des Bildes der Geburt erschließt Methodios seine Schau von der mystischen Vereinigung der Gemeinde mit dem Herrn. Er erblickt jedoch keine statische Einheit beider miteinander, zumindest solange die Wehen anhalten und die Geburt aussteht. Vielmehr muß Christus in jedem einzelnen in schmerzlicher Weise Gestalt annehmen. Gerade vor diesem oben zitierten Abschnitt hat Methodios diesen Vorgang als ὁμοίωσις μορφῆς beschrieben, welcher κατὰ τὴν ἀκριβῆ γνῶσιν καὶ πίστιν stattfindet.[349] Wenn das Bild von der Schwangerschaft dann umgekehrt wird, daß also nicht mehr Christus, sondern die Christen geboren werden sollen, so muß dieser Ausleger die Nachbildung Christi in den Gläubigen als Wachstumsprozeß verstanden wissen wollen.

Die Taufe steht freilich am Anfang dieses Prozesses. Sie findet κατὰ μετουσίαν τοῦ πνεύματος, d. h. gemäß der Teilnahme am Geist, als Taufe εἰς Χριστὸν, in Christus hinein statt. Das Wesentliche an der Taufe ist die Einverleibung in die Geistesgemeinschaft, die Erschließung des neuen Zugangs zum erleuchtenden Logos. Von der Taufe ihrer Glieder aus gesehen kann man die Kirche mit einer schwangeren Frau vergleichen, denn jene trägt die Gesamtheit der durch den Logos Erleuchteten, derer, die Christus nachgebildet werden, in sich.

Die mystischen Bilder des Methodios verleihen der Redewendung des Paulus, βαπτίζειν εἰς Χριστὸν,[350] eine vielseitige Interpretation. Grundsätzlich ist die Taufe in Christus die Stiftung einer spirituellen Beziehung zum Logos, die sich in der Geistesgemeinschaft gemäß zunehmendem Glauben und wachsender Erkenntnis entwickelt. Das Ziel des geistlichen Weges ist die Christus-Ähnlichkeit, die Nachbildung seiner Wesensmerkmale im Menschen. Ohne von der Grablegung Christi Erwähnung zu machen, versteht Methodios unter βαπτίζειν εἰς Χριστὸν dennoch eine, wenn auch nicht näher explizierte, mystische Vereinigung mit Christus. Die Grundlage ist jedoch nicht das Sterben Christi, sondern die Teilnahme an seinem Geist.

3.8.3. Zusammenfassung

Der Anteil des Methodios von Olympos an der Auslegungsgeschichte unserer Römerbriefstelle soll in den folgenden Thesen erfaßt werden:

---

[348] Ps 104,15.
[349] *Sym* 8,8 (SC 95,220); cf. *Bonwetsch* 1903, 99.
[350] Röm 6,3.

1. Durch βαπτίζειν εἰς Χριστὸν[351] wird in ähnlicher Weise wie bei der levitischen Reinigung der Hebräer die moralische Unreinheit beseitigt, aber zudem auch die φθορά, an deren Stelle die Unsterblichkeit tritt. Das Symbol des Staubes bei der Grablegung[352] deutet aber auch auf die Notwendigkeit der Reue im Zusammenhang mit dem Mitbegrabenwerden des einzelnen hin.

2. Βαπτίζειν εἰς Χριστὸν[353] bedeutet den Anfang eines Wachstumsvorganges, der durch die μετουσία τοῦ πνεύματος ins Leben gerufen wird und durch geistig-spirituellen Fortschritt bis hin zur Nachgestaltung Christi, d. h. Nachbildung seiner Wesensmerkmale im Menschen führt. Hier ist die Grundlage der mystischen Vereinigung mit Christus nicht Grablegung mit Christus, sondern Teilnahme an seinem Geist.

2. Röm 6,4b wird futurisch-eschatologisch als Hinweis auf das neue Leben nach der Auferstehung gedeutet. Methodios gebraucht den Begriff εἰκὼν τοῦ ἐπουρανίου[354] als die leibliche Auferstehung und Unverweslichkeit des Menschen um diesen Vers zu erklären. Durch die Fleischwerdung Christi und seine Auferstehung wurde die Unsterblichmachung des Menschen als Mittel gegen den seit dem Sündenfall herrschenden physischen Tod vorgezeichnet.

4. Methodios versteht Röm 6,7 im allgemeinen, vorpaulinischen Sinne als Aussage über die anthropologische Wirklichkeit, die nach dem physischen Tod eintritt. Nach dieser Auslegung ist der Mensch frei (δίκαιος) von der Sünde, weil er nicht mehr imstande ist, Böses auszuüben.

5. Die Einmaligkeit des Todes Christi[355] deutet Methodios als Aussage über die volle Zulänglichkeit des Sühnopfers Christi. Hier zeigt sich eine Verbindung mit der Bedeutung von ἐφάπαξ in Heb 9,26. Ζῆν τῷ τῷ θεῷ[356] wird als Bestätigung für die leibliche Auferstehung betrachtet, denn Christus erschien auch körperlich nach der Auferstehung.

6. Für die Sünde tot zu sein und Gott zu leben[357] wird konsequent eschatologisch ausgelegt. Methodios bezieht diese Vorstellungen vornehmlich aber nicht ausschließlich auf das Martyrium, aber keineswegs ausschließlich so, es liegt ihm jedoch viel daran zu beweisen, daß dem ζῆν τῷ θεῷ der physische Tod vorausgehen muß.

---

[351] Loc. cit.
[352] Dieses Element der Auslegung des Methodios findet durch seinen Gebrauch von Ps 22,16 Eingang.
[353] Röm 6,3.
[354] 1 Kor 15,49.
[355] Röm 6,9f.
[356] Röm 6,10.
[357] Röm 6,11.

3.9. Origenes von Alexandrien

3.9.1. Leben und Lehre

Es gibt keinen anderen christlichen Schriftsteller der ersten drei Jahrhunderte, dessen Lebenswerk so umstritten ist wie das des Origenes. Auf der einen Seite wird er wegen seiner wissenschaftlichen Leistungen, welche besonders für die alttestamentliche Textgeschichte von unentbehrlicher Bedeutung sind, hochgepriesen; auf der anderen Seite riefen seine dogmatischen Ansichten bereits zu seiner Lebzeit Argwohn hervor. Die Verurteilung des Origenes durch Kaiser Justinian I. im Jahre 543 stellt das Endergebnis eines bitteren Streits dar, der nicht nur von Schülern, Anhängern und deren Gegnern geführt wurde, sondern auch die gesamte Kirche in Mitleidenschaft zog und ihre Theologie für alle Zeiten prägte.[358]

Aufgrund seiner Beliebtheit als Schriftsteller können wir die Kenntnis der wichtigsten Stationen im Leben des Origenes voraussetzen. Als Lehrer der Katechetenschule in Alexandrien kam er auch ins Gespräch mit heidnischen Schülern, offensichtlich eine Herausforderung an seinen kirchlichen Glauben, denn er entschloß sich bald, bei dem Neuplatoniker Ammonios Sakkas in die Schule zu gehen.[359] Als Presbyter in Alexandrien geriet Origenes in die Mißgunst seines Bischofs und mußte sich 231 nach Caesarea begeben, wo er als hochangesehener Lehrer und Gelehrter der Gemeinde diente.[360] Es ist vielleicht gerade kennzeichnend, daß dieser Mann der Kirche und leidenschaftlicher Asket in der Christenverfolgung unter Decius (250) die Verletzungen erlitt, die bald zu seinem Tod führten.[361]

Das literarische Werk des Origenes umfaßt mehrere Gattungen, darunter die σχόλια (Scholien), ὁμιλίαι (Homilien) und die τόμοι (Kommentarbände). Dazu gibt es auch Streitschriften, wie die Widerlegung der Hauptschrift des schon längst gestorbenen Kelsos und die Disputation mit dem Ketzer Herakleion.[362] Der beste Zugang zum Origenischen Denken bietet jedoch die Abhandlung Περὶ ἀρχῶν (Über die Grundlagen bzw. Anfänge). Als erste systematisch-theologische Darstellung bietet diese Schrift eine kosmische Gesamtschau, die die einzelnen Hauptereignisse der Menschheitsgeschichte (z. B. Schöpfung, Sündenfall, Christi Tod, Auferstehung und Wiederkunft) entfaltet und auf dem Hintergrund einer der Stoa entnommenen zyklischen Universalgeschichte malt. Unter diesem Amalgam spekulativer Art befinden sich mindestens soviele hellenistische wie christliche Einzelelemente.[363]

---

[358] *Altaner / Stuiber* 1978, 199.
[359] *Quasten* 1953, 37 f.; *von Campenhausen* 1981, 45.
[360] *Quasten* 1953, 39; *von Campenhausen* 1981, 56 f.
[361] *Eus Hist eccl* 6,39,5 (GCS 9/2, 594); *Quasten* 1953, 40; *Altaner / Stuiber* 1978, 198.
[362] *Altaner / Stuiber* 1978, 201.
[363] AaO., 202.

Trotz seiner Neigung, fremdes Gedankengut in seine theologischen Erörterungen mit aufzunehmen, versteht sich Origenes in erster Linie als Schrifttheologe. Er übernimmt die Inspirationslehre der Tradition,[364] die zu dieser Zeit noch keine endgültige Abgrenzung des Kanons kennt. Origenes setzt jedoch die Einheit beider Testamente voraus und erkennt beiden gleichermaßen dieselbe Autorität als „gottgeatmete" Schrift zu.[365] Das Alte Testament ist mit christologischen Hinweisen dicht besät; dies hat Christus selbst bestätigt und deshalb gilt es, das Alte Testament nicht zur zu benützen, sondern auch auf seinen christlichen Inhalt hin zu untersuchen.[366] Origenes erkennt jedoch auch eine dunkle, unvollkommene Seite der Schrift, die er auf Adaption an menschliche Bedingungen sowie die mangelnde Ausdrucksfähigkeit der menschlichen Sprache zurückführt. Die im literalen Schriftsinn angesiedelte Adaption ist als „die soteriologische Methode der Heils- und Offenbarungsökonomie" anzusehen.[367] Dementsprechend fällt es Origenes nicht schwer, manches in der Schrift, wie z. B. geschichtliche Widersprüche in den Evangelien, als unhistorisch zu beurteilen.[368] Die eigentliche Wahrheit beider Testamente liegt in ihrem pneumatischen Sinn.[369]

Es ist allgemein bekannt, daß Origenes drei verschiedene Sinnebenen in der Schrift entdeckt. Während der Masse nur der leibliche Sinn zugänglich bleibt,[370] gelangen nur wenige (darunter selbstverständlich auch Origenes) zum Ziel des Logos in der Inspiration, dem pneumatischen Sinn. Viele Kritiker sehen in diesem exegetischen Ansatz den Anspruch auf einen Freibrief, der es dem Alexandriner ermöglichte, das in die Schrift hineinzulesen, was ihm gerade angenehm war.[371] In der Tat gelingt es Origenes selten, die drei Bedeutungen eines Textes voneinander abzugrenzen; vielfach beschränkt sich seine Auslegung auf den leiblichen bzw. literalen und den pneumatischen Sinn.[372]

Die exegetische Methode des Origenes geht auf die katechetische Tradition der Kirche zurück, wobei der Alexandriner in erheblichem Ausmaß durch die exegetischen Traditionen der Rabbiner, der Gnostiker und Philons beeinflußt wurde.[373] Aufgrund ihrer Hochachtung vor jedem einzelnen Buchstaben des Alten Testaments vermochten die Lehrer der Mischna auch in den kleinsten

---

[364] *Con Cels* 5,60 (SC 147,162).

[365] *Philoc* 5,5 (SC 302,292); cf. *Hanson* 1959, 198 und *H. Karpp*, Kirchliche und außerkirchliche Motive im hermeneutischen Traktat des Origenes (Vivarium: Festschrift für Th. Klauser, JAC Ergänzungsband 11, Münster 1984), 195 f.

[366] *Karpp* 1984, 199.

[367] *R. Gögler*, Zur Theologie des biblischen Wortes bei Origenes, Düsseldorf 1963, 296.

[368] *Com Io* 10,3 (GCS 10,173), cf. *Gögler* 1963, 336.

[369] *Con Cels* 4,49 (SC 136,310).

[370] *De princ* 4,2,4 (SC 268,310).

[371] *Hanson* 1959, 258; *de Lubac* 1950, 374.

[372] *Com Io* 1,8 (GCS 10,13); *S. Läuchli*, Die Frage nach der Objektivität der Exegese des Origenes, ThZ (Basel) 10 (1954) 190.

[373] *J. Daniélou*, Origène: La genie du christianisme, Paris 1948, 175; *Hanson* 1959, 11.

Einzelheiten der Erzählungen, wie z. B. Namen, Signifikantes zu finden.[374] Diesem Prinzip wird bei Philon in noch konsequenterer Weise Rechnung getragen, da er von der Annahme ausgeht, daß der Sinn der Schrift in jedem Fall dem Menschen nützlich sein muß. Da Schriftaussagen oft zufällig, belanglos oder sogar absurd erscheinen, muß man nach deren tieferem, geistlichen Sinn forschen.[375]

Die bisweilen allegorische Auslegung des frühen Christenums[376] übertrifft die Philonische Exegese, wenn diese erwartet, einen bildhaften Sinn in *jedem* Teil der Schrift zu entdecken. Der Ausleger geht an die Bibel als ein umfangreiches allegorisches Bilderbuch heran, um deren Geheimnisse, die z. T. durch oft benutzte Typologien leichter, aber z. T. auch schwer zugänglich sind, zu erschließen. Erhebliche Schwierigkeiten ergeben sich dort, wo Bilder im hebräischen und hellenistischen Kultbereich eine je unterschiedliche Signifikanz haben, denn die Schule Philons steht bekanntlich an dem Ort, wo sich diese beiden Kulturkreise treffen.[377]

Der griechische Hintergrund dieser exegetischen Vorgangsweise gerät spätestens dann ins Blickfeld, wenn sich die Anschauung des Universums als organische Einheit, die sich unendlich oft in den kleinsten Wesen widerspiegelt, auf die Auslegung auswirkt. Selbst die alltäglichsten und banalsten Begebenheiten auf der Welt bezeugen durch ihren kosmischen Bezug die höheren, unsichtbaren, moralischen Prinzipien, die allem Leben zugrundeliegen. Während christliche Ausleger alttestamentliche Begebenheiten allegorisch auf die Beziehung Christi zu seiner Gemeinde ummünzen konnten, bestieg Philon noch höhere Sphären der geistlichen Geheimniswelt, indem er durch Entschlüsselung der Schrift den Aufbau des Kosmos zu ergründen suchte.[378]

Die valentinianischen Gnostiker als christliche Ausleger übten auch einen, wenn auch nicht einmal annähernd so starken Einfluß auf Origenes aus. Ihr Anliegen war die Darstellung des kosmischen Dramas der Äonen und des Pleromas durch Reinterpretierung der unscheinbaren Ereignisse des irdischen Lebens Jesu. Obwohl der Grundgedanke platonisch ist, nämlich, daß der Bereich der Ideen die eigentliche Wirklichkeit ausmacht, verrät die mythologisch-heilsgeschichtliche Ausmalung himmlischer Vorgänge deren Verwurzelung in der Gnosis. Diese Variante zeitgenössischer Exegese befindet sich im Vergleich zur

---

[374] Eg. *Hom Num* 12,3 (GCS 30, 102); *Daniélou* 1948, 177.

[375] *Daniélou* 1948, 180; *Hanson* 1959, 39, definiert ἀλληγορία als „figurative interpretation of authoritative Scripture or tradition . . .“.

[376] Cf. Gal 4,21–31; im Neuen Testament finden sich in Wirklichkeit nur wenige Beispiele echter Allegorese.

[377] *Daniélou* 1948, 182; *Hanson* 1959, 46 ff.

[378] *Daniélou* 1948, 186 f.; *Hanson* 1959, 66, behauptet, daß eine solche Vorgangsweise zwangsläufig zu einer Entwertung der Geschichtlichkeit der textuellen Aussage zwangsläufig führen mußte.

rabbinischen und Philonischen Auslegung am weitesten entfernt vom urchristlichen Schriftgebrauch.[379]

Die Verfasser des Neuen Testaments übernehmen die allegorische Auslegungsmethode von ihren jüdisch-hellenistischen Vorgängern, wenden diese Methode allerdings nur spärlich an. In Nachahmung jüdischer Tradition entnahm die Urgemeinde dem Alten Testament eine Mehrzahl an Typologien, welche in jüdischen liturgischen Formen beheimatet waren.[380] Obwohl diese Typologien an vielen neutestamentlichen Stellen unterschwellig vorhanden sind, kommen sie überraschend selten explizit zum Ausdruck. Während die Allegorese den Gleichnissen Jesu wahrscheinlich Pate stand, findet man erst bei Paulus das erste voll ausgeformte Beispiel allegorischer Auslegung im Neuen Testament.[381] Obwohl der Hebräerbrief manchmal als exponiertes neutestamentliches Beispiel allegorischer Exegese angeführt wird, zeigt die nähere Untersuchung, daß dieses Schreiben zwar an Typologien reich, an eigentlicher Allegorese jedoch arm ist.[382]

Gezwungen durch die Notwendigkeit, die kirchliche Schriftlehre gegenüber den Häretikern zu verteidigen,[383] suchte Origenes einerseits durch seine besondere Art der Schriftauslegung die Integrität beider Testamente aufrechtzuerhalten, ohne andererseits seine Erkenntnis über deren an manchen Stellen deutlich feststellbare Ahistorizität aufgeben zu müssen.[384] Zu diesem Schritt hätte er sich aber nicht entschließen können, denn so sehr er sich für die Kirche einsetzte, so sehr war er dennoch Grieche im Geist. Das Grundprinzip seiner allegorischen Auslegungsmethode ist die ἀναγωγή, die einmal rein exegetisch-formal als das Emporheben des historischen Schriftsinns auf die entsprechende pneumatische Ebene, aber auch sachlich als die Stiftung einer ontologischen Beziehung zwischen Textaussage und dadurch symbolisierter Wirklichkeit zu verstehen ist.[385] Zwar nicht gerade als Platoniker, aber wohl als platonischdenkender Theologe, legt Origenes die ganze Betonung auf die ideale Realität und deren Bedeutung für das Menschenleben in der Gegenwart.

Im hermeneutischen Traktat in *De princ*[386] skizziert der Exeget die angemessene denkerische Vorgangsweise in der Auseinandersetzung mit einem biblischen Text. Erstens prüft er, ob der Sinn wahr ist; zweitens sucht er nach dem pneumatischen Inhalt durch Vergleich mit anderen Schriftstellen; drittens sucht

---

[379] *Daniélou* 1948, 191.

[380] *Lundberg* 1942, 110 f.; *Hanson* 1959, 67.

[381] Gal 4,23; *Hanson* 1949, 80.

[382] Während *Hanson* 1959, 94, nur formale Ähnlichkeit des Hebräerbriefes mit der Philonischen Auslegungswese feststellt, versucht C. *Spicq* (L'Épitre aux Hebreux, Paris 1952, 39–91) den Beweis für die starke Beeinflussung dieser Schrift durch die alexandrinische Exegese zu erbringen. Auch Spicq findet jedoch nur wenig echte Allegorese im Hebräerbrief.

[383] *Karpp,* 1984, 212.

[384] *Hanson* 1959, 287.

[385] *Läuchli* 1954, 194.

[386] *De princ* 4,3,5 (SC 268,362 ff.).

er einen lückenlosen Zusammenhang zu erfassen, indem er auch, wenn notwendig, schließlich den nicht pneumatischen Textteil durch Allegorisierung anpaßt.[387] Es versteht sich daher, daß Origenes von seinen alexandrinischen Vorgängern insofern abwich, als er die Allegorese mehr oder weniger maßvoll einsetzte und dem literalen Anteil als an sich bedeutsam zu berücksichtigen versuchte. Obwohl manches Ergebnis seiner Exegese befremdend anmutet, kann man Origenes selten vorwerfen, daß seine Deutung einer einzelnen Schriftstelle gänzlich verfehlt ist.[388]

Origenes sieht sich auch deshalb zum dreifachen Schriftsinn verpflichtet, weil seine Theologie insgesamt dreigliedrig aufgebaut ist. Vom trinitarischen Gottesbild wird auch das trichotomische Menschenbild abegeleitet. Vom Vater kommt das Sein überhaupt, vom Sohn die Vernunft und vom Geist die Heiligung.[389] Gleich nach der Schöpfung war der Mensch νοῦς (oder πνεῦμα),[390] kühlte aber bald zu ψυχή ab.[391] Anders ausgedrückt war der Mensch am Anfang zugleich εἰκών und ὁμοίωμα τοῦ θεοῦ, aber seit dem Sündenfall muß er sich anstrengen, letzteres wiederzuerlangen.[392] Der Sündenfall war keine Tragödie, sondern fand entsprechend der göttlichen Ökonomie statt. Seither besteht der Mensch aus σῶμα, ψυχή und πνεῦμα und besitzt völlige Freiheit, sich entweder für σῶμα oder πνεῦμα zu entscheiden, wodurch er sich entweder zu einem κτηνώδης- oder λογικώτερος-Menschen entwickelt.[393] Durch die Erziehung des πνεῦμα, das selbst vom πνεῦμα τοῦ θεοῦ erzogen wird und zunehmend größeren Anteil an ihm hat, wird das σῶμα überwunden.[394] Der geistlich-sittliche Aufstieg des Menschen auf Erden bleibt jedoch immer unvollständig; erst die eschatologische Vervollkommnung in der Auferstehung stellt die verlorene ὁμοίωσις τοῦ θεοῦ wieder her.[395] Diese Entwicklung des Menschen zu einem Gott-ähnlichen Zustand kann als „progressive Pneumatisierung" bezeichnet werden, wobei die Verantwortung für den Fortschritt zunächst am Willen des Menschen, dann aber am Wirken des πνεῦμα τοῦ θεοῦ liegt.[396] Aufgrund der zunehmenden Verweltlichung der Gemeinde, vermag Origenes die Geistverleihung nicht mehr unmittelbar mit der Wassertaufe zu verknüpfen; er zog es vielmehr vor, den sittlichen Fortschritt als Zeichen für die Anwesenheit des πνεῦμα τοῦ θεοῦ im Menschen zu deuten.[397]

---

[387] *Karpp* 1984, 202.
[388] *de Lubac* 1950, 374 und 391.
[389] *De princ* 1,3,8 (SC 252, 162).
[390] *Hauschild* 1972, 97.
[391] G. *Bürke*, Des Origenes Lehre vom Urstand des Menschen, ZKTh 72 (1950) 19. Origenes übernimmt die Aristotelische Etymologie des Begriffes ψυχή ohne Bedenken.
[392] *De princ* 3,6,1 (SC 268,236); cf. *Karpp* 1950, 204.
[393] H. *Rahner*, Das Menschenbild des Origenes. Eranos Jahrbuch 15 (1947) 222.
[394] *Com Io* 13,53 (GCS 10,282f.); J. *Dupuis*, L'Ésprit de l'homme, Paris 1967, 61 ff.
[395] AaO., 184.
[396] AaO., 218: „une pneumatisation progressive."
[397] *Hauschild* 1972, 104.

Entsprechend der fortschreitenden Vergeistlichung der ψυχή, kann der Mensch je nach geistlichem Zustand als θάνατος oder ἀθάνατος gelten. Die Vorwegnahme der Auferstehung während des irdischen Lebens ist jedoch nicht vollkommen, weil die völlige Gleichgestaltung mit Christus erst am Ende der Zeit geschehen wird. Origenes denkt diese Auferstehung nicht plötzlich und materiell, wie z. B. Tertullian. Sie ereignet sich vielmehr allmählich „... d'une manière progressive, qui reste à travers un miroir, en énigme' par le sacrement de baptême et l'ascension spirituelle dont il doit être le debut."[398] Somit nahm Origenes eine Mittelstellung ein zwischen den Verleugnern der fleischlichen Auferstehung und den vulgären Christen mit ihrer dinglichen Auferstehungsvorstellung.[399] Noch ungeklärt bleibt Origenes' Beschreibung des Auferstehungsleibes als σφαιροειδῆ; diese nicht mit voller Sicherheit auf ihn zurückzuführende Angabe könnte auf der stoischen Vorstellung von der Sphäre als Symbol des νοῦς, welches z. B. im Kopf des Menschen versinnbildlicht gesehen wurde, beruhen.[400]

Origenes vertritt ein durchaus platonisches Sündenverständnis, er faßt ἁμαρτία als Mangel am Guten auf.[401] Obwohl er im Einklang mit der platonischen Anthropologie jeden Menschen für seine eigene Sünde verantwortlich hält, geht er ohne empfundenen Widerspruch von der Annahme aus, daß die Kinder befleckt auf die Welt kommen. In dieser Schlußfolgerung greift er die Lehre Augustins voraus, ohne jedoch auf den Gedanken zu kommen, daß die Sündenschuld durch Konkupiszenz übertragen wird.[402] Alle Menschen sündigten in Adam als präexistente Wesen und sind daher eigenschuldig.[403] Origenes fordert die tatsächliche Freiheit von der Sünde für eine Zeitlang vor der Taufe und betrachtet die Taufe selbst als eine einmalige ἄφεσις τῶν ἁμαρτιῶν.[404] Mit der Möglichkeit, daß es immer noch Sünder in der Gemeinde gibt, muß Origenes gerechnet haben, denn er schreibt vor, wie mit dem sündigen Gemeindeglied zu verfahren ist.[405] Obwohl er zwischen schweren und leichten Sünden unterscheidet,[406] hält er alle Sünden für grundsätzlich vergebbar, auch das *peccatum*

---

[398] H. Crouzel, Théologie de l'image de Dieu chez Origène, Paris 1956, 226.

[399] *Rahner* 1947, 241.

[400] Diesen Vorschlag zur Entzifferung der dunklen Formulierung bringt *W. L. Knox* in: Origen's Conception of the Resurrection Body, JTS 39 (1938) 247 f. *H. Chadwick*, Origen, Celsus and the Resurrection Body, HThR 41 (1948) 102, deutet jedoch σφαιροειδῆ als Aussage über die Art wie der Auferstehungsleib emporsteigen wird.

[401] *Com Rom* 9,2 (PG 14,1210): *Verbi gratia, justitia virtus est: et si quis minus aliquid facit quam justitia patitur, sine dubio injustus est.*

[402] *Hom Lev* 12,4 (GCS 30,460); cf. *Gaudel* 1932, 334 f.

[403] *A. von Harnack*, Der kirchengeschichtliche Ertrag der exegetischen Arbeiten des Origenes, 1. Teil, TU 42,3, 60, 78.

[404] *Hom Luc* 21,5 (GCS 49/2,129); cf. *Windisch* 1908, 472; *G. Teichtweier*, Die Sündenlehre des Origenes, Regensburg 1958, 311.

[405] *Hom Ez* 3,8 (GCS 33,357 f.); *J. Stufler*, Die Sündenvergebung bei Origenes, ZKTh 31 (1907) 212 ff.

[406] *Hom Iud* 2,5 (GCS 30,478).

ad mortem,[407] welches spätestens nach der göttlichen Entsündigung durch die Feuertaufe vergeben wird.[408] Wie andere Kirchenväter hält er das Martyrium sowie die kirchliche Buße für zusätzliche Möglichkeiten, sich der Sündenschuld nach der Taufe zu entledigen, die Buße bleibt jedoch im Fall von schwerer Sünde von fraglicher Wirksamkeit.

Es wurde bereits erwähnt, daß Origenes die Sündhaftigkeit aller Menschen, einschließlich der Kleinkinder als gegebene Tatsache erachtet. Von dieser Einsicht her führt er die Praxis der Kindertaufe auf apostolische Tradition zurück.[409] Es ist daher zumindest bemerkenswert, daß Origenes für eine eingehende Taufvorbereitung samt Katechumenat und tatsächlicher Freihaltung von Sünde eintritt.[410] Faßt man seine gesamte Tauftheologie vor Augen, so tritt das Moment der Taufe als von sich aus wirksamer Handlung zugunsten der durch die Taufe verkündigten sittlichen Verpflichtungen fast völlig in den Hintergrund. Der Grund für diese moralisierende Betonung ist wahrscheinlich u. a. in der gnostischen Bedrohung zu sehen:

> Die magische Auffassung der Mysterien, die gnostische Naturalisierung der Gnade zu einem kosmologischen Prozeß sowie auch der von ihm gelegentlich beklagte Mißbrauch in der Kirche, nur den tradierten Taufritus vorzunehmen, ohne sich um die Erkenntnis seiner Bedeutung zu bemühen, diese drei Gefahren veranlassen Origenes, den sittlichen Aspekt der Taufe besonders hervorzuheben.[411]

Im Einklang mit dieser Taufanschauung, die eine verändernde Kraft der Taufe kaum wahrnimmt, spricht Origenes nur selten von der Geistverleihung in der Taufe und scheint sogar an manchen Stellen den Geist von der Taufhandlung lösen und enger an den neuen Lebenswandel nachher binden zu wollen.[412] Der deutliche Unterschied zwischen dem äußeren Zeichen der Wassertaufe und der inneren Wirklichkeit des Geistempfangs steht für ihn auf jeden Fall fest.[413]

Der Durchzug durch das Rote Meer und den Jordanfluß werden von Origenes häufig als Tauftypologien gebraucht.[414] In diesem Bild stellt Ägypten das Reich des Teufels dar, aus dem es nach der Taufe endgültig auszuziehen gilt.[415] Der Auszug aus dem Machtbereich Satans geschieht jedoch nicht nur als willentlicher Bruch mit der Sünde, also als Absage an das Böse, sondern auch

---

[407] *Com Io* 19,13 (GCS 10,312).

[408] *Hom Luc* 3,16 (GCS 49/2,21); *Stufler* 1907, 221; *Poschmann* 1940, 440; *Windisch* 1908, 491.

[409] *Com Rom* 5,9 (PG 14,1047); *Gross,* 1960, 107.

[410] *Hom Luc* 21,5 (GCS 49/2, 128 f.).

[411] *Neunhauser* 1956, 30; cf. *H. Rahner,* Taufe und geistliches Leben bei Origenes, ZAM 7 (1932) 207.

[412] *Hauschild* 1972, 105.

[413] *Com Io* 6,33 (GCS 10,143); *Lampe* 1951, 166.

[414] *Hom Ios* 4,1 f. (GCS 30,309); *Hom Ex* 5,5 (GCS 29,190); *J. Daniélou,* Traversée de la mer rouge et baptême aux premiers siècles, RSR 33 (1946) 413 f.; *Lundberg* 1942, 148.

[415] *Hom Ex* 1,5 (GCS 29,154); *Rahner* 1932, 209.

durch die Entsündigung in der Taufe.[416] In diesem bilderreichen Zusammenhang kommt dem Wasser des Meeres bzw. des Flusses der Symbolwert des Todes zu, wobei Origenes Vorstellungen aus der griechischen Mythologie in
seine Taufinterpretation mit hineinnimmt.[417] Etwas unvermittelt redet Origenes von einer Feuertaufe, die zunächst von der hellenistischen Vorstellung vom
Feuerfluß zur Läuterung der unsterblichen Seele abgeleitet wird, die aber in seinen Schriften nicht einheitlich entfaltet wird, denn bald ist sie gegenwärtig,
bald künftig; bald tritt sie zerstörend als Gerichtsfeuer in Erscheinung, bald soll
sie nur eine Zeitlang reinigen; bald betrifft sie nur bestimmte Menschen, bald
umschlingt sie die ganze Welt.[418]

Daß die Taufe an sich nach Origenes kein μυστήριον ist, wird allgemein anerkannt, denn der Alexandriner übernimmt mehr oder weniger den paulinischen Sprachgebrauch, engt jedoch den Begriff auf drei „objektive Seins-
aspekte" des Mysterions bei Paulus ein, nämlich die Fleischwerdung Christi,
die Kirche und die Schrift.[419] Das Mysterion ist also für Origenes wie für Irenäus und Klemens in erster Linie ein offenbarungs- und kein sakramentstheo-
logischer Begriff. Einen Ausdruck für den heutigen Sakramentsbegriff sehen
manche Forscher in Origenes' Gebrauch von μυστήριον als Abbild der Wirklichkeit, die entsprechend dem platonischen Weltbild nur geistig wahrnehmbar
sein kann.[420] Nach diesem Schema ist das Mysterion *res,* die geistliche Wirklichkeit, auf die das σύμβολον hinweist.[421] Es muß jedoch als problematisch
gelten, die Taufauffassung des Origenes im Sinne der modernen katholischen
Sakramenttheologie interpretieren zu wollen, denn damit wird sie ihrem Ursprung in der platonischen Ontologie entfremdet.[422]

In welchem Ausmaß und in welchen Einzelfragen Origenes Paulus verstanden hat, wird von Forschern sehr unterschiedlich beantwortet. In seiner Betonung der Willensfreiheit des Menschen unterscheidet sich Origenes von Paulus
insofern, als dieses Thema zum Gegenstand seiner Erörterungen macht, Paulus
hingegen die Handlungsfreiheit des Menschen stillschweigend voraussetzt, dafür die Gnade Gottes stärker thematisiert, ohne daß er sie mit der Verantwor-

---

[416] *Hom Ex* 5,5 (GCS 29,190); *Rahner* 1932, 209.

[417] *Lundberg* 1942, 148 ff.

[418] Cf. *Hom Luc* 3,16: *Oportet enim prius aliquam baptizari aqua et Spiritu, ut, cum ad igneum
fluvium venerit, ostendat se et aquae et Spiritu lavacra servasse et tunc mereatur etiam ignis accipere
baptismum in Christo Jesu* sowie die unterschiedlichen Deutungen bei *C.-M. Edsman,* Le
baptême de feu, Uppsala 1940, 1–13; und *H. Crouzel,* Origène et la structure du sacrement,
Bulletin de litterature ecclésiastique 63 (1962) 87.

[419] *Prümm* 1937, 412.

[420] *Crouzel* 1962, 82.

[421] Ebd.; *Daniélou* 1948, 260.

[422] *H. Crouzel,* Origène et la „connaissance mystique", *Toulouse* 1961, 30, beschreibt
von *Com Mat* 15,23 (GCS 40,417) herkommend die Taufanschauung des Origenes in folgender Weise: „C'est un geste sensible à effet mysterieux, symobole efficace d'une réalité du
monde futur: nous sommes très près du sens sacramental."

tung des Menschen konkurrieren läßt.[423] Darüber hinaus ersetzt Origenes die heilsgeschichtliche Darstellung des Paulus durch platonische Metaphysik und deutet gleichermaßen die Eschatologie individualistisch.[424] Andererseits bewahrt Origenes die paulinische Verbindung der christlichen Ethik mit den Heilstaten Christi, die das Eschaton vorwegnehmen.[425] Welchen Stellenwert Origenes dem Kreuz Christi als Sühnetat für die Menschheit beimißt, wird sehr unterschiedlich beurteilt: Manche sehen das Kreuz im Mittelpunkt seiner Theologie, andere hingegen meinen, Origenes habe den Sinn des Kreuzesgeschehens völlig verkannt.[426] Das Stufensystem der moralischen Verbesserung bei Origenes geht natürlich um einiges über den Paulinismus hinaus, kann jedoch als psychologische Ausdeutung eines im Kern ähnlichen Aufstiegsdenkens bei Paulus angesehen werden.[427]

Die ältere Forschung meint, daß Origenes die für Paulus so bezeichnende Lehre von der Rechtfertigung durch den Glauben nicht begriffen habe.[428] Stellen im Römerbriefkommentar, die einen gegenteiligen Eindruck erwecken könnten, seien nachträglich vom Übersetzer des Kommentarwerkes, Rufin von Aquileia, eingefügt worden, um Origenes als rechtgläubiger erscheinen zu lassen, als er in der Tat war.[429] Die Ergebnisse einer jüngeren Studie, die auf dem Turapapyrus basiert, dem ein hohes Maß an Überlieferungstreue gegenüber anderen Origenes-HSS beigemessen wird, gibt jedoch Anlaß, über frühere Urteile nachzudenken und Origenes mehr Verständnis für die paulinische Rechtfertigungslehre zuzuerkennen.[430]

Bisher wurde immer wieder die Beziehung des Origenes zum Platonismus angesprochen. Dem Athener entlehnt er, vermutlich über den Mittelplatonismus des Ammonios Sakas, die Weltanschauung, nach der der κόσμος aus zwei Sphären besteht, dem νοητός und dem αἰσθητός, während die ψυχή sich zwischen diesen zwei Bereichen bewegt.[431] Auch der Gottesbegriff des Origenes orientiert sich in mancher Hinsicht am platonischen, nämlich in der reflexen Bestimmung: Gott ist transzendent, das höchste Gut und die Wahrheit

---

[423] W. *Völker*, Paulus bei Origenes, ThStK 102 (1930) 277.

[424] AaO., 271 f.

[425] *Drewery* 1960, 158.

[426] Cf. das Urteil *Becks* 1966, 154; dagegen *Völker* 1930, 276: Origenes habe die Kreuzespredigt als „Notbehelf" verstanden, sie steht also nur am Rande seines theologischen Systems.

[427] 1 Kor 9,24 ff.; Phil 3,12 ff.; cf. W. *Völker*, Das Vollkommenheitsideal des Origenes, Tübingen 1931, 43.

[428] AaO., 274.

[429] Ebd.

[430] Hier das abschließende Urteil *Becks* zum Paulinismus des Tura-Papyrus: „. . . so bewegen wir uns immer und völlig im Bereich paulinischer Fragestellungen und nicht zeitgenössischer Philosophie."

[431] H. *Koch*, Pronoia und Paideusis: Studien über Origenes und sein Verhältnis zum Platonismus, Berlin 1932, 204.

schlechthin.[432] Entsprechend der platonischen Zielvorstellung für den Menschen versteht Origenes das Christentum auch als pädagogischen Idealismus, dessen Anliegen es ist, den Menschen als freies Vernunftwesen zur göttlichen Gerechtigkeit zu erziehen.[433] Die Vorstellung von der Präexistenz der Seele ist auch zweifellos platonisch.[434] Es versteht sich, daß die biblische Orientierung des Systems des Origenes nicht selten durch die massive Übernahme platonischer Begrifflichkeit beeinträchtigt werden mußte.

3.9.2. Auslegung

Das bereits gezeichnete Gesamtbild der wesentlichen Merkmale der Theologie des Origenes soll in der folgenden Darstellung dazu dienen, die exegetischen Ergebnisse der Auslegung des Origenes von Röm 6,1–11 systematisch einzuordnen und im Zusammenhang seiner gesamten Theologie zu verstehen. Dazu soll das Urteil über die Ursprünglichkeit mancher Aussagen des lateinischen Römerbriefkommentars erleichtert werden. Es werden hier bei weitem nicht alle Hinweise des Origenes auf Aussagen der Römerbriefstelle behandelt (er bringt über 200 einzelne Zitate und Anspielungen auf Röm 6,1–11!); Stellen, die dasselbe Auslegungsmotiv wiederholt bezeugen, werden in zusammengefaßter Form vorgestellt.

3.9.2.1. Röm 6,1

Die Hauptaussage dieses Verses betrifft das Verhältnis von Gnade und Sünde, welches Paulus schon im 5. Kapitel anschneidet. Origenes geht auf die gegenseitige Ausschließlichkeit dieser beiden Größen ein, um die Rolle Christi als Gnadenbringer zu verdeutlichen:

> *Requiritur sane, si in solis hominibus superabundet gratia, in quibus abundavit aliquando peccatum; et an in nullo superabundet gratia, nisi in quo abundavit peccatum; an et in aliquibus potest superabundare gratia, in quibus numquam vel abundaverit, vel fuerit peccatum.*

Com Rom 5,7 (PG 14,1036)

Die bei Paulus häufig anzutreffende Gegenüberstellung vom früheren Leben in der Sünde und dem neuen Leben in Gnade durch Christus erkennt Origenes in der Ausgangsfrage des Paulus, welche jener freilich mit „Nein" beantwortet. Gnade und Sünde können nicht nebeneinander im Menschen bestehen, Gnade kann jedoch die Sünde ersetzen, muß es aber nicht. Origenes zieht die Schlußfolgerung, daß Gnade sicherlich reichlich in jenem Menschen gedeihen kann, in dem Sünde niemals zu Hause war. Damit meint er freilich Jesus Christus, wie

---

[432] AaO., 203.
[433] AaO., 159f.
[434] AaO., 317.

die anschließenden, jedoch oben nicht zitierten Schriftbelege deutlich machen.[435] In dieser Stelle über das Verhältnis von Gnade und Sünde im Menschen
sieht Origenes gleichsam einen Beweis für die sachgemäße Logik der Argumente des Paulus in Röm 5. Christus konnte Adam gegenüber Gnade bringen,
denn er war nicht mit Sünde belastet; die Gnade konnte also in ihm in umso
größerem Ausmaß Fuß fassen und gedeihen.

Im Anfangswort des Kapitels sieht Origenes auch die Situation des vom Abfall gefährdeten Christen angesprochen:

> *Permanere namque, est a coepto non desinere. Quod utique si quis faciat, certum est quod
> nec initium conversionis acceperit. Illud autem interdum accidit, ut non quidem permaneat
> quis in peccato, sed cum desierit, rursum redeat ad vomitum, et fiat infelicissimus, ut post
> depulsum a se regnum peccati et mortis, et regnum vitae justitiaeque susceptum, iterum se
> dominationi peccati substernat et mortis.*
>
> *Com Rom* 5,7 (PG 14,1036)

Origenes versteht *permanebimus* (vermutlich als ἐπιμένωμεν in dem ihm bekannten Textwortlaut überliefert) offensichtlich als reale Möglichkeit unter
den Gläubigen. Denn seine Ansichten über Sünde und Buße entsprangen der
Gemeindesituation um 200 ff., die von Laxheit und Anpassung an die nicht-
christliche Umwelt gekennzeichnet war.[436] Origenes identifiziert denjenigen,
den Paulus mit seiner Eingangsfrage anspricht, mit dem Gemeindeglied, dessen Bekehrung in Wirklichkeit nie stattgefunden hat. Die Frage des Paulus ist
daher für diesen Kommentator nicht rhetorischer Art. Anspielungen auf andere
neutestamentliche Stellen[437] weisen zusätzlich auf die immerwährende Möglichkeit des Glaubensverlustes hin. Es ist bemerkenswert, daß Origenes diese
nie richtig Bekehrten vermutlich aufgrund ihres Taufempfangs zu denen rech-
net, die „das Reich des Lebens und der Gerechtigkeit" angenommen haben.
Weil sie noch nie mit der Sünde gebrochen haben, verspielen sie ihr Heil. Als
seelsorgerlicher Ausleger schließt Origenes immerhin die Möglichkeit ein, daß
der noch nicht von der Sünde abgekehrte Christ nachträglich umkehrt und die
endgültige Selbsthingabe an die Macht der Sünde und des Todes vermeidet.[438]

Schließlich ist festzuhalten, daß kein Grund besteht, die Echtheit dieser zwei
Bemerkungen aus dem lateinischen Römerbriefkommentar zu bezweifeln. In
den Bemerkungen benützt Origenes die Frage des Paulus in Röm 6,1, um auf
den Fall des vor dem Abfall stehenden Gemeindeglieds einzugehen. Ein so Ge-
fährdeter hat sich nie richtig von seinem sündigen Lebenswandel abgewandt.
Origenes versteht die Frage als Aufruf, mit der Sünde zu brechen, ehe es zu spät

---

[435] Kol 1,20; Heb 2,9.

[436] Für das Bild dieser Gemeindesituation sind wir z. T. auf die Schilderung des Origenes
selbst angewiesen, die in seinen Homilien begegnet; cf. *Daniélou* 1948, 53 ff.

[437] 2 Pet 2,22; dann 1 Tim 1,19.

[438] Daß Origenes eine neue Buße nach der Taufe für möglich hält, wurde oben bereits erwähnt; cf. *Stufler* 1907, 221; *Poschmann* 1940, 440; *Windisch* 1908, 491.

wird. Ferner sieht er in diesem Vers das Ausschließlichkeitsverhältnis von Sünde und Gnade zum Ausdruck gebracht; er deutet dieses Prinzip gleichsam als Hinweis auf die Rolle Christi, in dem Gnade im Überfluß vorhanden war und der deshalb der ganzen Menschheit die heilende Kraft spenden konnte.

3.9.2.2. Röm 6,2

Im Römerbriefkommentar bringt Origenes seine Definition von ἀποθανεῖν τῇ ἁμαρτίᾳ im Anschluß an die Zitierung von Röm 6,12:

> *Quod si facere desideria peccati peccato vivere est; non facere desideria peccati, nec obe-*
> *dire voluntati eius, hoc est mori peccato.*
> Com Rom 5,7 (PG 14,1035)

Die Wünsche und die Absicht der Sünde nicht auszuführen noch ihnen zu gehorchen, heißt der Sünde zu sterben. Origenes bringt mit dieser Erklärung ein gewissermaßen personalisiertes Bild von der Sünde zum Vorschein. „Totsein" für die Sünde heißt demnach „Taubsein" für ihre Stimme und ihre inneren Anregungen. Das bewußte Abschalten ihr gegenüber geschieht im Akt der Buße, wie aus dem Folgenden hervorgeht:

> *Si ergo commonitus quis morte Christi qui „pro impiis mortuus est", poeniteat in his*
> *omnibus, et velut pessimum regem regnantem in sua carne depellat, alienumque se ab eius*
> *desideriis faciat ac praeceptis, iste vere per mortem Christi peccato mortuus esse dicitur.*
> Com Rom 5,7 (PG 14,1035 f.)

Das Sterben in bezug auf die Sünde findet als Gewaltakt statt, wobei der Reumütige das Beispiel des selbstlosen Stellvertretungstodes Christi[439] nachahmt und sich völlig umkehrt. In einem für Origenes bezeichnenden Bild wird die Sünde als Tyrann dargestellt, den es aus dem eigenen Fleisch zu vertreiben gilt.[440] In diesem Zusammenhang hat σάρξ nicht die zuweilen negative Bedeutung wie bei Paulus; das Fleisch des Menschen ist lediglich das Werkzeug, das die Sünde zur Ausführung ihrer verderblichen Absichten gebraucht.[441] Die Personifizierung der Sünde als böser Herrscher wird auch durch ihre Fähigkeit zu befehlen bezeugt. Ihre Befehle und Wünsche muß man von sich entfernen, will man der Sünde durch Christi Tod sterben.

Vieles an diesen Ausführungen geht mit Sicherheit auf Origenes zurück. Eine derartige personalisierte Weise, von der Sünde zu reden, mutet jedoch etwas unplatonisch an und scheint daher nicht gerade charakteristisch für Origenes. Es würde jedoch der Art des Origenes nicht widersprechen, eine solche

---

[439] Röm 5,6.

[440] Cf. *Cat Rom* 30 (*Ramsbotham* 1912, 365); *Com Rom* 5,10 (PG 14,1050).

[441] Origenes sieht zwar die Körperlichkeit des Menschen als Folge des Sündenfalls, hält jedoch an der Erlösbarkeit auch des Fleisches durch die Seelenläuterung fest; cf. *De princ* 2,3,2 (SC 252,252); *Gruber* 1962, 164 f.

Redeweise als Stilmittel zu verwenden, um die psychologische Dramatik der Umkehr zu veranschaulichen, ohne eine ontologische Aussage über die Sünde machen zu wollen.

Zu Lebzeiten des Origenes gab es ein ausgedehntes und langwieriges Kate-chumenat.[442] Zu seiner Katechese gehört auch die Forderung nach dem Sterben gegenüber der Sünde vor der Taufe, wie auch die folgende Stelle nach dem Lemma zu Röm 6,3 f. bezeugt:

> *... docens per haec* [i. e. *Röm 6,3 f.*] *quia si quis prius mortuus est peccato, is necessario in baptismo consepultus est Christo; si vero non ante quis moritur peccato, non potest sepeliri cum Christo.*
> Com Rom 5,8 (PG 14,1038)

Wie wir noch sehen werden, geht auch aus anderen Zitaten hervor, daß Origenes das Verständnis von συνθάπτειν τῷ Χριστῷ als das Untertauchen bei der Taufhandlung für seine Exegese voraussetzt. Für ihn steht fest: Wer mit Christus in der Taufe mitbegraben werden will, der muß zuerst der Sünde sterben. Diese Forderung war er offensichtlich zu stellen gewohnt, wie eine andere Bemerkung in selben Zusammenhang nahelegt:

> *Mori prius oportet te peccato, ut possis sepeliri cum Christo. Mortuo enim sepultura debetur. Si enim vivis adhuc peccato, consepeliri non potes Christo ...*
> Com Rom 5,8 (PG 14,1038)

Es kann natürlich sein, daß diese unmittelbare Anredeweise auf einen stilisti-schen Eingriff des Übersetzers zurückgeht,[443] andererseits ist es durchaus vor-stellbar, daß dieser Paulusspruch in der Katechetenschule in Alexandrien einen neuen Sitz im Leben fand. Die Häufigkeit mit der diese Auslegung von Röm 6,2 gerade bei Origenes aufscheint, läßt diese Annahme als überaus plausibel erscheinen.

Ist „stirb für die Sünde!" eine absolute Forderung für Origenes?[444] Wenn ja, wie verhielt sie sich zur Vorstellung vom geistlich-sittlichen Fortschritt nach Beginn des christlichen Wandels in der Taufe? Offensichtlich versucht der Leh-rer in diesem Fall wiederum psychologisch auf seinen Zögling einzuwirken: Wenn du weiterhin der Sünde lebst, kannst du nicht mit Christus begraben werden. Der Wille, die Sünde zu verlassen, die ernste Absicht, sich einem neuen Herrn zu unterwerfen, das ist es, was man von einem Neugläubigen er-warten kann. Wenn Origenes in seiner ethischen Forderung fast unmenschlich und erbarmungslos erscheint, dann ist es, weil er gegen die Apathie der Vulgär-christen gegenüber den moralischen Aspekten der christlichen Lehre ankämpft. Dieser Eindruck wird durch eine weitere Bemerkung des Origenes in bezug auf

---

[442] *Daniélou* 1948, 26 ff.

[443] Siehe oben unter 2.4.1.4.

[444] In Anbetracht der Bußlehre des Origenes (cf. oben 3.9.2.1.) ist es überhaupt nicht vorstellbar, daß er einen derartigen Taufrigorismus vertreten hätte.

diejenigen, die es mit der Taufe eilig haben, bestätigt: „*Ideo qui festinant ad baptismum, hoc prius curare debent ut moriantur ante peccato, et sic possint consepeliri Christo per baptismum …*".[445] Origenes zielt nicht auf Perfektionismus vor der Taufe, sondern er ist bestrebt, einem falschen Taufverständnis entgegenzuwirken, welches sich allzu große Veränderung durch den Ritus selbst verspricht. Demgegenüber sollten die Taufbewerber „besorgt sein", d. h. allen Fleiß daran setzen, zuerst der Sünde zu sterben. Besser ist es, sich Zeit zu lassen vor der Taufe und über deren Bedeutung für den Lebenswandel im klaren zu sein, denn ein wahres Sterben muß dem Begräbnis vorausgehen. Wenn Origenes bisher vom Absterben gegenüber der Sünde als von einem radikalen Willensentschluß des Menschen, dem Bösen den Kampf anzusagen, gesprochen hat, so kennt er auch eine Redeweise, die auf Gott als den hinweist, der für die Sünde tot macht. Diese Gottesvorstellung muß er allerdings Kritikern gegenüber verteidigen:

Καὶ γὰρ ἐκεῖνοι τοῦ μὲν „Ἐγὼ ἀποκτενῶ" δοκοῦσιν ἀκηκοέναι καὶ πολλάκις ἡμῖν αὐτὸ ὀνειδίζουσι, τοῦ δὲ „Ζῆν ποιήσω" οὐδὲ μέμνηνται· Τοῦ ὅλου ῥητοῦ δηλοῦντος τοὺς ἐπὶ κοινῷ κακῷ ζῶντας καὶ ἐνεργοῦντας κατὰ κακίαν ἀποκτείννυσθαι ἀπὸ τοῦ θεοῦ, ζωὴν δ᾿ αὐτοῖς κρείττονα ἀντεισάγεσθαι καὶ ἥν δῴη ἄν ὁ θεὸς τοῖς „τῇ ἁμαρτίᾳ" ἀποθανοῦσιν. Οὕτω δ᾿ ἐκεῖνοι ἤκουσαν μὲν τοῦ „Πατάξω" οὐκέτι δὲ ὁρῶσι τὸ „κἀγὼ ἰάσομαι".

Con Cels 2,24 (SC 132,350)

Aus diesen Bemerkungen geht hervor, daß Deut 32,39[446] aus einem polemischen Anliegen häufig eingesetzt wurde, um die jüdisch-christliche Gottesvorstellung als primitiv und allzu menschlich zu beweisen.[447] Origenes duldet derartige unvollständige Zitierung der Schrift nicht; er fügt vielmehr das zweite Glied des Spruches hinzu, um zu zeigen, um welche Art von Tod es sich in diesem Fall handelt. Diejenigen, die für das gemeine Böse leben und das Schlechte ausführen, werden von Gott getötet, um sie in ein besseres Leben anstelle des früheren einzuführen. Dieses neue Leben schenkt Gott denen, die der Sünde sterben. Im Anschluß an den zweiten Versteil („Ich schlage und ich heile") zeichnet Origenes das Bild eines Arztes, der schmerzhafte chirurgische Eingriffe durchführen muß und immer wieder durchführt, bis die angestrebte Heilung endlich eintritt.

Trotz der vom Wortlaut des Pentateuchzitats ausgehenden Schilderung der Rolle Gottes als scheinbar ausgesprochen aktiv, ein Sprachgebrauch, der übrigens an einer anderen, ähnlichen Stelle bei Origenes noch deutlicher ausgeprägt ist,[448] macht der Ausleger dennoch auf die Einwilligung des Menschen in dieses

---

[445] *Com Rom* 5,8 (PG 14,1041).

[446] „Ich töte und ich mache lebendig" usw.

[447] Gegenüber der heidnischen Philosophie muß Origenes das christliche Gottesbild vor dem Vorwurf verteidigen, daß Gott selbst das Übel schaffe; cf. *Teichtweier* 1958, 35 ff.

[448] *Hom Reg* 19 (GCS 33,25).

Sterben aufmerksam.[449] Das folgende, der medizinischen Praxis entnommene Bild klärt die Beziehung einigermaßen. Anhand des Bildes wird die seelische Gesundung mit der körperlichen Heilung verglichen. Die Notwendigkeit, sich Schmerz auszusetzen, um wieder gesund und wohl zu erscheinen, trifft als Prinzip sowohl im somatischen als auch im psychischen Bereich zu. Der Patient wird jedoch nicht entmündigt; er kann zwar die Behandlung selbst nicht durchführen, aber er entschließt sich dazu. Mit diesem Vergleich bewahrt Origenes die ethische Freiheit des Menschen in bezug auf die psychische Heilung durch Gott, stellt jedoch den Sachverhalt klar, daß Gott die moralische Instanz ist, deren Zucht es sich zu unterwerfen gilt.

Origenes scheint im Laufe seiner exegetischen Tätigkeit ein Schema ausfindig gemacht zu haben, in das er den unterschiedlichen Gebrauch von „Tod" in der Schrift einordnen konnte. Es ist sicherlich nicht von ungefähr, daß er diesen Begriff in dreifacher Weise deutet. In der sog. „Disputation mit Heraklides", einer Spätschrift über die Unsterblichkeit der Seele,[450] legt Origenes die Bedeutung von Röm 6,2 im Verhältnis zu jenem Schema dar:

Ἴσως μὲν μο[υ σ]οφώτερος καὶ ἄλλα σημαινόμ[ε]να παραστήσει· ἐγὼ μέντοι γε ἐπὶ τοῦ παρόντος οἶδα τρεῖς θανάτους. Ποίους τούτους τρεῖς θανάτους; „Ζῇ" τις „τῷ θεῷ" καὶ „ἀπέθανεν τῇ ἁμαρτίᾳ" κατὰ τὸν ἀπόστολον. Οὗτος μακάριος ὁ θάνατος· ἀποθνήσκει τις τῇ ἁμαρτίᾳ· τοῦτον τὸν θάνατον ὁ [Κύριός] μου ἀπέθανεν. Ὃ γὰρ ἀπέθανεν, τῇ ἁμαρτίᾳ ἀπέ[θ]ανεν. Οἶδα καὶ ἄλλον θάνατον καθ' ὃν ἀποθνήσκει τις τῷ θεῷ, περὶ οὗ εἴρηται· „Ψυχὴ ἡ ἁμαρτάνουσα αὐτὴ ἀποθανεῖται." Οἶδα καὶ τρίτον θάνατον καθ' ὃν κοινῶς νομίζομεν τοὺς ἀπαλλαγέντας τοῦ σώματος ἀποτεθνάναι· „ἔζησεν γὰρ" Ἀδὰμ „ἔτη τριάκοντα καὶ ἐνακόσια, καὶ ἀπέθανεν."

Disp Hercl 25 (SC 67,102 ff.)

Entsprechend der dreifachen Auslegungsweise des Origenes gibt es auch einen pneumatischen Sinn von ἀποθανεῖν. Als Gegenstück zum ζῆν τῷ θεῷ ist dies das Sterben für die Sünde, kein zu fürchtender, sondern ein beneidenswerter Tod. Das kann gesagt werden, weil Christus in vorbildlicher Weise denselben Tod am Kreuz gestorben ist.[451] An dieser Stelle hat Origenes nicht so sehr die Bedeutung des Kreuzes als rechtfertigende Kraft, sondern dessen Vorbildwirkung für die moralischen Bemühungen des Menschen vor Augen.[452] Im folgenden Katenenauszug zu 1 Kor 3,22 stellt Origenes dem Seelentod das Sterben für die Sünde gegenüber:

---

[449] In der Tat denkt Origenes synergistisch; cf. *Teichtweier* 1958, 35.

[450] *Altaner/Stuiber* 1978, 205.

[451] Röm 6,10.

[452] Zur Zeit sind sich Origenes-Forscher immer noch uneinig über den Stellenwert des Kreuzestodes als heilsgeschichtliches Ereignis mit eigener, die Sünde tilgender Kraft in den Werken des Origenes; cf. *Teichtweier* 1958, 52 f.; aber ganz anders *M. Harl,* Origène et la fonction révélatrice du verbe incarné, Paris 1958, 298 f.; sowie *Beck* 1966, 67.

Πῶς δὲ ὁ θάνατος ἐμός ἐστι; ἵνα „ἀποθάνω τῇ ἁμαρτίᾳ" ἵνα εἴπω „εἰ καὶ συναπεθάνομεν, καὶ συζήσομεν." ὁ γὰρ ἄλλος θάνατος καθ’ ὃν „ἡ ψυχὴ ἡ ἁμαρτάνουσα αὐτὴ ἀποθανεῖται" οὐκ ἔστιν ἐμός.

Cat Cor 17 (Jenkins 353)

Für den Gläubigen gibt es nur einen Tod, nämlich den pneumatischen Tod als Eintritt in die Wirklichkeit Gottes. Demgegenüber will Origenes mit dem Seelentod nichts zu tun haben. In Wirklichkeit kennt Origenes mehrere Bedeutungen von „Tod", die er in bisweilen geschickter Weise anwendet, um schwer verständliche Stellen zu entschärfen. Der Seelentod, von dem Origenes hier redet, soll nicht als endgültig gedacht werden. Vielmehr dient dieser Begriff bei ihm lediglich dazu, die „grobe und bewußte Sündhaftigkeit" des Menschen zu bezeichnen.[453] In diesem Fall wird die Frage nach dem endgültigen Tod gar nicht angesprochen.[454] Im übrigen sei zum obigen Katenenauszug bemerkt, daß hier, wie an mehreren anderen Stellen, Origenes das Gedankengut von Röm 6 mit 2 Tim 2,12 in Verbindung bringt, offensichtlich in Anspielung auf die Auferstehungshoffnung.[455] Die Häufigkeit, mit der sich Origenes auf diesen Spruch beruft, um den Sinn unserer Römerbriefstelle zu erschließen, verweist auf deren futurisch-eschatologischen Charakter für diesen frühen Exegeten sowie zahlreiche andere Gläubige der alten Kirche.[456]

Die mehrfache Bedeutung von „sterben" in der Schrift kommt auch in der allegorischen Auslegung anderer alttestamentlichen Stellen zum Tragen. Origenes versteht das Wort des Propheten Balaam[457] als die Bitte um das Sterben für die Sünde:

Περὶ τούτου τοῦ θανάτου π[α]ραδόξως ἐπροφήτευσεν ὁ βαλαάμ, καὶ ἑαυτῷ ἐν λόγῳ θεοῦ τὰ κάλλιστα ηὔχετο· ηὔχετο γὰρ τῇ ἁμαρτίᾳ ἀποθανεῖν ἵνα ζήσῃ τῷ θεῷ· καὶ διὰ τοῦτο ἔλεγεν· „Ἀποθάνοι ἡ ψυχή μου ἐν ψυχαῖς δικαίων, καὶ γένοιτο τὸ σπέρμα μου ὡς τὸ σπέρμα τούτων." Ἄλλος δὲ θάνατος ἔστιν, καθ’ ὃν οὐκ ἐσμὲν μὲν ἀθάνατοι, δυνάμεθα δὲ ἐκ τοῦ φυλάττεσθαι μὴ ἀποθανεῖν. Καὶ τάχα τὸ θνητὸν τῆς ψυχῆς οὐκ ἀεί ἐστιν θνητόν·

Disp Hercl 26 (SC 67,106)

Weiters erklärt Origenes, unter welchen Umständen dieser zweite Tod eintritt, indem er die bekannte Stelle Ez 18,4[458] zitiert. Die Seele muß aber nicht sterben, hat also bereits das ewige Leben, wenn ἐν βεβαιώσει τῆς μακαριότητος[459] sie des Todes nicht bedürftig ist (ἀνεπίδεκτος). Gegenüber der popular-

---

[453] *Teichtweier* 1958, 142.

[454] Origenes lehnt die Vorstellung von einer völligen Vernichtung der Seele schließlich ab; cf. *Fr Cat Mat* 7,3 (GCS 41/1,174); *Teichtweier* 1958, 143.

[455] Cf. *Hom Num* 12,3 (GCS 30,102); *De pas* 1,6,1 (Nautin 164); *Cat Io* 79 (PG 17,546); *Hom Luc* 14 (GCS 49/2,83).

[456] Cf. *Schelkle* 1956, 205 f.

[457] Num 23,10.

[458] „Die Seele, die gesündigt hat, wird sterben."

[459] Cf. Heb 6,16.

philosophischen Vorstellung wendet also Origenes ein, daß die Seele an sich nicht unsterblich ist, sie kann es aber werden, wenn sie freiwillig den Tod für die Sünde auf sich nimmt. Obwohl die Seele grundsätzlich sterblich ist, muß sie es nicht unbedingt bleiben.

Durch diese Bemerkungen bringt Origenes wiederum seine Überzeugung von der erzieherischen Notwendigkeit des Todes zum Ausdruck, entweder als freiwilliges Sterben für die Sünde d. h. als Buße, oder unfreiwillig als Töten durch Gott, damit die Seele zu ihrem vollendeten Zustand gelangt. Beide Arten von Tod nehmen also ihren Platz im universalen Heilungsprozeß ein.

Nicht nur der pneumatische Sinn von ϑάνατος, sondern auch der von ζωή bieten Origenes Hilfe in der Auslegung schwieriger Stellen, diesmal Röm 8,38 f.:

> *Potest ergo fieri ut sit et aliqua vita de parte illius, quae cum ipso agit ut nos a charitate separet Dei: quae vita est peccati. Nisi enim mala esset haec vita, nunquam nos suadere? Apostolus ut moreremur peccato, et in morte Christi baptizaremur, et consepeliremur ei. Potest ergo fieri ut haec vita peccati sit, quae nos cupit separare a charitate Dei.*
> Com Rom 7,12 (PG 14,1134)

Origenes nimmt an, daß die Bedeutung von *vita* im Kontext von Röm 8,38 f. negativ sein muß, sonst wäre das Argument des Paulus nicht überzeugend. Vielmehr mache der Apostel einen subtilen Hinweis auf die zwei Kapitel zuvor erörterte Notwendigkeit, der Sünde zu sterben und in Christus getauft sowie mit ihm begraben zu werden. Origenes hält es also für durchaus möglich, daß in diesem Fall von jener *vita peccati* die Rede ist, obwohl er sich dieser Interpretation nicht ganz sicher ist.

Für Origenes ist das Sterben für die Sünde in engem Zusammenhang mit der Nachfolge Christi zu sehen, denn Christus ist als erster und daher als Vorbild für die Sünde gestorben.[460] In der Erklärung zu Mat 16,24–27 entfaltet Origenes die Bedeutung der Selbstverleugnung durch Hinweis auf Gal 2,20,[461] wobei er das Innewohnen Christi durchaus ethisch im Sinne von Eigenschaften wie Gerechtigkeit, Weisheit, Heiligkeit und Frieden deutet. Auch die Forderung, das Kreuz auf sich zu nehmen, sieht Origenes unter dem Gesichtspunkt der Identifizierung mit Christus:

> ἔτι δὲ καὶ τούτῳ πρόσχες ὅτι, πολλῶν ὄντων τῶν τρόπων τοῦ ἀποθνῄσκειν, „ἐπὶ ξύλου" κρεμασθεὶς ἐσταυρώθη ὁ υἱὸς τοῦ θεοῦ, ἵνα πάντες οἱ ἀποθνῄσκοντες „τῇ ἁμαρτίᾳ" μὴ ἄλλῳ τρόπῳ ἀποθάνουσιν αὐτῇ ἢ τῷ κατὰ τὸν σταυρόν·
> Com Mat 12,25 (GCS 40,126)

Anschließend zitiert Origenes Gal 2,19 und 6,14, an welchen Stellen Paulus die Überzeugung äußert, daß er mit bzw. wie Christus gekreuzigt wurde.

---

[460] Origenes bezeichnet das Leben im Glauben oft als Nachfolge Christi; cf. *Völker* 1931, 215–28; weitere Hinweise bei *Harl* 1958, 279–85.

[461] „Nicht mehr ich lebe, sondern Christus in mir."

Wie denkt sich Origenes die Art von Sterben κατὰ τὸν σταυρόν, wenn dies die Sterbensart des der Sünde Sterbenden ist? Man kann davon ausgehen, daß Origenes die Galaterstellen zusammenhangsentsprechend als Ausdrücke für das Kreuzessterben als erniedrigende, schmachvolle Art des Todes versteht. In gleicher Weise nimmt der, der der Sünde sterben will, auch Erniedrigung und Schmach auf sich, um sich mit dem Gekreuzigten zu identifizieren.[462] Obwohl er vielleicht auch an die Verachtung seitens der christenfeindlichen Umgebung denkt, will Origenes vor allem die Selbstverachtung und -erniedrigung als Merkmale des Sterbens für die Sünde hervorheben.[463]

In Summa läßt sich sagen, daß die Gegenüberstellung von Leben und Sterben für die Sünde für Origenes der Hauptgesichtspunkt von Röm 6,2 ist. Es ist auch festzuhalten, daß er den Ausdruck ἀποθανεῖν τῇ ἁμαρτίᾳ ohne Ausnahme als *dativus relationis* versteht.[464] Der Sünde stirbt man, wenn man aufhört, auf den Willen der Sünde zu hören und statt dessen Gott gehorcht. Dieser Willensentschluß des Menschen, der bei Origenes zuweilen gewalttätige Züge annimmt, soll vor der Taufe vollzogen werden, aber in vollem Bewußtsein der Gewichtigkeit dieses Schrittes. Es ist anzunehmen, daß Origenes die Forderung nach dem Sterben für die Sünde an die ihm anvertrauten Taufbewerber gestellt und ihnen eingeschärft hat. Als absolute Forderung soll diese aber nicht verstanden werden, denn Origenes als Mann der Kirche war einerseits mit den Schwächen der Großkirche vertraut; andererseits erkannte er aus der platonischen Orientierung seines Denkens, daß der Bereich der Idee der Materie gegenüber Vorrang hat. Daher müsse sich die Vorstellung des Taufanwärters, für die Sünde tot zu sein, zugunsten eines sittlicheren Lebenswandels auswirken. Eigentlich fordert Origenes äußere Sündlosigkeit für eine Zeitlang vor der Taufe. Gemäß der ihm gewohnten Schriftauslegungsart interpretiert Origenes Deut 32,39 im Licht von Röm 6,2, wobei er an die Notwendigkeit festhält, daß der Mensch sich der schmerzhaften Zucht Gottes selbst aussetzt. Origenes kennt mehr als einen Sinn von „Sterben". In Röm 6,2 sieht er einen Hinweis auf einen wichtigen Schritt in der moralischen Entwicklung des Menschen, die schließlich zum Leben bei Gott führt. Demgegenüber ist die Seele, die absichtlich in der Sünde verharrt, bereits tot und kann nicht für Gott leben. Da der Mensch in das Sterben für die Sünde einwilligen muß, spielt das *arbitrium liberum* eine zentrale Rolle im Fortschritt auf das Leben für Gott hin. Schließlich sieht Origenes das Sterben für die Sünde als Kreuzesnachfolge, wobei die Selbsterniedrigung und -verachtung als Merkmale der asketischen Lebenshaltung die Identifizierung des der Sünde Sterbenden mit dem Gekreuzigten ermöglichen.

---

[462] *Gruber* 1962, 205, interpretiert diese Stelle im Sinne einer ontologischen Identifizierung des Nachfolgers mit dem Gekreuzigten.
[463] *M. Harl* 1958, 289, findet die Bedeutung der Mitkreuzigung in „fuir le péché, à pratiquer toutes les vertus et à rester un fidèle temoin de la doctrine".
[464] In Übereinstimmung mit *Schelkle* 1956, 198.

3.9.2.3. Röm 6,3

Die wesentlichen Aussagen in Röm 6,3 betreffen die Taufe in Christus Jesus und die Taufe in seinen (oder seinem) Tod. Für Origenes macht dieser Vers deutlich, daß sich die Wirkung der Taufe seit dem apostolischen Zeitalter verändert hat. Er hebt den Sinn von *an nescitis* als Hinweis auf die allgemeine Erkenntnis der damaligen Christen hervor, daß die Taufhandlung zugleich Vereinigung mit Christus ist:

> *Per quod* [sc. *an nescitis*] *ostendit, quia tunc, hoc est apostolorum temporibus, non, ut nunc fieri videmus, typus tantummodo mysteriorum his qui baptizabantur, sed virtus eorum ac ratio tradebatur, et tanquam scientibus et edoctis quia qui baptizantur, in morte Christi baptizantur, et consepeliuntur ei per baptismum in mortem; . . .*
> Com Rom 5,8 (PG 14,1040)

In dieser Bemerkung beklagt sich Origenes über das mangelhafte Taufverständnis seiner Tage. Jenen, die zur Zeit des Apostels die Taufe empfingen, wurde die Kraft und Bedeutung der geistlichen Wirklichkeiten (*mysteria*) übertragen, wogegen die Taufanwärter im 3. Jh. nur einen „Ausdruck" der Mysterien annahmen.[465] Jene frühen Christen begriffen zugleich mit ihrer Taufe, daß diese Handlung als Grablegung mit Christus zu verstehen sei, ohne zusätzlich unterrichtet werden zu müssen. Die Spannung zwischen dem tieferen Sinn des Taufmysteriums und dessen psychologischer Einprägung als Auswirkung der erfahrenen Handlung[466] verweist Origenes auf den Grund für die offensichtlich schwache Wirkung der Taufe unter seinen Mitchristen. Nach seiner Überzeugung würde dort, wo das Taufgeheimnis in Kraft auf den Menschen einwirkt, auch der konsequente Tod für die Sünde festzustellen sein.

Übrigens läßt der Gebrauch von *mysterium* als Datum der höheren geistlichen Wirklichkeit an dieser Stelle es als wahrscheinlich erscheinen, daß diese Bemerkung der Verfasserhand des Origenes selbst entstammt.[467] Auf die Frage, warum in Röm 6,3 nur von der Taufe in Christus Jesus und nicht in den beiden anderen Personen der Trinität die Rede ist, geht Origenes in der folgenden Bemerkung ein:

> *Requiras fortassis etiam hoc, quod cum ipse Dominus dixerit ad discipulos ut baptizarent omnes gentes in nomine Patris, et Filii, et Spiritus sancti, cur hic Apostolus solius Christi in baptismo nomen assumpserit dicens: „Quicunque baptizati sumus in Christo", cum utique non habeatur legitimum baptisma, nisi sub nomine Trinitatis. Sed intuere prudentiam Pauli, quoniam quidem in praesenti loco non tam baptismatis rationem, quam mortis Christi discutere cupiebat, ad cuius similitudinem etiam nos suaderet mori debere peccato, et consepeliri Christo.*
> Com Rom 5,8 (PG 14,1039)

---

[465] So auch die Interpretation *Teichtweiers* 1958, 313.

[466] Cf. die Erklärung zu τύπος Com Io 20,24 (GCS 10,358); sowie *Crouzel* 1961, 221; *Harl* 1958, 143.

[467] *Prümm* 1939, 412.

Der Grund, warum Paulus die trinitarische Taufformel nicht erwähnt, liegt in seiner Absicht an dieser Stelle. Es geht ihm nicht so sehr um eine Entfaltung der Bedeutung der Taufe selbst, sondern vielmehr um das Verständnis des Todes Christi. Der Apostel verfolgt die Absicht, uns von der Notwendigkeit zu überzeugen, im Gleichbild seines Todes der Sünde sterben und gleichermaßen mit ihm begraben zu werden.

Es ist bemerkenswert, daß Origenes diese Stelle, Röm 6,3, nicht vornehmlich als Taufstelle betrachtet, sondern zunächst als Entfaltung des Grundes für den Tod Christi und zweitens als Mahnung zur echten Umkehr. Origenes empfindet die Rede des Paulus von der Taufe in diesem Fall gewissermaßen als nebensächlich, denn der Apostel ziele in erster Linie auf Abkehr von sündhaften Lebensweisen. Für Origenes ist das dogmatische Hauptanliegen von Röm 6,3 Christi Sterben für uns, das ethische hingegen unser Sterben mit ihm.

Bereits Paulus hat die Exodus-Ereignisse typologisch mit der Taufe in Beziehung gebracht.[468] Diese typologische Auslegungstradition wird von Tertullian fortgesetzt,[469] gelangt aber zu einer noch breiteren Entfaltung in den Homilien des Origenes, wie das folgende Zitat zeigt:

> *Prima dies nobis passio Salvatoris est et secunda, qua descendit in infernum, tertia autem resurrectionis et dies. Et ideo in die tertia „Deus antecedebat eos, per diem in columna nubis, per noctum in columna ignis". Quod si secundum ea, quae superius diximus, in his verbis recte nos Apostolus docet baptismi mysteria contineri, neccesarium est, ut, „qui baptizantur in Christo, in morte ipsius baptizentur, et ipsi consepeliantur", et cum ipso die tertia resurgant a mortuis, quos et secundum hoc, quod dicit Apostolus: „simul secum suscitavit, simulque fecit sedere in coelestibus". Cum ergo tibi tertii diei mysterium fuerit susceptum, incipiet te deducere Deus et ipse tibi viam salutis ostendere.*

Hom Ex 5,2 (GCS 29,186)

Nach dem typologischen Vorbild des Paulus gilt die Führung durch die Wolke als Prototyp für die christliche Taufe. Origenes verbindet die Aussage in Ex 13,21, daß Gott Israel „vorausging" (*antecedere*), über die Erwähnung der Taufe in der Wolke[470] mit dem in Röm 6,3f., aber auch in Eph 2,6 angedeuteten Taufgeheimnis. Das Zeichen der Wolke und der Feuersäule am Himmel müssen als der auferstandene Herr verstanden werden.[471] Wer also getauft wird, wird in Christi Tod getauft, liegt mit ihm dort begraben, aber steigt auch wie er am dritten Tag zum Himmel hinauf. Origenes macht deutlich, daß die Emporhebung zu Gott nicht in vollendeter Weise als unmittelbare Folge der

---

[468] 1 Kor 10,2.
[469] *De bapt* 9,1 f. (CCSL 1,283 f.).
[470] 1 Kor 10,2.
[471] Cf. *M. Peel* 1974, 148 ff.; obwohl sich Origenes durch seine Begrifflichkeit der gnostischen, spiritualistischen Vorstellung der Auferstehung als Erleuchtung nach der Taufe anzunähern scheint, grenzt er sich im obigen Zitat entschieden gegen ein solches Verständnis ab: Gott *beginnt* den Heilsweg zu zeigen.

Taufe geschieht, vielmehr beginnt Gott den in das Taufmysterium Eingeweihten zu führen und ihm den Heilsweg zu zeigen.

Es kann kaum bezweifelt werden, daß Origenes die Rede von der Taufe in den Tod Christi in Röm 6,3 als unvollständiges Schema empfindet. Deswegen greift er zu anderen Stellen ähnlichen Inhalts,[472] um zu belegen, daß auch die Auferstehung und der Aufstieg in den Himmel durch die Taufhandlung in sinnbildlicher Weise vollzogen werden. Da er den Wiedervollzug des Sterbens Christi offenbar in der sichtbaren Taufhandlung selbst lokalisiert, kann man annehmen, daß er das Herauskommen aus dem Taufbad als Abbildung der Auferstehung, d. h. des Ereignisses am dritten Tag gedeutet hat. Somit erstreckt sich die Dreiheit sowohl auf die Passion Christi als auch das Abbild der Passion in der Taufe. Das Motiv des Auszugs aus Ägypten diente vielfach in der alten Kirche dazu, die bei der Tauffeier vollzogenen *abdicatio mundi* zu versinnbildlichen.[473] Wiederum vom Paulinischen Vorbild in 1 Kor 10 ausgehend, deutet Origenes die Auszugsgeschichte in dieser Weise:

> *„Baptismum" hoc nominat „in Moysen consummatum in nube et in mare", ut et tu, qui baptizaris in Christo, in aqua et in Spiritu sancto, scias insectari quidem post te Aegyptios, et velle te revocare ad servitium suum, „rectores" scilicet huius „mundi" et „spiritales nequitias", quibus antea deservisti. Quae conantur quidem insequi, sed tu descendis in aquam et evadis incolumis atque ablutis sordibus peccatorum „homo novus" adscendis paratus ad „cantandum canticum novum".*
> Hom Ex 5,5 (GCS 29,190)

In ähnlicher Weise wie die Taufe „in Mose" in Wolke und Meer vollzogen wurde, wird die Taufe in Christus in Wasser und Geist vollzogen. Der Täufling wird von den Weltherrschern und den „geistlichen Nichtsnützigkeiten", denen er einst eifrig diente, bis zum Rand des Taufbeckens verfolgt, wie Israel von den Ägyptern verfolgt wurde. Wie das Volk Gottes jedoch taucht der Täufling unversehrt und von der Sündenbefleckung gereinigt aus dem Wasserbad hervor. Als neuer Mensch ist er bereit, ein neues Lied zu singen.

Mittels einer dramatischen Ausmalung des Taufgeschehens anhand von Einzelheiten aus der Auszugsgeschichte gelingt es dem Prediger Origenes, die Bedeutung der Taufe in Christus in lebendiger Gestalt darzustellen. Es ist zunächst klar, daß *in Christo* (εἰς Χριστόν)[474] nur eine unverbindlich verstandene räumliche Beziehung zum Ausdruck bringt, zumindest läßt die lateinische Übersetzung nur so viel von der ursprünglichen Kommentarbemerkung durchklingen. In diesem Fall würde die deutsche Übersetzung „bei Christus" dem Gesamtsinn Genüge tun. Entsprechend dem Umgang des Origenes mit

---

[472] Wie hier Eph 2,6.

[473] Cf. die gesammelten Zeugnisse bei *Daniélou* 1946, 402 ff.; auch *Lundberg* 1942, 116–135.

[474] In der *Vetus Latina* wird βαπτίζειν εἰς Χριστόν (Röm 6,3) fast ausnahmslos durch *in Christo* wiedergegeben (cf. Anhang 1 und 1); so die Übersetzung hier.

der alttestamentlichen Schrift, nimmt auch die Liturgie in ihren einzelnen Zügen allegorischen Charakter an. Die mythologische Bedeutung des Wassers als furchtbares Mittel, das zugleich Untergang und Heil darstellt, kommt auch in dieser Bemerkung zum Ausdruck. Die Taufe in Christus wird somit als knappes Entkommen vor der verfolgenden Weltmacht und zugleich als Befreiung von deren Knechtschaft verstanden.[475]

Die typologische Bedeutung des Wassers als Sinnbild für die Taufe kommt auch im Kommentar des Origenes zur Erzählung vom Durchzug durch den Jordanfluß zum Vorschein. Als Namensvetter bietet sich Josua als geradezu idealer Typus für den späteren Jesus an.[476] Gemäß der geheimnisvollen Weise der Schriftinspiration spricht Josua stellvertretend für den kommenden Messias:

> *Ubi vero Iordanis transitur, ibi dicitur ad Iesum: „In hac die incipio exaltare te in conspectu populi.“ Neque enim ante mysterium baptismi „exaltatur“ Iesus, sed exaltatio eius et „exaltatio in conspectu populi“ inde sumit exordium. Si enim „omnes, qui baptizantur (in Christo Iesu), in morte ipsius baptizantur“, mors autem Iesu in crucis exaltatione completur, merito unicuique fidelium tunc primum Iesus „exaltatur“, cum ad mysterium baptismi pervenitur, quis sic et scriptum est quod „exaltavit illum Deus . . .“*
> Hom Ios 4,2 (GCS 30,309f.)

Um diese alttestamentliche Erzählung christologisch zu deuten, kann Origenes den Symbolwert des Jordanflusses als Taufstrom voraussetzen. Sowie Josua erstmals beim Durchzug durch den heiligen Fluß im Angesicht des Volkes erhöht wurde, so nahm auch die Verherrlichung Jesu durch den Vater am selben Fluß ihren Anfang, und zwar in der Taufe Jesu durch Johannes. Vor dem *mysterium baptismi* war Jesus noch nicht erhöht worden. Die spätere Taufe in der christlichen Gemeinde als Taufe in Jesu Tod[477] deutet auf die krönende Tat der Verherrlichung Jesu zurück, nämlich auf den Kreuzestod. Daher wurde damals Jesus zur Würdigung jedes einzelnen Gläubigen, der nach ihm getauft werden sollte, in seiner Taufe verherrlicht.[478] Origenes belegt diese Auslegung zur Erhöhung Jesu durch Gott anhand der Stelle Phil 2,9f. aus dem Christushymnus.

Wir können zunächst festhalten, daß Origenes den eigenständigen Aussagewert dieser alttestamentlichen Erzählung fast vollständig außer acht läßt. Es gelingt ihm jedoch, drei verschiedene Sinnebenen in diesem Text ausfindig zu machen. Die erste, eigentliche Erzählung über den Durchzug durch den Fluß

---

[475] So auch *H. Rahner* 1932, 209. Diese Auslegung geht auf Philon zurück; cf. *Lundberg* 1942, 117.

[476] Origenes hat auch Interesse daran, Josua als Nachfolger des Mose d. h. des Gesetzgebers, als besonderen Typus des Christus hervorzuheben; cf. *Lundberg* 1942, 117f.; *Daniélou* 1948, 70f.; *de Lubac* 1950, 192 (Anm. 333).

[477] Wie durch die Klammer angedeutet, scheint *in Christo Iesu* in keiner HS außer Cod. Ottobonensis 169 aus dem 13. Jh. auf.

[478] Auf die Taufe als Anfang der Nachfolge Christi bei Origenes verweist auch *H. Rahner* 1932, 210.

interessiert ihn am wenigsten. Die nächste Ebene, auf der die christliche Taufe angesiedelt ist, wird noch mehr beachtet, dient aber in Wirklichkeit hauptsächlich dazu, die dritte Ebene vorzubereiten. Auf jener Ebene liegt das *mysterium baptismi*, weder die Taufhandlung selbst, noch das Taufgeheimnis schlechthin, sondern eine geistliche Wahrheit, die in der Taufe geahnt werden kann. Für Origenes kommt diese Wahrheit durch die Worte in Phil 2,9 f. noch besser zum Ausdruck. Sie ist die Botschaft von der *exinanitio* und *exaltatio Christi*. Es liegt Origenes vor allem daran, daß seine Hörer dieses *mysterium* erfassen; dementsprechend ordnet er die zwei σύμβολα, den Josuatext und dessen weitere Bedeutung in der Taufe, dem geistlichen Geheimnis unter.

Fassen wir zusammen: Origenes sieht die Rede des Paulus von der Taufe in Christus Jesus und in seinem Tod in Röm 6,3 hauptsächlich unter zwei Gesichtspunkten, nämlich dem des verborgenen Sinngehalts der Taufhandlung und dem der ethischen Folgen jener Handlung für den einzelnen Gläubigen. Die zwei Gesichtspunkte sind jedoch eng miteinander verbunden, denn Origenes deutet den heilsgeschichtlichen Sinngehalt des Taufaktes, den Kreuzestod Christi, vielfach im Sinne von dessen Vorbildfunktion für den zum sittlich reinen Lebenswandel berufenen Christen. Von den alttestamentlichen Durchzugserzählungen ausgehend und dem Beispiel des Paulus in 1 Kor 10 folgend, entfaltet Origenes die *mysteria baptismi*. Die Taufe ist ein grenzüberschreitendes Einweihungs- und Aufstiegserlebnis, eine Flucht vor der Dämonenmacht und zugleich die befreiende, aber knappe Rettung vor ihr sowie die erste Erhöhung zu Gott hin nach dem Abstieg in das gefahrvolle Wasser. Einige Hinweise sprechen deutlich für die These, daß Origenes von der in drei Schritten vollzogenen[479] Immersionstaufe ausgeht, um die Bedeutung der Taufe darzulegen, d. h. um die *mysteria baptismi* zu erschließen.

3.9.2.4. Röm 6,4

Es wird allgemein anerkannt, daß Vers 4 die wesentlichen Aussagen von Röm 6,1–11 enthält.[480] In diesem Vers geht es um das Begrabenwerden mit Christus in den Tod durch die Taufe und den daraus folgenden neuen Lebenswandel als Parallele zur Auferweckung Christi. Die Kommentarbemerkungen des Origenes zu diesen zwei Versteilen werden im folgenden in gesonderten Abschnitten behandelt.

3.9.2.4.1. „Daher wurden wir mit ihm durch die Taufe in den Tod begraben ...“

Origenes findet den Hauptsinn der Grablegung mit Christus durch die Taufe in deren Bedeutung als einer Art der Vereinigung mit Christus in seinem Le-

---

[479] I. e. Eintauchen, Untertauchen und Auftauchen.
[480] Cf. die Beurteilung durch heutige Exegeten unten 5.4.

bensschicksal. Wie diese Vereinigung im einzelnen geschieht, sagt er jedoch im folgenden nicht:

> *„Consepulti ei sumus per baptismaum in mortem", et item alibi: „Si commorimur ei, et convivemus"; et item: „Si compatimur, et conregnabimus"; et nusquam dixit: Christo conbaptizati sumus; cum utique sicut mors morti, et vita vitae, ita et baptismus baptismo conferri debuisse videatur.*
>
> Com Rom 5,8 (PG 14,1039)

Es ist bezeichnend, wie oft Origenes 2 Tim 2,11 f. im Zusammenhang mit Röm 6 zitiert.[481] Diese Verbindung wirft zugleich die Frage auf, inwiefern Origenes Röm 6,4 futurisch-eschatologisch versteht; diese Frage wird jedoch erst nach der Betrachtung von Vers 4b zu beantworten sein. Es geht vor allem aus dieser Kommentarstelle hervor, daß Origenes eine Entsprechung zwischen dem Schicksal Christi und dem des Nachfolgers von dieser Römerbriefstelle und anderen ähnlichen neutestamentlichen Stellen ableitet. Die Notwendigkeit der Schicksalsidentifizierung bezieht sich zwar auf den Tod und das Leben des Gläubigen, aber auch auf dessen Taufe. Die Einsicht des Origenes, daß „Taufe mit Taufe zusammengebracht werden muß", weist unweigerlich auf den Stellenwert der Taufe Christi als Typus für die kirchliche Taufe hin, ebenso wie sein Leben und Tod das Schicksal des Jüngers vorandeuten. Wir stellen fest, daß Origenes die Taufe Christi[482] als exegetischen Hintergrund zu Röm 6,4 voraussetzt.[483]

Wie Origenes die Vereinigung im Grab sich denkt, spricht er nirgendwo unverhüllt aus, er macht jedoch Andeutungen, die, zusammen genommen, Aufschluß geben können. In der folgenden Bemerkung geht er darauf ein, was das Mitbegrabenwerden nicht sein kann:

> *Et vide si possimus tres dies consepulti Christo facere, cum plenam Trinitatis scientiam capimus: lux est enim Pater, et in lumine eius qui est Filius lumen videmus Spiritum sanctum. Facimus autem et tres noctes, cum detruimus tenebrarum et ignorantiae patrem una cum mendacio quod ex eo natum est, et „mendax est sicut et pater eius", et „cum loquitur mendacium, de suis propriis loquitur".*
>
> Com Rom 5,8 (PG 14,1040)

In dieser Bemerkung entfaltet Origenes weiterhin die Bedeutung der Schicksalsgemeinschaft. Das Schema von drei Tagen als Schlüssel für die Deutung des Todes Christi wurde bereits im Zusammenhang mit der alttestamentlichen Tauftypologie beobachtet. Die drei Tage und Nächte der Grabesruhe legt Ori-

---

[481] Cf. *Com Rom* 5,10 und 9,39 (PG 14,1049.1238); *Hom Luc* 14 und 17 (GCS 49²,83.104); *Hom Gen* 3,7 (GCS 29,49); *Cat Io* 79 (GCS 19,546); *De pas* 1,6 (Nautin 164); *Hom Num* 12,3.15,4 und 27,12 (GCS 30,102.136.275); Pap 88748 Tom 6 (*Scherer* 222).

[482] Mk 1,9—11 parr.

[483] Für Origenes hatte die Erzählung der Taufe Christi vor allem den Sinn, die geistliche Wirklichkeit hinter der allgemeinen christlichen Taufe zu erschließen; cf. *Crouzel* 1961, 30.

genes allegorisch im Hinblick auf die Mächte des Lichtes und der Finsternis aus. Als Zugang zur Teilnahme am Schicksal des Herrn im Grab ermöglicht die Taufe dem Gläubigen, den vollen Gegensatz zwischen Himmel und Hölle und schließlich den Sieg über die Finsternis, den Vater der Lüge und seine Diener zu begreifen. Diese Auslegung bietet Origenes freilich als Deutungs- und Verständnismöglichkeit, als Herausforderung an seine Leser, die Bedeutung ihrer bereits vollzogenen Taufe zu reflektieren.

Die Rolle der Taufe als Grablegung mit Christus ist nach Ansicht des Origenes nicht nebensächlich, sie gilt jedoch nur neben anderen Erfahrungen als entscheidend für Heil und Heiligung des Menschen. Im Kommentar zu Röm 7,6 erwähnt er das Mitbegrabenwerden neben dem Mitsterben und der Mitkreuzigung:

> *„Nunc autem soluti sumus a lege mortui, in qua detinebamur". Ab hac ergo lege, in qua detinebamur, nunc soluti sumus. „Nunc". Quando? Sine dubio quando cum Christo mortui sumus, et consepulti ei per baptismum, et crucifixi cum ipso: et ideo dicit: „Soluti sumus a lege mortui". Nisi enim mortuus fuerit cum Christo, ab ista lege non solvitur.*

Com Rom 6,7 (PG 14,1075)

Hier wird die Befreiung von der Sünde ganz im Sinne des Paulus zugleich als Befreiung vom Gesetz verstanden. Die Frage nach dem Zeitpunkt der Befreiung wird in der charakteristischen Art des Origenes mit einer dreigliedrigen Antwort erwidert. In dieser Antwort begegnet zwar u. a. auch die Taufe, sie wird jedoch nicht isoliert als bloßer Ritus angeführt, sondern im Umfeld des gesamten Bekehrungserlebnisses dargestellt. Das Sterben für die Sünde, hier offensichtlich asketisch gedacht, muß als ernste Absicht der Wassertaufe vorausgehen.[484] Auch die Kreuzigung mit Christus gehört hier zur Gesamthandlung, die von der verurteilenden Macht des Gesetzes befreit. Die Mitkreuzigung kann als Absage an die Welt sowie an die eigenen Wünsche aufgefaßt werden.[485] In diesem Kommentarstück sehen wir zunächst einen weiteren Hinweis auf die eiserne Haltung dieses Kirchenlehrers gegenüber jedem, der die Taufhandlung an sich als Heilsmechanismus verselbständigen will. Sie findet zu ihrem Sinn nur, wenn sie von der Umkehr begleitet wird.

An vielen Stellen in den Kommentaren und Homilien zitiert Origenes ein angebliches Pauluswort, das zwar sinngemäß an die Konzeption des Kolosserbriefes paßt, jedoch nirgendwo im Neuen Testament anzutreffen ist: συνετάφημεν τῷ Χριστῷ διὰ τοῦ βαπτίσματος καὶ συνανέστημεν αὐτῷ.[486] Dieser Spruch ist wahrscheinlich eine Vermischung von Kol 2,12 und 3,1, denn er weist Elemente beider Verse auf. Das Zeitwort συνανίστημι kommt jedoch an

---

[484] Cf. *Com Rom* 5,8 (PG 14,1038).

[485] Cf. *Com Mat* 12,25 (GCS 40,126).

[486] Cf. *Com Rom* 5,8 (PG 14,1040); *Com Io* 10,243 und 20,227 (GCS 10,211.361); *Con Cels* 2,69 (SC 132,448); *Com Mat* 77 und 143 (GCS 38,184.296); *Hom Ier* 1,16 (SC 232,234) und 19,14 (SC 238,238).

keiner Stelle im Neuen Testament vor; es könnte daher eine in Anlehnung an συνθάπτειν erfundene Form oder eine Fremdentlehnung sein.[487] Jedenfalls zeigt die Verbindung ein deutliches exegetisches Interesse des Origenes in bezug auf Röm 6,4 auf: Im Einklang mit dem Kolosserbrief[488] hält er die Auferstehung mit Christus aufgrund der Schicksalsgemeinschaft durch die Taufe für eine auf einer bestimmten Ebene bereits vollzogene Tatsache. Der Gläubige ist durch die Taufe auch mitauferstanden. Es liegt auf der Hand, daß Origenes durch diesen Teil seiner Tauftheologie von der sichtbaren Handlung des Aufsteigens aus dem Wasser bei der Tauffeier ableitet.

Die Überzeugung von einer präsentischen Auslegung durch die Taufe steht jedoch der gnostischen Auferstehungsvorstellung so nahe, daß Origenes sich zu weiteren Erklärungen über seine Anschauung genötigt sieht.[489] Daher bringt er folgenden Passus in der Homilie zum Propheten Ezechiel:

> „*Non surrexerunt, qui dicerent: in die Domini videntes falsa.*" Hi „*non surrexerunt*"; *iusti vero* „*surgentes*" *dicunt:* „*consepulti sumus Christo per baptisma, et consurreximus ei*". *Habemus quippe ut* „*pignus Spiritus*" *sancti, quem accipiemus ad plenum,* „*postquam venerit, quod perfectum est*", *sic* „*pignus*" *resurrectionis, quia in resurrectione perfecta nemo adhuc resurrexit e nobis. Verum tamen* „*resurreximus*" *Paulo dicente:* „*consepulti sumus Christo per baptisma, et consurreximus ei*". „*Non*" *ergo* „*resurrexerunt*", *hoc est necdum resurrectionis baptisma consecuti sunt falsa prophetae et falsi magistri, qui* „*dicerent, in die Domini videntes falsa*"; *cuncta, quae* „*vident, falsa*" *sunt neque aliquando possunt conspicere veritam. Accipe exemplum.*

> *Hom Ez* 2,5 (GCS 33,346 f.)

Das „Zitat", das Origenes hier auslegt, besteht aus Satzteilen von Ez 13,5 f., wobei die ursprüngliche Aussage, daß die falschen Propheten nicht in die Bresche getreten sind und keine Mauer um Israel gebaut haben, in diesem Kommentar überhaupt nicht berücksichtigt wird. Statt dessen kommentiert Origenes die Stelle in höchst willkürlicher Art und kommt zu einer Aussage über die Auferstehung. Es ist äußerst bemerkenswert, daß er sich Mühe gibt, das angebliche Pauluszitat, das aber kein eigenständiger Vers, sondern ein Amalgam aus Kol 2,12 und 3,1 oder auch Röm 6,4 ist, vor möglichen Fehldeutungen zu schützen. Dies beweist, daß Origenes selbst den Spruch für ein echtes Pauluswort hielt und legt nahe, daß auch seine Hörer dieser Überzeugung waren.

Origenes erklärt, daß die Auferstehung in ähnlicher Weise wie der Heilige Geist[490] durch die Taufe nur als Angeld empfangen wird. Der Vergleich mit

---

[487] Der Vorschlag *Schelkles* (1956, 206), dieses angebliche Pauluswort könnte „eine Verbindung von Röm 5,3 mit Kol 2,13" sein, leuchtet überhaupt nicht ein. Wahrscheinlich soll man diesen Vorschlag für einen Druckfehler halten.

[488] Cf. auch Eph 2,6.

[489] Über die Grundzüge der gnostischen Vorstellung von Auferstehung, besonders wie sie in einer neuerlich entdeckten Nag-Hammadi-Schrift aufscheinen, berichtet *Peel* 1974, 148 ff.

[490] 2 Kor 1,22.

dem Heiligen Geist macht deutlich genug, daß Origenes an die Taufhandlung als Anlaß denkt, bei dem die eschatologischen Heilsgüter im Ansatz geschenkt werden.[491] Abschließend spricht der Ausleger eine Warnung vor den falschen Propheten und den Irrlehrern aus, denn sie haben die Auferstehungstaufe nicht empfangen und können auch nicht die Wahrheit schauen. Es gehört zur Taufvorstellung des Origenes, daß der Aufstieg in den Himmel als im Ansatz erfolgte Auswirkung der Taufe die Wahrheitsschau erst ermöglicht. Βάπτισμα ist also zugleich φωτισμὸς und θεωρία.

In Anlehnung an den Vergleich der Auferstehung Jesu mit der Wiederaufrichtung des Tempels[492] entfaltet Origenes seine Vorstellung von der Auferstehung in der Taufe in etwas anderer Art:

> „Ἐν τρισὶν ἡμέραις": ἐγείρεται γὰρ ἡ τοῦ ναοῦ [κατασκευή] τῇ πρώτῃ μετὰ τὸ λυθῆναι ἡμέρᾳ καὶ τῇ δευτέρᾳ, τελειοῦται δὲ αὐτοῦ ἡ ἔγερσις ἐν ὅλαις ταῖς τρισὶν ἡμέραις. διὰ τοῦτο καὶ γέγονεν ἀνάστασις καὶ ἔσται ἀνάστασις, εἴ γε συνετάφημεν τῷ Χριστῷ καὶ συνανέστημεν αὐτῷ. καὶ ἐπεὶ οὐκ ἀρκεῖ εἰς τὴν ὅλην ἀνάστασιν τὸ „Συνανέστημεν".

Com Io 10,243 (GCS 10,211 f.)

Als Belegstelle führt der Kommentator anschließend 1 Kor 15,22–24 an. So wie Jesu Auferstehung sich in drei Tagen ereignete, so auch vollzieht sich die Auferstehung der Gläubigen über einige Zeit. Hier wiederum denkt Origenes eindeutig an die Taufe als Grablegung und Ausstieg aus dem Grab als Zeitpunkt, zu dem die Verwirklichung der Auferstehung einsetzt. In diesem Zusammenhang prägt er den eigenartigen Begriff ἡ ὅλη ἀνάστασις; es gibt also eine Teilauferstehung durch die Taufe und eine vollendete Auferstehung im Eschaton.[493] An dieser Stelle legt Origenes sein Verständnis der paulinischen Eschatologie dar. Sich des Paradoxons des Schon-aber-noch-nicht offenbar bewußt, versucht er die zwei Bedeutungen von ἀνάστασις voneinander abzuheben.

Es ist überflüssig, jede einzelne Stelle bei Origenes zu zitieren, an der er συνετάφημεν αὐτῷ διὰ τοῦ βαπτίσματος erwähnt; eine Zusammenfassung genügt, um die ihm geläufigen Auslegungstraditionen zu erfassen. Im Johanneskom-

---

[491] Cf. *Drewery* 1960, 162: „Origen was the first Christian theologian in any real degree to understand and apply the Pauline doctrine of the crucifixion of the believer with Christ through baptism, with its ‚inaugurated eschatology' of the new life in the risen Christ which sets the believer on the path to perfection." Obwohl diese Bemerkung im wesentlichen stimmt, darf man die Beispiele bei Klemens nicht außer Acht lassen. Weiteres zu diesem Aspekt der Theologie des Origenes bei *Harl* 1958, 275 f.

[492] Joh 2,19.

[493] Origenes verstand τὸ τέλειον (hier als τελειοῦν angedeutet) 1 Kor 13,10 durchaus eschatologisch als die Aufhebung der irdisch-materiellen Unvollkommenheit bei Christi Wiederkunft; cf. oben zu *Hom Ez* 2,5 (GCS 33,346 f.) sowie die Beweisführung *Crouzels* 1961, 345–50.

mentar[494] führt er wiederum das Wort über die Mitauferstehung an, welches er durch σύμμορφοι γεγόναμεν τῇ ἀναστάσει αὐτῷ, einen offensichtlichen Hinweis auf die Taufhandlung, ergänzt. In der Schrift gegen Kelsos[495] bringt er abermals das pseudopaulinische Zitat im Zusammenhang einer Erklärung über die Zeichenhaftigkeit des Kreuzigungstodes. Wenn Origenes durch Schriftzitate[496] beweist, daß der Christusgläubige sich mit dieser Todesart zu identifizieren habe, so denkt er an die Nachfolge in Taufe und Leiden. In der Jeremiahomilie[497] deutet Origenes den ihm naheliegenden Spruch „ich töte und werde lebendig machen"[498] im Sinne der neutestamentlichen Auferstehungshoffnung, welche er mit dem angeblichen Pauluszitat umschreibt. In derselben Homilie[499] erklärt er die Beerdigung in Babel zum Gegensatz von συνάπτεσθαι τῷ Χριστῷ, welches durch die Taufe geschieht. Anschließend bemerkt er, daß das Mitbegrabenwerden mit Christus (jedoch nicht die Taufe selbst) ein μυστήριον ist. In der Numerihomilie[500] übersetzt Origenes *Bamoth* als *adventus mortis*. Dies ist für ihn ein Hinweis auf die *beata mors,* welche er durch Belegstellen von dem Tod im allgemeinen Sinne als *novissimus inimicus*[501] unterscheidet und die es durch die Begrabung mit Christus in der Taufe zu sterben gilt.

In Zusammenfassung kann man sagen, daß mit Christus im Tod begraben zu werden für Origenes die Schicksalsgemeinschaft des Gläubigen mit seinem Herrn bedeutet, ein μυστήριον, das zwar durch die Taufe als σύμβολον dargestellt und vorausgreifend erfaßt wird, aber seine weitere Entfaltung im Leben der Nachfolge findet. Mit Christus begraben zu werden, erstreckt sich auf die Existenz des Nachfolgers, der durch das Vorbild des Herrn zum Mitleiden angespornt wird. Die Schicksalsgemeinschaft, die u. a. auf der Tatsache der Taufe Jesu durch Johannes gründet, schließt von Jesu Auferstehung ausgehend auch die Auferstehung des Nachfolgers mit ein, wobei diese durch die Taufe nur als „Anzahlung" vorhanden ist und erst im Eschaton zur Gänze vollzogen wird. Origenes vergleicht Röm 6,4a, zuweilen samt der von ihm erfundenen Ergänzung καὶ συνανέστημεν αὐτῷ, gerne mit der Grablegung Christi, deutet aber die drei Tage im Grab nicht auf einheitliche Weise aus.

---

[494] *Com Io* 20,226 (GCS 10,361) zu Joh 8,44.
[495] *Con Cels* 2,69 (SC 132,448).
[496] Gal 2,20 und 6,14; Phil 3,10; 2 Tim 2,11.
[497] *Hom Ier* 1,16 (SC 232,234).
[498] Deut 32,39.
[499] *Hom Ier* 19,14 (SC 238,238).
[500] *Hom Num* 12,3 (GCS 30,102).
[501] 1 Kor 15,26.

*3.9.2.4.2. „... damit wie Christus durch die Herrlichkeit des Vaters
von den Toten auferweckt wurde, so sollen auch wir in der Neuheit
des Lebens wandeln."*

Es ist zunächst auffallend, daß Origenes das Mittelglied dieses Verses, welches von der Auferweckung Christi durch den Vater handelt, im Verhältnis zu
den anderen Versteilen selten anführt. Dies wird hauptsächlich am erzieherischen und paränetischen Zweck des Großteils seiner Schriften liegen, den Rufin
in seiner Übersetzung des Römerbriefkommentars noch ausschließlicher verfolgt. Dazu kommt die Beobachtung, daß Origenes meistens vom anthropologischen Ansatz her denkt und dementsprechend seine Christologie in Relation
zur menschlichen Existenz entfaltet.[502] Das Zentralthema der folgenden Zitate
wird daher der Wandel in der Lebensneuheit sein.

Wir haben bereits bemerkt, daß Origenes auf das Sterben für die Sünde vor
der Taufe besteht.[503] Im folgenden Abschnitt aus dem Römerbriefkommentar
erscheint diese Notwendigkeit als Bedingung zum Wandel in der Lebensneuheit:

> Si enim vivis adhuc peccato, consepeliri non potes Christo, nec in novo eius sepulcro col-
> lacari, quia vetus homo tuus vivit, et non potest in novitate vitae ambulare. Propterea nam-
> que curae fuit Spiritui sancto tradere per Scriptura quod et sepulcrum novum fuerit in quo
> sepultus est Jesus, et quod in sindone munda obvolutus sit.
> Com Rom 5,8 (PG 14,1038 f.)

Ohne daß man der Sünde stirbt, d. h. mit ganzem Ernst von der Sünde ab-
kehrt, ist es unmöglich, mit Christus begraben zu werden und in sein neues
Grab gelegt zu werden. Ohne daß der alte Mensch stirbt, kann man nicht in der
Neuheit des Lebens wandeln. Diese Behauptung wird auf originelle Weise von
Origenes begründet: Das neue Grab sowie die reinen Grabkleider Christi zei-
gen, daß nur einer, der selbst neu und rein ist, in das Grab gelegt werden darf.

Die Gegenüberstellung vom *homo vetus* und der *novitas vitae* in diesem Zusammenhang bringt deutlich zum Vorschein, daß Origenes das Neue des Lebens nach der Taufe in der sittlichen Reinheit findet. Somit wird *novitas* in diesem Fall zu einer Bestimmung der ethischen Qualität, die der Taufe notwendigerweise vorausgeht.[504] Durch den Bruch mit der Sünde entsteht das neue Leben, auch an dieser Stelle offensichtlich das Ergebnis menschlichen Bemühens.

Auch an einer späteren Stelle im Römerbriefkommentar[505] stellt Origenes

---

[502] Nach Origenes hatte Christus als fleischgewordener Logos die besondere Aufgabe,
den Menschen zum Bild Gottes zurückzuführen; dementsprechend gilt das Hauptinteresse
des Origenes dem menschlichen Zustand Christi; cf. *H. Crouzel,* Theologie de l'image de
dieu chez Origène, Paris 1956, 127 f.; *Crouzel* 1961, 461.

[503] Siehe oben 3.9.2.2. zu Röm 6,2 bei Origenes.

[504] *Hauschild,* 1972, 105, nennt den neuen Lebenswandel bei Origenes sogar als Voraussetzung zum Geistempfang.

[505] *Com Rom* 5,8 (PG 14,1041 f.).

dem alten Menschen die Lebensneuheit gegenüber und verbindet diese mit dem
neuen Menschen, der durch Erkenntnis gemäß dem Bild des Schöpfers erneuert wird.[506] Anschließend wird die Prozeßhaftigkeit der Erneuerung betont:

> *Neque enim putes quod innovatio vitae, quae dicitur semel facta, sufficiat; sed semper,*
> *et quotidie, si dici potest ipsa novitas innovanda est.*
> Com Rom 5,8 (PG 14,1042)

Selbst die Neuheit wird erneuert! Origenes kennt zwar eine einmalige Erneuerung, diese jedoch ist an sich zu wenig. Die tägliche Erneuerung − diese
Vorstellung holt sich Origenes bei 2 Kor 4,16 − stellt sich dieser Kommentator
als fortschreitende Zunahme an Tugend und Erkenntnis vor, wie er im folgenden Teil zum Ausdruck bringt.[507]

Die *novitas vitae* als ständige Verwandlung und Angleichung an das Bild des
Herrn kennt eine Vollendung, welches schon in diesem Leben erreichbar ist:

> *Nec tamen putandum est quod sine fine ambulare dicatur, sed venire aliquando ad eum*
> *locum eos qui in his profectibus ambulant, ubi standum sit.*
> Com Rom 5,8 (PG 14,1042)

Folglich hält Origenes es für möglich, daß die Lebenserneuerung bereits im
irdischen Leben ihren Abschluß findet, indem der Mensch moralische Vollkommenheit erreicht. Als Beispiele Vollkommener führt er Stephanus, Mose
und Paulus an, wobei er jeweils Schriftbelege[508] bringt, um sein Urteil zu bekräftigen. Nicht erst im Eschaton, sondern jetzt schon in diesem irdischen Dasein ist vollständige sittliche Vollkommenheit erwiesenermaßen möglich.[509]

Im Anschluß an 2 Kor 3,15−17 erklärt Origenes die Bedeutung von der Geistesneuheit, um sich offenbar von jenen abzuheben, die den Heiligen Geist als
ausschließlich zum neuen Bund zugehörig sehen. Er hingegen hält die Ansicht,
daß der Geist erst seit Christi Erscheinen auf Erden existiert, für „schwerste
Gotteslästerung" und bringt die richtige Auslegung von *novitas spiritus*:

> *Non ergo ipse novus est, sed credentes innovat, cum eos a veteribus malis ad novam vi-*
> *tam et novam religionis Christi observatiam adducit, et spiritales ex carnalibus facit.*
> Com Rom 6,7 (PG 14,1076)

Die Geistesneuheit ist also nicht das Neusein des Geistes, sondern das neue
Sein im Geist. In deutlichem Kontrast zu mancher bisher betrachteten Stelle, in

---

[506] Kol 3,10.

[507] Obwohl Origenes die personale Beziehung zu Christus zugunsten dessen moralischen Vorbildcharakters zu vernachlässigen scheint, ist das personale Element seiner Aufstiegslehre außere Zweifel vorhanden und an manchen Stellen stärker ausgeprägt als hier;
cf. *Hom Ier* 3,2 (SC 232,252) sowie *Gruber* 1962, 37 ff.

[508] Apg 7,55; Deut 5,31; 2 Tim 4,7.

[509] Origenes unterscheidet zwischen moralischer Vervollkommnung und vollständiger
Erkenntnis: Erstere ist auf Erden möglich, letztere hingegen muß die eschatologische Begegnung abwarten; cf. *Crouzel* 1961, 494.

der die moralische Erneuerung dem Vollkommenheitsstreben des Menschen völlig überlassen zu sein schien, wird hier der Heilige Geist als die erneuernde Kraft dargestellt, die weg von altem Schlechten hin zum neuen Leben und zur neuen Art der Anbetung in der Religion Christi führt.[510] Mit dieser Bemerkung will Origenes die christliche Religion samt deren Schwergewicht auf ethischem Gottesdienst der stärker kultorientierten Religion des Alten Testaments gegenüberstellen. Der Geist macht aus den fleischlichgesinnten Menschen geistliche Menschen. Die Vorstellung von der Lebenserneuerung durch den Geist kommt bei Origenes nicht nur vereinzelt im Römerbriefkommentar vor, vielmehr wird auch an folgender Stelle aus *De principiis* die Bedeutung des Geistes für die Neuschöpfung des Menschen dargelegt. Diese Bemerkungen gehen von Ps 103,30[511] aus:

> ... *quod manifeste de sancto spiritu designatur, qui ablatis atque extinctis peccatoribus et indignis ipse sibi novum populum creet et renovet faciem terrae, cum per gratiam spiritus deponentes veterem hominem cum actibus suis, in novitat vitae coeperint ambulare. Et ideo conpetenter de eo dicitur quia non in omnibus neque in his, qui caro sunt, sed in his, quorum terra renovata fuerit, spiritus sanctus habitabit. Denique idcirco per inpositionem manuum apostolorum post baptismi gratiam et renovationem sanctus spiritus tradebatur ... Hoc est nimirum quod et ipse salvator dominus in evangelio designabat, cum vinum novum in utres mitti posse veteres denegabat, sed iubebat utres fieri noves, id est homines in novitate vitae ambulare, ut vinum novum, id est spiritus sancti gratiae susciperent novitatem.*
> *De princ* 1,3,7 (SC 252,156 f.)

Diese Erklärung zum Psalmwort, welche zugleich das fortwährende geistlich-schöpferische Werk Gottes darlegt, beseitigt allen Zweifel, daß Origenes zu sehr in der asketisch-moralisierenden Denkweise vertieft ist, um den hervorragenden Anteil Gottes an der Erneuerung des fleischlichen Menschen wahrzunehmen.[512] Die Neuschöpfung des Menschen durch den Heiligen Geist nimmt hier welt- und geschichtsumfassende Dimensionen an, insofern als die Schaffung eines καινὸς λαός als Mittel der Welterneuerung dargestellt wird. Nach Auffassung des Origenes setzt die Lebensneuheit dem alten Menschen notwendigerweise ein Ende. Die Wende wird durch die Taufe und Geistverleihung, hier deutlich voneinander abgehoben, eingeleitet. Die Bedingungen für den Geistempfang veranschaulicht er durch das Bild von neuem Wein und neuen Schläuchen und besagt damit in eindeutiger Weise, daß die Lebenser-

---

[510] Nach *Hauschild* 1972, 120, versteht Origenes die Rolle des Heiligen Geistes als Hilfe um „die asketische Tranzendierung des Welthaften in Richtung auf Gott" zu erreichen.

[511] „*Emittes spiritum tuum, et creabuntur, et renovabis faciem terrae.*"

[512] Auf den hohen Stellenwert des Geistes für den Vollzug des christlichen Lebenswandels bei Origenes macht *J. Kassomenakis*, Zeit und Geschichte bei Origenes, München 1967, 116 f., aufmerksam.

neuerung zuerst eintreten muß, ehe man die „Neuheit der Gabe des Heiligen Geistes" annehmen kann.[513]

Wenn die Erwähnung der Handauflegung in etwas unvermittelter Art an dieser Stelle erscheint, so ist es deshalb, weil Origenes bemüht ist, die in der Apostelgeschichte geschilderte urchristliche Praxis mit seiner Taufvorstellung in Beziehung zu setzen.[514] Das ist sicherlich auch der Grund, warum ein zweifaches Werk des Geistes bei der Initiationshandlung zum Ausdruck zu kommen scheint. Origenes sagt nämlich zuerst, daß durch das Geistesgeschenk der alte Mensch abgelegt und der neue Lebenswandel begonnen wird, behauptet aber später, daß der Geist durch die Handauflegung nach der Taufe verliehen wird. Die Erwähnung von *renovationem baptismi* zeigt, wie er durch dieses zweifache Schema den Widerspruch zu beheben sucht.[515] Es muß jedoch festgehalten werden, daß die Vorstellung vom Wirken des Geistes zur Erneuerung des Menschen im Taufbad selbst der häufigsten Auffassung des Origenes entspricht.

In Zusammenfassung kann man sagen, daß Origenes den Geschenkcharakter der Lebenserneuerung in *De prin* 1,3,7 betont. Sie ist einerseits Werk des Heiligen Geistes, andererseits aber auch Bedingung zum weiteren Innewohnen des Geistes.

Einige weitere Stellen bei Origenes malen das Bild dessen aus, was dieser Schriftsteller unter καινότης ζωῆς versteht. Im Johanneskommentar[516] beschreibt er den Wandel in der Lebensneuheit als Gegenstück zur vollendeten Auferstehung, indem er behauptet, daß der Mensch, der so wandelt, „im Hinblick auf die erhoffte Seligkeit und die vollendete Auferstehung noch nicht auferstanden ist". Er denkt also nach wie vor an das diesseitige Leben. Von der Vorankündigung des Todes Jesu[517] ausgehend, betont Origenes die Gleichheit sowohl des Sterbens als auch der Auferstehung des Jüngers Jesu mit dem Schicksal des Herrn und meint, daß wir „seinetwegen"[518] in der Lebensneuheit wandeln, weil wir nicht mehr „im Land und Schatten des Todes"[519] verbleiben und das Licht Gottes über uns aufgegangen ist.[520] Auch in diesem Fall meint Origenes offensichtlich das erneuerte Leben nach der Taufe, das die Leidens- und Schicksalsgemeinschaft mit Christus anstrebt. Im Kommentar zu 1 Kor

---

[513] Origenes sieht einen Tausch des menschlichen νοῦς gegen das göttliche πνεῦμα vor; cf. *Hauschild* 1972, 97.

[514] *De princ* 1,3,2 (SC 252,146); cf. *Lampe* 1951, 165 f.

[515] Diese scheinbare Ungereimtheit versuchte ein Teil der Textüberlieferung so zu beseitigen, daß *renovationem* durch *revelationem* ersetzt wurde; cf. die Codices Sangermanensis 12125, Metensis 225, Abrincensis 66 und Sorbonensis 16322.

[516] *Com Io* 10,232 (GCS 10,210).

[517] Mat 17,22 f.

[518] δι' ὅν.

[519] Cf. Jes 58,10; Mat 4,16.

[520] *Com Mat* 13,9 (GCS 40,205).

6,14 sagt er, daß „der Leib niemandem außer dem Herrn gehören darf", wenn
der Mensch seiner Auferstehung und der Neuheit des Lebens gleichgestaltet
worden ist.[521] Hier wiederum betont Origenes die ethischen Auswirkungen
der Christusgemeinschaft, welche in echt paulinischer Art nicht auf individu-
elle Frömmigkeit beschränkt bleibt, sondern ihre Konkretisierung im sichtbaren Handeln sucht.

Origenes' Bemerkungen zu Röm 6,4b beschränken sich im wesentlichen auf
die καινότης ζωῆς, wobei er den vorhergehenden Versteil christologischen Inhalts kaum als problematisch empfindet und als selbstverständliches Datum der
kirchlichen Tradition zu betrachten scheint. Die Lebensneuheit steht in erster
Linie als Bestimmung der ethischen Lebensqualität nach der Taufe dem in der
Sünde verhafteten *homo vetus* gegenüber. καινότης ζωῆς als Lebenserneuerung
stellt sich durch die ernst vollzogene Buße und den Empfang des Geistes bei der
Taufe ein. Origenes kennt die Lebenserneuerung einmal als Voraussetzung
zum Innewohnen des Geistes im Menschen, aber auch als Ergebnis dieses Inne-
wohnens. Durch diese Vorstellung wird das Schema der geistlichen Entwicklung des Menschen vorbereitet, die durch zunehmende Tugend und Erkenntnis gekennzeichnet ist und ihren Abschluß in einem vollkommenen Lebenswandel schon im Diesseits finden kann. In all diesen Ausführungen betont Origenes immer wieder den ethischen Charakter der καινότης ζωῆς, jedoch als
Auswirkung der Schicksalsgemeinschaft des Gläubigen mit seinem Herrn, insofern als er Jesu eigenen Lebensweg als Vorbild häufig anspricht. Καινότης
ζωῆς gilt also bei Origenes primär als ethischer Begriff.

3.9.2.5. *Röm 6,5*

Für Röm 6,5 gibt es zwei Kommentarfassungen von Origenes, da die Bemerkungen dazu sowohl in der lateinischen Übersetzung des Rufin als auch unter den von Ramsbotham veröffentlichen Fragmenten des griechischen Römerbriefkommentars erhalten sind. Im griechischen Kommentar wird der Tod
Jesu das Gewächs genannt, mit dem die Jünger Christi zusammengepflanzt
werden, und so zu Mitgewächsen des Gleichbildes des Todes Jesu werden:

> πλάσας τὸ ὄνομα τέθεικεν, φυτόν τι ἐπιστάμενος τὸν Ἰησοῦ θάνατον, φέρον
> κάρπους ἀναιρετικοὺς τῆς ἁμαρτίας· ᾧ φυτῷ ὁ λόγος γεωργεῖ ἐν τοῖς παραδεξα-
> μένοις τὴν διδασκαλίαν τὴν διὰ Χριστοῦ, ποιῶν αὐτοὺς συμφύτους τῷ ὁμοιώματι
> τοῦ θανάτου·
>
> *Cat Rom* 29 (Ramsbotham 1912, 363)

Das Bild von Jesu Tod als Pflanze, die Frucht trägt zur Aufhebung der
Sünde, entspricht einem bisher mehrmals festgestellten Zug der Christologie
des Origenes, daß nämlich die Heilstaten Christi hauptsächlich in ihrer Wirkung als Vorbilder auf dem Weg der Gesundung des Menschen eine Rolle spie-

---

[521] *Cat Cor* 29 (*Jenkins* 370).

len. Der Logos bestellt den Acker in denen, die Christi Lehre annehmen, und macht sie zu Mitgewächsen. Origenes sieht, wie seine philosophischen Zeitgenossen, den Menschen als ein für Gott grundsätzlich offenes Subjekt, das sich jedoch nur durch bewußte Unterwerfung, hier durch die Annahme der διδασκαλία τοῦ Χριστοῦ, der göttlichen Tugend annähern kann.[522] In dieser Weise deutet Origenes die popularphilosophische Anthropologie in spezifisch christlicher Weise um. Schließlich ist zu bemerken, daß durch die Gleichsetzung von φυτόν und θάνατος ᾽Ιησοῦ eine natürliche Verbindung zwischen jenem Gewächs und dem etwas geheimnisvoll anmutenden ὁμοίωμα des Todes Christi entsteht. Offensichtlich dachte Origenes zuerst an die Mitpflanzung des Jüngers mit dem Tod Christi an sich als Gewächs, bemerkte aber danach, daß in diesem Vers Paulus vom Gleichbild des Todes Christi redet, und suchte folglich seine Exegese diesem eigenartigen Begriff anzugleichen.

Dieser Eindruck wird durch die folgenden Bemerkungen zu ὁμοίωμα τοῦ θανάτου bestätigt:

> ὁμοίωμα μὲν γάρ τι τοῦ θανάτου ἐκείνου δύναται ἡ ἀνθρωπίνη φύσις ἀναλαβεῖν, τὸν δὲ ἐκείνου θάνατον τοῦ ἁμαρτίαν μὴ ποιήσαντος, μηδὲ γνόντος ἁμαρτίαν, ἀλλ᾽ ἀποθανόντος ἐπὶ τῇ καθαιρέσει οὐχὶ τῆς ἐν αὐτῷ ἁμαρτίας ἀλλὰ τῆς ἐν ἡμῖν, οὐχ οἷόν τε ἐστὶν ἀποθανεῖν τινὰ τῶν ἡμαρτηκότων·

Cat Rom 29 (Ramsbotham 1912, 363)

Weiters fügt Origenes Röm 3,23[523] seinen Bemerkungen hinzu. Der Jünger kann nur mit dem „Gleichbild" des Todes Christi mitwachsen, weil die natürliche Beschaffenheit des Menschen den Tod selbst nicht zu ertragen vermag. Die weiteren Ausführungen zeigen in deutlichster Weise, daß Origenes an ὁμοίωμα nicht als Abbildung der Grablegung Christi in der Taufe denkt, sondern mit diesem Begriff das unter den ersten zwei Versen erörterte Sterben für die Sünde wieder anspricht.[524] Der begriffliche Gebrauch von ὁμοίωμα in diesem Fall liegt somit in der gedanklichen Nähe der von Origenes häufiger verwendeten σκιά als irdisches Abbild des unsichtbaren μυστήριον.[525] Unser eigenes Sterben für die Sünde in Nachahmung des sündlosen Sterbens Jesu dient daher auch dem didaktischen oder noëtischen Zweck, zu einem tieferen Verständnis des Opfertodes Christi zu gelangen. Diese Schlußfolgerung deutet auf einen möglichen Grund, warum die Kreuzestheologie im Verhältnis zu ihrer Stellung in den paulinischen Schriften von Origenes eher selten explizit wird: Über solch große Mysterien soll man lieber schweigen, denn der ernsthaft be-

---

[522] Origenes setzt die Willensfreiheit des Menschen sowohl für die erste Hinwendung zum Göttlichen, als auch für die folgende weitere Annäherung an das Göttliche voraus; cf. *Kassomenakis* 1967, 227.

[523] Der Stellenhinweis bei *Ramsbotham* 1912, 363 (Röm 3,25) ist unrichtig.

[524] *Schelkle* 1956, 201, beschreibt das ὁμοίωμα τοῦ θανάτου in etwas einseitiger Weise als „aszetische Verähnlichung mit dem Tod Christi".

[525] *Crouzel* 1961, 219.

mühte Jünger wird sie ohnehin begreifen lernen, wogegen der Halb-Christ auch die beste Erklärung nicht erfassen kann.[526]

Die Erklärung zu ὁμοίωμα τοῦ θανάτου in der Rufinischen Übersetzung ähnelt den Bemerkungen in der griechischen Kommentarüberlieferung, betont jedoch mehr als diese die Auswirkungen des Mitwachsens mit dem Gleichbild des Todes Christi:

> *Sed nunc repentes sermonem, videamus quid est complantari similitudini mortis Christi, in quo velut plantam alicuius arboris ostendit mortem Christi, cui nos complantatos vult esse, ut ex succo radicis eius radix quoque nostra suscipiens producat ramos justitiae, et fructus afferat vitae.*

Com Rom 5,9 (PG 14,1043)

Später sagt Origenes, daß Christus selbst der Lebensbaum ist, mit dem wir zusammengepflanzt werden sollen, damit jener Tod aufs neue für uns zum Lebensbaum wird.

Im Einklang mit den Beobachtungen zum Verhältnis zwischen den griechischen und lateinischen Kommentarfassungen stellen wir anhand dieser Bemerkungen zwei Neigungen des Übersetzers fest, nämlich die zur Erweiterung und Ausschmückung von Bildern sowie die zur stärkeren Moralisierung in semipelagianischer Art.[527] Das Bild von zwei nebeneinander eingesetzten Pflanzen, wovon eine der anderen durch die Wurzeln Saft zum Heranwachsen von gesunder Frucht verleiht, stellt Christi Tod in seiner existentiellen Bedeutung für das ethische Wachstum des Jüngers dar. Nach Origenes fließt durch die Lebensgemeinschaft Kraft zur Tugend aus dem einen Gewächs zum anderen. So gesehen unterscheiden sich die Kommentare zu dieser Stelle (Röm 6,5a) im griechischen Fragment[528] und der lateinischen Übersetzung[529] in der Ausrichtung nicht voneinander; Rufin scheint jedoch mehr am Vollzug des im Bild ausgeprägten Verhältnisses im Leben des Gläubigen zu liegen. Die Verbindung mit dem Lebensbaum entspricht ganz der Auslegungsart des Origenes, der gerne umfassend mit Vorbildern und Abbildern arbeitet, und muß daher nicht als Rufinische Ergänzung angesehen werden.[530]

In bezug auf das ὁμοίωμα τοῦ θανάτου αὐτοῦ liefert Rufin eine fast wörtliche Übersetzung des griechischen Kommentars, obwohl er 1 Pet 2,22 in vollständiger Form und vor der eigentlichen Erklärung zitiert. Dem Zitat schließt er folgende Bemerkungen an:

---

[526] Freilich trifft auch die Begründung *Drewerys* (1960, 163) zu, nämlich, daß Origenes die Kreuzestheologie nicht explizit ausführt, sondern durchaus ethisch konzipiert.

[527] Siehe oben 2.4.1.4.

[528] *Cat Rom* 29 (*Ramsbotham* 1912, 363).

[529] *Com Rom* 5,9 (PG 14,1043).

[530] Für Origenes gehören die Metapher und der übertragene Sinn des Bildes schon zum pneumatischen Anteil der Sprache und werden dementsprechend hervorgehoben; cf. *Gögler* 1963, 347 f.

> *Idcirco ergo ipsa quidem morte qua Jesus mortuus est peccato, ut peccatum omnino non fe-*
> *cerit, nos non possumus mori ut omnino nesciamus peccatum: similitudinem tamen habere*
> *possumus ut imitantes eum, et vestigia eius sequentes abstineamus nos a peccato. Hoc est*
> *ergo quod recipere potest humana natura, ut in similitudinem mortis eius fiat, dum ipsum*
> *imitando non peccat.*
>
> Com Rom 5,9 (PG 14,1044)

Wir können weder einen sündlosen Tod sterben noch vor der Sündenkenntnis verschont bleiben, daher müssen wir uns damit begnügen, daß wir ihn nachahmen, indem wir, seinen Fußstapfen folgend, uns der Sünde enthalten. Mehr kann unsere menschliche Natur nicht auf sich nehmen.

Wiederum wird an dieser Stelle von der Vorbildfunktion des Todes Christi in charakteristischer Art gesprochen. In diesem Fall löst das Wort ὁμοίωμα Assoziationen mit der *imitatio Christi* aus;[531] der Begriff könnte ohne weiteres als „Ähnlichkeit" gedeutet werden. Im Zusammenhang wird ὁμοίωμα dem vorausgehenden σύμφυτοι zugeordnet und läßt sich daher besser als *dativus instrumentalis* statt als *relationis* interpretieren. Wenn Origenes seine Deutung von ὁμοίωμα τοῦ θανάτου αὐτοῦ auf sein Verständnis von Röm 6,5a insgesamt abgestimmt hat, so mußte er folgendermaßen gelesen haben: Wenn wir Mitgewächse durch das Abbild seines Todes geworden sind ... Θάνατος bedeutet in diesem Zusammenhang u. a. den asketischen Tod, aber wahrscheinlich auch mehr.[532]

Fast als Nebenbemerkung ergänzt Origenes seinen Kommentar zu Röm 6,5 durch die Erwähnung einer *similitudo resurrectionis,* obwohl diese keine wesentliche Rolle in seiner Auslegung des Abschnitts insgesamt spielt:

> *Hoc ergo modo complantati sumus similitudini mortis eius, ut et resurrectionis eius simi-*
> *litudini complantati simus. Quid sit autem similitudini resurrectionis eius esse complan-*
> *tatum Joannes apostolus docet: ...*
>
> Com Rom 5,9 (PG 14,1044)

Im folgenden zitiert der Ausleger 1 Joh 3,2, womit er die *similitudo resurrectionis* auf die Ähnlichkeit der Gläubigen mit ihrem Herrn nach dessen Wiederkunft bezieht. Die Art jener Ähnlichkeit vermag Origenes nicht zu explizieren; er hält lediglich fest, daß es diese künftig geben wird, vermutlich in Form eines geistlich-körperlichen Erscheinungsbildes.[533] Origenes wird daher Röm 6,5b in etwa der folgenden Weise ergänzt haben: ... aber auch werden wir Mitgewächse durch das Abbild (oder die Ähnlichkeit mit) seiner Auferstehung sein.

---

[531] Bei Origenes ist ὁμοίωμα ein wichtiger christologischer Begriff, der die Leidensfähigkeit des irdischen Jesus trotz seiner bewahrten Sündlosigkeit zum Ausdruck bringt; cf. *Harl* 1958, 241.

[532] Gegen *Schelkle* 1956, 201; cf. *Gruber* 1962, 25 f., wo der breitere Sinn von θάνατος bei Origenes entfaltet wird.

[533] Cf. die Erklärungsversuche bei *Crouzel* 1956, 248 ff., der die *imago resurrectionis Christi* endzeitlich versteht.

In welcher Hinsicht gleicht der Christusgläubige einer Pflanze? Die Antwort zu dieser Frage entnimmt Origenes seinem Schema der zunehmenden Vervollkommnung des Menschen:

> *Et vide quam necessario formam plantationis assumpserit. Omnis etenim planta post hiemis mortem resurrectionem veris exspectat. Si ergo et nos in Christi morte complantati sumus in hieme saeculi huius et praesentis vitae, etiam ad futuram ver inveniemur fructus justitiae ex ipsius radice proferentes; et si complantati sumus ei, necesse est ut Pater agricola purget nos tanquam palmites vitis verae, ut fructum plurimum afferamus . . .*
> Com Rom 5,9 (PG 14,1044)

Die Vorstellung von der Reinigung durch den Vater als Bauern kommt offensichtlich von Joh 15,11 f., welche Stelle Origenes auch anschließend zitiert.

Der Vergleich des mit Christus Gestorbenen mit einer Pflanze wird von Origenes allegorisiert, sodaß die gegenwärtige Welt zum Winter wird,[534] währenddessen die Pflanze im Scheintod schläft und auf die Frühlingsauferstehung wartet. Der Winterschlaf ist jedoch kein tatenloser Zustand, denn das Wachstum wird in dieser Zeit in der Wurzel vorbereitet. Die Pflanze wird auch vom Winzer gereinigt, indem die alten, fruchtlosen Reben entfernt werden, damit der Saft in die jungen Reben hineinfließen kann.

Auch in dieses Bild bringt Origenes ein geläufiges Motiv seiner Exegese hinein, nämlich jenes von der Läuterung der Jünger durch Gott. Dieser Gedanke wird oft durch Berufung auf Deut 32,39[535] aufgegriffen, um die heilsame Pädagogik Gottes zu veranschaulichen. Das Ziel dieser Pädagogik wird hier durch *fructus justitiae* bezeichnet und bedeutet nichts weniger als die ausgereifte Tugend.[536] Nur unter diesem Aspekt kann die Erwähnung von „Mitgewächs" in Röm 6,5 Origenes sinnvoll erscheinen.

Origenes ist sich der Möglichkeit eines Mißverständnisses bewußt, da er fast durchwegs die καινότης ζωῆς im Sinn der gegenwärtigen moralischen Existenz des Gläubigen ausgelegt hat. Um dem daraus folgenden präsentischen Mißverständnis von ἡ ἀνάστασις vorzubeugen, geht er auf den zweifachen Sinn dieses Begriffes ein:

> πρὸς τοῦτο λεκτέον ὅτι διττῶς ὀνομάζει τὴν ἀνάστασιν ὁ ἀπόστολος· μίαν μὲν τὴν ἤδη καθ' ἣν ὁ ἅγιος συνανέστη Χριστῷ καὶ συνεγερθεὶς αὐτῷ τὰ ἄνω ζητεῖ· ἑτέραν δὲ τὴν „ὅταν ἔλθῃ τὸ τέλειον". περὶ ἧς καὶ Δανιὴλ προφητεύων φησὶν „πολλοὶ τῶν καθευδόντων ἐν γῆς χώματι ἀναστήσονται, οὗτοι εἰς ζωὴν αἰώνιον, καὶ

---

[534] Das Motiv von der gegenwärtigen Welt, die in einen geistlich erneuerten Frühling übergehen wird, entnimmt Origenes gnostischem Gedankengut; cf. oben zu *Ev Phil* Spr 109 (*W. Till*, Das Evangelium nach Philippus, PatTSt 2, Berlin 1963, 55), 3.2.4.
[535] Siehe oben 3.9.2.2. zu Röm 6,2 bei Origenes.
[536] *Crouzel* 1961, 440, formuliert die Wachstumsvorstellung bei Origenes folgendermaßen: „Le Christ se forme et croît en l'ame, y apportant la connaissance de mystères qu'il est, s'il a la place de grandir: seule la pratique des vertus rend l'âme assez vaste."

οὗτοι εἰς ὀνειδισμὸν καὶ εἰς αἰσχύνην αἰώνιον"· τὴν ἑτέραν μὲν οὖν τῶν ἀναστάσεων οἱ ἅγιοι ἐροῦσι συνεγηγέρθαι Χριστῷ, κατὰ δὲ τὴν ἑτέραν καὶ ἀναστήσεσθαι.
Cat Rom 29 (Ramsbotham 1912, 363 f.)

Die Spannung, die viele Exegeten angesichts der im Epheserbrief und Kolosserbrief vertretenen präsentischen Eschatologie und der in Röm 6 angedeuteten
künftigen Auferstehung empfunden haben,[537] veranlaßt Origenes, einen kurzen Exkurs über den Gebrauch von ἀνάστασις bei Paulus zu machen. Er grenzt
auf saubere Weise die zwei Definitionen voneinander ab und fügt ein zusätzliches Beispiel aus dem Propheten Daniel hinzu.

Die zwei Definitionen von ἀνάστασις an dieser Stelle entsprechen nicht den
psychischen und pneumatischen Ebenen des dreifachen Schriftsinnes bei Origenes. Die präsentische und futurische Bedeutung von „Auferstehung" gehören vielmehr alle beide zum übergeordneten geistlichen Schriftsinn, wobei hier
nur zwei aus fünf geistlichen Deutungsmöglichkeiten ausgeführt werden.[538]
᾿Ανάστασις kann z. B. auch „mystisch" als Glaubenserlebnis des Jüngers, oder
aber auch universal-eschatologisch im Sinne der allgemeinen Totenaufersteh-
hung gedeutet werden.[539]

Im lateinischen Römerbriefkommentar wird erklärt, warum Paulus die
pneumatische Redeweise von „Auferstehung" verwendet, nämlich um seine
Leser anzuspornen, sich auf den Himmel zu besinnen und die künftige Auferstehung zu suchen.[540] Damit bestimmt der Ausleger den Sprachgebrauch des
Paulus als psychologisches Mittel, das dazu erziehen will, sich die eigene Auferstehung richtig zu denken und diese als Beweggrund zur moralischen Konsequenz betrachten zu lernen. Es ist berechtigt, über die hier aufgezeigte Art,
Paulus in einengender psychologisierend-moralisierender Weise zu interpretieren, enttäuscht zu sein. Man soll jedoch bedenken, daß wir es bei dieser Auslegung mit der Rufinischen Übertragung des Kommentars und nicht unbedingt
nur mit dem Gedankengut des Origenes zu tun haben. Es ist durchaus möglich,
daß der Übersetzer den Sinn der ursprünglichen Ausführungen anhand seiner
eigenen Vorstellungen modifiziert hat, da er mit dem Ursprünglichen nicht zu-
rechtgekommen war.

Wir können im folgenden die wesentlichen Gedanken des Origenes zu Röm
6,5 zusammenfassen. Der Ausleger bezieht die Erwähnung von σύμφυτοι auf

[537] Cf. *E. Lohse,* Die Briefe an die Kolosser und an Philemon, KEK, Göttingen 1977,
155 f. für weitere Literaturhinweise sowie *J. Gnilka,* Der Kolosserbrief, HThK 10,1, Freiburg 1980, 172; und *A. Lindemann,* Der Kolosserbrief, Zürcher BK 10, Zürich 1983, 45 f.
[538] *K. Rahner,* Les débuts d'une doctrine des cinq sens spirituel chez Origène, ZAM 7
(1932) 113 f.; cf. *Daniélou* 1948, 167 f.
[539] *Daniélou* 1948, 172.
[540] Die lateinische Wiedergabe in *Com Rom* 5,9 (PG 14,1047) steht dem griechischen
Textwortlaut erstaunlich nahe.

die Tatsache, daß die Gläubigen mit Christus der Sünde gestorben sind, wobei die Identifizierung keineswegs vollständig sein kann, denn Christus starb als Sündloser für die Sünden aller. Origenes erwähnt nicht die Zusammenpflanzung in der Taufe, setzt diese aufgrund der vorhergehenden Bemerkungen vielmehr voraus. Das Bild vom σύμφυτος wird auf ein Gewächs ausgedehnt, das neben eine andere, viel kräftigere Pflanze eingesetzt und von dieser mit Saft, d. h. Kraft zur Tugend versorgt wird. Der Hauptsinn des Bildes wird in seiner Funktion als Darstellung der ethischen Entwicklung des Gläubigen im Schatten seines himmlischen Vorbilds gesehen. Ὁμοιώματι τοῦ θανάτου αὐτοῦ versteht Origenes offensichtlich als *dativus instrumentalis,* womit er u. a. das asketische Sterben für die Sünde in der Nachfolge Christi zum Ausdruck bringen will. Der Ausleger will Röm 6,5b durch den Begriff *similitudo resurrectionis* ergänzt haben, obwohl er nur wenig dazu ausführt. Er meint sicherlich die künftige Auferstehung des Gläubigen bei der Parusie, expliziert aber nicht, in welcher Weise diese sich nur in ähnlicher Weise wie Christi Auferstehung vollzieht. Erwartungsgemäß deutet Origenes ἀνάστασις auf die künftige Auferstehung, sagt jedoch ausdrücklich, daß dieser Begriff einen zweifachen Sinn bei Paulus hat, offensichtlich um eventuelle Deutungsmißverständnisse angesichts der Rede von einer präsentischen Auferstehung in manchen spätpaulinischen Briefen vorwegzunehmen. Obwohl dieser präsentische Sprachgebrauch im lateinischen Römerbriefkommentar psychologisch ausgedeutet wird, ist es durchaus möglich, daß diese Vereinfachung auf die mangelnde Fähigkeit des Übersetzers zurückgeht, die komplexere Erklärung des Origenes zu begreifen.

3.9.2.6. Vers 6

Dieser Vers enthält mindestens zwei Begriffe, die in ihrem Verhältnis zueinander näher bestimmt werden wollen. Handelt es sich bei den ersten zwei Versgliedern um eine Art Parallelismus, wodurch die Zerstörung des Sündenleibes der Kreuzigung des alten Menschen gleichgestellt wird? Die Exegese dieses alexandrinischen Kirchenvaters versucht die Begriffe noch stärker voneinander abzuheben.

Die Auslegung des Origenes zu dieser Stelle befindet sich in der überschaubarsten Form im Römerbriefkommentar:

> *Vetus autem homo noster intelligendus est vita prior quam duximus in peccatis, cuius finem et interitum quemdam facimus ubi recipimus in nobis fidem crucis Christi, per quam ita destruitur corpus peccati, ut membra nostra, quae serviebant peccato, ultra ei non serviant, sed Deo.*
>
> Com Rom 5,9 (PG 14,1043)

Der alte Mensch ist das alte Leben in der Sünde, welches durch die Annahme des Glaubens an Christi Kreuz beendet wurde. Der hier verwendete Ausdruck, *recipire in se fidem crucis Christi,* darf als Hinweis auf die Taufe gelten, denn der

Kreuzesglaube[541] wird nach seiner Auffassung erst in der Taufe angenommen. Eine wahre Annahme der heilenden Kraft Gottes durch Christus *vor* der Taufe wäre Origenes undenkbar.[542] Der alte Mensch wird also in der Taufe mitgekreuzigt; Vers 6a enthält daher in etwa denselben Aussagewert wie Vers 4a.

Origenes unterscheidet an dieser Stelle zwischen dem alten Menschen, der in der Taufe mitgekreuzigt wird, und dem Sündenleib, dessen Zerstörung durch den Kreuzesglauben der Taufe folgt. Die Taufe und die Kreuzigung des alten Menschen bilden also die Voraussetzungen für die Beseitigung des Sündenleibs, die im Wechsel vom Dienst an der Sünde zum Gehorsam gegenüber Gott wirkliche Gestalt annimmt. Durch diese Auslegung bekennt sich Origenes abermals zu seiner Überzeugung von der Grundausrichtung des Römerbriefpassus als paränetisches Stück.

Origenes denkt bei *homo vetus* zwangsläufig an zwei Zusammenhänge, in denen derselbe oder ein ähnlicher Begriff vorkommt, nämlich entweder an paränetische Abschnitte, wo ὁ παλαιὸς ἄνθρωπος begegnet,[543] oder an den πρῶτος ἄνθρωπος von 1 Kor 15,45 f. Über die Verbindung dieser zwei Begriffe gelangt er zur folgenden Feststellung:

> ... *breviter in praesenti loco veterem hominem dicimus, qui secundum Adam vixit praevaricationi obnoxius et peccato, et cui dominata est mors peccati* ...
> Com Rom 5,9 (PG 14,1045)

Der alte Mensch lebte nach der Art Adams, d. h. der Pflichtverletzung und der Sünde unterworfen. Durch diesen Hinweis stellt Origenes den Begriff *homo vetus* auf den theologischen Hintergrund der Darstellung des Paulus vom adamitischen und christlichen Menschen und zeigt zugleich, daß er einen tieferen Sinn im Kreuzestod Christi findet, als daß dieser nur Vorbildwirkung hätte.[544] Die klare Unterscheidung zwischen dem alten Menschen und dem Sündenleib fällt Origenes nicht immer leicht. In einer Katene zum Matthäusevangelium, in der das Bildwort vom starken Mann[545] erklärt wird, kommt z. B. folgende Bemerkung vor:

> Ἰσχυρός ἐστιν ἡ ἁμαρτία· οἶκος δὲ τούτου τὸ σῶμα, „ὁ παλαιὸς ἄνθρωπος".
> Cat Mat 267 (GCS 41/1,121)

Der starke Mann ist die Sünde und dessen Haus bedeutet den Leib, d. h. den alten Menschen. Durch die Gleichsetzung beider Begriffe miteinander zeigt

---

[541] In den Schriften des Origenes steht das Kreuz Christi stellvertretend für die Heilsmacht Gottes; cf. *Com Rom* 5,10 (PG 14,1053); *Com Io* 28,19 (GCS 10,413).

[542] Die oben erörterten Kommentarbemerkungen zu Röm 6,2 (3.9.2.2.) zeigen, daß nach Origenes die Aneignung des Heils unauflöslich an die Taufe gebunden ist.

[543] Eph 4,22; Kol 3,9.

[544] Den bisher kräftigsten Beweis für den hohen Stellenwert des Kreuzes Christi bei Origenes erbringt *Beck* 1966, 64–94.

[545] Mat 12,29.

Origenes, daß er in der Auslegung des Bildwortes den adamitischen, vorchrist-
lichen Menschen im Sinn hat. Die Trennung des alten Menschen vom Sündenleib geschieht erst in der Wende zum Glauben an Christi Kreuz.

In einem Kommentarstück zu Röm 7,6 geht Origenes im Zusammenhang
mit der Erklärung zur καινότης πνεύματος auf den Begriff ὁ παλαιὸς ἄνθρωπος
wieder ein:

> Καὶ ἡ παλαιότης δὲ τοῦ γράμματος οὐκ ἔστιν ὅτε καινὴ ἦν, οὐδὲ „ὁ παλαιὸς
> ἡμῶν ἄνθρωπος" καινός ποτε ἦν, ὅστις ἅμα τῷ ὑποστῆναι πεπαλαίωται, οὐ χρόνῳ
> ἀλλὰ τῶν τοιῶνδε νοημάτων καὶ ἔργων παλαιωσάντων αὐτόν.

Cat Rom 36 (Ramsbotham 1913, 10)

Die „Altheit" oder das „Altsein", wovon an dieser Stelle die Rede ist, sowie
der „alte" Mensch von Röm 6,6 beziehen sich nicht auf ein zeitliches Altern,
denn etwas muß nur lange genug bestehen, damit es allmählich alt wird. Es
handelt sich vielmehr um eine ethische Qualifizierung. Die Gedanken, die spirituellen Anregungen des Menschen sowie sein Handeln machen ihn alt. Hier
nimmt Origenes ausdrücklich Bezug auf das von ihm häufig gebrauchte platonische Menschenbild und zeigt zugleich, wie der paulinische Begriff ὁ παλαιὸς
ἄνθρωπος mit diesem in Verbindung steht. Der alte Mensch nimmt nicht an
Einsicht zum Handeln zu. Er bleibt in der Finsternis des Erkenntnismangels
und dementsprechend weiterhin ein ethisch unterentwickeltes Wesen.[546] Aus
seinem Verzicht auf die göttliche Erziehung geht ihm die Möglichkeit verloren, die ὁμοίωσις wiederzuerlangen.

Einige weitere Stellen bei Origenes geben ein wenig mehr Aufschluß über
sein Verständnis von ὁ παλαιὸς ἄνθρωπος. In der Homilie zum Lukasevange-
lium wird auf Deut 32,39 Bezug genommen und dazu gesagt: „Denn wenn der
alte Mensch in mir ist und ich lebe noch wie ein Mensch, ich begehre, daß Gott
den alten Menschen in mir tötet und mich von den Toten lebendig macht."[547]
In der Homilie erwähnt Origenes von der Einteilung der alttestamentlichen Fe-
ste nach Monaten ausgehend, daß der Vollkommene[548] einen anderen als den
ursprünglichen Anfang hat, und zitiert Röm 6,6a als Belegstelle. Damit besagt
er, daß der alte Mensch bei der Wiedergeburt gekreuzigt wird, damit der neue
oder vollkommene beginnen kann.[549] In einer Katene zu Psalm 119,83 deutet
Origenes den erwähnten Schlauch auf den Spruch Jesu, man solle keinen neuen
Wein in einen alten Schlauch geben, und sagt weiter, daß der Schlauch den alten
Menschen d. h. den Leib darstellt.[550]

---

[546] Als Folge der Sünde bleiben dem ungeistlichen Menschen die Seelenaugen verschlos-
sen, damit er Gott nicht wahrnehmen kann; cf. *Con Cels* 7,39 (SC 150,102 ff.).
[547] *Hom Luc* 16 (GCS 49/2,98).
[548] ὁ τέλειος.
[549] *De pas* 1,6 (Nautin 164).
[550] Katene zu Psalm 119,83 (GCS 30,322).

Eine genaue Definition von σῶμα τῆς ἁμαρτίας bei Origenes ist bisher ausgeblieben. An folgender Stelle im lateinischen Römerbriefkommentar wird versucht, diesen Begriff näher einzugrenzen:

> *In quo duplex dari videtur intellectus, vel quia nostrum corpus peccati esse dixerit corpus; vel quia peccati ipsius dicat esse proprium aliquod corpus, quod destruendum sit his qui non debent ultra servire peccato.*
> Com Rom 5,9 (PG 14,1045)

Origenes überlegt zwei mögliche exegetische Schlußfolgerungen, daß σῶμα τῆς ἁμαρτίας sich entweder auf den menschlichen Leib als Träger der Sünde oder auf die Sünde selbst als eigenständigen Leib bezieht. Nach der zweiten Möglichkeit handelt es sich um eine Gegengröße zum *corpus Christi*, dem alle Christusgläubigen angehören. In diesem Fall hätte man sich *corpus peccati* als die Gruppe von Menschen vorzustellen, die immer noch unter der Herrschaft des Teufels steht.[551] Der ersten Möglichkeit, *corpus peccati* als Leib des Menschen, wendet sich Origenes in den darauffolgenden Bemerkungen zu und weist auf die sündhaften, irdischen „Glieder" des Menschenleibes hin, um den Beweis zu erbringen, daß diese Auslegung mehr im Sinn des Paulus ist.[552] Ähnliche Ausdrücke bei Paulus[553] betrachtet Origenes als *corpus peccati* gleichbedeutend und somit als weitere Belege für die Richtigkeit dieser Auslegung.[554] Das endgültige Argument für die Gleichsetzung von *corpus peccati* und *corpus humanum* entdeckt er in der Erzählung vom Sündenfall:

> *Corpus ergo peccati est corpus nostrum; quia nec Adam scribitur cognovisse Evam uxorem suam et genuisse Cain, nisi post peccatum.*
> Com Rom 5,9 (PG 14,1047)

Origenes findet weitere Unterstützung für die Anschauung im alttestamentlichen Gesetz zur Opferdarbringung nach der Geburt eines Kindes: *Pro quo peccato offertur hic pullus unus?*[555] Auch der bekannte Spruch Davids aus Psalm 50,7, „in Sünde hat meine Mutter mich empfangen" führt Origenes zu der unweigerlichen Schlußfolgerung, daß Fleisch als solches sündhaft ist und daher *corpus peccati* in der einfachen Deutung den menschlichen Körper meint.[556] Diese Einsicht findet auch in der Praxis der Kirche Bestätigung:

> *Pro hoc et Ecclesia ab apostolis traditionem suscepit, etiam parvulis baptismum dare. Sciebant enim illi quibus mysteriorum secreta commissa sunt divinorum, quod essent in omnibus genuinae sordes peccati, quae per aquam et Spiritum ablui deberent; propter quas etiam corpus ipsum corpus peccati nominatur, non (ut putant aliqui eorum qui animarum*

---

[551] Com Rom 5,9 (PG 14,1046).
[552] Röm 1,29; Kol 3,5; Com Rom 5,9 (PG 14,1046).
[553] *corpus mortis* Röm 7,24; *corpus humilitatis* Phil 3,2.
[554] Com Rom 5,9 (PG 14,1046 f.).
[555] Com Rom 5,9 (PG 14,1047).
[556] Ebd.

transmigrationem in varia corpora introducunt) pro his quae in alio corpore posita anima deliquerit, sed pro hoc ipso quod in corpore peccati et corpore mortis atque humilitatis effecta sit . . .

Com Rom 5,9 (PG 14,1047)

Origenes erkennt, daß die Lehre der Schuld Neugeborener im Neuen Testament nicht ausdrücklich thematisiert wird, schließt jedoch von der apostolischen Anordnung der Kindertaufe auf die Lehre von Erbschuld zurück. Als *apostolica traditio* denkt Origenes vielleicht an die sog. Haustaufen in der Apostelgeschichte,[557] obwohl dieser Ausdruck hier auch lediglich als Autoritätsformel dienen könnte, die zur dogmatischen Begründung der bestehenden kirchlichen Praxis gebraucht wird. Die Erkenntnis der Kindesschuld nennt Origenes ein „göttliches Mysterium", vermutlich weil sie sich in der Kirche seiner Zeit noch nicht ganz durchgesetzt und daher etwas fremd angemutet hat.[558] Dieser Kirchenvater tritt jedoch für die Anschauung ein, daß es bei allen „angeborene Sündbefleckungen" gibt und bereitet damit den Weg für die spätere dogmatische Erklärung zur Erbsündenlehre auf einem Konzil in Karthago 411 unter Augustin.[559]

Angesichts des von Origenes unweigerlich vertretenen Standpunkts, die zutiefst empfundene Buße müsse der Taufe vorausgehen, könnte man denken, daß das offenkundige Bekenntnis zur Kindertaufe als apostolischer Tradition, welches an dieser Stelle begegnet, eine der Überzeugung seiner Zeit angepaßte Ergänzung des Übersetzers darstellen könnte. Dieser Verdacht hält jedoch kaum stand, wenn man bedenkt, daß Rufin selbst bekanntlich semi-peleganistischer Anschauung war, also wenig Interesse daran gehabt hätte, durch seine Origenes-Übersetzung der aufkommenden Erbsündenlehre noch größere Beliebtheit zu verschaffen.[560] Außerdem geht Origenes an anderen Stellen, und zwar nicht nur im Römerbriefkommentar, auf die Auswirkungen der Sünde Adams auf die Menschheit ein, wobei es klar wird, daß Origenes an die Weitergabe der Sündhaftigkeit an alle Menschen nach Adam glaubt, ohne jedoch den Vorgang dieser Weitergabe zufriedenstellendermaßen erklären zu können.[561] Der Eindruck entsteht, daß Origenes die Anschauung von der Sündhaftigkeit

---

[557] Apg 10,24.48; 16,15.33; 18,18.

[558] *K. Aland,* Die Säuglingstaufe im Neuen Testament und in der Alten Kirche, München 1961, 75 f., tritt den Beweis an, daß zur Zeit Origenes' die Ansicht noch umstritten war, daß Kinder als in Schuld Verstrickte auf die Welt kommen und daher der Taufe sofort bedürfen. Cf. *J. Jeremias,* Die Kindertaufe in den ersten vier Jahrhunderten, Göttingen 1958, 75–77.

[559] *Gross* 1960, 107.

[560] Cf. Rufins perfektionistische Auslegung in *Com Rom* 3,6 (PG 14,938 f.) (in diesem Fall ist ein Vergleich mit dem Turapapyrus möglich) sowie die Bemerkungen zu seiner Übersetzung der Mönchsregel des Basileos von *R. Lorenz,* Die Anfänge des abendländischen Mönchtums im 4. Jh., ZfKG 77 (1966) 36–38.

[561] *Hom Lev* 12,4 (GCS 30,460); *Hom Ier* 11,5 (SC 232,426); cf. *Gross* 1960, 107.

der Kleinkinder als Teil der kirchlichen Überlieferung mitübernommen hat, ohne daß er sie in sein theologisches System ganz zu integrieren vermag.[562]

Die Gleichsetzung von *corpus peccati* und *corpus ipsum* findet an einigen anderen Stellen bei Origenes ihren Niederschlag. Das christologische Interesse des Origenes richtet sich nämlich darauf, daß Jesus Christus in allen Zügen derselben Möglichkeit zur Sünde wie alle anderen Menschen ausgesetzt war.[563] Sonst wäre natürlich seine Wirkung als Vorbild für den gegen die Sünde kämpfenden Menschen ohne Bedeutung. Daher mußte Christus in der Fleischwerdung den Sündenleib angenommen haben:

> ἦλθεν ἐπὶ ταύτην φορέσας σῶμα το σῶσαν, ἀναλαβὼν „τὸ σῶμα τὸ τῆς ἁμαρτίας" „ἐν ὁμοιώματι σαρκὸς ἁμαρτίας", ἵν' ἐν τούτῳ τῷ τόπῳ διὰ τὸν ἐπιδημήσαντα Χριστὸν Ἰησοῦν καὶ καταργήσαντα τὸν ἄρχοντα τοῦ αἰῶνος τούτου καὶ καταργήσαντα τὴν ἁμαρτίαν, δυνηθῶ προσκυνῆσαι τὸν θεὸν ἐνθάδε καὶ μετὰ τοῦτο προσκυνήσω ἐν τῇ γῇ τῇ ἁγίᾳ.
> *Hom Ier* 7,3 (SC 232,350)

In diesem Kommentar zu Psalm 136,4 aus der Jeremiahomilie zeigt Origenes seine Fähigkeit, Hinweise auf den kommenden Messias aus der alttestamentlichen Schrift herauszuarbeiten. Im Anschluß an das Stichwort „das fremde Land"[564] entfaltet dieser Schriftsteller die Bedeutung der Fleischwerdung Christi für das Menschenheil. Das fremde Land ist die Erde, auf die Christus kam, um den Sündenleib anzunehmen. Die folgende Anspielung auf Röm 8,3 soll die Bedeutung von τὸ σῶμα τῆς ἁμαρτίας als Beschreibung der Seinsweise Christi auf Erden einschränken: Christi Leib der Sünde war dem sündigen Fleisch nur ähnlich, nicht gleich. Damit zeigt Origenes dasselbe verblaßte Verständnis von ὁμοίωμα wie bei der Auslegung von Röm 6,5: Wie Christus die „Ähnlichkeit" des sündhaften Fleisches annahm, so kann der Christ nur die „Ähnlichkeit" dessen Todes auf sich nehmen.[565]

In ähnlicher Weise wird τὸ σῶμα τῆς ἁμαρτίας an zwei Kommentarstellen[566] mit dem von Christus angenommenen Menschenleib identifiziert. Origenes scheint also die allgemeinere Definition von diesem Begriff als den Menschenleib bevorzugt zu haben, denn diese konnte er eher in seine Anthropologie unterbringen.

---

[562] Dazu meint *A. von Harnack* (Lehrbuch der Dogmengeschichte, Bd. 1, Tübingen 1909, 681), daß Origenes seine besondere Erbsündenlehre, die weniger vom geschichtlichen Sündenfall als von der Fähigkeit zum Sündigen unter den präexistenten Seelen ausgeht, erst entfaltete, nachdem er in Cäsarea die Kindertaufpraxis vorgefunden hatte.

[563] Origenes war sich durchaus bewußt, daß diese Vorbedingung zur Erlösung nicht ohne weiteres moralphilosophisch zu beweisen war; cf. *Daniélou* 1948, 259 f.

[564] LXX: πῶς ἄσωμεν τὴν ᾠδὴν κυρίου ἐπὶ γῆς ἀλλοτρίας.

[565] Cf. *Com Rom* 5,8 (PG 14,1042); *Cat Rom* 29 (Ramsbotham 1912, 363); sich der Gefahr des doketischen Mißverständnisses bewußt, macht sich Origenes Mühe, genau darzulegen, worin das ὁμοίωμα Christi mit dem Menschen bestand; cf. *Harl* 1958, 240 f.

[566] *Com Mat* 14,7 (GCS 41/1,290); *Com Rom* 5,9 (PG 14,1046).

Wir fassen die Ergebnisse der Untersuchung zur Exegese des Origenes von Röm 6,6 zusammen. Die Hauptbegriffe dieses Verses, ὁ παλαιὸς ἄνθρωπος und τὸ σῶμα τῆς ἁμαρτίας hebt der Ausleger voneinander ab, indem ersterer auf den adamitischen Menschen bezogen wird, der durch die Mitkreuzigung in der Taufe beseitigt wird. Der Sündenleib stellt hingegen eine ethische Herausforderung dar, die auch die bereits Getauften angeht; dieser Begriff wird vorwiegend paränetisch gebraucht. Entsprechend dem platonischen Menschenbild sieht Origenes die Ursache für die Unfähigkeit des *homo vetus,* sich aus seiner moralischen Verfallenheit zu befreien, in mangelnder Erkenntnis aufgrund seines Verzichts auf die göttliche Erziehung. Als Gegenbegriff zu ὁ παλαιὸς ἄνθρωπος kennt Origenes mehrere Möglichkeiten, die alle in der Adam-Christus-Typologie wurzeln, darunter ὁ τέλειος, ὁ πρῶτος ἄνθρωπος und ὁ καίνος ἄνθρωπος. Die klare Abgrenzung von ὁ παλαιὸς ἄνθρωπος und τὸ σῶμα τῆς ἁμαρτίας ist nicht immer anzutreffen. Im Römerbriefkommentar kommt Origenes wegen seiner Überzeugung von der Sündhaftigkeit Neugeborener zur Ansicht, daß τὸ σῶμα τῆς ἁμαρτίας ein Wechselbegriff für den Menschenleib an sich ist. Vom σῶμα τῆς ἁμαρτίας ist mehrmals im christologischen Zusammenhang bei Origenes die Rede, denn dieses stellt den von Christus bei der Fleischwerdung angenommenen Leib samt dessen Veranlagung zur Sünde dar.

3.9.2.7. *Vers 7*

In der Untersuchung zum Römerbriefkommentar des Origenes wurde festgestellt, daß dieser Schriftsteller nur in der lateinischen Übersetzung des Römerbriefkommentars, jedoch nicht unter dem Lemma zu Röm 6,7 auf diesen Vers Bezug nimmt. Wir gehen daher von der bereits erörterten These aus,[567] daß Röm 6,7 im Römerbriefkommentartext des Origenes gefehlt hat, und daß also die Anspielungen auf diesen Vers, die in der Rufinischen Übersetzung aufscheinen, von Rufin selbst eingefügt wurden, um den Kommentartext dem von ihm verwendeten altlateinischen Römerbrieftext anzupassen. Die folgende genauere Untersuchung der Anspielungen soll diese These untermauern.

Unter den Bemerkungen zu Röm 6,12f. kommen die folgenden Aussagen über die Herrschaft der Sünde in dem mit Christus gestorbenen Menschen vor:

> *Si ergo sciamus quia corpus nostrum mortificari potest, et mortuum esse peccato, potest fieri ut non regnet in eo peccatum. Secundum hoc namque quod mortuum est, justificatum dicitur a peccato. Neque enim mortuus concupiscit aut irascitur, aut furit, aut diripit aliena. Si ergo ab his omnibus concupiscentiis corpus reprimamus, mortuum peccato dicitur esse corpus.*
> Com Rom 6,1 (PG 14,1057)

Es ist für den lateinischen Römerbriefkommentar bezeichnend, daß die psychologische Bedeutung der Erkenntnis um das Totsein für die Sünde paräne-

---

[567] Cf. oben 2.4.2.2. unter Vers 7.

tisch eingesetzt wird. Die Rechtfertigung von der Sünde erscheint hier nicht als bedingungsloses Geschenk Gottes, welches der tatsächlichen Freiheit des Menschen von der Sünde vorausgeht,[568] vielmehr wird der „asketische" Tod als Enthaltung des Körpers von der Tatsünde als Voraussetzung zum Gerechtsein vor Gott hervorgehoben. Mit dieser Anschauung gerät der Kommentator in deutlicher Weise in die Nähe pelagianischer Vorstellungen.[569] Schon von dieser Tatsache her stellt sich die Frage, ob nicht dieser Kommentarabschnitt eher die Gedanken des Rufin als die des Origenes darstellen könnte.

Zudem ist es bemerkenswert, daß der Kommentator auf die Eigenart der Aussage in Röm 6,7 nicht eingeht. Sein Hauptthema ist nach wie vor *mortuum esse peccato;* der Argumentationsgang bliebe vollständig und zusammenhängend, wenn die Anspielung auf Vers 7 gar nicht vorkäme. Der Kommentator geht nicht näher auf den Sinn von *justificare* in diesem Zusammenhang ein. Es kann daher mit einiger Sicherheit festgehalten werden, daß Röm 6,7 im ursprünglichen Kommentarwerk an der entsprechenden Stelle weder zitiert noch kommentiert wurde.

Ein ähnlicher Sachverhalt begegnet am Ende des Kommentarabschnitts zu Röm 6, an welcher Stelle der Sündentod zur Aussage in Deut 32,39 an der typischen Art des Origenes in Verbindung gebracht wird:

> *Et in praesenti igitur loco stipendia quae dat peccatum, mors esse dicuntur: non ista mors quae separat corpus ab anima, sed illa qua per peccatum separatur anima a Deo. Et rursum nos in morte Christi dicimur baptizati, in illa sine dubio morte qua peccato mortuus est semel, ut et nos separemur a peccato, et vivamus Deo. Tali namque morte qui moritur justificatus esse dicitur a peccato. Sic ergo habenda distinctio est, quod Deus etiamsi occidere dicatur et morti tradere, talis quaedam sit mors quae a Deo datur, ut conferat vitam.*
>
> Com Rom 6,6 (PG 14,1068 f.)

Wir haben bereits im Zusammenhang mit Röm 6,2 bemerkt, wie Origenes die vergeistlichte Definition von „Tod" als die Trennung von Gott bevorzugt und Bibelstellen, die von Tod reden, in entsprechender Weise auslegt.[570] Daher muß man diesen Abschnitt zumindest im Kerngedanken als von Origenes stammend beurteilen. Als Ausweg aus dem geistlichen Tod durch die Sünde wird wiederum das durch Taufe und Buße vollzogene Sterben für die Sünde angeführt, das zugleich in das neue Leben für Gott einführt. Wie bei *Com Rom 6,1*[571] kommt das Zitat von Röm 6,7 in unvermittelter Weise im Zusammenhang vor. Der folgende Satz nimmt die Rede von *mors peccato* wieder auf, diesmal in Anspielung auf Deut 32,39, womit die Einfügung von Röm 6,7 weder

---

[568] Cf. Röm 3,21–24.—

[569] Es muß allerdings gesagt werden, daß Origenes selbst ein wichtiges Mittel im Kampf gegen die Dämonen, die Verursacher des Bösen im Menschen, in der asketischen Lebensweise sieht; cf. *Kassomenakis* 1967, 211 f.

[570] Cf. oben 3.9.2.2. zu Vers 2.

[571] PG 14,1057.

auf den Gesamtsinn des Zusammenhangs noch auf den Verlauf des Arguments irgendeinen Einfluß hat.

Die Schlußfolgerung liegt daher nahe, daß Origenes in der Urfassung des Kommentars keinen Bezug auf Röm 6,7 nahm, vermutlich weil er den Vers in seinem Römerbrieftext nicht vorfand. Das Aufscheinen dieses Verses im Lemma des lateinischen Kommentars ist lediglich der Beweis dafür, daß der altlateinische Römerbrieftext des Rufin diesen Vers enthalten hat. An keiner der zwei Stellen im lateinischen Römerbriefkommentar, an denen auf den Vers angespielt wird,[572] wird der Vers wirklich kommentiert. Auch in keinem anderen Werk des Origenes wird der Vers erwähnt.

3.9.2.8. Vers 8

Bei der Auslegung dieses Verses im Römerbriefkommentar geht Origenes von der Vorstellung der Vereinigung mit Christus in seinem Schicksal durch den Tauftod aus. Er bezieht das Leben, von dem in diesem Vers die Rede ist, auf das künftige eschatologische Leben:

> *Non dixit: et conviximus, sicut dixit „mortui sumus"; sed, „convivemus", et ostendat quia mors in praesenti operatur, vita autem in futuro, tunc scilicet „cum Christus manifestatus fuerit, qui est vita nostra abscondita in Deo".*
> Com Rom 5,10 (PG 14,1048)

Der Ausleger macht auf das Zeitwort in diesem Vers besonders aufmerksam, um die Interpretation zu bekräftigen, daß das Leben noch aussteht und also der Tod in uns noch wirksam ist. Weitere Unterstützung findet er in der Aussage von Kol 3,3f., daß das Leben in der Person Christi bei der Parusie erst sichtbar sein wird.

„Sterben mit Christus" ist für Origenes ein etwas nuancierter Begriff, der jeweils einer zusammenhangsbezogenen Erklärung bedarf. In diesem Sinn spricht er in Anlehnung an die drei Tage der Grabruhe Christi von der *triplex ratio mortis* für die Christen:

> *Et primo quidem confessione vocis ostendenda in nobis est mors Christi, cum „corde quidem creditur ad justitiam, ore autem confessio fit ad salutem". Secundo vero, in mortificatione membrorum quae sunt super terram, cum semper mortificationem Christi in corpore nostro nunc circumferimus; et hoc est quod dicit, quia „mors in nobis operatur". Tertio vero, cum iam resurgimus a mortuis, et in novitate vitae ambulamus.*
> Com Rom 5,10 (PG 14,1048 f.)

Im folgenden faßt Origenes die drei Bedeutungen von „Tod" zusammen als die Absage an die Welt, die Absage an das sündhafte Fleisch und die vollkommene Erleuchtung mit Weisheit.[573] In bezug auf Röm 6,8 zieht er die zweite

---

[572] *Com Rom* 6,1 (PG 14,1057); *Com Rom* 6,6 (PG 14,1068).
[573] *Com Rom* 5,9 (PG 14,1049).

Deutung, die Tötung des Fleisches, als den passendsten Sinn von ἀποθνῄσκειν σὺν αὐτῷ vor. Mit dieser differenzierten Auslegung vom Begriff „Tod" und „Sterben" versucht der Ausleger die scheinbaren Widersprüche im paulinischen Gebrauch von θάνατος und ἀποθνῄσκειν zu beheben. Auf diese Weise erklärt er z. B. die „realisierte" Eschatologie des Epheser- und Kolosserbriefes als differenzierte Vorstellung gegenüber dem in Röm 6 skizzierten Bild.[574] Abgesehen vom dritten Glied, welches sich vom allegorisierten Musterbild der dreitägigen Grabruhe Christi aufzwingt, wird das Deutungsschema des Origenes dem paulinischen Sprachgebrauch vielfach gerecht. Immer wieder wird Origenes durch Röm 6,8 an den ähnlich klingenden Wortlaut der urchristlichen Hymne in 2 Tim 2,11–13 erinnert. Die Formulierung in 2 Tim 2,12 weicht jedoch von der in Röm 6,8 ab, vor allem, indem an jener Stelle die Aussage nicht durch πιστεύομεν eingeleitet und somit relativiert wird. Zu diesem Unterschied bemerkt Origenes folgendes:

> *Verum tu vide Pauli in scribendo sapientiam, qui ad Timotheum scribens dixit, quia „si commorimur, et convivemus"; quique commorientibus Christi quasi consequens et necessarium cum junxit quod convivant ei, hic addidit, „credimus", ut ostenderet quia quamvis consequens et necessarium sit commorienti convivere, fide tamen hoc media et credulitate perficitur . . .*
>
> Com Rom 5,10 (PG 14,1049)

Origenes hält es für ein Zeichen der Weisheit des Paulus, daß er an dieser Stelle im Römerbrief den Lehrsatz durch *credimus* ergänzt. Er denkt an die Gefahr einer gnostischen Auslegung von 2 Tim 2,11, die das künftige Leben als gesicherte Folge der Taufe darstellen könnte. Origenes räumt ein, daß das Leben mit Christus zwar als Folge der Einigung mit ihm in seinem Tod wohl sicher eintreten wird, hebt jedoch die zusätzliche Bedingung des Glaubens als Mittel zu diesem Leben hervor. Dies beschreibt er anders als *credulitas,* um die Verbindlichkeit dieser Art von Überzeugung zu betonen.[575] Das Weiterleben mit Christus nach seiner Wiederkunft ist eine notwendige Folge des Sterbens mit ihm, sofern man sich unerschütterlich, mit voller Hingabe daran hält.[576]

Für Origenes bezieht sich Röm 6,8 auch auf das Jüngerverhältnis zu Christus, die *imitatio Christi.* Auf diese Bedeutungsnuance macht Origenes im Blick auf Röm 14,7–9, die Rede von der Pflicht der Christen untereinander zur gegenseitigen Rücksichtnahme auf die Gewissenseinstellung, aufmerksam:

> *Si ergo meminimus quae in hoc loco* [Röm 6,8] *dicta sunt, ex ipsis etiam propositus in presenti sermo Apostoli apertior et lucidior fiet, quomodo nemo nostrum sibi vivat, et nemo sibi moriatur. Non enim unusquisque ipse sibi dat, sed a Christo sumit mortis exemplum,*

---

[574] Com Rom 5,9 (PG 14,1047 f.).

[575] *credulitas, Klotz* 1963, = Leichtgläubigkeit u. a.

[576] Die Auslegung des Origenes zu 2 Tim 2,12 steht meistens unter dem Zeichen seiner Auffassung von der Nachahmung Christi und dem Gleichwerden mit ihm; cf. *Harl* 1958, 280 f.

qui solus peccato mortuus est, ut et ipse imitatione eius possit alienus et mortuus effici a peccato.

Com Rom 9,39 (PG 14,1238)

Für Origenes wird Röm 14,7−9 durch die Vorstellung beleuchtet, daß jeder, der der Sünde stirbt − in diesem Fall geht es konkret um den Verzicht auf das Recht, auch götzengeweihtes Fleisch zu essen[577] −, dies nur in Nachahmung des Vorbildes Christi tut. Daher ist das Sterben und Leben in Röm 14,7 f. nichts anderes als das Mitsterben und Mitleben in Röm 6,8. Wenn der stärkere Bruder den eigenen Willen mit Rücksicht auf die Überzeugung des schwächeren unterdrückt, handelt er nicht eigenmächtig, darf sich also wegen seiner Bereitschaft zum Verzicht nicht rühmen, vielmehr vollzieht er die Konsequenzen seines ursprünglichen Entschlusses zur Nachahmung Christi. Innerhalb dieser Interpretation bedeutet ζῆν τῷ θεῷ „leben im Sinne des Herrn".

Origenes kennt ἀποθνῄσκειν σὺν Χριστῷ auch als einfache Bezeichnung für die in der richtigen Gesinnung vollzogene Taufe. Dies geht eindeutig aus dem folgenden Hinweis auf den Geistesempfang als Erklärung zu Röm 8,15 hervor:

> *Hoc ergo est quod docet Paulus, quia posteaquam commortui sumus Christo, et Spiritus eius factus est in nobis, non iterum spiritum servitutis accepimus in timore, hoc est, non rursus parvuli et initia habentes effecti sumus, sed quasi perfecti semel iam accepimus spiritum adoptionis, „in quo" spiritu „clamamus: Abba Pater".*

Com Rom 7,2 (PG 14,1105)

In dieser Bemerkung beantwortet der Ausleger die Frage nach dem Zeitpunkt des Empfangs des Heiligen Geistes. In vollem Einklang mit der Darstellung der Apostelgeschichte sowie der frühchristlichen Tradition ordnet er dieses Ereignis der Zeit unmittelbar um die Taufe zu, vermutlich in Anlehnung an den Geistempfang Christi nach dessen Taufe, die Origenes gemäß seiner gesamttheologischen Vorstellung als Vorbild für die christliche Taufe diente.[578] Wenn Origenes mit einer derartigen Selbstverständlichkeit auf die Taufhandlung als *commori Christo* Bezug nehmen kann, so muß dies als zusätzliche Bestätigung für die Annahme gelten, daß auch er ein Symbol für das Sterben und die Grablegung im Akt des Untertauchens sah.

Origenes gebraucht 2 Tim 2,12 an mehreren Stellen, um auf Röm 6,8 hinzuweisen.[579] Der Grund dafür liegt einmal in der z. T. wörtlichen Übereinstim-

---

[577] Röm 14,2; cf. *O. Michel*, Der Brief an die Römer, Göttingen 1978, 334; *K. Niederwimmer*, Der Begriff der Freiheit im Neuen Testament, Berlin 1966, 204; *U. Wilckens*, Der Brief an die Römer, EvKK 6/3, Neukirchen-Vluyn 1982, 87 f. Allerdings sieht *H. Schlier*, Der Römerbrief, Freiburg 1977, 406, in Röm 14 keinen Hinweis auf das Problem des Götzenopferfleisches wie in 1 Kor 8−10.

[578] Mk 1,9−11 parr.; Apg 8,14−17; 19,1−7; *Hom Jos* 4,2 (GCS 30,309); cf. *Lampe 1951*, 164−7.

[579] *Hom Num* 12,3 (GCS 30,102); *Cat Rom* 27 (*Ramsbotham* 1912, 362); *Cat Io* 79 (PG 17,546); *Scherer 1957*, 222. In der Soteriologie des Origenes ist das Sterben und Leben mit

mung der zwei Verse miteinander, insbesondere im Hinblick auf συζήσομεν αὐτῷ. Zudem läßt sich der gleichmäßige Klang der Zeile aus der Hymne in 2 Tim 2 leichter im Gedächtnis festhalten als der fast gleichlautende Vers im Römerbrief. Es ist durchaus möglich, daß in derselben Weise wie Origenes einen „Paulusvers" in Anlehnung an Röm 6,4 immer wieder zitiert,[580] der Unterschied zur Fassung bei 2 Tim 2,12 ihm mit der Zeit auch nicht mehr aufgefallen ist.

Fassen wir die Ergebnisse zu Röm 6,8 bei Origenes zusammen. Seine Auslegung beschäftigt sich vorwiegend mit dem ersten Versglied ἀποθάνομεν σὺν Χριστῷ. Obwohl er diesen Ausdruck auch schlichtweg als Bezeichnung für die Taufe gebraucht, versteht dieser Ausleger darunter hauptsächlich das Sterben der Sünde als allmähliche Ablegung der Tatsünden in Nachahmung des moralischen Vorbildes (*exemplum*) Christi. Für den Gedanken des fortlaufend wirksamen Todes Christi greift Origenes immer wieder zu 2 Kor 4,12. „Sterben mit Christus" wird somit zum Wechselbegriff für das Jüngerverhältnis, da Christus zuerst der Sünde durch den Kreuzestod und seine opferbereite Lebensweise vollkommen gestorben ist. Letztere bereitet das *exemplum imitandum*. Die Ähnlichkeit im Wortlaut zwischen Röm 6,8 und 2 Tim 2,11 ist Origenes wohl vertraut, so sehr, daß er bisweilen letzteren anstelle des ersteren zitiert, ohne die Verwechslung zu bemerken. Das zusätzliche *credimus* in Röm 6,8 hebt er jedoch einmal hervor, um einer falschen Interpretation der Versaussage im Sinn der gnostischen Anschauung von einer unmittelbaren, vollkommenen Sakramentswirkung zu widerlegen. Demgegenüber betont Origenes, daß das Leben mit Christus, von dem in diesem Vers die Rede ist, das künftige, erhoffte Leben nach der Auferstehung ist.

3.9.2.9. Vers 9

Dieser Vers stellt ein altes Traditionsstück dar, welches eine Zentralaussage über die Bedeutung der Menschheit und Gottheit Christi für das von ihm durch Tod und Auferstehung vollbrachte Heilswerk enthält.[581] Als einer, der an der Entfaltung der Christologie in der Zeit der Alten Kirche maßgebend mitwirkte, stehen die meisten Bemerkungen des Origenes zu diesem Vers unter dem Zeichen einer zunehmend detaillierten Explizierung des christologischen Ereignisses.

Die Zusicherung des Paulus, daß Christus nie mehr sterben wird, bezieht Origenes auf die Zukunftshoffnung des mit Christus Gestorbenen:

Christus immer wiederkehrender Ausdruck für seine Überzeugung von der Notwendigkeit, mit Christus vereint werden zu müssen; cf. *Harl* 1958, 292 f.

[580] Siehe oben 3.9.2.4.

[581] Cf. die Kirchenväterzeugnisse bei *Schelkle* 1956, 207 sowie *F. J. Leenhardt*, L'Épitre de Saint Paul aux Romains, Neuchâtel 1957, 94; *Schlier* 1977, 94; *Michel* 1978, 156.

> *Idcirco igitur absoluta sententia definit Apostolus quod Christus iam non moritur, ut et hi qui convivent ei, de aeternitate vitae securi sint.*

Com Rom 5,10 (PG 14,1049)

Durch einen absoluten Satz stellt Paulus fest, daß Christus nie mehr sterben wird, damit die, die mit ihm leben, des ewigen Lebens sicher sein können. Es ist auffallend, daß hier, im Gegensatz zur Auslegung von Röm 6,8, Origenes das Leben mit Christus offensichtlich präsentisch versteht. In dieser Bemerkung wiederum begegnet der Leitgedanke der Origenischen Christologie: Christus als Schicksalsvorbild aller an ihn Glaubenden.

Für Origenes ist die Auferstehung Christi die Garantie für seine Unsterblichkeit.[582] Die Bedeutung der Auferstehung unterstreicht er in Widerlegung der popularphilosophischen Vorstellung, daß die Seele naturgemäß nach dem Tod weiterlebt. So argumentiert er gegen den heidnischen Philosophen Kelsos:

> Τὸ δὲ „πόθεν ἀθάνατος ὁ νεκρός;" μανθανέτω ὁ βουλόμενος ὅτι οὐκ ὁ νεκρὸς ἀθάνατος ἀλλ᾽ ὁ ἀναστὰς ἐκ νεκρῶν. Οὐ μόνον οὖν οὐκ ὁ νεκρὸς ἀθάνατος, ἀλλ᾽ οὐδ᾽ ὁ πρὸ τοῦ νεκροῦ Ἰησοῦς ὁ σύνθετος ἀθάνατος ἦν, ὅς γε ἔμελλε τεθνήξεσθαι. Οὐδεὶς γὰρ τεθνηξόμενος ἀθάνατος ἀλλ᾽ ἀθάνατος, ὅτε οὐκέτι τεθνήξεται· „Χριστὸς δὲ ἐγερθεὶς ἐκ νεκρῶν οὐκέτι ἀποθνῄσκει· θάνατος αὐτοῦ οὐκέτι κυριεύει".

Con Cels 2,16 (SC 132,330)

Nicht der Tote an sich ist unsterblich, sondern nur der von den Toten Auferstandene. Auch Jesus ὁ σύνθετος, d. h. der Gott und Mensch in sich vereinigt hat,[583] war nicht unsterblich, denn er mußte noch sterben. Erst nachdem er von den Toten auferweckt wurde, war er unsterblich.

In ähnlicher Weise argumentiert Origenes an einer anderen Stelle:[584] Wenn das Pneumatische sterben könnte, so müßte man auch nach der Auferstehung den Tod fürchten, da man nach Paulus „pneumatisch" auferweckt wird.[585] Um diese Argumentationskette zu widerlegen, zitiert Origenes Röm 6,9 und bezieht die Aussage über die Unsterblichkeit Christi zugleich auf alle, die ihm angehören. Diese Bemerkungen des Origenes greifen auf die Vorstellung von Christus als dem neuen Menschen, der den Tod durch Gnade besiegt, aus dem 5. Kapitel des Römerbriefes zurück. Damit die Entsprechung zwischen Christus als dem Vorgänger aller Menschen und der übrigen Menschheit vollkommen bleibt, nimmt Origenes an, daß Christus vor seiner Auferstehung nur die sterbliche Natur besaß.[586] Die Bedeutung der Verherrlichung Christi durch die

---

[582] Cf. *De princ* 1,8,4 (SC 252,230 ff.) und 3,6,6 (SC 268,248); *Com Io* 28,21 (GCS 10,415 f.) und die Zusammenfassung bei *Crouzel* 1961, 491; cf. auch *Harl* 1958, 300 ff.

[583] Cf. *Con Cels* 2,9 (SC 132,306); 1,66 (SC 132,260); 6,47 (SC 147,298); *Com Mat* 14,7 und 16,8 (GCS 40,290.500); cf. *Harl* 1958, 204.

[584] *Disp Hercl* 5 f. (SC 67,66 f.).

[585] 1 Kor 15,44.

[586] *Cat Mat* 3 (GCS 41/1,14); „Konkret denkt sich der Kirchenschriftsteller die Erscheinungsform des Erlösers so, daß er von seiner ewigen Zeugung aus Gott die wesenhafte

Auferstehung liegt vor allem in der Erlangung der Unsterblichkeit. Für Origenes ist diese das Hauptkriterium in der Unterscheidung der göttlichen von der menschlichen Natur Christi, und somit wird die Auferstehung zum entscheidenden Ereignis in der Entfaltung der Christologie.

Die Behauptung des Paulus, daß der Tod nicht mehr über Christus herrschen wird, könnte dahingehend verstanden werden, daß Christus vor seiner Auferstehung vom Tod beherrscht wurde. Origenes nennt diese Aussage δυσφημοιεδές und erwähnt, daß es viele gibt, die diese Vorstellung nicht akzeptieren. Er bietet die Lösung an, daß es sich in Röm 6,9 um „Tod" im allgemeinen Sinn handelt:

> ὁ μὲν οὖν τις πρὸς ταῦτα φήσει ὅτι θάνατος λέγεται νῦν ὁ μέσος καὶ ἀδιάφορος, ὃν κατὰ τὸ κοινότερον ἀπέθανεν ὅτε, ὡς φησιν ὁ Παῦλος, „ἀπέθανεν κατὰ τὰς γραφάς".

Cat Rom 30 (*Ramsbotham* 1912, 364)

In Anschluß an diese Bemerkung begegnet Origenes dem Einwand, daß ἀποθνήσκειν in Röm 6,8 sich nicht auf das Sterben im allgemeinen beziehen könnte. In einem kleinen Exkurs unterscheidet er zwischen dem pneumatischen und somatischen, aber wohlgemerkt nicht dem physischen Sinn der Schrift.[587] Θάνατος in Röm 6,9 bedeutet den leiblichen Tod, den ἐχθρός des Menschen. In der Parallelstelle im lateinischen Römerbriefkommentar zitiert Origenes 1 Kor 15,26, um dieser Interpretation weitere Unterstützung zu verleihen.[588] Auch das Motiv des Meeresungeheuers, welches den Propheten Jonas verschlang, wird angeführt, um die Herrschaft des leiblichen Todes über Christus während der drei Tage im Grab zu beweisen.[589]

Es geht Origenes vor allem darum, daß die Annahme des sterblichen Fleisches durch Christus freiwillig geschehen ist.[590] Dadurch wird einerseits an der vollkommenen Menschlichkeit Jesu als moralisches Vorbild festgehalten, mit dem sich jeder Sterbliche identifizieren kann, aber auch die erhabene Stellung Christi als Gott andererseits bewahrt. Diese Anschauung findet Origenes im Christushymnus in Phil 2 bestätigt:

> ... nihil absurdum videri, si is qui formam servi susceperat, dominatum pertulerit mortis, quae sine dubio dominatur omnibus qui in carne positi sub servili forma censentur ... sine dubio ut mors ipsi ultra non dominetur, quae dominata est ei dum esset in infirmitate, et contumelia, et corruptione.

Com Rom 5,10 (PG 14,1050)

Sündlosigkeit behielt, dagegen die Unzerstörbarkeit des göttlichen Wesens preisgab" (*Teichtweier* 1958, 49). Cf. *Harl* 1958, 259: „La crucifixion, en ces textes, est le symbole du caractère mortel de Jésus, de la réalité de son humanité."

[587] *Cat Rom* 30 (*Ramsbotham* 1912, 363).
[588] *Com Rom* 5,10 (PG 14,1050 f.).
[589] Ebd.
[590] *Com Rom* 5,10 (PG 14,1048); *Harl* 1958, 294.

Origenes betrachtet die Herrschaft des Todes über Christus nicht als peinliche Tatsache, die es in irgendeiner Weise zu vertuschen gilt, vielmehr entdeckt er gerade darin einen wesentlichen Ausdruck für die Menschheit Christi, aber auch dessen wahre Größe. Daß der Tod eine Zeitlang über Christus herrschte, bedeutet zugleich auch die freiwillige Unterwerfung unter Schwachheit, Schande und Verweslichkeit. Somit steht der Römerbriefsatz θάνατος αὐτοῦ οὐκέτι κυριεύει in den Augen des Origenes stellvertretend für die freiwillige Annahme der ganzen Menschlichkeit durch Christus da.

Origenes findet noch weiteren Sinn in der freiwilligen Unterwerfung Christi unter den Tod. Ausgehend von der Vorstellung der Höllenfahrt Christi, welche von der alten Kirche als Hauptgrund für die drei Tage im Grab angenommen wurde,[591] versucht Origenes durch ein Gleichnis die Leistung Christi als Gefangener des Todes zu schildern. Er beschreibt das Vorgehen eines heldenhaften Kriegers, dessen Kameraden im Feindeslager festgehalten und vom Tod bedroht sind.[592] Der tapfere Soldat (bei Rufin erscheint er als König) begibt sich freiwillig in Feindesgefangenschaft, um den günstigen Augenblick abzuwarten, damit er den feindlichen Heerführer umbringen und seine Freunde befreien kann. Die Katenenversion schließt mit folgender Erklärung ab:

οὕτως οὖν καὶ ὁ Χριστὸς ἑαυτὸν παρέδωκεν τῇ δουλείᾳ, ἵνα μηδεὶς θανάτου γένηται τῶν μαθητευομένων αὐτοῦ τῷ λόγῳ δοῦλος· οὗτος γὰρ ὥς φησιν ἡ γραφὴ „κατήργησε τὸν τὸ κράτος ἔχοντα τοῦ θανάτου, τοῦτ’ ἐστὶν τὸν διάβολον".
Cat Rom 30 (*Ramsbotham* 1912, 365)

Christus begab sich in die Sklaverei, damit keiner seiner Jünger Sklave des Todes würde. Diese Erklärung wird durch die Aussage in Heb 2,14 bestätigt, daß Christus den zerstörte, der die Todesmacht hat, nämlich den Teufel. Sich der Möglichkeit bewußt, das Handeln Christi als hinterlistigen Trug aufzufassen, gibt sich Origenes Mühe zu beweisen, in welch ehrenhafter und tapferer Weise die Befreiung geschah. Andererseits sucht Origenes den vollen Ernst des Dilemmas zu bewahren, indem er immer wieder auf die Todesgefahr für Christus hinweist.[593] Wir erkennen in diesem Erklärungsversuch eine Form des klassischen Typus der Versöhnungslehre, der vor allem in der griechischen Kirche Schule gemacht hat.[594]

Die Erwähnung von Christi Tod als λύτρον[595] bildet den Anlaß für die folgenden Bemerkungen, in denen Röm 6,9 als Belegtext angeführt wird:

[591] 1 Pet 3,18 ff.; cf. *Tert De anim* 55 (CCSL 2,862 f.); *Clem Strom* 6,45 f. (GCS 15,454 f.) sowie *C. Clemen,* Niedergefahren zu den Toten, Gießen 1900; *K. Gschwind,* Die Niederfahrt Christi in die Unterwelt, Münster 1911.
[592] *Cat Rom* 30 (*Ramsbotham* 1912, 364); *Com Rom* 5,10 (PG 14,1051).
[593] Cf. *Com Rom* 5,10 (PG 14,1051 f.).
[594] *G. Aulen,* Die drei Haupttypen des christlichen Versöhnungsgedankens, ZSysTh 8 (1930) 503.
[595] Mat 20,28.

τίνι δὲ ἔδωκε τὴν ψυχὴν αὐτοῦ λύτρον ἀντὶ πολλῶν; οὐ γὰρ δὴ τῷ θεῷ· μήτι οὖν
τῷ πονηρῷ; οὗτος γὰρ ἐκράτει ἡμῶν, ἕως δοθῇ τὸ ὑπὲρ ἡμῶν αὐτῷ λύτρον ἡ τοῦ
Ἰησοῦ ψυχή, ἀπατηθέντι [δηλονότι καὶ φαντασθέντι] ὡς δυναμένῳ αὐτῆς κυριεῦσαι καὶ οὐκ ὁρῶντι ὅτι οὐ φέρει τὴν ἐπὶ τῷ κατέχειν αὐτὴν βάσανον. διὸ καὶ
„θάνατος αὐτοῦ" δόξας κεκυριευκέναι „οὐκέτι κυριεύει" γενομένου [μόνου] „ἐν
νεκροῖς" ἐλευθέρου καὶ ἰσχυροτέρου τῆς τοῦ θανάτου ἐξουσίας...
Com Mat 16,8 (GCS 40,498 f.)

Gott braucht kein Lösegeld, der Teufel jedoch schon, denn er hielt uns in seiner Macht durch den Tod. Um die Festgehaltenen vor der Pein zu bewahren,
bot Jesus seine eigene Seele an, jedoch nur um den Teufel zu betrügen. Deshalb
kann man sagen, daß der Tod über ihn zu herrschen schien, als er die Toten befreite und sich als stärker als der Tod erwies.

Es handelt sich in diesem Fall freilich um keinen Widerspruch zur Auslegung
im Römerbriefkommentar, wenn gesagt wird, daß der Tod über Christus nur
zu herrschen schien. Vielmehr geht diese Aussage implizit aus dem Gleichnis
des Origenes über die freiwillige Gefangenschaft des Soldaten hervor.[596] An
keiner Stelle wird Zweifel gelassen, wer aus dem Kampf zwischen Christus
und Teufel als Sieger hervorgehen würde.

Wenn Origenes in Röm 6,9 einen Hinweis auf Christi Tod als Angebot des
Lösegeldes an den Teufel gibt, so überrascht es nicht, daß er den Opfertod
Christi auch als φαρμακεία betrachten kann:

Sicut et hi confirmant, qui medicinae peritiam gerunt; serpentum namque venena depelli
medicamentis nihilominus confectis ex serpentibus perhibent. Ita ergo et sacrificiorum daemonicorum virus per sacrificia Deo oblata depellitur, „sicut et mors Iesu mortem peccati
credentibus non sinit dominari".
Hom Num 17,1 (GCS 30,154 f.)

Die Bedeutung des Opfertodes Christi wird von einer Beobachtung aus der
Naturwissenschaft und deren Anwendung in der medizinischen Praxis abgeleitet. Schlangengift wird durch Medikamente ausgetrieben, die selbst aus
Schlangengift hergestellt werden. Gleiches ist also gegen Gleiches wirksam. Es
leuchtet daher ein, daß das Gift der dämonischen Opferdarbringung durch das
Opfer Gottes in Jesus Christus vertrieben werden kann. Als Belegtext für diese
Schlußfolgerung dient eine Anspielung auf Röm 6,9. Das Thema des Zusam-
menhanges in der Numerihomilie, die Wirksamkeit des Opfers Christi gegenüber dämonischen Kulten,[597] ist für unseren Zweck nicht so wichtig wie die
Art, wie das Teilzitat aus dem Römerbrief gebraucht wird. Indessen wird in der
charakteristischen zweifachen Art zwischen dem Sterben Christi und dem Tod
für die Sünde unterschieden, wobei letzterer offensichtlich als „Tod der Sünde

---

[596] Cat Rom 30 (Ramsbotham 1912, 365).
[597] In diesem Zusammenhang geht Origenes von 1 Kor 10,20 aus, um die Unvereinbarkeit der Götzenopfer mit wahrem Gottesdienst hervorzuheben. Er scheint mit seiner Kritik
keine spezielle Form antiker Opferdarbringung zu meinen.

wegen" zu verstehen ist. Die eine Art vom Tod konnte die andere beseitigen,
gerade aufgrund ihrer Ähnlichkeit miteinander. In diesem Fall argumentiert
Origenes im Sinne der antiken Philosophie, die sehr früh die Zuordnung von
Gleich und Gleich in der Natur erkannte.[598] In Nachahmung der Stoiker
schließt er vom Naturgesetz auf ein geistliches Gesetz, um gerade die Sinnhaftigkeit einer für die griechische Philosophie schwer erfaßbaren Vorstellung aufzuzeigen, nämlich die des Opfertodes Christi.[599]

In Summa: Die Auslegung des Origenes von Röm 6,9 steht unter dem Zeichen der sich in der Alten Kirche allmählich entwickelnden Christologie, insofern diese durch anthropologische und soteriologische Interessen maßgeblich
mitbestimmt wurde. Die Aussage über die Unsterblichkeit Christi nach der
Auferstehung bezieht Origenes zunächst auf die Zukunftshoffnung aller Christusgläubigen, indem er Christi Auferstehung als Bürge des ewigen Lebens für
alle bereits im Diesseits mit Christus Lebenden hinstellt. Die Auferstehung
Christi ist für die Christologie des Origenes insofern wichtig, als sie die Trenn-
linie darstellt zwischen der menschlichen und der göttlichen Natur Christi, das
Grenzereignis, das den Übergang von einer Seinsweise zur anderen offenbart.
Mit der Erlangung der Unsterblichkeit durch die Auferstehung entfaltet sich
die Gottheit Jesu Christi. Daß der Tod über Christus herrschte, bereitet Origenes keinen Anstoß, denn er sieht darin, in Anlehnung an den Christushymnus
in Phil 2, einen Ausdruck für die wahre Größe Christi, da dieser freiwillig die
volle Menschlichkeit annahm; Christus unterwarf sich daher dem Tod aus
freien Stücken, die abschließende und zugleich vollendende Handlung seiner
Menschwerdung. Die Herrschaft des Todes und des Teufels fand in den drei
Tagen nach der Grablegung statt. Durch das Motiv der Höllenfahrt Christi tritt
ein zusätzlicher Grund für die freiwillige Unterwerfung unter den Tod zutage:
Christus suchte diesen Augenblick, um durch einen ehrenhaften Trug dem
Teufel seiner Macht über die Menschheit durch den Tod zu berauben. Deshalb
kann Origenes sagen, daß der Tod über Christus eigentlich nur zu herrschen
schien. Gegenüber popularphilosophischen Vorstellungen argumentiert Origenes, daß die Seele an sich nicht unsterblich ist, sie wird es erst, nachdem sie
von Gott auferweckt wird; Röm 6,9 wird dazu als Belegstelle angeführt. Origenes unterstreicht die Sinnhaftigkeit der christlichen Lehre, daß Christus
durch seinen Tod die Herrschaft des Todes über alle außer Kraft setzte, durch
einen Hinweis auf das Naturgesetz der Wirksamkeit von Gleich gegen Gleich.

---

[598] παλαιά ... δόξα περὶ τοῦ τὰ ὁμοία τῶν ὁμοίων· εἶναι γνωριστίκα ... Demokritos
Fragment 164, *H. Diels,* Die Fragmente der Vorsokratiker, Bd. 2, Berlin 1964[11], 176; cf.
Plinius *Hist Nat* 29,17.
[599] In mehreren Anschauungen zeigt Origenes Verständnis für die stoische Philosophie:
cf. *H. Crouzel,* Origène et la philosophie, Paris 1962, 35−44.

3.9.2.10. *Vers 10*

Es wurde bereits bei anderen frühen Vätern beobachtet, wie die Aussage über die Einmaligkeit des Todes Jesu auf die Suffizienz d. h. die volle Zulänglichkeit des durch diesen Tod dargebrachten Sündopfers gedeutet wurde.[600] Origenes geht denselben Weg wie seine schriftstellerischen Vorgänger, erörtert jedoch seine Gedanken auf dem Hintergrund einer Auseinandersetzung mit Zeitgenossen, die behaupten, daß Christus in Zukunft wieder leiden müsse, um solche zu befreien, die sein Heilmittel (i. e. sein Opfertod) in diesem Leben zu heilen nicht vermocht habe. Diese argumentieren, daß die Handlungsfreiheit des Menschen auch im künftigen Zeitalter aufrechterhalten bleiben müsse:

> *Nunquid potest saeculum esse aliquid in futuro ubi neque boni aliquid, neque mali agatur, sed stupeant res, et maneant profunda silentia?*
>
> Com Rom 5,10 (PG 14,1052)

Weiter bringen die Häretiker das Beispiel von Lucifer, der durch einen freien Willensentschluß die göttliche Herrlichkeit verlor. Dies beweise, meinen sie, daß die Seele sowohl von einem vollkommenen Zustand abfallen und auch zur höheren Tugendhaftigkeit hinaufsteigen könne. Daher werde die Seele auch in Zukunft ihren Arzt d. h. den Heiland brauchen.[601]

Es ist bemerkenswert, wie Origenes diesen Argumenten begegnet. Er ist mit den Häretikern insofern einer Meinung, daß die Willensfreiheit des Menschen auch künftighin bewahrt bleiben wird. Er bejaht, wenn nicht betont, die Vorstellung von künftigen Äonen, in denen die Menschenseele weiterleben wird.[602] Der Zankapfel gegenüber den Häretikern ist aber deren Behauptung, daß Christus für künftigen Abfall wieder werde leiden müssen:

> *Manere quidem naturae rationabili semper liberum arbitrium non negamus; sed tantam esse vim crucis Christi, et mortis huius, quam in saeculorum fine suscepit, asserimus, quae ad sanitatem et remedium non solum praesentis et futuri, sed etiam praeteritorum saeculorum, et non solum humano huic nostro ordini, sed etiam coelestibus virtutibus ordinibusque sufficiat.*
>
> Com Rom 5,10 (PG 14,1053)

Die Streitfrage ist also nicht, ob es künftige Zeitalter[603] geben wird, vielmehr geht es um die Suffizienz des Todes Jesu. Als treuer Lehrer der Kirche behauptet Origenes, daß Christi Tod nicht nur für die Zukunft und Gegenwart, sondern auch für die Vergangenheit, und nicht nur für das Menschengeschlecht,

---

[600] Siehe oben 3.8.2.3. bei Methodios.

[601] Com Rom 5,10 (PG 14,1052f.).

[602] Für Origenes stehen die Äonen über der Zeit und machen insgesamt die Ewigkeit aus. Diese Lehre, die nicht nur in *De princ* (cf. 2,3,5 [SC 252,262ff.]), sondern auch in anderen Werken vertreten wird, untermauert Origenes mit Hinweis auf Heb 9,26 und Eph 2,7; cf. die Darstellung bei *Kassomenakis* 1967, 288ff.

[603] Hier könnte man auch „Welten" einsetzen; cf. *Com Io* 13,19 (GCS 10,243).

sondern auch für andere Wesensarten ausreiche.[604] Origenes kann mit derartiger Gewißheit diese Behauptung aufstellen, weil die Liebe nie „fallen"[605] wird. Diese christliche Eigenschaft versteht er als Vollkommenheitsgrad, bei dem man einen Rückfall in die Sünde, auch in künftigen Welten, nicht zu fürchten braucht:

> *Et ideo merito charitas quae sola omnium major est, omnem creaturam continebit a lapsu. Tunc erit Deus omnia in omnibus. Ad hunc namque perfectionis gradum ascenderat apostolus Paulus . . .*
> Com Rom 5,10 (PG 14,1053)

Wenn man einst zur Vollkommenheit der göttlichen Liebe gelangt ist, wird man sich nicht willentlich von der Liebe Gottes trennen können.[606] Für Origenes stellt dieser Zustand die Vollendung der göttlichen Erziehung dar.[607] Ist der Mensch zur Tugendhaftigkeit aufgestiegen und zur Mündigkeit gelangt, so bleibt er aufgrund der vernunftsgemäßen, gewonnenen Einsicht in die Richtigkeit des göttlichen Weges aus freiem Willen am Ziel.

In diesem Abschnitt stellt sich Origenes in seiner Eigenart als christlicher Denker zwischen der kirchlichen Lehre und der griechischen Philosophie vor. Aufgrund der nur skizzenhaften Einzelheiten wird man die besondere Häresie, die Origenes hier bekämpft, kaum genauer bestimmen können. Sie trägt offensichtlich gewisse Elemente der stoischen Lehre vom Kreislauf der Welten,[608] zeigt jedoch natürlich auch Züge, die sie nur in christlichen Kreisen ansiedeln lassen.[609] Weil Origenes in Übereinstimmung mit den Gegnern die Existenz künftiger Welten oder Zeitalter vertritt und nur gegen die Vorstellung des künftigen Leidens Christi Einspruch erhebt, muß man angesichts des in *De princ* dargestellten spekulativen Systems von vergehenden und entstehenden Welten annehmen,[610] daß wir es an dieser Stelle im Römerbriefkommentar mit echt Origenischem Denken und also keiner Rufinischen Ausbesserung zu tun haben.[611]

---

[604] Obwohl Origenes die stoische Lehre von der Abfolge der Äonen übernimmt, wehrt er sich vehement gegen die von den Stoikern vertretene Meinung, daß das Gleiche in jedem Äon wiederkehrt. Demgegenüber behauptet er, daß jeder Äon einmalig sei; cf. *De princ* 2,3,4 (SC 252,258 ff.) und *Kassomenakis* 1967, 294 f.

[605] *cadere; Com Rom* 5,10 (PG 14,1053); cf. 1 Kor 13,8.

[606] *Com Rom* 5,10 (PG 14,1054).

[607] *Gruber* 1962, 328 ff.

[608] Origenes beschreibt und kritisiert diese Kosmologie in *Con Cels* 5,20 (SC 147,62 ff.) und 4,68 (SC 136,352).

[609] Insofern ist *Schelkle* in der Annahme richtig, daß die Überzeugung des Origenes von künftigen Welten von der Stoa unabhängig ist. Angesichts der hier genannten Gründe besteht jedoch keine Notwendigkeit, die Apologie gegen die Häresie auf den Eingriff Rufins zurückzuführen; cf. *Schelkle* 1956, 216.

[610] *De princ* 3,5,3 (SC 268,222 ff.).

[611] Gegen *H. Chadwick,* Origen, Celsus und die Stoa, JThSt 48 (1947) 43−49.

An einer anderen Stelle im Römerbriefkommentar legt Origenes 6,10 als Aussage über den Opfertod Christi aus:

> *Resurrectio autem ipsius et vita salutatem credentibus contulit, sicut et alibi Apostolus dicit de Christo: „Quod" enim „mortuus est peccato, mortuus est semel; quod autem vivit, vivit Deo". Peccato mortuus dicitur, non suo: neque enim peccatum fecit: sed ipse peccato mortuus est, id est velut qui morte sua peccato ipsi intulerit mortem. Vivere autem dicitur Deo, ut et nos non nobis, neque nostrae voluntati, sed Deo vivamus ut ita demum in vita ipsius salvi esse possimus, secundum eum qui dixit:* (Gal 2,20).
> Com Rom 4,12 (PG 14,1004)

Christus ist nicht für die eigene Sünde gestorben, denn er hat keine getan. Wenn es also heißt, daß er der Sünde gestorben ist, so bedeutet dies, daß er in seinem Tod der Sünde den Tod darbrachte. Sein Leben für Gott ist vor allem als Vorbild wichtig, damit die Christusgläubigen nicht mehr für sich selbst, sondern für Gott leben und schließlich gerettet werden. Anschließend zitiert Origenes Gal 2,20 über die Existenzeinheit von Christus und Christen als Belegstelle.

Obwohl Origenes den Tod Christi in gewisser Hinsicht als stellvertretend versteht, ist er noch entfernt von der späteren abendländischen Theologie des Todes Christi. Denn hier geht es um einen Rückkauf der versklavten Menschenseelen vom Teufel.[612] Ähnlich sagt Origenes im Matthäuskommentar,[613] daß Jesus zwar für die Sünde starb, nicht jedoch für die eigene, sondern für die unsrige. Der Vorbildsgedanke herrscht in der Erklärung zu Röm 6,10 in der Lukashomilie vor,[614] wo Origenes behauptet, daß Jesu Sündentod geschehen ist, damit wir mit ihm der Sünde sterben. Der gleiche Gedanke kommt auch bei der Römerbriefkatene 27 vor: „Er ist mit Christus gestorben; wenn aber Christus, ‚indem er der Sünde starb, starb er einmal', so auch soll derjenige, der der Sünde stirbt, mit Christus leben."[615]

Diese weiteren Stellen bei Origenes wiederholen zwei grundsätzliche Auslegungen von Röm 6,10 als Aussage über das Sterben Christi für die Sünde, als Opfergabe einerseits, und als ethisches Vorbild andererseits, dem der Gläubige durch das eigene Sterben für die Sünde d. h. den „asketischen" Tod nachahmen soll, um die Hoffnung auf ein Leben mit Gott in Zukunft zu bewahren, aber auch um dem Leben für Gott in der Jetztzeit glaubhaften Ausdruck zu verleihen.

Röm 6,10 verwendet Origenes auch um seine Christologie zu entfalten. Während wir bisher den Text als Aussage über die Vorbildsfunktion des Todes Christi kennengelernt haben, weist Origenes an folgender Stelle auf die Ver-

---

[612] *Teichtweier* 1958, 51f.
[613] *Com Mat* 16,6 (GCS 40,485).
[614] *Hom Luc* 14 (GCS 49/2,495).
[615] *Cat Rom* 27 (*Ramsbotham* 1912, 362); cf. der gleiche Wortlaut im Turapapyrus, *Scherer* 1957, 222.

einigung zwischen Gott und Menschen, die in Christi Abstieg und Sterben für die Sünde geschah:

> ἐπεὶ γὰρ οὐκ ὠφελήμεθα ἀπὸ τῆς προηγουμένης ζωῆς αὐτοῦ γενόμενοι ἐν ἁμαρτίᾳ, κατέβη ἐπὶ τὴν νεκρότητα ἡμῶν, ἵνα ἀποθανόντος αὐτοῦ τῇ ἁμαρτίᾳ τὴν νέκρωσιν τοῦ Ἰησοῦ ἐν τῷ σώματι περιφέροντες, τὴν μετὰ τὴν νεκρότητα ζωὴν αὐτοῦ εἰς τοὺς αἰῶνας τῶν αἰώνων (ἐν) τάξει χωρῆσαι δυνηθῶμεν.
> Com Io 1,227 (GCS 10,40)

Während wir noch in der Sünde waren, hatten wir keinen Nutzen vom früheren Leben Christi. Er ist aber in unser Totsein hinabgestiegen, damit, da er der Sünde gestorben ist, wir sein Sterben in unserem Leib herumtragen und das Leben erlangen können, welches er nach seinem Tod bis in alle Ewigkeit lebt.

Als besonderer Berührungspunkt zwischen der Menschlichkeit und Gottheit Christi ist sein Sterben für den göttlichen Erziehungsplan von heilsgeschichtlicher Bedeutung. Seit dem Abstieg in den Tod des Menschen ist es möglich, von Christi Sterben bekleidet zu werden. Diese neue Seinsweise bietet die Aussicht auf ein ewiges Leben derselben Art wie das jetzige Leben Christi. Diese Bemerkung läßt eine „Christusmystik" bei Origenes durchblicken, wiewohl er sich deren Vollzug eher ethisch als kontemplativ denkt.[616] Als Aussage über den *status exaltationis* deutet Origenes unseren Vers in folgendem:

> *Vivere autem Deo ita intelligendum est, quasi expleto eo quod in forma Dei positus exinanivit semetipsum, et formam servi accepit, et factus est obediens usque ad mortem, rursum permaneat in forma Dei, atque aequalis Patri.*
> Com Rom 5,10 (PG 14,1054)

Der Christushymnus aus Phil 2 bildet den Rahmen für diese Auslegung von *vivere Deo*. Nach der Selbstentäußerung und -demütigung Christi befindet er sich wieder in der Gestalt Gottes, dem Vater gleich. Das Vorkommen von *aequalis* als christologischer Terminus zwingt nicht zur Schlußfolgerung, daß Rufin diese Stelle nachträglich nach Vorbild des nizänischen Bekenntnisses eingefügt habe, denn dieser Begriff kann als mögliche Entsprechung sowohl für ὅμοιος, als auch für ὁμοιούσιος auch im Sinn der subordinatorischen Christologie des Origenes verstanden werden.[617] „Leben für Gott" nimmt an dieser Stelle besondere Bedeutung als eine christologische Hoheitsaussage und zugleich als Ausdruck für die Vollendung des Heilswerkes Christi an. In diesem Licht wird der Ausdruck implizit zur Bezeichnung des Endzustandes der gött-

---

[616] In dieser Beziehung spricht *Crouzel* 1961, 208, von einer „entase", d. h. einem Einzug des Sohnes und des Geistes, um den Menschen umzugestalten.

[617] *Schelkle* 1956, 210, liest die nachnizänische Bedeutung von *aequalis* in den Kommentartext hinein, indem er diesen Begriff mit „wesensgleich" wiedergibt. Zur Subordinationslehre des Origenes cf. Com Io 1,17 ff. und 2,10 (GCS 10,22 und 64); Con Cels 5,39 (SC 147,118) und 8,14 (SC 150,204) und mehrere andere Stellen; cf. auch die Auswertung der Matthäus-Katenenfragmente bei *Kassomenakis* 1967, 171 ff.

lichen Erziehung, da der Logos alle Stufen der menschlichen Entwicklung durchlief.

Dieselbe Vorstellung klingt in einem Fragment aus einer Scholie zur Apokalypse an.[618] Hier heißt es, daß Christi irdisches Leben durch den Tod beschränkt wurde, damit er, nachdem er aufgenommen wurde, zur Rechten der Majestät in den Höhen sitze, auf daß er in den Äonen lebe, da der Tod nicht mehr herrschen wird; denn was er lebt, lebt er in den Äonen für Gott; nie mehr wird er sterben. Die Anspielungen auf Röm 6,9 f. dienen wiederum in diesem Fall zur Bekräftigung des Hoheitsanspruches Christi nach der Auferstehung. Zudem erscheint Christus als Gegenüber zur Todesmacht, die seither durch die Herrschaft des Erhöhten ersetzt ist.

Zur Auslegung des Origenes zu Röm 6,10 können wir folgendes festhalten: Das Hauptinteresse gilt der Aussage über die Einmaligkeit des Todes Christi. Als Lehre der Kirche liegt ihm am meisten daran, diese Vorstellung, die zugleich die Bestätigung der Suffizienz des Leidens Christi für die unvollkommene Schöpfung ist, zu bewahren. Mit den Häretikern gemeinsam bekennt er sich zur Überzeugung vom Kreislauf der Weltzeitalter, begreift jedoch das Leiden und Sterben Christi als einmaliges Ereignis innerhalb dieses kosmologischen Systems. Von der Einmaligkeit des Todes Christi schließt Origenes auf die einmalige, vollkommene Liebe Christi und entgegnet den Häretikern mit dem Argument, daß, wer diese Liebe kennen- und nachvollziehen gelernt hat, sich nicht mehr willentlich von Gott trennen wird. Die Gefahr des Abfalls in einer zukünftigen Welt wird damit in Wirklichkeit gebannt, ohne daß der freie Wille des Menschen ausgeschaltet wird. Für die Erlösung hat die Einmaligkeit des Todes Christi zwei grundsätzliche Bedeutungen, zum einen als Ausdruck für das vollkommene Sühnopfer Christi, indem er seinen Tod oder seine Seele als Lösegeld für die zum Tode und zur Vergänglichkeit Verurteilten der Sündenmacht anbot; und zum anderen als ethisches Vorbild eines konsequenten und endgültigen Bruches mit der Sünde. Christi Sterben für die Sünde wird auch christologisch als besonderer Ausdruck für die Solidarität Christi mit dem Menschen und daher für die menschliche Natur Christi gedeutet. Der Tod Christi stellt die intimste Berührung zwischen Gott und Menschen dar und gilt somit als Höhepunkt des vom Logos für den Menschen vorgezeichneten Weges. Christi ζῆν τῷ θεῷ löst in Origenes schließlich Verbindungen mit christologischen Hoheitsaussagen aus den spätpaulinischen Briefen aus. Diesen Ausdruck versteht er als Ankündigung der neuen Machtstellung Christi über Tod und Leben seit der Auferstehung. Somit wird *vivero Deo* implizit zur Beschrei-

---

[618] Γενόμε γὰρ νεκρὸς περιέγραψεν τὴν ἐπὶ γῆς αὐτοῦ ζωήν, ἵνα ἀναληφθεὶς καθίσῃ ἐν δεξιᾷ τῆς μεγαλωσύνης ἐν ὑψηλοῖς ἐπὶ τὸ ζῆν εἰς τοὺς αἰῶνας, θανάτου οὐκέτι κυριεύοντος, ἐπείπερ ὃ ζῇ, ζῇ εἰς τοὺς αἰῶνας τῷ θεῷ οὐκέτι ἀποθνήσκων. Scholie zur Apokalypse, Fragment 8, *C. Diabounitis,* Fragmenta varia, 24.

bungsweise der ethisch-geistlichen Zielvorstellung des pädagogischen Entwicklungssystems des Origenes.[619]

3.9.2.11. Vers 11

Origenes sieht diesen Vers als logische Schlußfolgerung der Feststellungen in Röm 6,10. Erwartungsgemäß betont er die in diesem Vers angedeutete Notwendigkeit, tot zu sein für die Sünde und für Gott zu leben. Für ihn ist dies ein zusätzlicher Teilaspekt der Nachahmung Christi:

> ... quo [Röm 6,11] *scilicet imitatione Christi peccato moriamur alieni ab eo effecti, et Deo vivamus jungentes nos ei, et unus cum ipso spiritus facti.*
> Com Rom 5,10 (PG 14,1054)

Das Sterben für die Sünde geschieht in der Nachahmung des Sterbens Christi für die Sünde, da er nur einmal, aber endgültig die Sündenmacht über ihn außer Kraft setzte. Wie er soll sich der Christusgläubige von der Sünde entfremden lassen. Stillschweigend erkennt Origenes die Rolle der Kraft Gottes zur Trennung von der Sünde an, distanziert sich also von der ausschließlichen Betonung der Selbstbestimmungskraft des Menschen. Das Leben für Gott kommt durch die Vereinigung mit Christus zustande. Hier setzt Origenes die Sehnsucht nach Christusgemeinschaft voraus, denn die Vereinigung muß der Gläubige anstreben. „Leben für Gott" heißt aber auch, mit dem Geist Christi eins zu werden. Origenes denkt also diesen Zustand als eine Lebensgemeinschaft mit Christus und seinem Geist. Wie diese Gemeinschaft entsteht und von welcher Dynamik sie getragen wird, erklärt Rufin anhand einer übersetzungskritischen Überlegung:

> „*Existimate vos mortuos esse peccato*"; *quod melius quidem in Graece habetur:* „*Cogitate vos mortuos esse peccato*". *Res enim de qua sermo est, in cogitatione magis, et ratione subsistit, quia huiusmodi mors non in effectu, sed in cogitatione habenda est. Qui enim cogitat vel existimat apud semetipsum mortuum se esse, non peccat.*
> Com Rom 5,10 (PG 14,1054)

In dieser Bemerkung kann man vielleicht am deutlichsten den Einfluß des Rufin vom ursprünglichen Kommentarwerk unterscheiden. Der Übersetzer wird einerseits durch den Lemmatext zu einem bestimmten Wortlaut angehalten; andererseits empfindet er die Unzulänglichkeit von *existimate*, um das griechische λογίζεσθε inhaltlich treu wiederzugeben.[620] Er schlägt daher eine eigene lateinische Variante vor, welche die gedankliche, kontemplative Nebenbedeutung des griechischen Begriffes hervorhebt. Die folgende Erklärung (*Res*

---

[619] Ein ähnliches Ergebnis erzielt *Gruber* 1962, 328 ff.

[620] Der von Rufin eingesetzte Text, dessen Texttyp den der HSS Amiens 87 und Wien 743 sehr nahesteht, bot die für die Lateiner geläufige Lesart *existimate;* cf. die Erklärung *Bammels* 1985, 220.

enim usw.) entstammt jedoch wahrscheinlich den Bemerkungen des alexandrinischen Meisters selbst, denn es wird in sachlicher und nicht in sprachlicher Hinsicht zwischen *mors in effectu* und *in cognitatione* unterschieden. Die hier durchgeführte Begriffszuordnung entspricht in etwa dem Origenischen Schema vom somatischen und pneumatischen Tod.[621] *Cogitatio* weist zwar auf einen denkerischen Vorgang hin, dieser wird aber durch πνεῦμα und λόγος betrieben und führt den Menschen unweigerlich der Zielvorstellung Gottes, der Verwandlung des Psychischen in das Pneumatische, zu.

Der Begriff *mortuus peccato* in Röm 6,11 als der an anderen Stellen angedeutete pneumatische Tod begegnet auch in einem kleinen Hinweis in der Homilie zum ersten Samuel.[622] In diesem Zusammenhang bezieht Origenes das Wort von Sterben für die Sünde und für Gott leben aus Röm 6,11 auf einen Lieblingsspruch: *Dominus mortificat et vivificat".*[623] Origenes legt also *mortuus peccato* in Röm 6,11 auf dieselbe Weise wie in Röm 6,2 aus, d. h. als den geistlichen Tod für die Sünde, um den zweiten, den Seelentod nach dem irdischen Leben, zu vermeiden.[624]

Es kann also nicht überraschen, daß Origenes das Totsein für die Sünde als die Kehrseite vom Leben für Gott versteht. Dies entspricht schließlich dem offensichtlichen Sinn des Römerbriefverses selbst. In einem Kommentarfragment aus der Römerbriefkatene behandelt Origenes die Frage, ob jeder, der Gott in Christus Jesus lebt, der Sünde tot sei. Er stellt im folgenden eine Scheinantwort vor, welche die Behauptung enthält, es würden sich etliche finden, die Gott in Christus Jesus leben, ohne früher der Sünde gelebt zu haben. Origenes weist diese Behauptung durch folgendes Schriftwort zurück:

ἐάν δὲ „πάντες ἥμαρτον" διὰ τὸ „ὑπὲρ πάντων ἀπέθανεν", δῆλον ὅτι πᾶς ζῶν ἐν Χριστῷ Ἰησοῦ ἔζῃ ποτὲ τῇ ἁμαρτίᾳ, καὶ ὕστερον νεκρὸς γενόμενος αὐτῇ ἔζησεν τῷ θεῷ ἐν Χριστῷ Ἰησοῦ.
Cat Rom 31 (Ramsbotham 1912, 366)

Weil Christus für alle gestorben ist, so müssen alle Sünder sein; folglich gibt es keinen, der Gott in Christus Jesus lebt, der früher der Sünde nicht gelebt hat. Das Argument ist einfach, jedoch die Tatsache, daß sich Origenes die Mühe gibt, auf diese Gegenansicht einzugehen, zeigt, daß manche Zeitgenossen von der grundsätzlichen Sündhaftigkeit des Menschen nicht völlig überzeugt waren. Wir haben es in diesem Fall mit der Einwirkung platonischen Denkens,

---

[621] *Gruber* 1962, 26 f., spricht vom „mittleren" und „guten" Tod.

[622] *Hom Reg* 1,19 (GCS 33,25).

[623] „*Dominus mortificat et vivificat". Quem mortificat Dominus et quem vivificat? Me ipsum mortificat, cum me facit mortuum esse peccato; et me ipsum vivificat cum me facit vivere Deo.* Ebd.

[624] Für weitere Hinweise auf die zwei Deutungen von Tod bei Origenes siehe oben unter 3.9.2.2.

höchst wahrscheinlich seitens des Neuplatonismus, in christliche Kreise zu rechnen.[625]

Es kommt allerdings ein wenig überraschend, wenn Origenes von den großen Gestalten des alten Bundes sagt, sie hätten nicht nur Gott, sondern Gott in Christus Jesus gelebt:

> εἴτε Μωσῆς ἔζησεν τῷ θεῷ ἐν Χριστῷ Ἰησοῦ ἔζησεν, ὅστις γε καὶ „μείζονα πλοῦτον ἡγήσατο τῶν Αἰγύπτου θησαυρῶν τὸν ὀνειδισμὸν τοῦ Χριστοῦ"· ἀλλὰ καὶ „οἱ ἐπιθυμήσαντες πολλοὶ προφῆται καὶ δίκαιοι ἰδεῖν ὃ εἶδον" οἱ ἀπόστολοι „καὶ ἀκοῦσαι ὧν ἤκουσαν", οὐκ ἂν ἦλθον εἰς τὴν τῶν τοιούτων ἐπιθυμίαν καὶ ὄρεξιν ἔξω τυγχάνοντες τοῦ ἐν Χριστῷ Ἰησοῦ ζῆν τῷ θεῷ.

Cat Rom 31 (Ramsbotham 1912, 366)

Gemäß der christozentrisch-allegorischen Auslegungsweise kann Origenes mit dem Hebräerbriefverfasser voll einstimmen und behaupten, daß auch Mose Gott in Christus Jesus gelebt habe. Auch die Propheten und Gerechten des Alten Testaments wären nicht in die Sehnsucht und das Verlangen geraten, das zu sehen und zu hören, was die Apostel erlebten, wenn sie nicht Gott in Christus Jesus gelebt hätten. Für Origenes ist die christozentrische Interpretation des Alten Testaments kein Kunstgriff, durch den er alle anstoßerregenden Stellen verharmlosen kann, vielmehr ist er von der Vorstellung durchdrungen, daß jede Seite des alten Buches den Geist Christi atmet. Sein Sinn für die Trennung zwischen altem und neuem Bund war bei weitem nicht so stark ausgeprägt wie bei späteren abendländischen Theologen. Im Gegensatz zu späteren spürt er dem alten Bund als schwächer entwickeltem Stadium der Offenbarungsökonomie Gottes nur einen quantitativen Unterschied zum neuen ab.[626]

Von diesen Kommentarbemerkungen herkommend läßt sich sagen, daß sich Origenes das Leben für Gott in Christus Jesus als ein Gehorsamsverhältnis vorstellt, welches jedoch nicht durch Strukturen oder Vorschriften aufrechterhalten wird, sondern das Verlangen nach der Gottesgemeinschaft durch Jesus Christus voraussetzt. Dieses Verlangen entsteht ohne Rücksicht auf Zeit und Ort; es übersteigt selbst die Heilszeiteinteilung (*dispensationes*) Gottes.

---

[625] Bekanntlich vertrat Origenes selbst die platonische Definition der Sünde als Mangel am Guten, hielt jedoch an der Tatsache des Sündenfalls, wiewohl in seiner eigenen Variante als vorzeitlicher Fall der einzelnen Seelen vor deren Verkörperung gedacht, fest (siehe oben 3.9.1. zur Erbsündenlehre). Im Unterschied dazu stellte Plotin den Abstieg der Seele in den Leib als natürlichen Vorgang dar, welcher durch den Drang, „die Dinge zu ordnen", verursacht wird; cf. die Enneaden 4,7,13 (Plotins Schriften, Bd. 1, *R. Harder* [Hrsg.], Hamburg 1956, 66).

[626] Origenes betont an zahlreichen Stellen seine Hochachtung vor dem Gesetz und den Propheten als Wegbereitern des Evangeliums und typologischer Vorwegnahme des Wesens des neuen Bundes: Cf. *Hom Lev* 10,1 (GCS 29,440); *Com Mat* 10,9 f. (GCS 40,10 f.); die Kontinuität sowie der Unterschied zwischen dem alten und dem neuen Bund werden in besonders markanter Weise in *Hom Ios* 2,1 (GCS 30,296 f.) aufgezeigt; cf. auch *Daniélou* 1948, 151 ff.

Das bisher Festgestellte läßt durchblicken, daß als Begriff ζῆν τῷ θεῷ ἐν Χριστῷ Ἰησοῦ für Origenes stark, jedoch nicht ausschließlich ethisch geprägt ist. Gemäß der Absicht des lateinischen Römerbriefkommentars ist es durchaus vorstellbar, daß schwierige, metaphysische Momente bei diesem Begriff zugunsten einer greifbaren, ethischen Veranschaulichung vom Übersetzer nicht mehr weitergegeben wurden. Die klare Definition des Begriffes am Ende des fünften Buches kehrt in einer Form wieder, die einem Tugendkatalog ähnelt:

> *Simile enim puto esse, quasi dixisset: Viventes Deo in sapientia, in pace, in justitia, in sanctificatione, quae omnia Christus est.*

Com Rom 5,10 (PG 14,1056)

Es scheint Origenes, als ob Paulus gesagt hätte: Gott leben in Weisheit, Frieden, Gerechtigkeit und Heiligung, statt Gott leben in Christus Jesus. Hier wiederum wird ἐν Χριστῷ als Hauptbezeichnung für die Beziehung zu Christus bei Paulus im wesentlichen auf ethische Inhalte beschränkt. Nachher sagt Origenes, daß wenn es ohne diese Qualitäten unmöglich ist, für Gott zu leben, so kann niemand für Gott leben außer in Christus Jesus.[627] Damit zeigt Origenes, wie sehr seine Ethik von der Christusbeziehung abhängt. Freilich ist diese Vorstellung von der Beziehung zum Auferstandenen etwas dürftig, wenn sie mit der von Paulus beanspruchten Seinsidentität verglichen wird,[628] welche eine tiefere personale Dimension aufweist. Nach dem hiesigen Verständnis besteht die Identität mit dem Auferstandenen vor allem in der Nachahmung dessen vorbildlicher Lebensweise. Er weiß wenig von der Erfahrung des „Ergriffenseins"[629] zu schildern, welches die Dynamik des Strebens des Paulus auf Christus zu als Bild der Vollkommenheit ausmacht. Das, was Christus an personaler Anziehungskraft fehlt, muß dieser Kommentator durch gesteigerte ethische Forderungen und wiederholte Mahnungen zum aufrichtigen Wandel ersetzen.[630] Im Römerbriefkommentar, sofern er das ursprüngliche Werk des Origenes in etwas gekürzter und vereinfachter Form wiedergibt, wird diese Verflachung des Paulinismus gewissermaßen dem Eingriff des Übersetzers zuzuschreiben sein.

Zusammenfassung: Die Auslegung des Origenes zu Röm 6,11 wird durch ethische und psychologische Momente gekennzeichnet. Wie immer wieder be-

---

[627] Com Rom 5,10 (PG 14,1056).

[628] Cf. Gal 2,20.

[629] Phil 2,12.

[630] Allerdings zeigt Origenes an anderen Stellen, daß er die personale Beziehung zu Christus nicht nur kennt, sondern daß sie sogar einen unentbehrlichen Bestandteil seines Systems von Wachstum und spirituellem Fortschritt bildet; cf. *Gruber* 1962, 37 ff. und *Crouzel* 1961, 518 ff. Wiewohl die Beziehung zu Christus meistens mittelbar als das Besitzen des von diesem geschenkten Lebens erscheint, kann Origenes seine Vorstellung von der Gottes- bzw. Christusmystik auch durch den Vergleich mit der Liebesbeziehung zwischen Mann und Frau entfalten: *Com Io* 19,4 (GCS 10,302).

tont wurde, ist wahrscheinlich die Auswahl des Übersetzers zum größeren
oder kleineren Teil für diese Tendenz, soweit sie im lateinischen Römerbriefkommentar ausgeprägt ist, verantwortlich. Origenes betont den kognitiven
Aspekt des Begriffes λογίζεσθε als Möglichkeit, durch die unter dem Aspekt
des νεκρὸς τῇ ἁμαρτίᾳ stehende Betrachtungsweise den pneumatischen Tod für
die Sünde tatsächlich zu sterben und somit den Seelentod zu umgehen. Νεκρὸς
τῇ ἁμαρτίᾳ sowie ζῶν τῷ θεῷ versteht Origenes als *dativi relationis,* Wechselbegriffe füreinander und Gegenbegriffe von ζῶν τῇ ἁμαρτίᾳ, wobei sich diese entgegengesetzten Beziehungsmöglichkeiten gegenseitig ausschließen. „Gott leben in Christus Jesus" ist für diesen Ausleger so etwas wie ein Oberbegriff für
das Verhältnis zu Gott, das durch die Nachahmung Christi zustandekommen
kann. Als Vereinigung mit dem Auferstandenen und Lebensgemeinschaft mit
diesem durch seinen Geist weist dieses Verhältnis zumindest sprachliche Ähnlichkeiten zur paulinischen Vorstellung vom Sein ἐν Χριστῷ auf. Die Ähnlichkeit bleibt jedoch oberflächlicher Art, denn zumindest im lateinischen Römerbriefkommentar mangelt es an Verständnis für die personale Christusbeziehung, die für Paulus so kennzeichnend ist, diese wird vielmehr durch eine abstrahierte Christusmystik ersetzt, die der stoischen Tugendlehre näherkommt
als dem Paulinismus. Das Schriftverständnis dieses Auslegers ermöglicht es
ihm, das von der Sehnsucht nach der Christusoffenbarung getragene Verhältnis zu Gott auch bei den Vorbildern des alten Bundes zu sehen. Damit bringt
Origenes seine Überzeugung zum Ausdruck, daß das Christusgeschehen sowie
der dadurch gewonnene Zugang zu Gott heilsgeschichtliche Grenzen sprengen.

4. Röm 6,1—11 bei den Frühvätern insgesamt

Während das vorige Kapitel den Gebrauch unserer Hauptstelle bei jedem einzelnen Kirchenvater von Ignatios bis Origenes (i. e. zwischen c. 110 und 250 n. Chr.) thematisierte, soll im folgenden Kapitel diese besondere Konstellation von Versen selbst die Sichtweise bestimmen. Jeder Vers soll anhand der Väterzeugnisse insgesamt in seiner Eigenart untersucht werden, um ein Gesamtbild der Auslegung dieser Paulusstelle innerhalb dieses großen Zeitraumes hervortreten zu lassen. Um die Auslegung zu jedem einzelnen Vers in übersichtlicher Gestalt zu bieten, folgt eine katenenartige Zusammenfassung der bisher erörterten Väterzitate.

4.1. Eine frühchristliche Katene zu Röm 6,1—11

6,1
Τί οὖν ποιήσωμεν ἀδελφοί; Ἀργήσωμεν ἀπὸ τῆς ἀγαθοποίας καὶ ἐγκαταλίπωμεν τὴν ἀγάπην; μηθαμῶς τοῦτο ἐάσαι ὁ δεσπότης ἐφ᾽ ἡμῖν γε γενηθῆναι, ἀλλὰ σπεύσωμεν μετὰ ἐκτενείας καὶ προθυμίας πᾶν ἔργον ἀγαθὸν ἐπιτελεῖν.
1 Clem 33,1 (F—B 52)

Requiritur sane, si in solis hominibus superabundet gratia, in quibus abundavit aliquando peccatum; et an in nullo superabundet gratia, nisi in quo abundavit peccatum; an et in aliquibus potest superabundare gratia, in quibus numquam vel abundaverit, vel fuerit peccatum.
Orig Com Rom 5,7 (PG 14,1036)

Permanere namque, est a coepto non desinere. Quod utique si quis faciat, certum est quod nec initium conversionis acceperit. Illud autem interdum accidit, ut non quidem permaneat quis in peccato, sed cum desierit, rursum redeat ad vomitum, et fiat infelicissimus, ut post depulsum a se regnum peccati et mortis, et regnum vitae justitiaeque susceptum, iterum se dominationi peccati substernat et mortis.
Orig Com Rom 5,7 (PG 14,1036)

6,2
ὁμοίως δὲ καὶ ὁ Παῦλος ἐν τῇ πρὸς Ῥωμαίους ἐπιστολῇ γράφει· „οἵτινες ἀποθάνομεν τῇ ἁμαρτίᾳ, πῶς ἔτι ζήσομεν ἐν αὐτῇ; ὅτι ὁ παλαιὸς ἡμῶν ἄνθρωπος συνεσταυρώθη, ἵνα καταργηθῇ τὸ σῶμα τῆς ἁμαρτίας"ἕως „μηδὲ παριστάνετε τὰ μέλη ὑμῶν ὅπλα ἀδικίας τῇ ἁμαρτίᾳ."
Clem Strom 3,75,3 (GCS 52,229)

ὁ τοίνυν ἐπιγνώσκων κατὰ τὸν τῆς μετανοίας λόγον ἁμαρτωλὸν τὴν ψυχὴν ἀπολέσει αὐτὴν τῆς ἁμαρτίας ἧς ἀπέσπασται, ἀπολέσας δὲ εὑρήσει κατὰ τὴν ὑπακοὴν τὴν

ἀναζήσασαν μὲν τῇ πίστει, ἀποθανοῦσαν δὲ τῇ ἁμαρτίᾳ. τοῦτ' οὖν ἐστι τὸ εὑρεῖν τὴν ψυχὴν, τὸ γνῶναι ἑαυτόν.
Clem Strom 4,27,3 (GCS 52,260)

Quod si facere desideria peccati peccato vivere est; non facere desideria peccati, nec obedire voluntati eius, hoc est mori peccato.
Orig Com Rom 5,7 (PG 14,1035)

Si ergo commonitus quis morte Christi qui „pro impiis mortuus est", poeniteat in his omnibus, et velut pessimum regem regnantem in sua carne depellat, alienumque se ab eius desideriis faciat ac praeceptis, iste vere per mortem Christi peccato mortuus esse dicitur.
Orig Com Rom 5,7 (PG 14,1032 f.)

... docens per haec [i. e. Röm 6,3 f.] quia si quis prius mortuus est peccato, is necessario in baptismo consepultus est Christo; si vero non ante quis moritur peccato, non potest sepeliri cum Christo.
Orig Com Rom 5,8 (PG 14,1038)

Mori prius oportet te peccato, ut possis sepeliri cum Christo. Mortuo enim sepultura debetur. Si enim vivis adhuc peccato, consepeliri non potes Christo ...
Orig Com Rom 5,8 (PG 14,1038)

Καὶ γὰρ ἐκεῖνοι τοῦ μὲν „Ἐγὼ ἀποκτενῶ" δοκοῦσιν ἀκηκοέναι καὶ πολλάκις ἡμῖν αὐτὸ ὀνειδίζουσι, τοῦ δὲ „Ζῆν ποιήσω" οὐδὲ μέμνηνται· Τοῦ ὅλου ῥητοῦ δηλοῦντος τοὺς ἐπὶ κοινῷ κακῷ ζῶντας καὶ ἐνεργοῦντας κατὰ κακίαν ἀποκτείννυσθαι ἀπὸ τοῦ θεοῦ, ζωὴν δ' αὐτοῖς κρείττονα ἀντεισάγεσθαι καὶ ἥν δῴη ἂν ὁ θεὸς τοῖς „τῇ ἁμαρτίᾳ" ἀποθανοῦσιν. Οὕτω δ' ἐκεῖνοι ἤκουσαν μὲν τοῦ „Πατάξω" οὐκέτι δὲ ὁρῶσι τὸ „κἀγὼ ἰάσομαι"·
Orig Con Cels 2,24 (SC 132,350)

Ἴσως μὲν μο[υ σ]οφώτερος καὶ ἀλλὰ σημεινόμ[ε]να παραστήσει· ἐγὼ μέντοι γε ἐπὶ τοῦ παρόντος οἶδα τρεῖς θανάτους. Ποίους τούτους τρεῖς θανάτους; „Ζῇ„ τις „τῷ θεῷ" καὶ „ἀπέθανεν τῇ ἁμαρτίᾳ" κατὰ τὸν ἀπόστολον. Οὗτος μακάριος ὁ θάνατος· ἀποθνῄσκει τις τῇ ἁμαρτίᾳ· τοῦτον τὸν θάνατον ὁ [Κύριός] μου ἀπέθανεν. Ὅ γὰρ ἀπέθανεν, τῇ ἁμαρτίᾳ ἀπέθανεν. Οἶδα καὶ ἄλλον θάνατον καθ' ὃν ἀποθνῄσκει τις τῷ θεῷ, περὶ οὗ εἴρηται· „Ψυχὴ ἡ ἁμαρτάνουσα αὐτὴ ἀποθανεῖται." Οἶδα καὶ τρίτον θάνατον καθ' ὃν κοινῶς νομίζομενον τοὺς ἀπαλλαγέντας τοῦ σώματος ἀποτεθάναι· „ἔζησεν γὰρ" Ἀδὰμ „ἔτη τριάκοντα καὶ ἐνακόσια, καὶ ἀπέθανεν."
Orig Disp Hercl 25 (SC 67,102 f.)

Πῶς δὲ ὁ θάνατος ἐμός ἐστιν; ἵνα „ἀποθάνω τῇ ἁμαρτίᾳ" ἵνα εἴπω „εἰ καὶ συναπεθάνομεν, καὶ συζήσομεν." ὁ γὰρ ἄλλος θάνατος καθ' ὃν „ἡ ψυχὴ ἡ ἁμαρτάνουσα αὐτὴ ἀποθανεῖται" οὐκ ἔστιν ἐμός.
Orig Cat Cor 17 (Jenkins 353)

Περὶ τούτου τοῦ θανάτου π[α]ραδόξως ἐπροφήτευσεν ὁ βαλαάμ, καὶ ἑαυτῷ ἐν λόγῳ θεοῦ τὰ κάλλιστα ηὔχετο· ηὔχετο γὰρ τῇ ἁμαρτίᾳ ἀποθανεῖν ἵνα ζήσῃ τῷ θεῷ· καὶ διὰ τοῦτο ἔλεγεν· „Ἀποθάνοι ἡ ψυχή μου ἐν ψυχαῖς δικαίων, καὶ γένοιτο τό σπέρμα μου ὡς τὸ σπέρμα τούτων." Ἄλλος δὲ θάνατος ἔστιν, καθ' ὃν οὐκ ἐσμὲν μὲν

ἀθάνατοι, δυνάμεθα δὲ ἐκ τοῦ φυλάττεσθαι μὴ ἀποθανεῖν. Καὶ τάχα τὸ θνητὸν τῆς ψυχῆς οὐκ ἀεί ἐστιν θνητόν·
Orig Disp Hercl 26 (SC 67,106)

Potest ergo fieri ut sit et aliqua vita de parte illius, quae cum ipso agit ut nos a charitate separet Dei: quae vita est peccati. Nisi enim mala esset haec vita, nunquam nos suadere? Apostolus ut moreremur peccato, et in morte Christi baptizaremur, et consepeliremur ei. Potest ergo fieri ut haec vita peccati sit, quae nos cupit separare a charitate Dei.
Orig Com Rom 7,12 (PG 14,1134)

ἔτι δὲ καὶ τούτῳ πρόσχες ὅτι, πολλῶν ὄντων τῶν τρόπων τοῦ ἀποθνήσκειν, „ἐπὶ ξύλου" κρεμασθεὶς ἐσταυρώθη ὁ υἱὸς τοῦ θεοῦ, ἵνα πάντες οἱ ἀποθνήσκοντες „τῇ ἁμαρτίᾳ" μὴ ἄλλῳ τρόπῳ ἀποθάνουσιν αὐτῇ ἢ τῷ κατὰ τὸν σταυρόν·
Orig Com Mat 12,25 (GCS 40,126)

6,3
Ἔτι μοί, φημί, κύριε, δήλωσον. Τί φησίν, ἐπιζητεῖς; Διατί, φημί, κύριε, οἱ λίθοι ἐκ τοῦ βυθοῦ ἀνέβησαν καὶ εἰς τὴν οἰκοδομὴν τοῦ πύργου ἐτέθησαν, πεφορηκότες τὰ πνεύματα ταῦτα; Ἀνάγκην, φησίν, εἶχον δι' ὕδατος ἀναβῆναι, ἵνα ζωοποιηθῶσιν· οὐκ ἠδύναντο γὰρ ἄλλως εἰσελθεῖν εἰς τὴν βασιλείαν τοῦ θεοῦ, εἰ μὴ τὴν νέκρωσιν ἀπέθεντο τῆς ζωῆς αὐτῶν τῆς προτέρας. ἔλαβον οὖν καὶ οὗτοι οἱ κεκοιμημένοι τὴν σφραγῖδα τοῦ υἱοῦ τοῦ θεοῦ καὶ εἰσῆλθον εἰς τὴν βασιλείαν τοῦ θεοῦ· πρὶν γὰρ, φησί, φορέσαι τὸν ἄνθρωπον τὸ ὄνομα τοῦ υἱοῦ τοῦ θεοῦ, νεκρός ἐστιν· ὅταν δὲ λάβῃ τὴν σφραγῖδα, ἀποτίθεται τὴν νέκρωσιν καὶ ἀναλαμβάνει τὴν ζωήν. ἡ σφραγὶς οὖν τὸ ὕδωρ ἐστίν· εἰς τὸ ὕδωρ οὖν καταβαίνουσι νεκροὶ καὶ ἀναβαίνουσι ζῶντες. κα' κείνοις οὖν ἐκηρύχθη ἡ σφραγὶς αὕτη καὶ ἐχρήσαντο αὐτῇ, ἵνα εἰσέλθωσιν εἰς τὴν βασιλείαν τοῦ θεοῦ.
Herm 9,16,1–4 (GCS 48,89 f.)

Wie Jesus das Wasser der Taufe (βάπτισμα) vollendete, so goß er den Tod weg. Deswegen steigen wir zwar (μὲν) hinunter ins Wasser, wir gehen aber (δὲ) nicht hinunter in den Tod, damit wir nicht hinweggegossen werden im Geiste (πν.) der Welt (κ.). Wenn (ὅταν) er weht, läßt er den Winter entstehen. Wenn (ὅταν) der Heilige Geist (πν.) weht, wird es Sommer.
Ev Phil 125,7–15; Spr. 109 (Till 55)

Ταῦτα εἰπούσης τῆς Νικανόρας, προσηύξατο περὶ αὐτῆς πρὸς τὸν θεὸν ὁ ἀπόστολος Φίλιππος ἅμα Βαρθολομαίῳ καὶ Μαριάμνῃ καὶ τοῖς σὺν αὐτοῖς λέγων· Ὁ ζωοποιῶν τοὺς νεκροὺς Χριστὲ Ἰησοῦ δέσποτα, ὁ ἐλευθερώσας ἡμᾶς διὰ τοῦ βαπτίσματος ἐκ τῆς δουλείας τοῦ θανάτου, ῥῦσαι αὐτὴν ἐκ τῆς πλάνης τοῦ ἐχθροῦ τελείως, ζωοποίσον αὐτὴν ἐν τῇ ζωῇ σου καὶ τελείωσον αὐτὴν ἐν τῇ τελειότητί σου, ἵνα πορευθῇ εἰς τὴν χώραν τῶν πατέρων αὐτῆς ἐν ἐλευθερίᾳ, ἔχουσα κλῆρον ἐν τῇ ἀγαθότητί σου κύριε Ἰησοῦ.
Act Phil 117 (11) (Lipsius / Bonnet 47)

Nescit ergo eum qui evolavit Christum ab Iesu; neque eum novit Salvatorum qui susum est, quem impassibilem dicunt. Si enim alter quidem passus est, alter autem impassibilis mansit, et alter quidem natus est, alter vero in eum qui natus est descendit et rursus reliquit eum, non unus, sed duo monstratur. Quoniam autem

unum eum et qui natus est et qui passus est Christum Iesum novit Apostolus, in eadem epistola literum dicit: „An ignoratis quoniam quotquot baptizati sumus in Christo Iesu, in morte eius baptizati sumus, uti quemadmodum resurrexit Christus a mortuis sic et nos in novitate vitae ambulemus?" Rursus autem significans Christum passum et ipsum esse Filium Dei, qui pro nobis mortuus est et sanguine suo redemit nos in praefinito tempore, . . .
Iren Adv haer 3,16,9 (SC 211,322 f.)

Ita per totam hanc sensum seriem ab iniustitia et delinquentia membra nostra divellens et iustitiae et sanctimoniae adiungens et transferens eadem a stipendio mortis ad donativum vitae aeternae, carni utique compensationem salutis repromittit. Cui nullam omnino conpetisset inperari propriam sanctimoniae et iustitiae disciplinam, si non ipsius esset et praemium disciplinae, sed nec ipsum baptisma committi, si per regenerationem non etiam restitutioni inauguraretur, hoc quoque apostolo ingerente: „An ignoratis, quod quicumque in Iesum tincti sumus, in mortem eius tincti sumus? Consepulti ergo illi sumus per baptisma in mortem, uti, quemadmodum surrexit Christus a mortuis, ita et nos in novitate vitae incedamus."
Tert De res 47,8—10 (CCSL 2,985 f.)

Denn die Asche, welche das besprengt, was befleckt worden ist, tut bald kund das Begräbnis des Leibes Christi, da er in den „Staub der Erde" unseretwegen gelegt wird, bald bezeichnet es die Reue über die Sünde. Denn wie dort, als Christus noch nicht gekommen war, sie mit Asche gereinigt wurden, so werden auch hier die gereinigt, welche „in den Tod Christi" getauft werden, der abwäscht die uns von der Übertretung bereiteten Schäden [Wunden]. Denn die „in Christus" Getauften, spricht der Apostel, „sind in seinen Tod getauft; wir sind aber mit ihm begraben durch die Taufe" usw.
Meth De cibis 12,6 (GCS 27,444)

καὶ διὰ τοῦτο ἡ ἐκκλησία σπαργᾷ καὶ ὠδίνει, μέχριπερ ἂν ὁ Χριστὸς ἐν ἡμῖν μορφωθῇ γεννηθείς, ὅπως ἕκαστος τῶν ἁγίων τῷ μετέχειν Χριστοῦ Χριστὸς γεννηθῇ· καθ᾽ ὃν λόγον καὶ ἔν τινι γραφῇ φέρεται τὸ „μὴ ἅψησθε τῶν Χριστῶν μου, καὶ ἐν τοῖς προφήταις μου μὴ πονηρεύησθε", οἱονεὶ Χριστῶν γεγονότων τῶν κατὰ μετουσίαν τοῦ πνεύματος εἰς Χριστὸν βεβαπτισμένων, συλλαμβανούσης ἐνταῦθα τὴν ἐν τῷ λόγῳ τράνωσιν αὐτῶν καὶ μεταμόρφωσιν τῆς ἐκκλησίας·
Meth Sym 8,8 (SC 95,220)

Per quod [sc. an nescitis] ostendit, quia tunc, hoc est apostolorum temporibus, non, ut nunc fieri videmus, typus tantummodo mysteriorum his qui baptizabantur, sed virtus eorum ac ratio tradebatur, et tanquam scientibus et edoctis quia qui baptizantur, in morte Christi baptizantur, et consepeliuntur ei per baptismum in mortem; . . .
Orig Com Rom 5,8 (PG 14,1040)

Requiras fortassis etiam hoc, quod cum ipse Dominus dixerit ad discipulos ut baptizarent omnes gentes in nomine Patris, et Filii, et Spiritus sancti, cur hic Apostolus solius Christi in baptismo nomen assumpserit dicens: „Quicunque baptizati sumus in Christo", cum utique non habeatur legitimum baptisma, nisi sub nomine Trinitatis. Sed intuere prudentiam Pauli, quoniam quidem in praesenti loco non tam

baptismatis rationem, quam mortis Christi discutere cupiebat, ad cuius similitudinem etiam nos suaderet mori debere peccato, et consepeleri Christo.
Orig Com Rom 5,8 (PG 14,1039)

Prima dies nobis passio Salvatoris est et secunda, qua descendit in infernum, tertia autem resurrectionis et dies. Et ideo in die tertia „Deus antecedebat eos, per diem in columna nubis, per noctum in columna ignis". Quod si secundum ea, quae superius diximus, in his verbis recte nos Apostolus docet baptismi mysteria contineri, necessarium est, ut, „qui baptizantur in Christo, in morte ipsius baptizentur, et ipsi consepeliantur", et cum ipso die tertia resurgant a mortuis, quos et secundum hoc, quod dicit Apostolus: „simul secum suscitavit, simulque fecit sedere in coelestibus." Cum ergo tibi tertii diei mysterium fuerit susceptum, incipiet te deducere Deus et ipse tibi viam salutis ostendere.
Orig Hom Ex 5,2 (GCS 29,186)

„Baptismum" hoc nominat „in Moysen consummatum in nube et in mare", ut et tu, qui baptizaris in Christo, in aqua et in Spiritu sancto, scias insectar quidem post te Aegyptios, et velle te revocare ad servitium suum, „rectores" scilicet huius „mundi" et „spiritales nequitias", quibus antes deservisti. Quae conantur quidem insequi, sed tu descendis in aquam et evadis incolumis atque ablutis sordibus peccatorum „homo novus" adscendis paratus ad „cantandum canticum novum".
Orig Hom Ex 5,5 (GCS 29,190)

Ubi vero Iordanis transitur, ibi dicitur ad Iesum: „In hac die incipio exaltare te in conspectu populi." Neque enim ante mysterium baptismi „exaltatur" Iesus, sed exaltatio eius et „exaltatio in conspectu populi" inde sumit exordium. Si enim „omnes, qui baptizantur (in Christo Iesu), in morte ipsius baptizantur", mors autem Iesu in crucis exaltatione completur, merito unicuique fidelium tunc primum Iesus „exaltatur", cum ad mysterium baptismi pervenitur, quia sic et scriptum est quod „exaltavit illum Deus . . ."
Orig Hom Ios 4,2 (GCS 30,309 f.)

6,4
ὅθεν ἐλύετο πᾶσα μαγεία καὶ πᾶς δεσμὸς ἠφανίζετο κακίας· ἄγνοια καθῄρειτο, παλαιὰ βασιλεία διεφθείρετο θεοῦ ἀνθρωπίνως φανερουμένου εἰς καινότητα ἀϊδίου ζωῆς· ἀρχὴν δὲ ἐλάμβανεν τὸ παρὰ θεῷ ἀπηρτισμένον. ἔνθεν τὰ πάντα συνεκινεῖτο διὰ τὸ μελετᾶσθαι θανάτου κατάλυσιν.
Ign Eph 19,3 (F–B 88)

„Sicut portavimus imaginem eius qui de terra est, portemus et imaginem eius qui de caelo est". Quid ergo est terrenum? Plasma. Quid autem caeleste? Spiritus. Sicut igitur, ait, sine Spiritu caelesti conversati sumus aliquando in vetustate carnis, non obavdientes Deo, sic nunc accipientes Spiritum „in novitate vitae ambulemus", obavdientes Deo. Quoniam igitur sine Spiritu Dei salvari non possumus, adhortatur Apostolus nos per fidem et castam conversationem conservare Spiritum Dei, ut non sine participatione sancti Spiritus facti amittamus regnum caelorum, et clamavit non posse carnem solam et sanguinem regnum Dei possidere.
Iren Adv haer 5,9,3 (SC 153,114 ff.)

Quodsi necessitate nobis symbolum mortis indulget, ergo invitus facit; qui autem promittit permansurum et quod tribuerit invitus? Non enim multi postea excidunt?

Non a multis donum illud auferetur? Hi sunt scilicet qui obrepunt, qui paenitentiae fidem adgressi super harenas domum ruituram conlocant!
Tert De paen 6,12–13 (CCSL 1,331)

οἱ κατὰ τὸν Ἰωάννην οὐκ ὄντες „ἐκ τῶν κάτω“, παρὰ δὲ τοῦ ἄνωθεν ἐλθόντες τὸ πᾶν μεμαθηκότες, οἱ τὴν οἰκονομίαν τοῦ θεοῦ κατανενοηκότες, οἱ „ἐν καινότητι ζωῆς περιπατεῖν“ μεμελετηκότες.
Clem Prot 59,3 (SC 2,123)

ταύτῃ θάνατος καὶ τέλος λέγεται τοῦ παλαιοῦ βίου τὸ βάπτισμα, ἀποτασσομένων ἡμῶν ταῖς πονηραῖς ἀρχαῖς, ζωὴ δὲ κατὰ Χριστόν, ἧς μόνος αὐτὸς κυριεύει. ἡ δύναμις δὲ τῆς μεταβολῆς τοῦ βαπτισθέντος οὐ περὶ τὸ σῶμα (ὁ αὐτὸς γὰρ ἀναβαίνει), ἀλλὰ περὶ ψυχήν. αὐτίκα δοῦλος θεοῦ ἅμα τῷ ἀνελθεῖν τοῦ βαπτίσματος καὶ κύριος τῶν ἀκαθάρτων λέγεται πνευμάτων, καὶ εἰς ὃν πρὸ ὀλίγου ἐνήργουν, τοῦτον ἤδη „φρίσσουσιν“.
Exc Theo 77,1–3 (SC 23,200)

ἡ γὰρ εἰκὼν τοῦ χοϊκοῦ, ἥν ἐφορέσαμεν, τὸ „γῆ εἶ καὶ εἰς γῆν ἀπελεύσῃ“ ἐστίν, ἡ δὲ εἰκὼν τοῦ ἐπουρανίου ἡ ἐκ νεκρῶν ἀνάστασις καὶ ἡ ἀφθαρσία, ἵν’ „ὥσπερ ἠγέρθη ὁ Χριστὸς ἐκ νεκρῶν διὰ τῆς δόξης τοῦ πατρός, οὕτως καὶ ἡμεῖς ἐν καινότητι ζωῆς περιπατήσωμεν.“ εἰ δὲ τις εἰκόνα μὲν χοϊκὴν τὴν σάρκα αὐτὴν οἴοιτο λέγεσθαι, εἰκόνα δὲ ἐπουράνιον ἄλλο παρὰ τὴν σάρκα σῶμα πνευματικόν, ἐνθυμηθήτω δὴ οὗτος πρότερον ὅτι Χριστὸς, ὁ οὐράνιος ἄνθρωπος, τὸ αὐτὸ σχῆμα (τοῦ σώματος καὶ) τῶν μελῶν καὶ εἰκόνα καὶ σάρκα τὴν αὐτὴν τῇ ἡμετέρᾳ φορέσας ἐφάνη, δι’ ἥν καὶ, ἄνθρωπος οὐκ ὤν, ἄνθρωπος ἐγένετο, ἵνα καθάπερ „ἐν τῷ Ἀδὰμ πάντες ἀποθνήσκουσιν, οὕτως καὶ ἐν τῷ Χριστῷ πάντες ζωοποιηθήσονται.“
Meth De res 2,18,6 f. (GCS 27,369 f.)

„Consepulti ei sumus per baptismum in mortem“, et item alibi: „Si commorimur ei, et convivemus“; et item: „Si compatimur, et conregnabimus“; et nusquam dixit: Christo conbaptizati sumus; cum utique sicut mors morti, et vita vitae, ita et baptismus baptismo conferri debuisse videatur.
Orig Com Rom 5,8 (PG 14,1039)

Et vide si possimus tres dies consepulti Christo facere, cum plenam Trinitatis scientiam capimus: lux est enim Pater, et in lumine eius qui est Filius lumen videmus Spiritum sanctum. Facimus autem et tres noctes, cum detruimus tenebrarum et ignorantiae patrem una cum mendacio quod ex eo natum est, et „mendax est sicut et pater eius“, et „cum loquitur mendacium, de suis propriis loquitur“.
Orig Com Rom 5,8 (PG 14,1040)

„Nunc autem soluti sumus a lege mortui, in qua detinebamur“. Ab hac ergo lege, in qua detinebamur, nunc soluti sumus. „Nunc“. Quando? Sine dubio quando cum Christo mortui sumus, et consepulti ei per baptismum, et crucifixi cum ipso: et ideo dicit: „Soluti sumus a lege mortui.“ Nisi enim mortuus fuerit cum Christo, ab ista lege non solvitur.
Orig Com Rom 6,7 (PG 14,1075)

„Non surrexerunt, qui dicerent: in die Domini videntes falsa“. Hi „non surrexerunt“; iusti vero „surgentes“ dicunt: „consepulti sumus Christo per baptisma, et consurreximus ei.“ Habemus quippe ut „pignus Spiritus“ sancti, quem accipiemus

ad plenum, „postquam venerit, quod perfectum est", sic „pignus" resurrectionis, quia in resurrectione perfecta nemo adhuc resurrexit e nobis. Verum tamen „resur- reximus" Paulo dicente: „consepulti sumus Christo per baptisma, et consurreximus ei." „Non" ergo „resurrexerunt", hoc est necdum resurrectionis baptisma consecuti sunt falsa prophetae et falsi magistri, qui „dicerent, in die Domini videntes falsa"; cuncta, quae „vident, falsa" sunt neque aliquando possunt conspicere veritam. Ac- cipe exemplum.
Orig Hom Ez 2,5 (GCS 33,346 f.)

„Ἐν τρισὶν ἡμέραις": ἐγείρεται γὰρ ἡ τοῦ ναοῦ [κατασκευή] τῇ πρώτῃ μετὰ τὸ λυνῆναι ἡμέρᾳ καὶ τῇ δευτέρᾳ, τελειοῦται δὲ αὐτοῦ ἡ ἔγερσις ἐν ὅλαις ταῖς τρισὶν ἡμέραις. διὰ τοῦτο καὶ γέγονεν ἀνάστασις καὶ ἔσται ἀνάστασις, εἴ γε συνετάφημεν τῷ Χριστῷ καὶ συνανέστημεν αὐτῷ. καὶ ἐπεὶ οὐκ ἀρκεῖ εἰς τὴν ὅλην ἀνάστασιν τὸ „Συν- ανέστημεν".
Orig Com Io 10,243 (GCS 10,211 f.)

Si enim vivis adhuc peccato, consepeliri non potes Christo, nec in novo eius se- pulcro collocari, quia vetus homo tuus vivit, et non potest in novitate vitae ambu- lare. Propteres namque curae fuit Spiritui sancto tradere per Scripturas quod et se- pulcrum novum fuerit in quo sepultus est Jesus, et quod in sindone munda obvolu- tus sit.
Orig Com Rom 5,8 (PG 14,1038 f.)

Neque enim putes quod innovatio vitae, quae dicitur semel facta, sufficiat; sed semper, et quotidie, si dici potest, ipsa novitas innovanda est.
Orig Com Rom 5,8 (PG 14,1042)

Nec tamen putandum est quod sine finde ambulare dicatur, sed venire aliquando ad eum locum eos qui in his profectibus ambulant, ubi standum sit.
Orig Com Rom 5,8 (PG 14,1042)

Non ergo ipse novus est, sed credentes innovat, cum eos a veteribus malis ad no- vam vitam et novam religionis Christi observatiam adducit, et spiritales ex carnali- bus facit.
Orig Com Rom 6,7 (PG 14,1076)

... quod manifeste de sancto spiritu designatur, qui ablatis atque extinctis pecca- toribus et indignis ipse sibi novum populum creet et renovet faciem terrae, cum per gratiam spiritus deponentes veterem hominem cum actibus suis, in novitate vitae coeperint ambulare. Et ideo conpetenter de eo dicitur quia non in omnibus neque in his, qui caro sunt, sed in his, quorum terra renovata fuerit, spiritus sanctus habitabit. Denique idcirco per inpositionem manuum apostolorum post baptismi gratiam et renovationem sanctus spiritus tradebatur. ... Hoc est nimirum quod et ipse salvator dominus in evangelio designabat, cum vinum novum in utres mitti posse veteres de- negebat, sed iubebat utres fieri noves, id est homines in novitate vitae ambulare, ut vinum novum, id est spiritus sancti gratiae susciperent novitatem.
Orig De princ 1,3,7 (SC 252,156 f.)

6,5
ὃς καὶ ἀληθῶς ἠγέρθη ἀπὸ νεκρῶν, ἐγείραντος αὐτὸν τοῦ πατρὸς αὐτοῦ, ὃς καὶ

κατὰ τὸ ὁμοίωμα ἡμᾶς τοὺς πιστεύοντας αὐτῷ οὕτως ἐγερεῖ ὁ πατὴρ αὐτοῦ ἐν Χριστῷ Ἰησοῦ, οὗ χωρὶς τὸ ἀληθινὸν ζῆν οὐκ ἔχομεν.
Ign Tral 9,2 (F–B 95)

Ac ne de ista tantum vita putes dictum, quae ex fide post baptisma in novitate vivenda est, providentissime adstruit: „Si enim consati sumus simulacro mortis Christi, sed et resurrectionis erimus". Per simulacrum enim morimur in baptismate, sed per veritatem resurgimus in carne, sicut et Christus, „ut, sicut regnavit in morte delictum, ita et gratia regnet per iustitiam in vitam sempiternam per Iesum Christum dominum nostrum."
Tert De res 47,11 f. (CCSL 2,986)

πλάσας τὸ ὄνομα τέθεικεν, φυτόν τι ἐπιστάμενος τὸν Ἰησοῦ θάνατον, φέρον κάρπους ἀναιρετικοὺς τῆς ἁμαρτίας· ᾧ φυτῷ ὁ λόγος γεωργεῖ ἐν τοῖς παραδεξαμένοις τὴν διδασκαλίαν τὴν διὰ Χριστοῦ, ποιῶν αὐτοὺς συμφύτους τῷ ὁμοιώματι τοῦ θανάτου·
Orig Cat Rom 29 (*Ramsbotham* 1912, 363)

ὁμοίωμα μὲν γάρ τι τοῦ θανάτου ἐκείνου δύναται ἡ ἀνθρωπίνη φύσις ἀναλαβεῖν, τὸν δὲ ἐκείνου θάνατον τοῦ ἁμαρτίαν μὴ ποιήσαντος, μηδὲ γνόντος ἁμαρτίαν, ἀλλ’ ἀποθανόντος ἐπὶ τῇ καθαιρέσει οὐχὶ τῆς ἐν αὐτῷ ἁμαρτίας ἀλλὰ τῆς ἐν ἡμῖν, οὐχ οἷόν τε ἐστὶν ἀποθανεῖν τινὰ τῶν ἡμαρτηκότων·
Orig Cat Rom 29 (Ramsbotham 1912, 363)

Sed nunc repententes sermonem, videamus quid est complantari similitudini mortis Christi, in quo velut plantam alicuius arboris ostendit mortem Christi, cui nos complantatos vult esse, ut ex succo radicis eius radix quoque nostra suscipiens producat ramos justitiae, et fructus afferat vitae.
Orig Com Rom 5,9 (PG 14,1043)

Idcirco ergo ipsa quidem morte qua Jesus mortuus est peccato, ut peccatum omnino non fecerit, nos non possumus mori ut omnino nesciamus peccatum: similitudinem tamen habere possumus, ut imitantes eum, et vestigia eius sequentes abstineamus nos a peccato. Hoc est ergo quod recipere potest humana natura, ut in similitudinem mortis eius fiat, dum ipsum imitando non peccat.
Orig Com Rom 5,9 (PG 14,1044)

Hoc ergo modo complantati sumus similitudini mortis eius, ut et resurrectionis eius similitudini complantati simus. Quid sit autem similitudini resurrectionis eius esse complantatum Joannes apostolus docet: . . .
Orig Com Rom 5,9 (PG 14,1044)

Et vide quam necessario formam plantationis assumpserit. Omnis etenim planta post hiemis mortem resurrectionem veris exspectat. Si ergo et nos in Christi morte complantati sumus in hieme saeculi huius et praesentis vitae, etiam ad futuram ver inveniemur fructus justitiae ex ipsius radice proferentes; et si complantati sumus ei, necesse est ut Pater agricola purget nos tanquam palmites vitis verae, ut fructum plurimum afferamus . . .
Com Rom 5,9 (PG 14,1044)

πρὸς τοῦτο λεκτέον ὅτι διττῶς ὀνομάζει τὴν ἀνάστασιν ὁ ἀπόστολος· μίαν μὲν τὴν ἤδη καθ’ ἣν ὁ ἅγιος συνανέστη Χριστῷ καὶ συνεγερθεὶς αὐτῷ τὰ ἄνω ζητεῖ· ἑτέραν δὲ

τὴν „ὅταν ἔλθῃ τὸ τέλειον". περὶ ἧς καὶ Δανιὴλ προφητεύων φησὶν „πολλοὶ τῶν καθ-
ευδόντων ἐν γῆς χώματι ἀναστήσονται, οὗτοι εἰς ζωὴν αἰώνιον, καὶ οὗτοι εἰς ὀνειδισμὸν καὶ εἰς αἰσχύνην αἰώνιον"· τὴν ἑτέραν μὲν οὖν τῶν ἀναστάσεων οἱ ἅγιοι ἐροῦσι
συνεγηγέρθαι Χριστῷ, κατὰ δὲ τὴν ἑτέραν καὶ ἀναστήσεσθαι.
Orig Cat Rom 29 (Ramsbotham 1912, 363 f.)

6,6
Et ideo iam ad exhortationem spei caelestis: sicut portavimus, inquit, imaginem
terreni, portemus et imaginem caelestis, non ad substantiam illam referens resurrectionis, sed ad praesentis temporis disciplinam. „Portemus" enim, inquit, non „portabimus", praeceptiue, non promissiue, volens nos sicut ipse incessit ita incedere, et
a terreni, id est veteris, hominis imagine abscedere, quae est carnalis operatio.
Tert Adv Marc 5,10,10 f. (CCSL 1,694)

Itaque et resurrectionem eam vindicandam, qua[m] quis adita veritate redanima-
tus et revivificatus deo ignorantiae morte discussa velut de sepulchro veteris hominis
eruperit, quia et dominus scribas et Pharisaeos sepulchris dealbatis adaequaverit. Ex-
inde ergo resurrectionem fide consecutos cum domino esse, quem in baptismate in-
duerint.
Tert De res 19,4 f. (CCSL 2,944)

Haec [enim] erit vita mundalis, qua[m] veterem hominem dicit confixum esse
Christo, non corporalitatem, sed moralitatem. Ceterum si non ita accipimus, non
est corporalitas nostra confixa nec crucem Christi caro nostra perpessa est, sed quemadmodum adiecit: „ut evacuetur corpus delinquentiae", per emendiationem vitae,
non per iteritum substantiae, sicut ait, „uti hactenus delinquentiae serviamus" et ut
hac ratione „conmorti in Christo" credamur, quod „etiam convivemus illi".
Tert De res 47,1 (CCSL 2,984 f.)

Omnes quidem qui ad divinum munus et patrium baptismi sanctificatione perve-
niunt hominem illic veterem gratia lavacri salutaris exponunt et innovati spiritu
sancto a sordibus contagionis antiquae iterata nativitate purgantur. Sed nativitatis
iteratae vobis maior sanctitas et veritas conpetit, quibus desideria iam carnis et cor-
poris nulla sunt. Sola in vobis quae sunt virtutis et spiritus ad gloriam remanserunt.
Cyp De hab virg 23 (CSEL 3/1,204)

Qui ergo in baptismo secundum hominis antiqui peccata carnalia et mortui et se-
pulti sumus, qui regeneratione caelesti Christo consurreximus, quae sunt Christi et
cogitemus pariter et geramus, sicut idem apostolus docet rursus et monet dicens:
(1 Kor 15,47–49). Imaginem autem caelestem portare non possumus, nisi in eo
quod esse nunc coepimus Christi similitudinem praebeamus.
Cyp De zel et liv 14 (CCSL 3A,83)

τοῦτον ἔγνωμεν ἐκ παρθένου σῶμα ἀνειληφότα καὶ τὸν παλαιὸν ἄνθρωπον διὰ
καινῆς πλάσεως πεφορηκότα, ἐν βίῳ διὰ πάσης ἡλικίας ἐληλυθότα, ἵνα πάσῃ ἡλικίᾳ
αὐτὸς νόμος γενηθῇ καὶ σκοπὸν τὸν ἴδιον ἄνθρωπον πᾶσιν ἀνθρώποις ἐπιδείξῃ
παρὼν καὶ δι' αὐτοῦ ἐλέγξῃ, ὅτι μηδὲν ἐποίησεν ὁ θεὸς πονηρὸν καὶ ὡς αὐτεξούσιος
ὁ ἄνθρωπος ἔχων τὸ θέλειν καὶ τὸ μὴ θέλειν, δυνατὸς ὢν ἐν ἀμφότεροις.
Hipp Ref 10,33,15 (GCS 26,291)

Χριστὸς γάρ ἐστιν ὁ κατὰ πάντων θεός, ὅς τὴν ἁμαρτίαν ἐξ ἀνθρώπων ἀποπλύνειν προσέταξε, νέον τὸν παλαιὸν ἄνθρωπον ἀποτελῶν, εἰκόνα τοῦτον καλέσας ἀπ᾽ ἀρχῆς, διὰ τύπου τὴν εἰς σὲ ἐπιδεικνύμενος στοργήν, οὗ προστάγμασιν ὑπακούσας σεμνοῖς καὶ ἀγαθοῦ ἀγαθὸς γενόμενος μιμητὴς ἔσῃ ὅμοιος ὑπ᾽ αὐτοῦ τιμηθείς. *Hipp Ref* 10,34,5 (GCS 26,293)

Ebenso wieder der, welcher gläubig geworden und die Gebote nicht bewahrt hat, wird beraubt des Heiligen Geistes, ausgetrieben seiend aus der Kirche, fortan nicht redend, sondern Erde werdend kehrt er zurück zu seinem alten Menschen.
Hipp Com Dan 1,17,14 (GCS 1)

Τοῖς μὲν οὖν πολλοῖς ἡ ματαιοπονία αὕτη αἱρετή, ἡμῖν δὲ ὁ ἀπόστολός φησει· „τοῦτο δὲ γινώσκομεν ὅτι ὁ παλαιὸς ἄνθρωπος ἡμῶν συνεσταύρωται, ἵνα καταργηθῇ τὸ σῶμα τῆς ἁμαρτίας, τοῦ μηκέτι δουλεύειν ἡμᾶς τῇ ἁμαρτίᾳ.“
Clem Strom 4,51,1 (GCS 52,271 f.)

῞Οτε χοϊκοὶ ἦμεν, Καίσαρος ἦμεν. Καῖσαρ δὲ ἐστιν ὁ πρόσκαιρος ἄρχων, οὗ καὶ εἰκὼν ἡ χοϊκὴ ὁ παλαιὸς ἄνθρωπος, εἰς ὅν ἐπαλινδρόμησεν. τούτῳ οὖν τὰ χοϊκὰ ἀποδοτέον, ἃ „πεφορέκαμεν ἐν τῇ εἰκόνι τοῦ χοϊκοῦ“, καὶ „τὰ τοῦ θεοῦ τῷ θεῷ“· ἕκαστον γὰρ τῶν παθῶν ὥσπερ γράμμα καὶ χάραγμα ἡμῖν καὶ σημεῖον ἄλλο χάραγμα νῦν κύριος ἡμῖν καὶ ἄλλα ὀνόματα καὶ γράμματα ἐνσημαίνεται, πίστιν ἀντὶ ἀπιστίας, καὶ τὰ ἑξῆς. οὕτως ἀπὸ τῶν ὑλικῶν ἐπὶ τὰ πνευματικὰ μεταγόμεθα „φορέσαντες τὴν εἰκόνα τοῦ ἐπουρανίου“.
Ecl proph 24 (GCS 17/2, 143)

Vetus autem homo noster intelligendus est vita prior quam duximus in peccatis, cuius finem et interitum quemdam Facimus ubi recipimus in nobis fidem crucis Christi, per quam ita destruitur corpus peccati, ut membra nostra, quae serviebant peccato, ultra ei non serviant, sed Deo.
Orig Com Rom 5,9 (PG 14,1043)

... breviter in praesenti loco veterem hominem dicimus, qui secundum Adam vixit praevaricationi obnoxius et peccato, et cui dominata est mors peccati ...
Orig Com Rom 5,9 (PG 14,1045)

Ἰσχυρός ἐστιν ἡ ἁμαρτία· οἶκος δὲ τούτου τὸ σῶμα, „ὁ παλαιὸς ἄνθρωπος“.
Orig Cat Mat 267 (GCS 41/1,121)

Καὶ ἡ παλαιότης δὲ τοῦ γράμματος οὐκ ἔστιν ὅτε καινὴ ἦν, οὐδὲ „ὁ παλαιὸς ἡμῶν ἄνθρωπος“ καινός ποτε ἦν, ὅστις ἅμα τῷ ὑποστῆναι πεπαλαίωται, οὐ χρόνῳ ἀλλὰ τῶν τοιῶνδε νοημάτων καὶ ἔργων παλαιωσάντων αὐτόν.
Orig Cat Rom 36 (*Ramsbotham* 1913, 10)

In quo duplex dari videtur intellectus, vel quia nostrum corpus peccati esse dixerit corpus; vel quia peccati ipsius dicat esse proprium aliquod corpus, quod destruendum sit his qui non debent ultra servire peccato.
Orig Com Rom 5,9 (PG 14,1045)

Corpus ergo peccati est corpus nostrum; quia nec Adam scribitur cognovisse Evam uxorem suam et genuisse Cain, nisi post peccatum.
Orig Com Rom 5,9 (PG 14,1047)

Pro hoc et Ecclesia ab apostolis traditionem suscepit, etiam parvulis baptismum dare. Sciebant enim illi quibus mysteriorum secreta commissa sunt divinorum, quod essent in omnibus genuinae sordes peccati, quae per aquam et Spiritum ablui deberent; propter quas etiam corpus ipsum corpus peccati nominatur, non (ut putant aliqui eorum qui animarum transmigrationem in varia corpora introducunt) pro bis quae in alio corpore posita anima deliquerit, sed pro hoc ipso quod in corpore peccati et corpore mortis atque humilitatis effecta sit. . . .
Orig Com Rom 5,9 (PG 14,1047)

ἦλθεν ἐπὶ ταύτην φορέσας σῶμα τὸ σῶσαν, ἀναλαβὼν „τὸ σῶμα τὸ τῆς ἁμαρτίας" „ἐν ὁμοιώματι σαρκὸς ἁμαρτίας", ἵν᾽ ἐν τούτῳ τῷ τόπῳ διὰ τὸν ἐπιδημήσαντα Χριστὸν Ἰησοῦν καὶ καταργήσαντα τὸν ἄρχοντα τοῦ αἰῶνος τούτου καὶ καταργήσαντα τὴν ἁμαρτίαν, δυνηθῶ προσκυνῆσαι τὸν θεὸν ἐνθάδε καὶ μετὰ τοῦτο προσκυνήσω ἐν τῇ γῇ τῇ ἁγίᾳ.
Orig Hom Ier 7,3 (SC 232,350)

6,7
. . . was ist das für eine Ungereimtheit, zu verabscheuen die Leiber der Sterbenden, gleichsam nicht wollend solche sein, wie die Sterbenden, und nun sind die Gestorbenen vielmehr reiner als wir, da sie nicht geknechtet werden durch die Sünden, als die entronnen sind der Schuld der Sünde. „Denn wer gestorben ist", spricht er, „ist gerechtfertigt von der Sünde".
Meth De cibis 13,5 (GCS 27,445)

Si ergo sciamus quia corpus nostrum mortificari potest, et mortuum esse peccato, potest fieri ut non regnet in eo peccatum. Secundum hoc namque quod mortuum est, justificatum dicitur a peccato. Neque enim mortuus concupiscit aut irascitur, aut furit, aut diripit aliena. Si ergo ab his omnibus concupiscentiis corpus reprimanus, mortuum peccato dicitur esse corpus.
Orig Com Rom 6,1 (PG 14,1057)

Et in praesenti igitur loco stipendia quae dat peccatum, mors esse dicunter: non ista mors quae separat corpus ab anima, sed illa qua per peccatum separatur anim a Deo. Et rursum nos in morte Christi dicimur baptizati, in illa sine dubio morte qua peccato mortuus est semel, ut et nos separemur a peccato, et vivamus Deo. Tali namque morte qui moritur justificatus esse dicitur a peccato. Sic ergo habenda distinctio est, quod Deus etiam si occidere dicatur et morti tradere, talis quaedam sit mors quae a Deo datur, ut conferat vitam.
Orig Com Rom 6,6 (PG 14,1068 f.)

6,8
Et „si nous mourons sous le baptême du Christ, nous croyons que, de sa resurrection aussi, nous devenons participant, sachant bien ceci, que le Christ ressuscité d'entre les morts ne meurt plus, et que la mort sur lui n'a plus empire. C'était là ce que Moïse lui aussi a dit: „Qu'il vive et point ne meure! Et qu'il soit, en nombre, multitude."
Hipp Ben Is 2 (*Brière* 139 f.)

πόσοις ὑμᾶς στόμασι καὶ γλώσσαις δοξάσω· μᾶλλον δὲ τὸν ἐν ὑμῖν λαλήσαντα λόγον. ἀπεθάνετε γὰρ σὺν Χριστῷ, ἀλλὰ ζήσετε ἐν θεῷ. ἀκούσατε καὶ χαρῆτε. ἰδοὺ τὰ

ὑφ' ὑμῶν λελαλημένα κατὰ καιροὺς πεπλήρωται· εἴδατε γὰρ αὐτὰ πρῶτον, εἶθ' οὕτως ἐκηρύξατα πάσαις γενεαῖς τὰ τοῦ θεοῦ λόγια, διηκονήσατε πάσαις γενεαῖς.
Hipp De Antichr 31 (GCS 1/2,20)

Daher nun wird auch nicht dem Volk befohlen, der Asche einer zweiten Kuh zu brauchen, wenn die erste mangelt [mangeln wird], um rein zu erscheinen. Denn „unserthalben ist Christus gestorben", sagt der Apostel, „fortan wird er nicht sterben. Der Tod wird fortan nicht mehr über ihn herrschen. Denn was er der Sünde gestorben ist, ist er ein Mal gestorben, und was er lebt, lebt er Gott". Er hat das Fleisch in das ewige Leben eingeführt.
Meth De cibis 12,8 (GCS 27,444)

Non dixit: et conviximus, sicut dixit „mortui sumus"; sed, „convivemus", et ostendat quia mors in praesenti operatur, vita autem in futuro, tunc scilicet „cum Christus manifestatus fuerit, qui est vita nostra abscondita in Deo".
Orig Com Rom 5,10 (PG 14,1048)

Et primo quidem confessione vocis ostendenda in nobis est mors Christi, cum „corde quidem creditur ad justitiam, ore autem confessio fit ad salutem". Secundo vero, in mortificatione membrorum quae sunt super terram, cum semper mortificationem Christi in corpore nostro nunc circumferimus; et hoc est quod dicit, quia „mors in nobis operatur". Tertio vero, cum iam resurgimus a mortuis, et in novitate vitae ambulamus.
Orig Com Rom 5,10 (PG 14,1048 f.)

Verum tu vide Pauli in scribendo sapientiam, qui ad Timotheum scribens dixit, quia „si commorimur, et convivemus"; quique commorientibus Christi quasi consequens et necessarium cum junxit quod convivant ei, hic addidit, „credimus", ut ostenderet quia quamvis consequens et necessarium sit commorienti convivere, fide tamen hoc media et credulitate perficitur …
Orig Com Rom 5,10 (PG 14,1049)

Si ergo meminimus quae in hoc loco [Röm 6,8] dicta sunt, ex ipsis etiam propositus in presenti sermo Apostoli apertior et lucidior fiet, quomodo nemo nostrum sibi vivat, et nemo sibi moriatur. Non enim unusquisque ipse sibi dat, sed a Christo sumit mortis exemplum, qui solus peccato mortuus est, ut et ipse imitatione eius possit alienus et mortuus effici a peccato.
Orig Com Rom 9,39 (PG 14,1238)

Hoc ergo est quod docet Paulus, quia posteaquam commortui sumus Christo, et Spiritus eius factus est in nobis, non iterum spiritum servitutis accepimus in timore, hoc est, non rursus parvuli et initia habentes effecti sumus, sed quasi perfecti semel iam accepimus spiritum adoptionis, „in quo" spiritu „clamamus: Abba Pater".
Orig Com Rom 7,2 (PG 14,1105)

6,9
Et illis quidem curatio et remissio peccatorum mors Domini fuit; propter eos autem qui nunc peccant „Christus iam non morietur, iam enim mors non dominabitur eius", sed veniet Filius in gloria Patris, exquirens ab actoribus et dispensatoribus suis pecuniam quam eis credidit cum usuris, et quibus plurimum dedit, plurimum ab eis exiget. Non debemus ergo, inquit ille senior, superbi esse neque reprehendere vete-

res, sed ipsi timere ne forte, post agnitionem Christi agentes aliquid quod non placeat Deo, remissionem ultra non habeamus delictorum, sed excludamur a regno eius.
Iren Adv haer 4,27,2 (SC 100,742)

Igitur semel Christo mortu nemo potest, qui post Christum mortuus, delinquentiae, et maxime tantae, reviviscere. Aut si possit fornicatio et moechia denuo admitti, poterit et Christus denuo mori. Instat autem apostolus prohibens regnare delinquentiam in corpore nostro mortali, cuius infirmitatem carnis noverat.
Tert De pud 17,8.9a (CCSL 2,1315 f.)

„Et plus nombreux se trouvent être les fils des la Délaissée que ceux de la femme qui avec elle a son mari", lesquels (fils de la Délaissée) sont fils de la Résurrection. A l'avance, Moïse ayant sous les yeux ce prodige: la Résurrection du Seigneur, savoir que „la mort sur Lui ne peut avoir empire", a dit: „Qu'il vive et point ne meure!"
Hipp Ben Is 2 (*Brière* 138)

Idcirco igitur absoluta sententia definit Apostolus quod Christus iam non moritur, ut et hi qui convivent ei, de aeternitate vitae securi sint.
Orig Com Rom 5,10 (PG 14,1049)

Τὸ δὲ „πόθεν ἀθάνατος ὁ νεκρός;" μανθενέτω ὁ βουλόμενος ὅτι οὐκ ὁ νεκρὸς ἀθάνατος ἀλλ' ὁ ἀναστὰς ἐκ νεκρῶν. Οὐ μόνον οὖν οὐκ ὁ νεκρὸς ἀθάνατος, ἀλλ' οὐδ' ὁ πρὸ τοῦ νεκροῦ Ἰησοῦς ὁ σύνθετος ἀθάνατος ἦν, ὅς γε ἔμελλε τεθνήξεσθαι. Οὐδεὶς γὰρ τεθνηξόμενος ἀθάνατος ἀλλ' ἀθάνατος, ὅτε οὐκέτι τεθνήξεται· „Χριστὸς δὲ ἐγερθεὶς ἐκ νεκρῶν οὐκέτι ἀποθνῄσκει· θάνατος αὐτοῦ οὐκέτι κυριεύει".
Orig Con Cels 2,16 (SC 132,330)

ὁ μὲν οὖν τις πρὸς ταῦτα φήσει ὅτι θάνατος λέγεται νῦν ὁ μέσος καὶ ἀδιάφορος, ὃν κατὰ τὸ κοινότερον ἀπέθανεν ὅτε, ὥς φησιν ὁ Παῦλος, „ἀπέθανεν κατὰ τὰς γραφάς".
Orig Cat Rom 30 (Ramsbotham 1912, 364)

... nihil absurdum videri, si is qui formam servi susceperat, dominatum pertulerit mortis, quae sine dubio dominatur omnibus qui incarne positi sub servili forma censentur ... sine dubio ut mors ipsi ultra non dominetur, quae dominata est ei dum esset in infirmitate, et contumelia, et corruptione.
Orig Com Rom 5,10 (PG 14,1050)

οὕτως οὖν καὶ ὁ Χριστὸς ἑαυτὸν παρέδωκεν τῇ δουλείᾳ, ἵνα μηδεὶς θανάτου γένηται τῶν μαθητευομένων αὐτοῦ τῷ λόγῳ δοῦλος· οὗτος γὰρ ὡς φησιν ἡ γραφὴ „κατήργησε τὸν τὸ κράτος ἔχοντα τοῦ θανάτου, τοῦτ' ἐστὶν τὸν διάβολον".
Orig Cat Rom 30 (*Ramsbotham* 1912, 365)

τίνι δὲ ἔδωκε τὴν ψυχὴν αὐτοῦ λύτρον ἀντὶ πολλῶν; οὐ γὰρ δὴ τῷ θεῷ· μήτι οὖν τῷ πονερῷ; οὗτος γὰρ ἐκράτει ἡμῶν, ἕως δοθῇ τὸ ὑπὲρ ἡμῶν αὐτῷ λύτρον ἡ τοῦ Ἰησοῦ ψυχή, ἀπατηθέντι [δηλονότι καὶ φαντασθέντι] ὡς δυναμένῳ αὐτῆς κυριεῦσαι καὶ οὐκ ὁρῶντι ὅτι οὐ φέρει τὴν ἐπὶ τῷ κατέχειν αὐτὴν βάσανον. διὸ καὶ „θάνατος αὐτοῦ" δόξας κεκυριευκέναι „οὐκέτι κυριεύει" γενομένου [μόνου] „ἐν νεκροῖς" ἐλευθέρου καὶ ἰσχυροτέρου τῆς τοῦ θανάτου ἐξουσίας...
Orig Com Mat 16,8 (GCS 40,498 f.)

Sicut et hi confirmant, qui medicinae peritiam gerunt; serpentum namque venena depelli medicamentis nihilominus confectis ex serpentibus perhibent. Ita ergo et sacrificiorum daemonicorum virus per sacrificia Deo oblata depellitur, „sicut et mors Iesu mortem peccati credentibus non sinit dominari".
Orig Hom Num 17,1 (GCS 30,154 f.)

6,10
De plus l'Apôtre dit: „Celui qui est mort, au péché est mort une fois pour toutes et ceux qui vivent, vivent pour Dieu." Et quant à ce qu'il dit: „Au péché il est mort une fois pour toutes" cela signifie que, tous les hommes étant pécheurs. Celui qui précisément ne vanquait pas la mort, „pour nous tous, une fois pour toutes, celui-là est mort, pour que ceux qui sonts vivants ne vivent plus pour eux-mêmes, mais pour Celui qui pour eux est mort et a ressuscité".
Hipp Ben Is 2 (Brière 139 f.)

Manere quidem naturae rationabili semper liberum arbitrium non negamus; sed tantam esse vim crucis Christi, et mortis huius, quam in saeculorum fine suscepit, asserimus, quae ad sanitatem et remedium non solum praesentis et futuri, sed etiam praeteritorum saeculorum, et non solum humano huic nostro ordini, sed etiam coelestibus virtutibus ordinibusque sufficiat.
Orig Com Rom 5,10 (PG 14,1053)

Et ideo merito charitas quae sola omnium major est, omnem creaturam continebit a lapsu. Tunc erit Deus omnia in omnibus. Ad hunc namque perfectionis gradum ascenderat apostolus Paulus . . .
Orig Com Rom 5,10 (PG 14,1053)

Resurrectio autem ipsius et vita salutatem credentibus contulit, sicut et alibi Apostolus dicit de Christo: „Quod" enim „mortuus est peccato, mortuus est semel; quod autem vivit, vivit Deo". Peccato mortuus dicitur, non suo: neque enim peccatum fecit: sed ipse peccato mortuus est, id est velut qui morte sua peccato ipsi intulerit mortem. Vivere autem dicitur Deo, ut et nos non nobis, neque nostrae voluntati, sed Deo vivamus ut ita demum in vita ipsius salvi esse possimus, secundum eum qui dixit: (Gal 2,20)
Orig Com Rom 4,12 (PG 14,1004)

ἐπεὶ γὰρ οὐκ ὠφελήμεθα ἀπὸ τῆς προηγουμένης ζωῆς αὐτοῦ γενόμενοι ἐν ἁμαρτίᾳ, κατέβη ἐπὶ τὴν νεκρότητα ἡμῶν, ἵνα ἀποθανόντος αὐτοῦ τῇ ἁμαρτίᾳ τὴν νέκρωσιν τοῦ Ἰησοῦ ἐν τῷ σώματι περιφέροντες, τὴν μετὰ τὴν νεκρότητα ζωὴν αὐτοῦ εἰς τοὺς αἰῶνας τῶν αἰώνων (ἐν) τάξει χωρῆσαι δυνηθῶμεν.
Orig Com Io 1,227 (GCS 10,40)

Vivere autem Deo ita intelligendum est, quasi expleto eo quod in forma Dei positus exinanivit semetipsum, et formam servi accepit, et factus est obediens usque ad mortem, rursum permaneat in forma Dei, atque aequalis Patri.
Orig Com Rom 5,10 (PG 14,1054)

6,11
Prohibuit autem eius transgressionem, interponens mortem et cessare faciens pec-

catum, finem inferens ei per carnis resolutionem quae fieret in terra, uti cessans aliquando homo vivere peccato et moriens ei inciperet vivere Deo.
Iren Adv haer 3,23,6 (SC 211,462)

Quotquot autem timet Deum et credunt in adventum Filii eius et per fidem constituunt in cordibus suis Spiritum Dei, hi tales juste homines dicentur et mundi et spiritales et viventes Deo, quoniam habent Spiritum Patris qui emundat hominem et sublevat in vitam Dei.
Iren Adv haer 5,9,2 (SC 153,108 ff.)

Qui enim illa [i. e. opera carnis] agunt, vere secundem carnem ambulantes, vivere Deo non possunt. Et iterum spiritales actus intulit vivificantes hominem, hoc est insertionem spiritus, sic dicens . . .
Iren Adv haer 5,11,1 (SC 153,134)

Ὡς γὰρ φθορᾶς ἐπιδεκτικὴ ἡ σάρξ, οὕτως καὶ ἀφθαρσίας, καὶ ὡς θανάτου, οὕτως καὶ ζωῆς. Καὶ ἀμφότερα οὐ μένει κατὰ τὸ αὐτό, ἀλλ' ἐξωθεῖται τὸ ἕτερον ὑπὸ τοῦ ἑτέρου, καὶ παρόντος τοῦ ἑτέρου ἀναιρεῖται τὸ ἕτερον. Εἰ οὖν ὁ θάνατος ἐπικρατήσας τοῦ ἀνθρώπου ἔξωσεν αὐτοῦ τὴν ζωὴν καὶ νεκρὸν ἀπέδειξε, πολλῷ μᾶλλον ἡ ζωὴ ἐπικρατήσασα τοῦ ἀνθρώπου ἀπωθεῖται τὸν θάνατον καὶ ζῶντα τὸν ἄνθρωπον ἀποκαταστήσει τῷ θεῷ. Εἰ γὰρ ὁ θάνατος ἐνεκροποίησε, διὰ τί ἡ ζωὴ ἐπελθοῦσα οὐ ζωηποιήσει τὸν ἄνθρωπον;
Iren Adv haer 5,12,1 (SC 153,140 ff.)

„Sic" enim, inquit, „et vos reputate mortuos quidem vos". Cuinam? Carni? Non, sed delinquentiae. Ergo salvi erunt carni, viventes autem deo in Christo Iesu, per carnem utique, cui mortui non erunt, delinquentiae scilicet mortui, non carni.
Tert De Res 47,2 (CCSL 2,985)

„Ἐάν τε γὰρ τοῦτο πράξω, θάνατος μοί ἐστιν". Τὸ γὰρ παρακοῦσαι θεοῦ καὶ ὑπακοῦσαι ἀνθρώποις θάνατον καὶ „κόλασιν αἰώνιον" ἐργάζεται. „Ἐάν τε μὴ πράξω, οὐκ ἐκφεύξομαι τὰς χεῖρας ὑμῶν". Καὶ τοῦτο ἀληθὲς εἴρηκεν. Οἱ γὰρ προσαγόμενοι ἕνεκεν τοῦ ὀνόματος τοῦ Χριστοῦ, ἐὰν μὲν πράξωσι τὸ ὑπὸ ἀνθρώπων κελευόμενον, ἀπέθανον τῷ θεῷ, ζῶσι δὲ τῷ κοσμῷ, ἐὰν δὲ μὴ πράξωσιν, οὐκ ἐκφεύγουσι τὰς χεῖρας τῶν δικαστῶν, ἀλλ' ὑπ' αὐτῶν ἐκείνων κατακρινόμενοι ἀποθνήσκουσιν . . . Τοῦτο γὰρ διαφορώτερον ἀποθανεῖν ὑπὸ ἀνθρώπων ἀδίκων, ἵνα παρὰ θεῷ ζήσωσιν, ἢ συνθεμένους αὐτοῖς καὶ ἀπολυθέντας ὑπ' αὐτῶν „ἐμπεσεῖν εἰς τὰς χεῖρας τοῦ θεοῦ".
Hipp Com Dan 1,21,3—5 (SC 14,110)

Nec in hos solos crudelitatis exercebatur insania qui superioribus persecutionibus inconcussi libere deo viverent sed in illos quoque manum diabolis insatiabilem porrigebat quos iamdudum in exilia submotos, etsi nondum sanguine, mente iam martyras, ferox praesidis amentia coronarat.
Pas Mar et Iac 2,5 (*Musurillo* 196)

Ὃν γεννᾷ ἡ Μήτηρ, εἰς θάνατον ἄγεται καὶ εἰς κόσμον, ὃν δὲ ἀναγεννᾷ Χριστὸς, εἰς ζωὴν μετατίθεται, εἰς ὀγδόαδα. καὶ ἀποθνήσκουσιν μὲν τῷ κόσμῳ, ζῶσι δὲ τῷ θεῷ, ἵνα θάνατος θανάτῳ λυθῇ, ἀνάστασει δὲ ἡ φθορά. διὰ γὰρ πατρὸς καὶ υἱοῦ καὶ ἁγίου πνεύματος σφραγισθεὶς ἀνεπίληπτός ἐστι πάσῃ τῇ ἄλλῃ δυνάμει καὶ διὰ τριῶν

ὀνομάτων πάσης τῆς ἐν φθορᾷ τριάδος ἀπηλλάγη· „φορέσας τὴν εἰκόνα τοῦ χοϊκοῦ, τότε φορεῖ τὴν εἰκόνα τοῦ ἐπουρανίου".
Exc Theo 80,1–3 (SC 23,202 f.)

Ἡ νηστεία ἀποχὴ τροφῆς ἐστι κατὰ τὸ σημαινόμενον, τροφὴ δὲ οὐδὲν δικαιοτέρους ἡμᾶς ἢ ἀδικοτέρους ἀπεργάζεται, κατὰ δὲ τὸ μυστικὸν δηλοῖ ὅτι ὥσπερ τοῖς καθ' ἕνα ἐκ τροφῆς ἡ ζωή, ἡ δ' ἀτροφία θανάτου σύμβολον, οὕτως καὶ ἡμᾶς τῶν κοσμικῶν νηστεύειν χρή, ἵνα τῷ κόσμῳ ἀποθάνωμεν καὶ μετὰ τοῦτο τροφῆς θείας μεταλαβόντες θεῷ ζήσωμεν. ἄλλως τε κενοῖ τῆς ὕλης τὴν ψυχὴν ἡ νηστεία καὶ καθαρὰν καὶ κούφην σὺν καὶ τῷ σώματι παρίστησι τοῖς θείοις λόγοις.
Ecl proph 14,1 f. (GCS 17/2,140)

διὸ καὶ „ἐλογίσθημεν ὡς πρόβατα σφαγῆς", ἵνα ἀποθανόντες „τῇ ἁμαρτίᾳ" ζήσωμεν τῷ θεῷ. – καὶ ταῦτα μὲν μέχρι τοσούτου διεσκέφθω· τὰ δὲ συνεχῆ τούτοις ὧδε πάλιν προχειριστέον.
Meth De res 1,46,2 f. (GCS 27,296)

... quo [Röm 6,11] scilicet imitatione Christi peccato moriamur alieni ab eo effecti, et Deo vivamus jungentes nos ei, et unus cum ipso spiritus facti.
Orig Com Rom 5,10 (PG 14,1054)

„Existimate vos mortuos esse peccato"; quod melius quidem in Graece habetur: „Cogitate vos mortuos esse peccato." Res enim de qua sermo est, in cogitatione magis, et ratione subsistit, quia huiusmodi mors non in effectu, sed in cogitatione habenda est. Qui enim cogitat vel existimat apud semetipsum mortuum se esse, non peccat.
Orig Com Rom 5,10 (PG 14,1054)

ἐάν δὲ „πάντες ἥμαρτον" διὰ τὸ „ὑπὲρ πάντων ἀπέθανεν", δῆλον ὅτι πᾶς ζῶν ἐν Χριστῷ Ἰησοῦ ἔζη ποτὲ τῇ ἁμαρτίᾳ, καὶ ὕστερον νεκρὸς γενόμενος αὐτῇ ἔζησεν τῷ θεῷ ἐν Χριστῷ Ἰησοῦ.
Orig Cat Rom 31 (Ramsbotham 1912, 366)

εἴτε Μωσῆς ἔζησεν τῷ θεῷ ἐν Χριστῷ Ἰησοῦ ἔζησεν, ὅστις γε καὶ „μείζονα πλοῦτον ἡγήσατο τῶν Αἰγύπτου θησαυρῶν τὸν ὀνειδισμὸν τοῦ Χριστοῦ"· ἀλλὰ καὶ „οἱ ἐπιθυμήσαντες πολλοὶ προφῆται καὶ δίκαιοι ἰδεῖν ὁ εἶδον" οἱ ἀπόστολοι „καὶ ἀκοῦσαι ὧν ἤκουσαν", οὐκ ἂν ἦλθον εἰς τὴν τῶν τοιούτων ἐπιθυμίαν καὶ ὄρεξιν ἔξω τυγχάνοντες τοῦ ἐν Χριστῷ Ἰησοῦ ζῆν τῷ θεῷ.
Orig Cat Rom 31 (Ramsbotham 1912, 366)

Simile enim puto esse, quasi dixisset: Viventes Deo in sapientia, in pace, in justitia, in sanctificatione, quae omnia Christus est.
Orig Com Rom 5,10 (PG 14,1056)

4.2. Die Auslegung von Röm 6,1–11
nach formalen Gesichtspunkten

Im ersten Abschnitt der folgenden Zusammenfassung geht es darum, die wesentlichsten Ergebnisse der vorhergehenden Untersuchung zur frühen Väterexegese von Röm 6,1–11 in formaler Hinsicht zu ordnen und zu rekapitulieren. Wiewohl die Abgrenzung zwischen „formal" und „inhaltlich" nicht immer klar sein kann, wird sich der folgende Abschnitt auf exegetische Ergebnisse beschränken, die die einzelnen Versaussagen selbst nicht betreffen.

Die einzelnen Verse werden unterschiedlich häufig zitiert bzw. gebraucht. Unter den frühen Vätern kommen die Verse 4, 6 und 3 am häufigsten vor, während die Verse 1 und 7 kaum behandelt werden. Angesichts dieser Verteilung kann man auf die allgemeine Überzeugung schließen, daß der vierte Vers die Kernaussage dieser Versgruppe beinhaltet. In diesem Vers werden nämlich Taufe, Tod, Auferstehungshoffnung und deren ethische Konsequenzen miteinander verknüpft. Mit Schwerpunkt auf einem oder mehreren von diesen vier Einzelaspekten zitiert der jeweilige Schriftsteller einen Versteil oder den ganzen Vers, um seine exegetische Absicht zu verfolgen. Die Häufigkeit, mit der Vers 6 bei den Vätern aufscheint, ist zunächst auf die Erwähnung von παλαιὸς ἄνθρωπος zurückzuführen, ein wichtiger Begriff in der Anthropologie der frühchristlichen Schriftsteller. Da sich die Anspielung auf diesen Vers vielfach auf diesen Begriff beschränkt, welcher auch an anderen Stellen der Paulinen vorkommt,[1] handelt es sich nicht in jedem Fall um einen unmittelbaren Gebrauch von Röm 6,6. Der dritte Vers wird deshalb so häufig in den frühen Auslegungen auf den Plan gerufen, weil er einen zentralen Begriff der frühchristlichen Liturgie, βαπτίζεσθαι εἰς Χριστὸν Ἰησοῦν, enthält.

Daß dem ersten Vers kaum Beachtung geschenkt wird, kann nicht überraschen, denn er bringt lediglich den Übergang von der Darlegung zur Behandlung des möglichen libertinischen Mißverständnisses im 6. Kapitel. Der Vers wird hauptsächlich zusammen mit den folgenden Versen, meistens 2 bis 4, zitiert.[2] Vers 7 wird eigentlich nur von Methodios kommentiert, kommt aber sonst vereinzelt in den Lemmata vor. Dieser Umstand weist darauf hin, daß die Versaussage kaum verstanden wurde und die Stellung dieses Verses im Gesamtzusammenhang unklar blieb. Es gibt zudem auch Zweifel, ob alle Vätertextvorlagen diesen Vers beinhalteten.[3]

Mehrere Schriftstellen, insbesondere aus dem *corpus paulinum,* werden im Zusammenhang mit Röm 6,1–11 oder einzelnen Vorkommen davon häufig zitiert. Vor allem bei den frühesten Auslegern, aber auch später bei Origenes, wird der neutestamentliche Hinweis auf die Höllenfahrt Christi[4] in Erinnerung gerufen, um die Bedeutung der Taufe als Mitbeteiligung an der Todesbedrängnis Christi während der drei Tage Grabesruhe zu entfalten.[5]

---

[1] Cf. Eph 4,22; Kol 3,9.
[2] Cf. *Tert De pud* 17,14 (CCSL 2,1315); *De paen* 6,12 (CCSL 1,331); *Orig Com Rom* 5,7 (PG 14,1035 f.).
[3] Cf. oben 2.4.2.2. zu Vers 7.
[4] 1 Pet 3,18 f.
[5] Cf. *Herm* 9,16,1–4 (GCS 48,89 f.); *Orig Com Rom* 5,8 (PG 14,1045).

Die Römerbriefstelle wird bei weitem am häufigsten mit der Abhandlung über den ersten und zweiten Menschen auf dem Hintergrund der Auferstehungshoffnung (1 Kor 15,47 ff.) in Verbindung gebracht.[6] Sprachliche[7] sowie sachliche Ähnlichkeiten liegen dieser Verknüpfung zugrunde. Der gemeinsame Hintergrund der Adam-Christus-Typologie[8] bildet die Grundlage für diese Gemeinsamkeit, wogegen in Röm 5 die Betonung auf der Sünde Adams, in 1 Kor 15 auf dessen leiblicher Beschaffenheit liegt.

Zwei andere Paulusstellen, die die Auferweckung mit Christus erwähnen, Eph 2,5 f. und Kol 3,1 ff., werden oft herbeigezogen, um die Römerbriefstelle zu erläutern.[9] Es ist jedoch auffallend, daß außer Origenes keiner der frühen Väter die Unstimmigkeit in bezug auf die Auferstehung aufzuheben versucht, die durch eine futurische Redeweise in Röm 6 und eine präsentische Redeweise in den späteren Schreiben hervorgerufen wird.[10]

Origenes knüpft immer wieder, man möchte fast sagen gewohnheitsgemäß, dieselben Zitate an seine Exegese zu Röm 6,1–11 an. 2 Tim 2,11 f. zeugt auch vom Leben mit Christus als Folge des Sterbens mit ihm, nicht jedoch ausdrücklich als Sterben für die Sünde gedacht.[11] Das „Totsein" Christi mit sich herumzutragen und in sich wirkend zu haben (2 Kor 4,10 ff.), gilt für Origenes als wesentliche Auswirkung der Vereinigung mit Christus in dessen Tod.[12] Ein alttestamentliches Zitat, „Ich töte und ich mache wieder lebendig" (Deut 32,39), deutet dieser Ausleger im Lichte von Röm 6, um den verborgenen Sinn jenes Spruches an den Tag zu legen.[13]

Diese Exegese der frühen Kirchenväter gibt auch einigen Aufschluß über grammatische und lexikologische Fragen, die an unsere Römerbriefstelle häufig gestellt werden. Das Vorkommen von einem Konjunktiv (ἐπιμένωμεν) in Vers 1 führt zur Überlegung, ob die hier angesprochene Möglichkeit des libertinistischen Gnadenverständnisses eher aktuell oder entfernt ist. Obwohl sich Tertullian und Origenes jeweils auf einen anderen Textwortlaut berufen,[14] sehen beide in Überstimmung miteinander die wahrscheinliche Möglichkeit in diesem Vers angesprochen.[15] Angesichts der Formulierung in Vers 2 (ἀπεθάνομεν τῇ ἁμαρτίᾳ) fragt man, ob nicht ein *dativus instrumentalis* gemeint sein

---

[6] Cf. *Clem Ecl proph* 24,1 (GCS 17,2); *Orig Com Rom* 5,9 (PG 14,1045); *Iren Adv haer* 5,9,3 (SC 152,114); *Meth De res* 2,18,6 (GCS 27,369).

[7] ὁ πρῶτος, παλαιὸς ἄνθρωπος.

[8] Röm 5,14 ff.; 1 Kor 15,44 ff.

[9] *Cyp De hab virg* 23 (CSEL 1,204); *Orig Hom Ier* 1,16 (SC 232,234); *Com Rom* 5,8 (PG 14,1041) und 5,9 (PG 14,1045.1047).

[10] *Orig Com Rom* 5,9 (PG 14,1047); *Cat Rom* 29 (*Ramsbotham* 1912, 363).

[11] *Orig Hom Luc* 14 (GCS 49/2,83) und 17 (104); *Cat Io* 79 (PG 14,546).

[12] *Orig Com Rom* 5,8 (PG 14,1039) *et al.*

[13] *Orig Hom Luc* 16 (GCS 49/2,98).

[14] *perseveramus* bzw. ἐπιμένωμεν.

[15] *Tert De pud* 17,4–10 (CCSL 2,1315); *Orig Com Rom* 5,7 (PG 14,1036).

könnte. In ihrem Gebrauch von 6,2 sowie den anderen Versen, in denen diese Wendung vorkommt, d. h. Verse 10 und 11, zeigen die frühen Väter einhellig ein Verständnis von ἀποθανεῖν τῇ ἁμαρτίᾳ als *dativus relationis*. Obwohl der Streitpunkt nicht ausdrücklich thematisiert wird, gibt es keine Anzeichen bei diesen ersten Exegeten,[16] daß εἰς Χριστὸν (6,3) akkusativ statt lokativ verstanden wurde. Diese Interpretation wird freilich vom Wortlaut der Altlateiner[17] bestätigt.

Auch der vierte Vers bietet eine etwas dunkle Redewendung, ἐν καινότητι ζωῆς. Die Form des Substantivs καινότης deutet auf den statischen Sinn des Begriffes als Zustand des Neuseins. So wird auch die Redewendung von den meisten Vätern ausgelegt, von denen wiederum die Mehrzahl darin einen Ausdruck für die neue ethische Existenz nach der Taufe sieht.[18] Auch Origenes teilt diese Ansicht, obwohl er auch eine Auslegung kennt, die καινότης eher als dynamischen Begriff im Sinne von „Erneuerung" verstanden haben will.[19]

Vers 5 zeigt auch sprachliche Eigenarten auf. Wo dieser Vers behandelt wird, zeigen die frühen Ausleger eine ausgesprochene Neigung, σύμφυτοι im prozeßhaften Sinne auszudeuten, d. h. als „zusammenwachsen" statt lediglich „zusammengepflanzt sein".[20] Den Hintergrund zu dieser Interpretation bildet die Vorstellung von Taufe und Buße als erstem Schritt zur Vereinigung mit dem verlorenen Ebenbild Gottes. Die Dativkonstruktion τῷ ὁμοιώματι wird nur von Tertullian und Origenes direkt angesprochen; beide behandeln die Redewendung als *dativus instrumentalis* und nicht als *sociativus*.[21] Die Frage nach der Ergänzung von 5b als τῷ ὁμοιώματι τῆς ἀναστάσεως wird von Hippolyt und Tertullian verneinend beantwortet.[22] Andere Väter, besonders Origenes, treten für eine Auslegung ein, die diese Ergänzung beinhaltet.[23]

In bezug auf den sechsten Vers wird angesichts des Parallelismus der Aussagen die Frage gestellt, ob ὁ παλαιὸς ἄνθρωπος und τὸ σῶμα τῆς ἁμαρτίας als gleichbedeutend zu betrachten sind. Von den frühen Vätern gibt es keine einheitliche Antwort darauf. Einerseits Klemens bejaht die Gleichsetzung beider

---

[16] Tertullian bezeugt zwar die wörtliche Übersetzung *in Christum Iesum,* dieser Wortlaut findet jedoch in seinen Bemerkungen keinen Niederschlag. Dazu gibt es auch keine Hinweise dafür, daß Tertullian die Bewegung des Täuflings beim Untertauchen mit der Versetzung „in Christum" in Verbindung gebracht hätte. Wie oben dargelegt (cf. 3.4.1.), versteht Tertullian die ganze Tauffeier als das, was den Menschen in Gemeinschaft mit Christus bringt.

[17] *In Christo Iesu.*

[18] *Iren Adv haer* 5,9,3 (SC 152,114); *Clem Prot* 59,3 (SC 2,123); *Meth De res* 2,18,6 (GCS 27,369).

[19] Cf. *Orig Com Rom* 5,8 (PG 14,1038.1042).

[20] *Tert De res* 47,11 (CCSL 2,986); *Orig Cat Rom* 29 (*Ramsbotham* 1912, 363).

[21] *Tert De res* 47,12 (CCSL 2,986); *Orig Com Rom* 5,9 (PG 14,1044).

[22] *Tert De res* 47,12 (CCSL 2,986); *Meth Ben Is* 2 (*Brière* 139).

[23] *Orig Com Rom* 5,9 (PG 14,1045).

Begriffe,[24] Origenes andererseits unterscheidet zwischen ihnen, scheint sie jedoch in wenigen Stellen als Wechselbegriffe zu gebrauchen.[25] Es wurde schon erwähnt, daß Vers 7 aufgrund seiner undurchsichtigen Aussage kaum zitiert wird. Methodios beleuchtet jedoch den Vers, indem er δικαιοῦσθαι als „befreit werden" und nicht im eng forensischen Sinne gebraucht.[26]

Der elfte Vers bietet die Frage nach der präziseren Bedeutung von λογίζεσθαι. In auffallend ähnlicher Art heben zwei Kommentatoren die Ansicht hervor, daß dieses Wort als ein beharrliches, kontemplatives Betrachten zu verstehen ist.[27] Somit würde die deutsche Übersetzung „ständig vor Augen halten" dem ursprünglichen Sinn besser passen. Analog zum zweiten Vers wird hier τῇ ἁμαρτίᾳ auch durchwegs als *dativus relationis* verstanden. Es ist jedoch eigenartig, daß Tertullian und Methodios diesen Ausdruck futurisch auslegen.[28]

Zum Schluß dieses Abschnittes soll darauf aufmerksam gemacht werden, daß die Exegese der frühen Kirchenväter nur selten auf formale Merkmale des behandelten Textes eingeht. Ihre naive, bisweilen willkürliche Art, mit sprachlichen Schwierigkeiten umzugehen, wird in den Erörterungen des dritten Kapitels oft genug aufgefallen sein. Ihnen liegt vor allem an inhaltlichen Gesichtspunkten der biblischen Texte, obwohl sie diese in dem auszulegenden Text keineswegs in systematischer Weise behandeln, sich vielmehr von ihrem jeweiligen Interesse am Text leiten lassen, oft ohne sich um Distanz zu ihm zu bemühen.

4.3. Die Auslegung von Röm 6,1–11
nach inhaltlichen Gesichtspunkten

In der folgenden Zusammenfassung geht es um die Auslegung der eigentlichen Aussagen des Paulustextes. Dabei werden dieselben Ergebnisse wie im 3. Kapitel im Zusammenhang mit den einzelnen frühchristlichen Schriftstellern geboten, hier jedoch in synthetischer Form und nach der Versreihenfolge geordnet.

4.3.1. Vers 1

Die Vätertradition geht nur selten auf diesen Vers ein. Außer einem Anklang im 1. Klemensbrief[29] zeigen die frühesten Zeugen keine Spur von diesem Vers. Später beziehen Tertullian und dann Origenes die Versaussage auf die Gemeinde ihrer Zeit, indem sie die Gefahr aufzeigen, auch nach dem Empfang

---

[24] *Clem Strom* 4,51,1 (GCS 52,272).
[25] *Orig Com Rom* 5,9 (PG 14,1045 ff.).
[26] *Meth De cib* 13,5 (GCS 27,445).
[27] *Tert De res* 47,12 (CCSL 2,985); *Orig Com Rom* 5,10 (PG 14,1054).
[28] *Tert De res* 47,2 (CCSL 2,985); *Meth De res* 1,46,2 (GCS 27,296).
[29] 1 *Clem* 33,1 (F–B 52).

der Gnade das Heil durch eine Fortsetzung der sündigen Lebensweise zu verlieren.[30] In diesem Fall prangern sie vor allem die sog. schweren Sünden an.

4.3.2. Vers 2

Der zentrale Begriff in diesem Vers ist das Sterben für die Sünde. Dieser Vorgang wird meistens mit der mehr- oder einmaligen Umkehr vom sündhaften Lebenswandel verglichen und verschiedentlich als μετάνοια, *poenitentia* oder sogar γνῶναι ἑαυτόν umschrieben.[31] Bei den meisten Vätern findet auch der menschliche Anteil an diesem Akt als ein sich Losreißen oder Entfremden von anhaftenden Sünden stärkere Betonung. Zur Veranschaulichung der Art des Sterbens werden in den meisten Fällen Beispiele von den sog. Fleischessünden d. h. Verstößen gegen die Vorstellung von öffentlicher Moral seitens der Gemeinde angeführt. Nur Origenes erwähnt immer wieder Gottes Rolle im Sterben des Menschen für die Sünde, obwohl er diese Rolle kaum näher zu explizieren vermag.[32] Auf jeden Fall erkennt er Gottes pädagogische Absicht in diesem Vorgang. Während das Sterben für die Sünde allseits im Bußakt gesehen wird, setzen die meisten Väter den Zeitpunkt des Sterbens unmittelbar vor oder gleichzeitig mit der Taufe an.[33] Vereinzelt wird ἀποθανεῖν τῇ ἁμαρτίᾳ als das Martyrium ausgelegt.[34]

4.3.3. Vers 3

Die Taufe in Jesus Christus bzw. in seinem Tod herrscht in der Auslegung zu diesem Vers vor. Als Taufe in Christus und in seinem Tod wird die Hauptwirkung der Taufe im Kreuzesgeschehen erblickt, wobei die Notwendigkeit der Abkehr von der Sünde, um die Gültigkeit der Taufverpflichtung aufrechtzuerhalten, wiederholt unterstrichen wird. Besonders bei Tertullian läuft diese Tendenz Gefahr, der Größenordnung des Pelagianismus vorauszugreifen.[35] Das frühväterliche Zeugnis zeigt große Einigkeit in der Interpretation der Taufe in Christus als ersten Schritt zur Wiederherstellung der verlorenen εἰκὼν τοῦ θεοῦ. In etwas eigenartiger Weise zeigt Methodios, daß die Taufe in Christi Tod zwar die Verweslichkeit des Menschen aufhebt, aber nicht ohne Asche oder Staub (χοΰς). Damit meint er die Buße im Zusammenhang mit der Taufe.[36] Während dieser Ausleger die Teilnahme am Geist als Mittel des Auf-

---

[30] *Tert De pud* 17,4 ff. (CCSL 2,1315 f.); *Orig Com Rom* 5,7 (PG 14,1036).
[31] *Clem Strom* 4,27,3 (GCS 52,260).
[32] *Orig Hom Luc* 17 (GCS 49/2,103).
[33] *Clem Strom* 4,27,3 (GCS 52,260); *Orig Com Rom* 5,8 (PG 14,1038).
[34] *Hipp De antichr* 31 (GCS 1/2,20).
[35] *De paen* 6,11−13 (CCSL 1,331).
[36] *Meth De cib* 12,6 (GCS 27,444).

stiegs nach der Taufe ausdrücklich betont,[37] bleibt die Rolle des Geistes in der
Taufe in Christus bei den meisten Vätern im Hintergrund. Irenäus verwendet
diesen Vers in etwas auffälliger Art als Belegstelle zur Bekämpfung der adoptianistischen Christologie.[38]

4.3.4. Vers 4

Das Schwergewicht der Auslegung dieses Verses bei den Vätern liegt auf
dem zweiten Versteil, der Rede von der καινότης ζωῆς. Nur selten wird auf die
Bedeutung von Grablegung mit Christus im einzelnen eingegangen, denn der
Großteil der diesen Vers zitierenden Väter setzt ein Verständnis von dieser Redewendung als von der Taufhandlung voraus, und bekennt sich damit implizit
zur Vorstellung vom Taufritus als bildlicher Nachahmung der Grablegung
Christi. Im Einzelfall, wie bei Hippolyt, wird die Taufe in diesem Zusammenhang überhaupt nicht erwähnt, dafür aber die Vereinigung mit Christus im
gleichen Schicksal, sei es als Leben in der Nachfolge Christi oder sogar als Märtyrertod.[39]

Καινότης ζωῆς wird allgemein als neue Lebensqualität nach Umkehr und
Taufe erklärt. Bei diesem Begriff wiegt das diesseitige, ethische Moment vor,
obwohl jene Exegeten, die offenbar von einem polemischen Interesse an der
Beweisführung für eine fleischliche Auferstehung bestimmt sind, d. h. Tertullian und Methodios, die Neuheit betont oder sogar ausschließlich auf den neuen
unverweslichen Zustand des Körpers nach der Auferstehung beziehen.[40] Die
anderen Exegeten, allen voran die Alexandriner Klemens und Origenes, betonen die Entstehung einer neuen Tugendhaftigkeit in Verbindung mit zuneh-
mender ethischer Erkenntnis.[41] Diese scheinen auch καινότης z. T. prozeßhaft
und dynamisch im Sinn von „fortschreitender Erneuerung" aufgefaßt zu haben; für Klemens ist die Neuheit sowohl Bestandteil als auch Ergebnis des
geistlich-sittlichen Erkenntnisweges.[42] Auch Irenäus befindet sich in dieser
Tradition, denn er macht καινότης, nach seiner besonderen Auffassung als
sichtbare Auswirkung des empfangenen Geistes Gottes interpretiert, zu einem
zentralen Begriff seines Systems zur Wiederherstellung des verlorenen Ebenbildes Gottes.[43]

---

[37] *Meth Sym* 8,8,191 (SC 95,220).
[38] *Iren Adv haer* 3,16,9 (SC 211,322).
[39] *Hipp De antichr* 31 (GCS 1/2,20).
[40] *Tert De res* 47,9f. (CCSL 2,986); *Meth De res* 2,18,6 (GCS 27,369).
[41] *Clem Prot* 59,3 (SC 2,123); *Orig Com Rom* 6,7 (PG 14,1076).
[42] *Clem loc. cit.*
[43] *Iren Adv haer* 5,9,3 (SC 152,114).

4.3.5. Vers 5

Die Frage nach der Notwendigkeit einer Ergänzung zu diesem Vers als Komplement zu dem ohnehin etwas dunklen Ausdruck ὁμοίωμα τοῦ θανάτου wurde bereits unter den formalen Aspekten angesprochen. Nur Origenes greift den Ausdruck σύμφυτοι auf und verwendet ihn, um seine Vorstellung vom geistlich-sittlichen Wachstumsprozeß zu entfalten.[44] Nach dieser Auffassung wird der Gläubige als Mitgepflanzter des Todes Christi in dessen Nähe eingesetzt, um Kraft und Saft von dessen Wurzeln zu beziehen.[45] Das Bild versteht dieser Ausleger offensichtlich als Veranschaulichung der Wirkungsweise des Vorbilds Christi auf seine Nachfolger. Die Taufe bzw. Buße einschließlich der ernst beabsichtigten Umkehr entspricht für die frühen Väter dem ὁμοίωμα τοῦ θανάτου.[46] Den Umstand, daß in dieser Stelle nur von ὁμοίωμα des Todes Christi und von Zusammenpflanzung mit dessen Tod selbst gesprochen wird, erklären die Väter mit Hinweis auf die Unzulänglichkeit der Taufe und der Buße zur vollkommenen Nachahmung des Todes Christi.[47] Diese Auslegung setzt das Verständnis von ὁμοιώματι als *dativus instrumentalis* stillschweigend voraus.[48] Im Römerbriefkommentar geht Origenes auf den Unterschied zwischen dem Sterben des Menschen in der Taufe und dem Sterben Christi ein und hebt dabei die Vollkommenheit dieses Sterbens als ohne jegliche Sünde hervor.[49]

Origenes als Vertreter einer Tradition, die für die Ergänzung von 5b eintritt, legt seine Vorstellung von ὁμοίωμα τῆς ἀναστάσεως auffallenderweise nirgendwo dar. Demgegenüber argumentiert Tertullian vehement für die Wahrhaftigkeit und gegen die Scheinbildlichkeit[50] der Fleischesauferstehung, muß sich also aus sachlichen Gründen angesichts seines theologischen Entwurfs gegen die Ergänzung von 5b aussprechen. Man merkt an dieser Auseinandersetzung, daß auch die Väter der Frühzeit um eine Auflösung der rätselhaften Formulierung des Paulus in 5b gerungen haben. Da, wo man wie bei Tertullian und Hippolyt die Sache durchdachte, mußte man auf die Ergänzung verzichten.[51]

4.3.6. Vers 6

Aus diesem Vers wird der Begriff ὁ παλαιὸς ἄνθρωπος von den Vätern häufig gebraucht, um den adamitischen Menschen d. h. den Menschen nach dem

---

[44] *Orig Cat Rom* 29 (*Ramsbotham* 1912, 363); *Com Rom* 5,9 (PG 14,1044).

[45] *Orig Com Rom* 5,9 (PG 14,1043).

[46] *Tert De res* 47,12 (CCSL 2,986); *Orig Com Rom* 5,9 (PG 14,1045).

[47] *Orig Cat Rom* 29 (*Ramsbotham* 1912, 363); *Com Rom* 5,9 (PG 14,1044).

[48] Siehe oben S. 177.

[49] Ebd.

[50] I. e. *similitudo* − ὁμοίωμα.

[51] Cf. *Hipp Ben Is* 2 (*Brière* 139).

Verlust des göttlichen Ebenbildes zu bezeichnen. Das damit Verlorengegangene und also das, was dem alten Menschen mangelt, wird näher umschrieben als die sittliche Erkenntnis, aber auch die Willenskraft, diese Erkenntnis auszuführen.[52] In gut platonischem Sinne legt Klemens diesen Begriff als das dem Sinnlichen anhaftende Leben aus.[53] Die Mitkreuzigung des παλαιὸς ἄνθρωπος geschieht wiederum in Taufe und Umkehr; dessen Tod ist jedoch nicht endgültig: Die Väter sprechen fast einstimmig von der Möglichkeit des Wiederauflebens der früheren Existenzweise nach der ersten Buße. Der Begriff begegnet also am häufigsten im paränetischen Zusammenhang, indem er als negatives Beispiel gegenüber der zur sittlichen Laxheit neigenden Gemeinde des 2. und 3. Jh.'s dient. Es fällt auf, daß die sog. schweren Sünden in solchem Zusammenhang immer wieder zur Veranschaulichung heraufbeschworen werden. Außer bei Origenes scheint παλαιὸς ἄνθρωπος dem anderen Hauptbegriff dieses Verses τὸ σῶμα τῆς ἁμαρτίας immer gleichgesetzt zu sein. In dieser Frage unterscheidet der Alexandriner die zwei Begriffe deutlicher voneinander, indem er den zweiten als den seit Adam von der Sünde befleckten Leib des Menschen definiert, scheint jedoch diese Unterscheidung nicht streng durchhalten zu können.[54]

4.3.7. Vers 7

Wie schon erwähnt, wird dieser Vers nur von Methodios von Olympos kommentiert. Die Tatsache, daß der Ausleger im lateinischen Römerbriefkommentar des Origenes auf die wenigen Anspielungen auf 6,7 nicht eingeht, spricht für die These, daß das Vorkommen dieses Verses auf den Übersetzer und nicht auf den ursprünglichen Kommentator zurückgeht. Auch Methodios scheint mit diesem Vers im Römerbriefzusammenhang wenig anfangen zu können, denn er gebraucht ihn lediglich als allgemeine Beobachtung über die Seinsweise des Menschen nach dem Tod, also in vorpaulinischer Weise, ohne ihn in die Gesamtaussage von Röm 6,1—11 näher einbinden zu können.[55]

4.3.8. Vers 8

Dieser Vers wird auch nicht sehr oft von den frühen Schriftstellern angesprochen, wahrscheinlich weil er Gedankengut aus den Versen 2—5 wiederholt. Das Sterben mit Christus definiert Origenes im Einklang mit seiner Auslegung von 6,3 f. als die Taufe einschließlich Umkehr sowie die andauernde, tägliche Buße nachher.[56] Das Motiv der Nachfolge findet bei seiner Auslegung zu die-

---

[52] *Tert De res* 47,1 (CCSL 2,984); *Adv haer* 5,10,11 (CCSL 1,694).
[53] *Clem Prot* 59,3 (SC 2,123).
[54] *Orig Com Rom* 5,9 (PG 14,1045 ff.).
[55] *Meth De cib* 13,5 (GCS 27,445).
[56] *Orig Com Rom* 5,10 (PG 14,1048 f.).

sem Vers Eingang, indem wiederum die Schicksalsgemeinschaft mit dem Herrn als Verpflichtung zur *imitatio Christi* ausgelegt wird.[57] Große Bedeutung mißt Origenes der Erwähnung von πιστεύομεν bei, denn er sieht darin einen Ausdruck für die ablehnende Haltung des Paulus gegenüber der gnostischen Lehre von der durch Initiationsritus bereits vollzogenen Auferstehung.[58]

Ein eigenartiges Verhältnis zu diesem Vers zeigt Hippolyt, denn er zieht es vor, ihn im Sinne des Märtyrertodes sowie des unmittelbar darauffolgenden Auferstehungslebens zu deuten. Das Sterben mit Christus als Martyrium bedeutet für ihn auch, daß die Propheten und sonstigen alttestamentlichen Märtyrer einen solchen Tod gestorben sind und folglich mit Christus leben. Der Vers wird also zur exegetischen Verstehenshilfe im Umgang mit dem Alten Testament.[59]

4.3.9. *Vers 9*

Daß Christus nie mehr sterben wird, gilt wahrscheinlich vom Anfang der Auslegungstradition an als Hinweis auf den Opfertod Christi.[60] Zugleich wurde dieses wichtige Datum der Heilsgeschichte im Blick auf seine ethischen Implikationen ausgedeutet. Deshalb kann Irenäus warnen, daß, wer seit jenem Tod Christi sündigt, den Herrn als rechenschaftsziehenden Richter fürchten muß.[61] Auch Tertullian macht mit Hinweis auf die *peccata graviora* von dieser Stelle ähnlichen Gebrauch.[62] Methodios und in etwas ähnlicher Weise Hippolyt betonen den positiven Aspekt des stellvertretenden Todes, der nur einmal stattfinden mußte; sie sehen darin einen Hinweis auf die Suffizienz dieses Todes d. h. dessen vollkommene Zulänglichkeit zur Tilgung der Schuld der Menschheit.[63]

Im Zusammenhang mit diesem Vers erklärt Origenes die Art des Sterbens Christi als ein freiwilliges, absichtliches Sterben, um in das Reich des Teufels einzudringen und diesem durch einen ehrenhaften Trug die Macht über die Menschenseele wegzunehmen.[64] Anhand dieses Verses argumentiert Origenes auch gegen die landläufige Auffassung von der Unsterblichkeit der menschlichen Seele. Seiner Ansicht nach beweist der Vers, daß nur, wer von den Toten auferweckt wird, künftig unsterblich bleibt.[65]

---

[57] *Orig Com Rom* 9,39 (PG 14,1238).
[58] *Com Rom* 5,10 (PG 14,1049).
[59] *Hipp De antichr* 31 (GCS 1/2,20).
[60] Heb 9,26.
[61] *Iren Adv haer* 4,27,2 (SC 100,742).
[62] *Tert De pud* 17,4−10 (CCSL 2,1315).
[63] *Hipp Ben Is* 2 (*Brière* 139); *Meth De cib* 12,7 f. (GCS 27,444).
[64] *Orig Cat Rom* 30 (*Ramsbotham* 1912, 364); *Com Rom* 5,10 (PG 14,1050).
[65] *Orig Con Cels* 2,16 (SC 132,330).

4.3.10. Vers 10

Für die frühchristlichen Schriftsteller steht dieser Vers im Schatten des vorhergehenden 9. Verses, der eine ähnliche Aussage enthält. Origenes bietet den weitaus größten Teil des Kommentarmaterials aus dieser Zeit. Das in seinen Auslegungen hervorragende Stichwort lautet ἐφάπαξ; die Einmaligkeit des Todes Christi deutet er in mehrere Richtungen aus. Wie andere Ausleger findet er darin einen Ausdruck für die Suffizienz dieses Todes als eines sündlosen, jedoch alle Ebenen und Bereiche der Menschlichkeit umfassenden Todes.[66] In diesem Tod kommt auch die einmalige Solidarität zwischen Gott und Mensch in anschaulichster Form zum Ausdruck.[67] Deshalb räumt Origenes der Tatsache der Einmaligkeit des Todes Christi eine Sonderstellung in seiner Christologie ein, ja sie nimmt in seinem Schema maßgebende Bedeutung als Scheidepunkt zwischen der Menschlichkeit und der Gottheit Jesu Christi an. Für diesen Ausleger steht jedoch die Christologie immer in greifbarer Nähe zur Ethik, daher weist er immer wieder auf die Vorbildlichkeit des Todes Christi als ein einmaliges und vollkommenes Sterben für die Sünde hin.[68]

Christi Leben für Gott interpretiert Origenes gleichermaßen als die Zielvorstellung all jener, die sich zur Nachahmung des Gestorbenen und Erhöhten entschlossen haben.[69] Andererseits wird das Moment des Zuspruches in der Auslegung des Methodios stärker betont: Da Christus bereits von Gott auferweckt wurde und für ihn lebt, kann sich der mit Christus gestorbene Mensch der Auferstehung seines sterblichen Fleisches sicher sein.[70]

Als biblischer Theologe tritt Origenes gegenüber den Stoikern mit ihrer Vorstellung von dem sich wiederholenden Kreislauf entstehender und verfallender Weltzeitalter auf. Nach dieser Auffassung müsse Christus immer wieder sterben, um den aufgrund der Willensfreiheit des Menschen künftig möglichen Abfall von Gott weiterhin zu decken. Origenes teilt die stoische Weltanschauung, weist jedoch das Postulat eines wiederholten Todes Christi entschieden zurück.[71]

4.3.11. Vers 11

Während die frühen Väter nur vereinzelt auf die Bedeutung von λογίζεσθε ἑαυτοὺς νεκροὺς eingehen, wird der Ausdruck in 11b ζῆν τῷ θεῷ dagegen fast zum Gemeinplatz für die christliche Existenz überhaupt. Innerhalb seines Systems gebraucht Irenäus diesen Begriff, um den Aufstiegsprozeß zur Wieder-

---

[66] *Orig Com Rom* 5,10 (PG 14,1053).
[67] *Com Io* 1,227 (GCS 10,40).
[68] *Cat Rom* 27 (*Ramsbotham* 1912, 362).
[69] *Orig Com Rom* 5,10 (PG 14,1054).
[70] *Meth De cib* 12,8 (GCS 27,144).
[71] *Orig Com Rom* 5,10 (PG 14,1052f.).

vereinigung des Menschen mit Gott zu bezeichnen.[72] Diese Auslegungstradition findet auch in den von Klemens gesammelten *Eclogae* einen Niederschlag; hier wird die Einübung in die tugendhafte Lebensweise als Mittel zum Aufstieg dargestellt.[73] Origenes macht gezielt auf den Umstand aufmerksam, daß auch die Gläubigen des alten Bundes für Gott in Christus Jesus gelebt haben.[74] Entsprechend seinem besonderen Interesse interpretiert Hippolyt das Leben für Gott als die Existenz nach dem Märtyrertod, obwohl nichts auf die Schlußfolgerung hinweist, daß er den Begriff ausschließlich in dieser Weise verstand.[75] In ähnlicher Weise beschreibt Methodios das Leben nach der Auferstehung als ζῆν τῷ θεῷ.[76]

4.4. Eine thematische Zusammenfassung der Väterexegese von Röm 6,1ff.

Wenn bisher die Ergebnisse der Untersuchung nach der Abfolge der Verse des Römerbriefabschnitts vorgestellt wurden, soll im folgenden eine Zusammenfassung derselben Kenntnisse geboten werden, welche die sich aus dem Abschnitt anbietenden dogmatischen Themen zum Gegenstand nimmt.

4.4.1. Christologie

Die Christologie der frühen Väter weist zumindest die Hauptzüge der später auf den Konzilien des 4. und 5. Jh.'s festgelegten normativen Lehren auf. Diese Väter empfinden vor allem die Gemeinsamkeit zwischen Christus und dem Menschen als Herzstück des christlichen Heilsweges, das es gegenüber häretischen Christuslehren zu verteidigen gilt. Christus ist derselbe wie Jesus, der an menschlichem Leid und Elend in vollem Ausmaß teilnahm.[77] Sein Leben gilt als Vorabbildung des Lebensweges seiner Nachfolger, da er alle Lebensalter des Menschen durchschritt und in allem Gott treu blieb.[78] Die Väter lehnen die doketische und adoptianistische Vorstellung vom Erscheinen Jesu Christi ab, unter anderem aus dem tieferen Bedürfnis, in ihm ein Vorbild für das ganze Schicksal des Menschen einschließlich dessen Verweslichkeit und späterer Unverweslichkeit sehen zu müssen.[79]

---

[72] *Iren Adv haer* 3,23,6 (SC 211,462).
[73] *Clem Ecl proph* 14,1–3 (GCS 17/2,140).
[74] *Orig Cat Rom* 31 (*Ramsbotham* 1912, 366).
[75] *Hipp De antichr* 31 (GCS 1/2,20).
[76] *Meth De cibis* 12,8 (GCS 27,444).
[77] *Iren* 3.3.2.1. Im folgenden wird mit Ausnahme von Origenes, dessen Werke nach wie vor nach den Editionen angeführt werden, auf die Stellen der Kirchenväter durch Angabe des betreffenden Abschnitts im dritten Kapitel hingewiesen.
[78] *Hipp* 3.6.2.2.; *Clem* 3.7.2.3.
[79] *Meth* 3.8.2.3.

Christus tritt aber nicht nur als Lehrer und Wegbereiter in den Schriften der
frühen Väter auf. Das einmalige Erscheinen Christi auf der Erde wird in seiner
geschichtlichen Bedeutsamkeit voll entfaltet, zunächst hinsichtlich des einmaligen stellvertretenden Opfertodes Christi, aber zudem auch im Hinblick auf
seine Wiederkunft als Rechenschaft fordernder Richter.[80] Der Aspekt der Stellvertretung wird unterschiedlich gedeutet. Die Vorstellung, die schließlich von
Origenes am ausführlichsten dargelegt wird, wiegt jedoch andere auf. Nach
dieser Auffassung ging Christus freiwillig in den Tod, um durch das Scheinan-
gebot seiner eigenen Seele die Seelen der Menschen zu befreien.[81] Oft wird die
Grabruhe nach der Kreuzigung Christi in ähnlichem Sinne ausgelegt. Der Tod
Christi ist für die frühen Ausleger kein zufälliges Heilsdatum, vielmehr stellt er
die entscheidende Wende dar, nach der die Gottheit Christi sichtbar wird. Als
Sieger über Tod und Teufel bürgt Christus für die Verheißung des Lebens in einem erneuerten, auferweckten Körper bei Gott.[82]

4.4.2. Anthropologie

Das Menschenbild der frühen Väter wird durch popularphilosophisches Ge-
dankengut, vorwiegend platonischen Ursprungs, stark beeinflusst, in mancher
Hinsicht zuungunsten der Treue gegenüber der paulinischen Anthropologie.
Obwohl sich die Väter bisweilen zu einem trichotomischen Menschenbild bekennen mögen, sprechen sie in der Tat hauptsächlich dichotomisch über den
Menschen. Die Willensfreiheit des Menschen wird stärker oder schwächer hervorgehoben, doch der allgemeine Hang zur Moralisierung, der diese Zeit der
Kirchengeschichte kennzeichnet, setzt ein hohes Maß an Handlungsfreiheit
voraus.[83] Die Grundbefindlichkeit des Menschen wird in Anlehnung an Paulus
vom Sündenfall des ersten Menschen abgeleitet, wobei die Korrespondenz
zwischen Adam und Christus, dem alten und dem neuen Menschen, ein entscheidendes Motiv darstellt, welches der Vorstellung vom Sinn und von der
Bestimmung des Menschenlebens zugrundeliegt.[84]

Von der Gestalt des ersten Menschen Adam herkommend wird der Mensch
als ein mit Sündenschuld beflecktes Wesen angesehen, welchem es wegen seiner Entfernung von Gott an Erkenntnis des wahren Lebensweges mangelt. Besonders die Väter des 3. Jh.'s deuten diesen Mangel in psychologisierender Art
als fehlendes Glied im geistig-sittlichen Entwicklungsprozeß, der zur vollen
Entfaltung aller Möglichkeiten des Menschseins führt.[85] In diesem Zusammen-

---

[80] *Orig Com Rom* 5,10 (PG 14,1052); *Meth* 3.8.2.3.; *Iren* 3.3.2.3.; *Tert* 3.4.2.9.
[81] *Orig Cat Rom* 30 (*Ramsbotham* 1912, 364); *Com Mat* 16,8 (GCS 40,498).
[82] *Tert* 3.4.2.7.; *Meth* 3.8.2.3.
[83] *Tert* 3.4.2.1.; *Clem* 3.7.2.2.; *Orig Com Rom* 5,8 (PG 14,1038).
[84] *Iren* 3.3.2.2.; *Tert* 3.4.2.2.; *Hipp* 3.6.2.2.; *Meth* 3.8.2.4.; *Orig Com Rom* 5,9 (PG
14,1043–47).
[85] *Clem* 3.7.2.2.; *Orig Com Rom* 5,10 (PG 14,1055 f.).

hang nimmt ἁμαρτία eine etwas eingeengte und abgewandelte Bedeutung an, einerseits als anhaftende, manchmal fast gegenständlich gedachte Leibesbeflekkung,[86] andererseits als unverschuldete Unwissenheit um die eigentliche Situation des Menschen.[87] Es wird meist vorausgesetzt, daß Kinder bereits bei der Geburt durch die Sünde belastet sind, obwohl der Übertragungsvorgang erst bei Origenes in seiner besonderen Art Entfaltung findet.[88]

Die Hilfe aus seiner Lage heraus erhält der Mensch, indem er sich freiwillig der Erziehung Gottes unterwirft. Der entscheidende Akt der Unterwerfung ist μετάνοια d. h. Buße oder Umkehr, die meistens als der Taufe vorausgehend oder mit ihr gleichzeitig geschehend dargestellt wird.[89] Durch diese einmal zu vollziehende, doch nie endgültig abgeschlossene und daher immer wieder zu erneuernde Handlung sagt sich der Mensch von der Herrschaft des Satans und dem Weg des weltlichen Erkennens ab, um sich danach von der erkenntnissteigernden Führung Gottes leiten zu lassen. Das Führungsprinzip selbst wird unterschiedlich, entweder als Gebet (Tertullian), als Geist (Irenäus) oder als ein Zusammenwirken verschiedener Elemente in etwas undurchsichtiger Art (Klemens und Origenes) dargestellt.[90] Das Ziel der Entwicklung in Erkenntnis und Tugend ist die Wiedergewinnung des göttlichen Ebenbildes, die Verwirklichung des vollkommenen Wandels.[91] Das krönende Ereignis bleibt nach fast allen Vätern dem Eschaton vorbehalten.

4.4.3. Tauftheologie

Im engen Zusammenhang mit der Anthropologie der frühchristlichen Schriftsteller steht ihre Tauftheologie. Es ist bezeichnend, daß Röm 6,1–11 als Stelle über den Tod mit Christus in der Taufe von den Vätern in fast vereinseitigend anmutender Art in bezug auf die Umkehr ausgelegt wird. Die Taufe setzt Umkehr voraus; nicht umgekehrt. Das Moment der μετάνοια als konstituierendes Glied der Taufhandlung insgesamt macht eine Beziehung des Taufverständnisses dieser Zeit zum mysterienkultischen Denken äußerst unwahrscheinlich. Der Tod Christi als das der Macht der Taufe zugrundeliegende Ereignis wird zwar immer wieder erwähnt, jedoch kommt fast genauso viel und manchmal sogar mehr Gewicht der Einstellung des Menschen beim Empfang der Taufe zu.[92] Eine Taufhandlung, die unabhängig vom Glauben des Täuflings Gottes Gnade herbeizwingt, kennt diese Zeit nicht. Zur gültigen Taufe

---

[86] *Meth* 3.8.2.1.
[87] *Iren Adv haer* 3,23,1 (SC 211,462).
[88] *Orig Com Rom* 5,9 (PG 14,1047).
[89] *Tert* 3.4.2.1.; *Clem* 3.7.2.2.; *Orig Com Rom* 5,8 (PG 14,1038).
[90] *Tert* 3.4.2.2.; *Iren* 3.3.2.2.; *Clem* 3.7.2.1. und 2.; *Orig De princ* 1,3,7 (SC 252,158); *Com Rom* 5,8 (PG 14,1042).
[91] *Clem* 3.7.2.2.; *Iren* 3.3.2.4.; *Adv haer* 5,9,2 (SC 153,108 ff.).
[92] *Tert* 3.4.2.1.; *Clem* 3.7.2.3.; *Orig Com Rom* 5,8 (PG 14,1038).

bedarf es je der völligen Einwilligung des Menschen in das von Gott im Blick auf die Taufe Versprochene.

Unsere Untersuchung hat oft genug klargelegt, daß die Bezeichnung μυστήριον bzw. *sacramentum* in keiner so ausschließlichen Weise auf die Taufe bezogen wird wie in späteren Zeiten. Wie bereits im Einleitungskapitel festgestellt wurde, scheint sich der Sinngehalt des Begriffes μυστήριον im Sprachgebrauch der Väter dieser Frühzeit nicht im wesentlichen vom paulinischen Sprachgebrauch unterschieden zu haben. Origenes spricht zwar in mehreren Zusammenhängen vom μυστήριον τοῦ βαπτίσματος (*mysterium baptismi*), meint jedoch durchwegs nicht die Taufhandlung selbst, also den Ritus des Untertauchens (oder noch weniger, des Besprengens mit Wasser), sondern vielmehr das göttliche Geheimnis, die spirituelle Wahrheit, die durch Teilnahme am Ritus kennengelernt und erfaßt werden soll.[93] Diese Anschauung von der Ausrichtung der Taufhandlung steht voll im Einklang mit der platonisch geprägten Weltanschauung des Origenes, der immer die Frage nach dem Sinn und der Bedeutung des Scheinbaren stellt. Der Gebrauch von τύπος μυστηριῶν bei Origenes[94] verleiht dieser Interpretation des Vorkommens von μυστήριον bei diesem Schriftsteller weitere Bestätigung, denn hier handelt es sich offensichtlich um eine Bezeichnung für die Taufe als Handlung, durch die das christologische Geheimnis und somit die Erfahrung des Heils dem Glaubenden eingeprägt wird. Die Taufe ist also im gewissen Sinne offenbarungswirksam: Das μυστήριον ist die Offenbarung. Wenn daher μυστήριον als unmittelbare Bezeichnung für die Taufe bei Origenes ausscheidet, so kann auch das Vorkommen von *sacramentum* bei Tertullian als lateinische Übersetzung für diesen Begriff[95] nicht ausschließlich auf die Sakramente im Sinne des heutigen Sprachgebrauchs bezogen werden. In der Tat zeigt Tertullian große Freiheit im Umgang mit diesem Vokabel und läßt es nicht nur für Abendmahl und Taufe gelten.[96]

Obwohl, besonders von Origenes, das subjektive Erlebnis des Täuflings in psychologisierender Weise angesprochen wird, um diesem zu einer durch den ernsthaft empfundenen Willen zur Umkehr möglichst „wirksamen" Taufe zu verhelfen,[97] geht es über den Sinngehalt der Väteraussagen hinaus, die dahinterstehende Vorstellung von der Taufwirkung anhand moderner Kategorien zur Beschreibung des Sakramentsgeschehens explizieren zu wollen. In Anlehnung an Röm 6,5 wird die Taufe als Abbild des Todes Christi vorgestellt. Die Ähnlichkeit des Abbildes mit der Wirklichkeit liegt aber nicht so sehr in der Form des Taufritus selbst als völliges Untertauchen im Wasser.[98] Vielmehr

---

[93] *Com Rom* 5,8 (PG 14, 1040); *Hom Ex* 5,2 (GCS 29,186); *Hom Ios* 4,2 (GCS 30,309).

[94] *Crouzel* 1961, 221, legt die Besonderheit dieses Sprachgebrauchs bei Origenes dar.

[95] *Kolping* 1948, 75.

[96] Cf. 3.4.1. zum Gebrauch von *sacramentum* bei Tertullian.

[97] *Orig Com Rom* 5,10 (PG 14,1054).

[98] Daß die Väter auch, wenn auch nicht vordergründig, ein Abbild des Todes Christi in der Form der Taufe selbst sehen, wird durch ihren Gebrauch von alttestamentlichen Typo-

wird der Täufling durch die geistig-sittliche Wandlung in und nach der Taufe Jesus Christus ähnlich.[99] Dadurch wird auch der Umstand erklärt, daß der Täufling Christus in seinem Tod „nur" ähnlich werden kann: Nach Origenes kann kein Mensch auf so vollkommene Weise für die Sünde sterben wie jener.[100]

Die Taufe ist auch eine wesentliche Station auf dem Schicksalsweg des Gläubigen mit seinem Herrn. Als Abbildung des Todes Christi begibt sich der Täufling auf denselben Weg ins Totenreich hinab, wird aber durch die Macht des Auferstandenen vor Angriffen bewahrt, um schließlich in einer die leibliche Auferstehung vorabbildenden Weise vom Taufwasser herauszusteigen.[101] Durch das gemeinsame Erlebnis entsteht ein neues Verhältnis zu Christus, das durch Gehorsam ihm gegenüber und zunehmende Ähnlichwerdung mit dem Erhöhten zum wahren Ebenbild Gottes führt. Die Rolle des Geistes in der Taufe wird manchmal als die in der Taufe neuschaffende und erneuernde Kraft geschildert.[102] Die Trennung von Taufe und Geistverleihung ist dieser Epoche der Kirche eher fremd, obwohl es Anzeichen dafür gibt, daß die Handauflegung in Anschluß an die Wassertaufe, jedoch als Teil der größeren Feier selbst, stattfand.[103]

Schließlich muß nicht wieder betont werden, daß die Abwaschung der Sünde ein wesentliches Moment in der Bedeutung der Taufe für die frühen Väter ausmacht. Wiederum wird der Reinigungsvorgang an sich nicht thematisiert; die Auslegung beschränkt sich größtenteils auf eine Wiedergabe der in beiden Testamenten vertretenen Anschauung. Alle Väter bekennen sich zur Auffassung, daß die Entfernung von sittlichem „Leibesschmutz" in erster Linie für die „im alten Leben" vor der Taufe begangenen Sünden gilt.[104] Die Frage nach den Möglichkeiten zur Befreiung nachher wird unterschiedlich beantwortet. Im schlimmsten Fall, wie bei Tertullian, wird ein Rückfall in die *peccata graviora* als Zeichen dafür gedeutet, daß die vergebende Gnade aus einer leichtfertigen, nicht umkehrwilligen Haltung heraus angenommen wurde.[105]

---

logien (i. e. Durchzug durch das Schilfmeer und den Jordan) sowie vom Todesschicksal Christi zur Erläuterung des christlichen Taufgeschehens indirekt bestätigt. In beiden Fällen begegnet nämlich das Motiv des Abstiegs und des Aufstiegs, welches sich offensichtlich als *tertium comparationis* für die Taufe anbot.

[99] *Iren* 3.3.2.4.; *Tert* 3.4.2.5.; *Hipp* 3.6.2.3.
[100] *Orig Cat Rom* 29 (Ramsbotham 1912, 363); *Com Rom* 5,9 (PG 14,1043).
[101] *Herm* 9,16,1–4 (GCS 48,89 f.); 3.2.3.
[102] *Iren* 3.3.2.4.; *Orig De princ* 1,3,7. (SC 252,158).
[103] *Iren* 3.3.2.2.; *Tert De bapt* 8 (CCSL 1,283); *Orig loc. cit. et Com Rom* 7,2 (PG 14,1105).
[104] *Iren* 3.3.2.3.; *Cyp* 3.5.2.2.; *Clem* 3.7.2.2.; *Meth* 3.8.2.; *Orig Com Rom* 5,9 (PG 14,1047); *Hom Ex* 5,5 (GCS 29,190).
[105] *Tert* 3.4.2.1.

Röm 6,1–11 bei den Frühvätern insgesamt

4.4.4. Tauftypologien

Die früheste Tauftypologie, die im Laufe dieser Untersuchung vorgestellt wurde, dürfte das in 1 Pt 3,18 f. angedeutete Motiv von der Höllenfahrt Christi sein.[106] Die Taufe als Abbild des Motivs enthält die drei Grundhandlungen, die später von Origenes im Lichte der drei Todestage Christi interpretiert werden sollten, nämlich den Abstieg in das durch das Wasser symbolisierte gefahrvolle Totenreich, den Aufenthalt in der Tiefe und den Wiederaufstieg als neuer Mensch, der durch die Erfahrung des besonderen, mächtigen Schutzes des Herrn durch die Gefahr hindurch sich seines neuen Lebens bewußt ist.[107] Die einzelnen Elemente dieser Typologie, wie Wasser, Abstieg, Aufstieg und Totenreich, sind freilich nicht besonders christlich oder sogar biblisch; vielmehr handelt es sich hier um den Gebrauch längst vertrauter Motive aus der Antike, die bekanntlich auch bei den Mysterienreligionen häufig anzutreffen waren, um das spezifisch christliche Tauferlebnis zu entfalten.[108] Wir stellten fest, daß der Gebrauch von Bildern und Sprache der Umweltreligionen der Gefahr breiteren Raum gab, daß auch der Inhalt des christlichen Tauferlebnisses durch fremdes Gedankengut beeinflußt werden konnte.[109]

Der Dreiheit der Handlung bei der Taufe kommt nicht nur Bedeutung als Nachahmung des Abstiegs Christi in das Totenreich zu, sie wird auch von Origenes hinsichtlich der Trinität, aber auch der Dreiheit der finsteren Gewalt interpretiert.[110] In diesem Fall handelt es sich um die Taufe als *typus mysteriorum,* als sinnlich wahrnehmbare Ausprägung der pneumatischen Erkenntnis.

In Nachahmung des Paulus macht auch Origenes von zwei alttestamentlichen Erzählungen, dem Durchzug durch das Schilfmeer und den Jordanfluß, Gebrauch, um seine Tauftheologie in typologischer Weise zu entwickeln.[111] Es ist bezeichnend, daß auch in diesen Auslegungen die Dreiheit der Taufhandlung zumindest angedeutet wird: Origenes sieht sich genötigt, die Erklärung zur alttestamentlichen Erzählung durch Hinweis auf Eph 2,6, ein Pauluszitat, das die Auferstehung als bereits vollendet darstellt, im Sinne des Wiederaufstiegs abzurunden.[112] Wenn das Schema: Abstieg – Aufenthalt – Wiederauf-

---

[106] *Herm* 3.2.3.

[107] *Orig Hom Ex* 5,2 (GCS 29,186); *Hom Ex* 5,5 (GCS 29,190); *Hom Ios* 4,2 (GCS 30,309).

[108] Nach einer Darstellung des Isismysteriums (Apuleius), wird der Myste auf seiner Fahrt zum Totenreich hinab von der Göttin geschützt (cf. *M. Dibelius,* Botschaft und Geschichte 2, *G. Bornkamm* [Hrsg.], Tübingen 1956, 32 ff.). Der Ertrinkungstod des ägyptischen Gottes Osiris, dessen Wiederbelebung und Erhöhung zum Herrscher im Totenreich werden zunächst in den Pyramidentexten, aber auch von Plutarch (in: *Th. Hopfner,* Griechisch-Ägyptischer Offenbarungszauber, 1. Bd., Leipzig 1921) beschrieben. Cf. *G. Wagner,* Das religionsgeschichtliche Problem von Römer 6,1–11, AThANT 39, Zürich 1962.

[109] Siehe oben 3.2.3. und 3.2.4.

[110] *Orig Com Rom* 5,8 (PG 14,1040).

[111] Siehe oben Anm. 107.

[112] *Orig Hom Ex* 5,2 (GCS 29,186).

stieg derart häufig in tauftypologischen Texten vorkommt, muß dies als Beweis dafür angesehen werden, daß die Taufliturgie selbst diese Dreiheit von Handlungen enthielt. Zwar wäre diesem typologischem Schema formell voll Genüge getan, stiege der Täufling in das Taufbecken hinab, stünde er im Wasser und stiege er wieder heraus. Das Element der gefahrvollen Tiefe, bereits bei der ältesten Typologie vorhanden, deutet jedoch auf ein gänzliches Verschwinden unter das Wasser als Sinnbild für die Bereitschaft des Täuflings, dem Herrn seine Seele selbst auf einer Fahrt in das unheimliche Totenreich anzuvertrauen.[113] Die klare Sprache der frühen Tauftypologien macht es also eher unwahrscheinlich, daß die Korrespondenz zwischen Untertauchen und Grablegung mit Christus erst nach dem 4. Jh. verbreitet wurde.[114] Im übrigen weist die Tauftypologie des Origenes noch andere Züge der Taufliturgie seiner Zeit auf. Die Auslegung vom Heer des Pharao als der den Täufling bis zum Rande des Taufbeckens verfolgenden Dämonenschar, bietet bereits Tertullian.[115] Sie dient als Hinweis auf die *renuntiatio diaboli* als traditionellen Teil des gesamten Taufritus. Die Bemerkung, daß Josua am Tag des Durchzugs durch den Jordan, also am „Tauftag" emporgehoben wurde, beruht auf der Vorstellung, daß in Folge der Taufe der Täufling an einen sicheren Ort von Gott versetzt wurde, fern des Angriffs der finsteren Mächte.[116] Es wäre sicherlich nicht angemessen, jede Einzelheit der Auslegung des Origenes zu tauftypologischen Bibelstellen als Hinweis entweder auf taufliturgische Handlungen oder tauftheologische Vorstellungen der Kirche seines Jahrhunderts sehen zu wollen, doch zumindest die vorangegangenen Schlußfolgerungen sind haltbar und werden aus anderen Quellen bestätigt.[117]

4.4.5. Eschatologie

Die Auslegung der frühen Väter zu unserer Römerbriefstelle ist mit Ausnahme von Methodios vorwiegend ethisch-diesseits-bezogen.[118] Dennoch legen sie einige Teilaspekte ihrer Eschatologie in Form von impliziten Aussagen oder vereinzelten Äußerungen dar. Die Hauptausrichtung der eschatologischen Darlegung gilt dem Zustand des ewigen, unsterblichen Lebens. Besonders Tertullian und Methodios liegt gegenüber gnostischen Versuchen, die Auferstehung zu spiritualisieren, viel daran, dieses Leben für ebenso künftig

---

[113] *Herm* 3.2.3.
[114] Gegen *E. Stommel,* „Begraben mit Christus" (Röm 6,4) und der Taufritus, RömQ 49 (1954) 13 ff., der die kühne These vertritt, daß die Verbindung zwischen dem Vollzug der Taufhandlung und deren Interpretation als Abbild des Todes und der Auferstehung Christi erst aufgrund von Einfluß neuplatonischen Gedankengutes im 3. und 4. Jh. entstanden ist.
[115] *Tert De bapt* 8,9 (CCSL 1,283).
[116] *Orig Hom Ios* 4,2 (GCS 30,309).
[117] Cf. die durch Hippolyt überlieferte *Traditio apostolica* und insbesondere 21 (*Botte* 1963, 52 ff.).
[118] Cf. *Meth* 3.8.3.

wie diesem irdischen Leben koextensiv zu beweisen.[119] Nach dieser Anschauung ist die καινότης des Lebens in der Erneuerung des Körpers nach der Auferstehung zu finden. Auch der Körper muß hinübergerettet werden. Das massive
Eintreten für die Heilsfähigkeit des menschlichen Körpers wurde offensichtlich
angesichts der damals verbreiteten Meinung hervorgerufen, daß das Fleisch an
sich kaum oder überhaupt nicht von Wert ist und nur ein Hindernis auf dem
Weg zur Göttlichkeit und Unsterblichkeit darstellt. Demgegenüber führen
diese Ausleger die ihrer Überzeugung nach geschichtliche Tatsache der Auferstehung Christi im Leib ins Feld, die sie als Bürge und Beweis für die allgemeine Auferstehung verstehen.

Besonders für Methodios, aber auch für Tertullian, ist das Leben für Gott
endzeitlich-futurisch zu verstehen. Diese etwas einengende Interpretation muß
allerdings gewissermaßen als vorprogrammiertes Ergebnis der sich dem
Thema „künftige Auferstehung" widmenden Schriften[120] angesehen werden,
in denen sie auch am häufigsten aufscheint. Im Gegensatz zu dieser polemisch
interessierten Exegese liefern die übrigen Väterauslegungen von ζῆν τῷ θεῷ ein
ausgewogenes Bild, das in echt paulinischer Art sowohl präsentische als auch
futurische Elemente in diesem Begriff findet.[121] Er gilt zwar nach wie vor als
Endziel der göttlichen Pädagogik oder des christlichen Erkenntnisweges, aber
mindestens Irenäus, Klemens und Origenes, und vermutlich auch Tertullian
und Hippolyt erkennen auch ein Leben für Gott, das sich irdisch, sichtbar und
sittlich vollzieht.[122] Hippolyt gebraucht diesen Begriff als Ehrentitel für die
christlichen Märtyrer, obwohl er damit präsentische Deutungen wahrscheinlich nicht auszuschließen dachte.[123]

Der Geist als Vorzeichen des Eschatons wird auch in gut paulinischer Weise
von manchen Vätern, vor allem Irenäus aber auch Origenes und Methodios,
hervorgehoben.[124] Im Vergleich zu anderen dogmatischen Themen wird die
Pneumatologie kaum über den Stand der neutestamentlichen Lehraussagen
hinaus entwickelt, doch ist sie dermaßen ausreichend vertreten, daß man keineswegs von einem Mangel an Verständnis für die Rolle des Heiligen Geistes in
der christlichen Existenz reden könnte.

---

[119] *Tert* 3.4.2.4.; *Meth* 3.8.2.4.

[120] *De res mort* bzw. *De res carn.*

[121] Es ist für die Theologie des Paulus insgesamt kennzeichnend, durch Hinweis auf den
Einbruch des zukünftigen Eschatons in die Gegenwart, die Erfahrung der Jetztzeit in anderes Licht zu rücken und somit eine neue, und zwar eine bei Paulus einzigartige Basis für
die christliche Ethik zu bringen; cf. *R. Bultmann,* Theologie des Neuen Testaments, Tübingen 1984 (9. Ed.) (1948) 346−52.

[122] *Iren* 3.3.2.2.; *Clem* 3.7.2.3.; *Orig* 3.9.2.4.2.

[123] *Hipp* 3.6.2.6.; cf. *Pas Mar et Iac* 2,5 (*Musurillo* 196), oben 3.6.2.6., für eine präsentische
Deutung aus dieser Zeit.

[124] *Iren* 3.3.2.2.; *Meth* 3.8.2.6.; *Orig Com Rom* 6,7 (PG 14,1076); *De princ* 1,3,7 (SC
252,158).

Wenn man sämtliche Auslegungen zu Röm 6,1−11 bei den Vätern des 2. und 3.Jh.'s vor Augen faßt, so kann man eine ausgewogene Verteilung präsentischer und futurischer Auslegungen zu den meisten Versen feststellen. Ein Überblick über die in 4.1. gebotene Katene wird diesen Eindruck schnell bestätigen. Manche Teilaussagen wie 6,8b[125] zwingen nahezu durch ihren Wortlaut zu einer futurischen Auslegung; es darf daher nicht überraschen, wenn der Großteil oder sogar die Gesamtheit der Ausleger sich für eine solche entscheidet. Im Blick auf diese Verteilung ist Schelkles Feststellung zunächst unverständlich, daß „die Exegese" „mit ihrem Schwergewicht nach der eschatologischen Auslegung" „tendiert".[126] Entweder basiert diese Beobachtung auf einer zu kleinen Stichprobe aus der frühväterlichen Exegese oder sie gilt hauptsächlich für die kirchliche Exegese des 4. und 5.Jh.'s, welche in Schelkles Arbeit mitberücksichtigt wird.

4.4.6. *Allegorese*

Die Anzahl der den Gebrauch von Allegorese aufweisenden Stellen, die im 3. Kapitel behandelt wurden, ist freilich zu klein, um ein Gesamturteil über die Angemessenheit oder Unangemessenheit dieser Auslegungsweise abzugeben. Wir sind jedoch zu einigen Beobachtungen berechtigt.

Die Zitate aus dem Werk des Methodios zur Numeri-Perikope (*De cib*) zeigen auffallende Ähnlichkeiten mit der Allegorese bei Origenes.[127] Der stärkste gemeinsame Zug ist die Hervorhebung eines bestimmten Wortes oder Begriffes aus dem Textzusammenhang, um die Brücke zu einer neutestamentlichen Aussage zu schlagen.[128] Die Arbeit nach Stichworten setzt ein Schriftverständnis voraus, das einerseits offenbarungsmäßig Bedeutungsvolles in allen Teilen der Schrift zu finden erwartet, andererseits aber auch die Schrift als planmäßig entworfene Einheit betrachtet. Die Einheit vom Alten und Neuen Testament wird vielfach in christologischen oder christlich-eschatologischen Begriffen entdeckt: Die Bedeutung von „Tod" und „Auferstehung" aus christlicher Sicht wird zurückübertragen auf mögliche oder reale Erscheinungen dieser Größen im alttestamentlichen Zusammenhang.[129] Es ist bezeichnend, daß weder Origenes noch Methodios in grober Weise gegen die Auslegungsprinzipien verstoßen, nach denen die neutestamentlichen Allegoristen, allen voran Paulus aber auch der Hebräerbriefverfasser, arbeiten. Aufgrund der Häufigkeit, mit der Origenes Allegorese betreibt, gewinnt man den Eindruck, daß er sie vielleicht im Übermaß gebraucht; dem Prinzip nach bleibt er jedoch seinem Vorbild Pau-

---

[125] „Wir glauben, daß wir mit ihm leben werden."
[126] *Schelkle* 1956, 206.
[127] *Meth* 3.8.2.1f.
[128] Z. B. die Entfaltung der Bedeutung von χοῦς in Num 19,9; cf. *De cibis* 12,8 (GCS 27,444).
[129] *Meth* 3.8.2.3.; *Orig Hom Ez* 2,5 (GCS 33,346).

lus (cf. 1 Kor 10,1 ff.) treu. Deshalb heißt m. E. die Frage nach der Berechtigung der Allegorese in der Auslegung des Origenes zu stellen, zugleich zu fragen, inwiefern das Vorkommen von allegorischer Auslegung im Neuen Testament am Platz ist.

Erscheint diese Gleichstellung übermäßig zugespitzt, so wird es vielleicht nützlich sein, nach dem Grundanliegen der allegorischen Auslegungsweise zu fragen. Sie wird nämlich vor allem deshalb gebraucht, um einen paränetischen Zweck zu verfolgen.[130] Entsprechend diesem Zweck wird weniger nach der Bedeutung einer Angabe im geschichtlichen Zusammenhang, sondern mehr nach der möglichen Bedeutung der Einzelheit in der gegenwärtigen Situation gefragt. Das heißt nicht, daß Geschichte für belanglos erklärt wird, denn nur als geschichtliche Tatsache kann die Textangabe als Grundlage zur allegorischen Auslegung dienen. Methodios hält es beispielsweise für entscheidend, daß nur von *einem* Opfertier in Num 19,2 gesprochen wird; darin sieht er einen Hinweis auf den einmaligen Opfertod Christi.[131] Er liest die Geschichte zwar als solche, aber auf jener Bedeutungsebene zu bleiben, wäre für sein Empfinden die Auslegung zu verkürzen. Das Streben nach dem pneumatischen Inhalt eines scheinbar wenig bedeutsamen Textes bestimmt die Arbeit sowohl der späteren, in der alexandrinischen Tradition stehenden Allegoristen als auch ihrer neutestamentlichen Vorbilder. Eingehende Studien zur Origenischen Exegese zeigen, mit welcher Sorgfalt und Planmäßigkeit dieser Ausleger auch in der vorbereitenden sprachlich-wissenschaftlichen Arbeitsphase ans Werk gegangen ist.[132] Bei diesem anfänglichen Arbeitsschritt konnte er es jedoch nicht belassen, denn als Pneumatiker, als Liebhaber der Wahrheit in Tat und Erkenntnis, sah er sich verpflichtet, dem Wehen des Geistes Gottes nachzugehen. Es versteht sich, daß er manchmal danebengriff, also etwas anderes als den pneumatischen Sinn herausholte, sein Grundanliegen jedoch besteht als Herausforderung an jede neue Generation von Auslegern. Eine Exegese, die auf der Ebene der Erklärungen zu grammatikalischen Formalien und zum historischen Hintergrund ins Stocken gerät, ist περιήγησις, d. h. sie kreist um sich selbst; echte ἐξήγησις wagt den Schritt hinauf auf andere Betroffenheitsebenen.

4.4.7. Paulinismus

Um die Frage nach dem Paulinismus der frühen Ausleger zu beantworten, sollen die folgenden Aspekte der Verkündigung des Paulus zum Vergleich herbeigezogen werden: Kreuz und Auferstehung Christi; die Neuschöpfung in

---

[130] Origenes betont oft sein Anliegen, durch Allegorese seinen Hörern einen größeren oder sogar überhaupt einen Nutzen vom jeweiligen Text verschaffen zu wollen. Cf. *de Lubac* 1950, 135.

[131] *De cibis* 12,8 (GCS 27,444).

[132] *K. J. Torjensen,* Hermeneutical Procedure und Theological Method in Origen's Exegesis, Patristische Texte und Studien 28, Berlin 1985, 138.

und Gemeinschaft mit Christus; der eschatologische Vorbehalt und Rechtfertigung durch den Glauben.

Die zentrale Heilstat des christlichen Glaubens wird von den Vätern oft genug erwähnt. Die Tatsachen des Todes und der Auferstehung Christi vertreten sie vehement gegenüber ihren heidnischen Zeitgenossen. Gerade die Einmaligkeit des Todes Christi sowie die universale Bedeutung des Kreuzes nicht nur für den Menschen, sondern auch für menschenähnliche Wesen werden immer wieder hervorgehoben.[133] Über die Darlegung des Paulus hinaus, versuchen manche das Warum hinter dem Tod und der Auferstehung Christi zu erklären. Ihr Interesse an Christi Werk ist jedoch in einer dem Paulus etwas fremden Art zu sehr auf die anthropologische Bedeutung des Heilsereignisses versteift. Für Paulus stehen Kreuz und Auferstehung als unvergleichliche, herausragende Größen auf dem Horizont der Menschheitsgeschichte dar; die Väter bezeugen das Bedürfnis, diese Größen in ihre persönliche Erfahrung zu vereinnahmen. Aus diesem Bedürfnis heraus betont Origenes die Nachfolge Christi gegenüber Paulus, der nur von der *imitatio Christi* sprechen kann.[134] Allzu oft aber scheinen das Kreuz und die Auferstehung unabhängig vom Nacherlebnis des Menschen wenig eigene Bedeutung zu haben.[135] Die anthropologische Betrachtungsweise macht sich an diesem Punkt gegenüber Paulus bemerkbar.

Hinsichtlich des zweiten oben genannten Aspekts, der Neuschöpfung in und der Gemeinschaft mit Christus, verstehen die Väter Paulus wahrscheinlich am wenigsten. Sie bekennen sich zwar zur Ansicht, daß der alte, durch die Sündenmacht gefesselte Mensch bereits gestorben ist, können allerdings diese Anschauung nur schwer in ihre Paränese umsetzen. Es scheint, als sähen sie den Menschen gerne nicht mehr κατὰ σάρκα, schaffen es aber nicht. Besonders für die Väter, die offenbar von der Erfahrung mit einer trägen, laxen Gemeinde belastet waren, d. h. für Tertullian und Origenes, gilt die Beobachtung, daß Enttäuschung angesichts der Gemeindewirklichkeit sie für die ideale Schau des Apostels stumpfsinnig gemacht hat.[136] Die Lösung zum Problem des Widerspruchs zwischen Ideal- und Realbild bot sich im Aufstiegsgedanken von der hellenistischen Philosophie her: An die Stelle der durch Gottes Geist plötzlich vollzogenen Neuschöpfung des Menschen rückte die von alters her bekannte Vorstellung von der progressiven, vielleicht sogar endlosen Neuschöpfung.[137]

---

[133] *Ign 3.2.6.1.; Iren 3.3.2.1.; Tert 3.4.2.1.; Hipp 3.6.2.2.; Exc Theo 3.7.3.1.; Meth* 3.8.2.4.; *Orig Com Rom* 5,10 (PG 14,1053).

[134] 1 Kor 11,1.

[135] Diese Bemerkung gilt selbstverständlich nur im Rahmen dieser Studie; cf. *Iren* 3.3.2.3.; *Tert* 3.4.2.7.; *Hipp* 3.6.2.1.; *Meth* 3.8.2.3.; *Orig Con Cels* 2,16 (SC 132,330); *Com Rom* 5,10 (PG 14,1050); *Com Mat* 12,25 (GCS 40,126).

[136] *Tert* 3.4.2.2.; *Orig Com Rom* 5,8 (PG 14,1038f.).

[137] Am markantesten sind die Äußerungen im lateinischen Römerbriefkommentar des Origenes, wobei gerade diese hinsichtlich ihrer Ursprünglichkeit nicht unanfechtbar sind: Cf. oben 3.9.2.4.1. und *Com Rom* 5,8 (PG 14,1042).

Wiewohl dieser Gegensatz etwas zugespitzt ist, kennzeichnet er den Zwiespalt, in der sich die Väter befanden und welche Lösung sie hauptsächlich bevorzugten. Entsprechend der Umdeutung des Paulinismus im Sinn der hellenistischen Aufstiegslehre nimmt die Taufe bei den Vätern eine der Umkehr untergeordnete Stellung ein. Es ist bezeichnend, daß βάπτισμα bzw. *baptismum* sowohl den Wasserbadritus als auch μετάνοια umfassen kann.[138] Die Betonungsverschiebung zugunsten der Umkehr macht sich aber spätestens dann bemerkbar, wenn diese immer wieder als das Hauptmittel zur geistlich-sittlichen Erneuerung dargestellt wird.[139] Sie resultiert in einen Hang zum Moralismus, der sich auch dann zeigt, wenn mancher Kirchenvater von der Beziehung zu Christus spricht. Damit meint er nicht in erster Linie ein personales Verhältnis zum Auferstandenen, sondern ein Schülerverhältnis zum tugendhaften Vorbild.[140] In diesem Fall wiederum ist der Einfluß popularphilosophischen Gedankenguts feststellbar.

Anders verhält es sich bei den frühen Vätern im Hinblick auf den eschatologischen Vorbehalt bzw. dessen Kehrseite, die Vorwegnahme des Eschatons. Fast alle der hier untersuchten Schriftsteller weisen ein Verständnis für diese so charakteristisch paulinische Vorstellung auf. Der Umgang der Väter mit dem Begriff καινότης ζωῆς bezeugt deren Sensitivität für die Nuancierung der Bedeutung von „Auferstehung" als einerseits dem für die Parusie vorbehaltenen Ereignis und andererseits als der ethischen Erneuerung, die bereits nach der Taufe bzw. der ersten Buße in das Leben des Gläubigen Einzug nimmt.[141] Selbst der älteste Kirchenvater in dieser Reihenfolge, Ignatios von Antiochien, sieht das Heilsgut als ein schon geschmecktes, wenn auch noch nicht erreichtes.[142] Selbstverständlich ist die Parusieerwartung bei den Vätern als Christen der 3. und 4. Generation nicht so stark angespannt wie beim Apostel. Wenn man den Geschichtsblick eines Irenäus oder Origenes als Maßstab nimmt, wäre es keine Übertreibung zu behaupten, daß die Väter dieser Generation mit dem Fortbestand der gegenwärtigen Verhältnisse auf unbestimmte Zeit rechnen.[143]

Viele finden den Zentralbegriff der Verkündigung des Paulus in der Rechtfertigung durch den Glauben an Jesus Christus. Die Kehrseite dieses erstmals bei Paulus anzutreffenden Prinzips ist die Ablehnung des mosaischen Gesetzes als Heilsweg. Inwiefern begreifen die frühen Väter dieses urpaulinische Anliegen? Grundsätzlich ist zu sagen, daß diese Schriftsteller der Gnade Gottes in

---

[138] In der Auslegung zu Röm 6,2 spricht Origenes vom Sterben für die Sünde als Voraussetzung zur Taufe, hebt also μετάνοια von βάπτισμα ab, betont aber ersteres mehr; cf. *Com Rom* 5,8 (PG 14,1038); *Cyp* 3.5.2.1. und 2.; *Meth* 3.8.2.6.

[139] Cf. *Tert* 3.4.2.2.; *Clem* 3.7.3.3.; *Orig Disp Hercl* 2 (SC 67,106); *Cat Cor* 17 (*Jenkins* 353).

[140] *Hipp* 3.6.2.2.; *Clem* 3.7.2.2.; *Orig Com Rom* 5,8 (PG 14,1042).

[141] *Iren* 3.3.2.2.; *Tert* 3.4.2.5.; *Clem* 3.7.2.2.; *Orig Com Rom* 6,7 (PG 14,1076).

[142] *Ign* 3.2.6.2.

[143] *Iren* 3.3.2.4.

Christus eine Hauptrolle im Heil des Menschen zuerkennen. Sie begreifen, daß das Handeln Gottes der Antwort des Menschen immer vorausgehen muß. All diese Väter, von Ignatios bis hin zu Methodios, bekennen, daß mit Jesus Christus etwas Einmaliges und Entscheidendes in die Menschheitsgeschichte eingedrungen ist, das den Kosmos und dessen weiteren Verlauf grundsätzlich verändert hat.[144] Jesus Christus und der Glaube an ihn sind also Heilsgrößen, die das Gesetz und seine Forderungen übersteigen. Gleichermaßen ist das Erlebnis, mit Christus in seinem Tod vereint zu werden, in erster Linie eine Erfahrung von Gnadencharakter, denn dadurch wird die Sündenschuld beseitigt und Zugang zur Schicksalsgemeinschaft mit dem Herrn bereitet, die schließlich in der Erhöhung mit ihm gipfelt.[145]

Vom Menschenbild der hellenistischen Antike herkommend mußten jedoch diese Väter zu einem anderen Paulusverständnis gelangen als moderne Exegeten. Die vorherrschende Betonung der Willensfreiheit des Menschen verleitet die alten Exegeten dazu, die Äußerungen des Paulus, die dieses Menschenbild zu bestätigen scheinen, gegenüber solchen Aussagen hervorzuheben, die die Souveränität, Allmacht und Vorsehung Gottes als Grundlage des Heils darstellen.[146]

Die Väter sind sich der Dialektik der göttlichen Allmacht und der menschlichen Freiheit bewußt. Auch sie ringen um ein ausgewogenes Verhältnis von Gnade und Gesetz. Es wird jedoch auf die Erfordernisse ihrer Zeit zurückzuführen sein, daß sie in Gefahr geraten, die paulinische Dialektik durch eine zu starke Betonung der individuellen ethischen Verantwortung aufzuheben. Die drohende Laxheit der großkirchlichen Gemeinde, begünstigt durch aufflakkernde Verfolgungen allgemeiner und regionaler Art, machte es zum Gebot der Stunde, zu einer konsequenten Umkehr zur christlichen moralischen Ordnung aufzurufen.[147] Angesichts dieser Not mußte die paulinische Vorstellung vom Heil als einem bereits durch Christi Blut empfangenen Geschenk der ebenso paulinischen Vorstellung vom Heil als einem für den bis zum Tod Treubleibenden aufbewahrten Sieg in der Verkündigung der Väter weichen. Dementsprechend erscheint Christus in den Werken der frühen Väter häufiger

---

[144] *Ign* 3.2.6.2.; *Iren* 3.3.2.3.; *Hipp* 3.6.2.2.; *Meth* 3.8.2.3.; *Orig Com Rom* 5,10 (PG 14,1052).

[145] *Tert* 3.4.2.1.; *Cyp* 3.5.2.1.; *Meth* 3.8.2.1.; *Orig Hom Ios* 4,2 (GCS 30,309).

[146] Als Beispiel siehe *Tert* 3.4.2.4. In der Tat bleibt der Heilsentwurf des Paulus an diesem Punkt eine unaufhebbare Dialektik; trotz aller Hochschätzung für den selbst der Existenz des Menschen vorausgehenden Heilsplan Gottes weiß Paulus die Entscheidungs- und Handlungsfreiheit des Menschen zu berücksichtigen. Trotz der überschwenglichen Macht der Gnade kann Paulus die Forderung des mosaischen Gesetzes nicht einfach als oberflächliches Moralisieren herabsetzen, denn er weiß um die bestehende Gültigkeit jener Forderungen als göttliche Zielsetzungen für den Menschen, auch wenn er durch deren Teilerfüllung dem Heil keinen Schritt näher kommt.

[147] Cf. *Hipp* 3.6.2.6.

als Vorgänger auf dem Heilsweg, während gesetzähnliche Forderungen oft zur Konkretisierung des Heilsweges erhoben werden.

Der Einfluß hellenistischen Denkens auf den Paulinismus der frühchristlichen Schriftsteller ist beträchtlich; er reicht jedoch nicht so weit, daß man zum Urteil kommen müßte, die Väter hätten das Grundanliegen des Apostels mißachtet.

5. Ein Vergleich zwischen der Väterexegese und der modernen Exegese

Im folgenden Kapitel wollen wir die Hauptergebnisse der Auslegung von Röm 6,1−11 seitens einer Auswahl von Exegeten dieses Jahrhunderts vorstellen. Das Interesse gilt in diesem Fall nicht der Exegese dieser Stelle im 20. Jh. an sich; der in diesem Kapitel zusammengestellte Überblick soll vielmehr als Folie dienen, um die Eigenart der Väterexegese zu dieser Stelle schärfer wahrnehmen zu können.

5.1. Vers 1

Die Hauptfrage in bezug auf diesen Vers seitens moderner Ausleger betrifft die Überlegung, ob die von Paulus in Vers 1 gestellte Frage rhetorisch gemeint ist und daher zur Fortsetzung der vom 5. Kapitel her übertragenen Diskussion dient, oder ob sie die reale Anfrage von Paulusgegnern in der römischen oder in anderen Gemeinden widerspiegelt. Die moderne Exegese beantwortet diese Frage in nicht einheitlicher Weise. Schnackenburg und andere[1] halten die Frage des Paulus für die Reaktion auf eine tatsächliche gezogene falsche Konsequenz der damaligen Glaubensgenossen, wogegen Käsemann[2] lediglich ein rhetorisches Stilmittel darin sieht. Indem sie die Frage auf drohende Wirklichkeit des Abfalls in den Gemeinden ihrer Zeit beziehen, scheinen die Väter die Frage als gegebene Möglichkeit und daher als mögliches Mißverständnis der paulinischen Gnadenlehre zu verstehen.[3] Die Tendenz Käsemanns wird von anderen Auslegern geteilt,[4] ja dieses exegetische Verständnis von Vers 1 dominiert zur Zeit.

---

[1] R. *Schnackenburg,* Das Heilsgeschehen bei der Taufe nach dem Apostel Paulus, München 1950, 27. C. E. B. *Cranfield,* A Critical and Exegetical Commentary on the Epistle to the Romans Vol. 1, ICC, Edinburgh 1975, 297, findet in der Frage die Widerspiegelung eines möglichen, wenn nicht verbreiteten Mißverständnisses.

[2] E. *Käsemann,* An die Römer, HNT 8, Tübingen 1980 (4. Ed.) (1973), 156.

[3] *Tert* 3.4.2.8.; *Orig* 3.9.2.1.

[4] Cf. O. *Michel,* Der Brief an die Römer, KeK, Göttingen 1978 (14. Ed.) (1936), 205; H. *Schlier,* Der Römerbrief, HThK, Freiburg 1979 (2. Ed.) (1977) 191; und U. *Wilckens,* Der Brief an die Römer, EKK 6/2, Köln-Neukirchen, 1980, 9.

5.2. *Vers 2*

Einhellig beurteilen moderne Ausleger die Wendung des Paulus ἀποθανεῖν τῇ ἁμαρτίᾳ als *dativus incommodi sive relationis*.[5] Diese Auslegung haben sie mit den frühen Vätern gemeinsam, die den möglichen Sinn eines *dativus instrumentalis* dieser Stelle auch nicht in Erwägung ziehen.[6]

Totsein für die Sünde wird von modernen Exegeten grundsätzlich als neuer Zustand gedeutet, in dem der Mensch außerhalb der Reichweite der Sündenmacht lebt.[7] Paulus will also sagen, daß der Machtanspruch der Sünde über den Menschen nicht mehr gilt. Als einziger erörtert Cranfield die Frage, ob dies angesichts der anthropologischen Wirklichkeit wohl als unqualifiziert zu gelten hat.[8] Auffallenderweise wird die Frage nach der der Wassertaufe vorausgehenden oder sich mit ihr gleichzeitig ereignenden Buße von modernen Exegeten gar nicht angesprochen. Somit erscheint das Der-Sünde-Sterben ausschließlich als Tat Gottes, welche aus der Gegebenheit der Taufe hervorgeht.

5.3. *Vers 3*

Die Geister der modernen Exegese scheiden sich über die Bedeutung von βαπτίζεσθαι εἰς Χριστόν. Ein Teil der Exegeten will diese Wendung im lokalen Sinne als ein Eintauchen in Christus hinein verstanden wissen, wobei es dann unterschiedliche Meinungen darüber gibt, inwiefern diese Handlung im Sinn eines mysterienhaften Eingehens in einen neuen pneumatischen Bereich Christi aufzufassen sei.[9] Eine Extremansicht stellen die Auffassungen V. Warnachs und J. Schneiders dar, die im Eintauchen in Christus eine Vereinigung mit dem Tod Christi „im Sinne der mystischen Gleichzeitigkeit" sehen.[10] Der Hauptteil der Exegeten setzt jedoch diese Wendung dem an anderen Stellen vorkommenden εἰς τὸ ὄνομα Ἰησοῦ Χριστοῦ gleich, womit die Taufhandlung die Bedeutung einer Übereignung des Täuflings an seinen neuen Herrn Christus an-

---

[5] *Michel* 1978, 205; *Schnackenburg* 1950, 28; *N. Gäumann,* Taufe und Ethik: Studien zu Römer 6, BEvT 47, München 1967, 72; *Käsemann* 1980, 157; *Cranfield* 1975, 298; anders *Wilckens* 1980, 10, der τῇ ἁμαρτίᾳ als das Besitzverhältnis der Sünde zum Menschen bestimmt.

[6] Cf. *Clem Strom* 4,27,3 (GCS 52,260) als typisches Beispiel.

[7] *Michel* 1978, 205; *Schlier* 1979, 191; *Käsemann* 1980, 157; *Wilckens* 1980, 11; *Cranfield* 1975, expliziert das Totsein für die Sünde als *coram Deo,* und zwar aufgrund der Taufhandlung.

[8] *Cranfield* 1975, 299.

[9] Cf. *Schnackenburg* 1950, 22, der diese Ansicht in aller Vorsicht von der Vorstellung *Casels* und *Warnachs* von einem mystischen Eintauchen in Christus abgrenzt; cf. auch *Käsemann* 1980, 157.

[10] *J. Schneider,* Die Taufe im Neuen Testament, Stuttgart 1952, 45; auch *V. Warnach,* Taufe und Christusgeschehen, ALW 3/2 (1954) 295.

nimmt.[11] Diese Auslegung wird auch etwas unterschiedlich begründet, zumeist wegen des Parallelgebrauchs von εἰς τὸν Μωϋσὴν,[12] aber auch aufgrund der Überlegung, daß βαπτίζειν im Neuen Testament bereits den Status eines *terminus technicus* hat und daher nichts über die Vollzugsweise des Taufritus und schon gar nichts über dessen Symbolgehalt aussagt.[13]

Der Väterkommentar zu diesem Vers beschäftigt sich auch mit der Bedeutung von βαπτίζεσθαι εἰς Χριστὸν, jedoch in anderer Weise als moderne Kommentatoren. Jene thematisieren nicht, ob εἰς lokal oder als echter Akkusativ zu verstehen ist; sie scheinen aber einen Gebrauch von βαπτίζειν εἰς Χριστὸν zu kennen, der die einfachere lokale Bedeutung des Ausdrucks voraussetzt.[14] Daraus kann man schließen, daß die Redewendung in diesem Vers für sie nicht unbedingt einen Hinweis auf den Taufritus als Untertauchen in Christum hinein darstellt. Gemeinsam mit den modernen Exegeten halten die frühchristlichen daran fest, daß die Kraft der Taufe in Christus vornehmlich in Christi Sterben am Kreuz liegt, während sie viel stärker als heutige Exegeten die Notwendigkeit der echten Umkehr im Zusammenhang mit der Wassertaufe bekräftigen.[15] Die Vorstellung, daß durch die Taufe in Christus der Täufling seinem Herrn übereignet und unter dessen Schutzmacht gestellt wird, begegnet auch bei den Vätern.[16] Im Gegensatz zu heute konnte man sich damals aufgrund der etwas unterschiedlichen Weltanschauung samt Dämonenglauben und Sinn für unsichtbare kosmische Vorgänge die Versetzung in den Machtbereich Christi viel bildhafter vorstellen.[17]

Es ist schließlich zu bemerken, daß sich die Väterauslegung zu diesem Vers fast völlig in der Ausdeutung dessen erschöpft, was bei der Taufe in Christus geschieht, sei es als erster Schritt auf dem Weg zur Unsterblichkeit, sei es als selbstverpflichtende Handlung gegenüber Christus.[18]

---

[11] Cf. *H.-W. Bartsch,* Die Taufe im Neuen Testament, EvTh 8 (1948 f.) 90; *Gäumann* 1967, 74; *Wilckens* 1980, 11 f.; *Cranfield* 1975, 301, der das paulinische Taufverständnis von dem der Mysterienreligionen abzugrenzen versucht.

[12] 1 Kor 10,2; *R. Schnackenburg,* Todes- und Lebensgemeinschaft mit Christus: Neue Studien zu Röm 6,1–11, MThZ 6 (1955) 41; *G. Beasley-Murray,* Baptism in the New Testament, London 1962, 130.

[13] *Schlier* 1979, 192; anders *Wilckens* 1980, 11 (Anm. 22).

[14] *Iren* 3.3.2.1.; *Tert* 3.4.2.5.; *Orig Com Rom* 5,8 (PG 14,1039); *Hom Ex* 5,2 (GCS 29,186) etc.; *Meth* 3.8.2.6. ist vielleicht eine Ausnahme dazu.

[15] *Iren* 3.3.2.3.; *Tert* 3.4.2.1.; *Hipp* 3.6.2.3.; *Clem* 3.7.2.2.; *Orig Com Rom* 5,8 (PG 14,1039).

[16] *Herm* 3.2.3.; *Exc Theo* 3.7.3.1.; *Orig Hom Ex* 5,5 (GCS 29,190).

[17] *Ebd.*

[18] Typisch für die erste Auslegungsweise ist *Meth* 3.8.2.4.; für die zweite cf. *Tert* 3.4.2.5.

5.4. Vers 4

Das Hauptaugenmerk der modernen Exegeten gilt dem ersten Teil des Verses, nämlich der Feststellung, daß wir mit Christus durch die Taufe begraben worden sind. Darin wird einhellig ein Ausdruck für die Todesgemeinschaft mit Christus gesehen, wobei einzelne Ausleger entweder die personale Vereinigung mit Christus oder das Mitsterben und Mittotsein als Hauptmoment der Taufwirkung stärker betonen.[19] Eine Extremposition nimmt V. Warnach ein, indem er aufgrund des Ausdrucks διὰ τοῦ βαπτίσματος die Taufe zu einem „werkzeuglichen Mittel" erklärt, welches „die hier gemeinte Todesgemeinschaft mit Christus bewirkt".[20] Im Gegensatz dazu besteht O. Michel darauf, daß Christi Tod zwar in der Taufe nachwirkt, dem Ritus selbst aber vorgeordnet bleibt.[21]

Unter den modernen Exegeten ist die Frage sehr umstritten, ob Paulus von der Taufe als Mitbegrabung wegen der Form des Taufritus als Eintauchen ins Wasser spricht. Die traditionelle Auffassung wird immer noch von einigen Exegeten vertreten;[22] gegenüber dieser Auslegung bestreitet die neuere Forschung, daß Paulus die vermeintlich urchristliche Taufpraxis des Untertauchens vor Augen hat, wenn er sie als „Grablegung" beschreibt.[23] Dieser Gruppe von Exegeten geht E. Stommel voran, der die These zu erhärten versucht, daß das völlige Untertauchen erst im 4. Jh. zur verbreiteten Taufpraxis wurde und Röm 6,4 nachträglich auf die neue Praxis gedeutet wurde.[24] Die in früheren Texten vorhandene Rede von Abstieg und Aufstieg im Zusammenhang mit dem Taufritus[25] erklärt Stommel für technisch notwendige Bewegungen bei einer Taufe und streitet deren Symbolik für die Ausdeutung des Taufgeschehens ab.[26]

Moderne Exegeten versuchen auf verschiedene Weise die Wendung καινότης ζωῆς zu erklären. Der eschatologische Charakter dieses Lebens wird von

---

[19] Für die Vorrangstellung der personalen Vereinigung mit Christus sprechen sich *Schnackenburg* 1955, 43, und *Schneider* 1952, 45, aus. Andere Exegeten wie *Stommel* 1954, 9, *Bartsch* 1948 f., 91, und *Cranfield* 1975, 304, betonen stärker den Charakter der Taufe als Tod und Sterben. Wie *Wilckens* 1980, 12, bemerkt, liegt kein Gegensatz vor, denn Paulus leitet die Tatsache des Totseins jedes Getauften von der personalen Vereinigung mit Christus in der Taufe ab. Beide Momente sind also unlösbar miteinander verknüpft.

[20] *Warnach* 1954, 297. Im Vergleich zu anderen Exegeten hebt *Warnach* die Wirksamkeit des Taufritus an sich hervor, was naturgemäß den Blick für die Bedeutung des Kreuzes als eigentliche Macht der Taufe zu beschneiden scheint.

[21] *Michel* 1978, 205.

[22] Cf. *Michel* 1978, 201; *Bartsch* 1948 f., 91; *Schnackenburg* 1950, 30; *Schneider* 1952, 45; *Warnach* 1954, 297 f.; *Beasley-Murray* 1962, 133.

[23] *Stommel* 1954, 11; *Schnackenburg* 1955; *Gäumann 1967, 74; Schlier 1979*, 192 f.; *Käsemann* 1980, 156 f.

[24] *Stommel* 1954, 13.

[25] *Herm* 3.2.3.

[26] *Stommel, 1954.*

allen anerkannt, ebenso wie die Tatsache, daß diese neue Art von Leben bei der Taufe nur einen Anfang nimmt und für seine Vollendung auf das Eschaton warten muß.[27] Vers 4b als ἵνα-Satz mit Konjunktiv wird entsprechend dem Gesamtentwurf des Paulus zur christlichen Ethik als Imperativsatz interpretiert.[28] Zu unterschiedlichen Ansichten kommt es in der Bestimmung des Verhältnisses zwischen καινότης und ζωῆς. Während Schlier die einfache Übersetzung „Neuheit des Lebens" genügt,[29] findet Käsemann einen Semitismus in diesem Ausdruck und übersetzt ihn dementsprechend als „lebendige Neuheit".[30] Interessant ist auch die Lösung Gäumanns, der die beiden Teilbegriffe in gleichwertiger Beziehung zueinander setzt.[31] In ähnlicher Weise wie Käsemann findet Warnach, daß wir es an dieser Stelle mit einem *genetivus epexegeticus* zu tun haben und der Ausdruck folglich als „Neusein, das im Leben besteht" zu übersetzen haben.[32]

Rein äußerlich gesehen unterscheiden sich die Väter von den modernen Exegeten durch ihr stärkeres Interesse am zweiten Versglied. Wo 4a erörtert wird, wird die Grablegung entweder mit der Höllenfahrt Christi oder der unter Umständen dieser gleichbedeutenden dreitägigen Grabesruhe verknüpft.[33] Das heißt, daß die Todeserfahrung an sich als Abstieg in die gefahrvolle Tiefe bei den Auslegern dieser Zeit eine vordergründige Bedeutung gegenüber der personalen Vereinigung mit Christus einnimmt.

Die Väter befassen sich auch nicht mit der Problematik, ob das Eintauchen bei der Taufe das Mitbegrabenwerden darstellen soll. Implizite Hinweise dienen jedoch zur Bekräftigung der Annahme, daß das Eintauchen bereits im 2. Jh. als Sinnbild für die Grablegung gedeutet wurde.[34] Einmal begegnet die Rede vom Abstieg in das Totenreich bereits in frühen Texten; wie E. Stommel beteuert, könnte der Sprachgebrauch καταβαίνειν – ἀναβαίνειν in solchem Zusammenhang lediglich zur Beschreibung der Bewegungen bei der Taufe dienen.[35] Dagegen spricht aber das Vorkommen desselben Motivs im Neuen Testament,[36] in welchem Zusammenhang auch auf die Grablegung Christi Bezug genommen wird. Dazu kommt auch das Zeugnis einiger Väter, das auf eine Auslegung des Taufritus im Sinne des Todesschicksals Christi hinweist.[37]

---

[27] Siehe das vollständige Verzeichnis bei *Gäumann* 1967, 74, sowie *Wilckens* 1980, 12f. *Cranfield* 1975, 383, macht auf den häufigen Gebrauch von καίνος im eschatologischen Zusammenhang aufmerksam.
[28] Cf. *Michel* 1978, 205; *Schnackenburg* 1955, 43; *Schlier* 1979, 193; *Wilckens* 1980, 13.
[29] *Schlier* 1979, 194; und neuerlich *Wilckens* 1980, 12 (Anm. 31).
[30] *Käsemann* 1980, 158.
[31] *Gäumann* 1967, 76.
[32] *Warnach* 1954, 301.
[33] *Herm* 3.2.3.; *Orig Com Rom* 5,8 (PG 14,1040).
[34] *Ebd.* sowie *Orig Hom Ex* 5,2 (GCS 29,186); *Hom Ex* 5,5 (GCS 29,190).
[35] *Stommel* 1954, 12.
[36] Eph 4,8ff. und 1 Pet 3,19f.
[37] Siehe die Diskussion oben 4.4.5.

Das Hauptinteresse der frühen Ausleger gilt der καινότης ζωῆς. Diese Betonung gegenüber der modernen Exegese wird durch das starke Anliegen der Väter zu erklären sein, die Mißstände in den Kirchen ihrer Zeit aufheben zu wollen. Diese Exegeten gehen viel gezielter als die modernen vor, indem sie sich nicht scheuen, konkreten Bezug auf die Situation der Kirche von damals zu nehmen.[38]

Schließlich heben sich manche Väter von modernen Exegeten deutlich ab, indem sie die Lebensneuheit einseitig auf die Erneuerung des Leibes bei der Auferstehung beziehen.[39] Auch der Gesichtspunkt der fortschreitenden, wachstümlichen Erneuerung findet bei modernen Exegeten kaum Niederschlag und bleibt somit ausschließlich Einsicht ihrer frühen Vorgänger.[40]

5.5. Vers 5

Von allen Versen dieses Römerbriefabschnittes stellt der fünfte Vers die größte Herausforderung für den Exegeten dar, denn er birgt mindestens drei einzelne exegetische Entscheidungen in sich, von denen der Gesamtsinn des Verses abhängig ist. Entsprechend der schwierigen Ausgangsposition sind die Auslegungen zu diesem Vers durch moderne Exegeten recht unterschiedlich. Am leichtesten zu beantworten ist die Frage nach der richtigen Übersetzung von σύμφυτοι. Fast einstimmig erklären heutige Ausleger diesen etwas ungebräuchlichen Begriff für nicht mehr an den ursprünglichen botanischen Sinn gebunden.[41] Für die Exegese dieses Verses heißt das, daß der Täufling mit dem ὁμοίωμα des Todes Christi nicht „zusammengewachsen ist", sondern nur ein mit diesem „Verbundener" geworden ist.[42] Der Begriff weist also auf keinen Wachstumsprozeß hin, sondern sagt lediglich etwas über die Vereinigung aus, die in der oder durch die Taufe stattgefunden hat.

Daraufhin stellt sich die Frage, womit der Täufling verbunden wird. Während man früher dazu geneigt war, 5a durch αὐτῷ zu ergänzen und also eine Vereinigung mit Christus zu postulieren,[43] ist man seither vielfach dazu übergegangen, nach dem einfachen Sinn des Satzgefüges σύμφυτοι dem folgenden ὁμοιώματι zuzuordnen.[44] Trotz dieser allgemeinen Erkenntnis gibt es immer

---

[38] Freilich leidet die Wissenschaftlichkeit ihrer Exegese darunter; es ist jedoch zu fragen, ob sich die heutige Exegese immer noch im selben Ausmaß ihrer Grundverantwortung bewußt ist, die ungetrübte Botschaft der Schrift in einer den Zeitgenossen unmißverständlichen Weise bringen zu sollen.

[39] *Tert* 3.4.2.6.; *Meth* 3.8.2.4.

[40] *Iren* 3.3.2.2.; *Clem* 3.7.2.3.; *Orig Com Rom* 5,8 (PG 14,1042).

[41] *Schnackenburg* 1955, 35; *Käsemann* 1980, 158; dagegen: E. *Stommel*, „Das Abbild seines Todes" (Röm 6,5) und der Taufritus, RömQ 50 (1955) 16, und *Warnach* 1954, 302.

[42] *Schnackenburg* 1955, 85; *Wilckens* 1980, 13.

[43] *Schnackenburg* 1950, 31.

[44] *Schneider* 1952, 45; *Schnackenburg* 1955, 35; *Wilckens* 1980, 13.

noch unterschiedliche Auffassungen über den Sinn von ὁμοίωμα, von diesen Auslegern als *dativus sociativus* verstanden. In ähnlicher Weise wie Cullmann[45] sieht Bartsch in der Redewendung „Gleichheit des Todes Christi" einen Hinweis auf die Taufe Jesu im Jordan.[46] Durch die Nachahmung der Taufe Jesu nimmt der Täufling an Christi Todesschicksal teil. Schneider findet einen anderen Grund, warum der Täufling nicht unmittelbar mit Christi Tod vereint werden kann: Christi Tod geschah einmal in der Geschichte; gegenwärtig kann der Mensch nur mit der „Heilswirklichkeit" dieses Todes zusammenwachsen d. h. mit dessen ὁμοίωμα.[47] In Anlehnung an die Mysterienlehre Casels[48] findet Warnach in ὁμοίωμα einen Ausdruck für das in sich wirksame Kultsymbol.[49] Damit steht er in der alten Tradition, die ὁμοίωμα als Ausdruck für die Taufe selbst versteht; in diesem Fall allerdings definiert er den Begriff in einer Weise, daß die Taufe in die Nähe der antiken Mysterienkulte tritt. Dazu ergänzend erklärt M. Barth ὁμοίωμα für ein noetisch und ontisch wirksames Kultsymbol und hebt damit den Gegensatz zwischen der kognitiven und der sakramentalen Taufauffassung auf.[50] Der Großteil der modernen Exegeten entscheidet sich jedoch für eine Erklärung von ὁμοίωμα, die dem Vorschlag Schneiders nahekommt, sich aber in der Einzelbestimmung, entweder als die konkrete „Gestalt" des Todes Christi[51] oder als abstrakte „Gleichheit",[52] leicht davon abhebt.

Die Frage nach der möglichen Ergänzung von 5b bleibt unter den modernen Exegeten noch kontrovers. V. Warnach verzichet auf eine solche Ergänzung und zieht vielmehr vor, den Genitiv τῆς ἀναστάσεως als Genitiv der Zugehörigkeit zu deuten.[53] Mangels eines Parallelgebrauchs bei Paulus lehnt R. Schnackenburg diesen Vorschlag ab und verweist dementgegen auf den ähnlichen Gebrauch von μορφή und ὁμοίωμα bei Paulus. Die Vorstellung Phil 3,21, daß der Leib des Gläubigen dem des Herrn „gleichförmig" (σύμμορφον) gemacht wird, läßt der Begriff ὁμοίωμα innerhalb des Schemas des Paulus als durchaus sinnvoll erscheinen.[54]

Schließlich wirft die Anwesenheit eines *futurum* ἐσόμεθα im zweiten Satzglied die Frage auf, ob dieses als logisches oder echtes Futur zu verstehen ist.

---

[45] O. *Cullman,* Die Tauflehre des Neuen Testaments, Zürich 1948, 10 f.

[46] *Bartsch* 1948 f., 91.

[47] *Schneider* 1952, 46; cf. auch *Schlier* 1979, 196.

[48] O. *Casel,* Art und Sinn der ältesten christlichen Osterfeier, JLW 14 (1938) 51.

[49] *Warnach* 1954, 306.

[50] M. *Barth,* Die Taufe — Ein Sakrament? Zöllikon/Zürich 1951, 192.

[51] *Schnackenburg* 1955, 36 ff.

[52] *Käsemann* 1980, 160; cf. *Wilckens* 1980, 15: „Darin liegt in aller konkreten Gleichheit des Sterbens ein Moment von Unterschiedenheit, das sich darin auswirkt, daß die Getauften selbst nicht sterben, sondern leben ..."

[53] *Warnach* 1954, 313; cf. auch *Stommel* 1955, 21.

[54] *Schnackenburg* 1955, 37 f.; *Wilckens* 1980, 15, hält die Ergänzung angesichts des angebrochenen Bedingungssatzes (5a) für notwendig.

Die Frage ist nicht nur in grammatikalischer Hinsicht wichtig, denn von deren Beantwortung hängt auch die Entscheidung ab, ob Paulus die Auferstehung (oder deren „Gleichbild") als unmittelbare Folge der Taufe in Aussicht stellt oder sie ausschließlich dem Eschaton zuordnet. Auch in diesem Fall wurde jede denkbar mögliche Lösung versucht. Die Exegeten, die sich nicht für eine Ergänzung von 5b entscheiden und folglich τῆς ἀναστάσεως für einen Genitiv der Zugehörigkeit halten, deuten ἐσόμεθα als *futurum temporale,* denn nach dieser Auslegung spricht Paulus von der Auferstehung als von einer eschatologischen Größe, wie er in Röm 6,23 vom Tod spricht.[55] Eine Ausnahme in diesem Lager ist V. Warnach, der aufgrund seiner kultsymbolischen Sakramentsauffassung im Akt des Heraussteigens aus dem Taufbad eine sakramentale Auferstehung sieht.[56] Bei den übrigen Auslegern, die 5b ergänzen wollen, fällt das Schwergewicht der Interpretation von ἐσόμεθα als *futurum temporale* zu.[57] Damit wird von den meisten Exegeten die Ansicht geteilt, daß die Redeweise des Paulus in bezug auf die Auferstehung in Röm 6,5 eine grundsätzlich andere ist als in Kol 2,12.[58]

In welcher Hinsicht unterscheiden sich die frühen Väter in ihrer Auslegung von Röm 6,5 von den modernen Exegeten? Wir haben bereits gesehen, daß jene Schriftsteller der Antike den Ausdruck σύμφυτοι sehr wohl wörtlich als botanischen Begriff verstehen. Dies bezeugt bereits Tertullian, der diesen Begriff stellenweise als *consati* wiedergibt.[59] Am weitesten geht Origenes in der Ausdeutung von σύμφυτοι als Pflanzen, die mit Christi Tod wie mit einem Baum eingesetzt werden.[60] Dieses Bild verrät den Einfluß stoisch-sittlichen Wachstumdenkens und gehört daher nicht mehr zur eigentlichen Erklärung des Begriffs σύμφυτοι. Wiederum im Unterschied zu modernen Auslegern versteht die frühe Exegese ὁμοιώματι als *dativus instrumentalis* und meint damit die Taufe, jedoch unter besonderer Berücksichtigung der notwendigen sittlichen Umkehr.[61]

Es muß nicht wiederholt werden, daß die Mehrzahl der dazu schreibenden Väter ἀνάστασις in 5b entweder als eschatologisches Ereignis oder als endzeitlichen Machtbereich empfinden.[62] Für sie gilt also ἐσόμεθα als echtes Futur und

---

[55] *Stommel* 1955, 21; *Schlier* 1979, 196.
[56] *Warnach* 1954, 314.
[57] *Käsemann* 1980, 161; *Schnackenburg* 1955, 37; G. *Bornkamm,* Taufe und neues Leben bei Paulus. Das Ende des Gesetzes, München 1961, 43; *Gäumann* 1967, 79; *Wilckens* 1980, 15; vielleicht auch *Michel* 1978, 206.
[58] Folgende Exegeten sind in diesem Fall Ausnahmen: *Schneider* 1952, 47, der die hier erwähnte ἀνάστασις wie θάνατος als Gegenwartsmacht versteht; *Beasley-Murray* 1962, 139, der die paränetische Absicht einer solchen Redeweise in bezug auf die Auferstehung hervorhebt; ähnlich *Cranfield* 1975, 308.
[59] *Tert* 3.4.2.8.
[60] *Orig* 3.9.2.5.
[61] *Ign* 3.2.6.1.; *Tert* 3.4.2.6.; *Orig Cat Rom 29 (Ramsbotham* 1912, 363).
[62] *Ign* 3.2.6.1.; *Tert* 3.4.2.6.; *Hipp* 3.6.2.1.

zugleich als Bürge für die von ihnen heiß ersehnte Auferstehung des Fleisches. Nur Origenes zeigt eine stellenweise etwas differenzierte Auffassung von 5b, indem er die Wirklichkeit sowohl einer gegenwärtigen als auch einer künftigen Auferstehung erkennt.[63] Angesichts der bestehenden Unklarheit über die richtige Deutung von ἐσόμεθα wäre zu fragen, inwiefern Paulus selbst durch die Doppeldeutigkeit der ihm zur Verfügung stehenden sprachlichen Möglichkeiten einen Doppelsinn in das zweite Versglied hineingelegt haben wollen könnte.

5.6. *Vers 6*

Die moderne Exegese legt diesen Vers in einer auffallend einheitlichen Weise aus. Den „alten Menschen" sieht man im allgemeinen auf dem Hintergrund der an mehreren Stellen bei Paulus hervortretenden Adam-Christus-Typologie. Demzufolge ist ὁ παλαιὸς ἄνθρωπος Adam, „in uns individualisiert und repräsentiert".[64] Manche Exegeten heben den besonderen Gesichtspunkt hervor, unter dem der einzelne dem Stammesvater ähnelt, nämlich in der Verfallenheit an die Sünde.[65] H. Schlier setzt den alten Menschen bewußt in Relation zur Taufe: Seiner Ansicht nach ist ὁ παλαιὸς ἄνθρωπος „wir, so wie wir waren, bevor sich für uns in der Taufe die Auferstehung mit Christus als unsere Zukunft eröffnete und so unser Leben wurde."[66] Einhellig betonen diese Exegeten, daß der alte Mensch durch die Mitkreuzigung getötet wurde, also nach der Taufe nicht mehr besteht.

Man ist im allgemeinen der Ansicht, daß es sich in Vers 6 um einen Chiasmus handelt und man deshalb in etwa denselben Sinn in 6a und 6b zu suchen hat.[67] Dementsprechend bedeutet „Leib der Sünde" wohl den menschlichen Leib, jedoch „unter dem Aspekt der Verfallenheit".[68] H. Schlier präzisiert diesen Begriff, indem er zwischen dem als altem Menschen bestehenden Leib unter der Sündenherrschaft und dem wohl noch für Sünde und Tod anfälligen, aber diesen nicht mehr verfallenen Leib differenziert.[69] Κατηργεῖσθαι wird ausdrücklich mit „zerstören" übersetzt, um die von Paulus beabsichtigte Aussage zu unterstreichen, daß der Leib der Sünde tatsächlich nicht mehr existiert.[70]

Die frühchristlichen Ausleger befinden sich zum größten Teil in Übereinstimmung mit ihren modernen Nachfolgern, was die Interpretation dieses Ver-

[63] *Orig Cat Rom* 29 (*Ramsbotham* 1912, 364 f.); *Hom Ez* 2,5 (GCS 33,346 f.).

[64] *Käsemann* 1980, 161.

[65] *H. Schlier*, Die Taufe nach dem 6. Kapitel des Römerbriefs, EvTh 5 (1938) 337; *Wilckens* 1980, 16, deutet den Begriff mit Hinweis auf Röm 5,12 ff.

[66] *Schlier* 1979, 197; ähnlich *Wilckens* 1980, 16 („die eschatologische Wende").

[67] *Schnackenburg* 1950, 34; *Schlier* 1979, 197; *Wilckens* 1980, 16.

[68] *Käsemann* 1980, 161.

[69] *Schlier* 1938, 338.

[70] *Michel* 1978, 207; *Schnackenburg* 1950, 34; *Schlier* 1979, 198; *Wilckens* 1980, 17.

ses oder zumindest dessen Hauptbegriffe anbelangt. Auch für sie kommt die durch die Verfallenheit an die Sünde gestiftete Verwandtschaft mit Adam im Begriff ὁ παλαιὸς ἄνθρωπος zum Ausdruck.[71] In derselben Weise wie heute hielten die Väter Vers 6 für einen Chiasmus und setzten die zwei Hauptbegriffe einander gleich.[72] Im Unterschied jedoch zur heutigen Exegese bemühten sich die Alten sichtlich stärker um eine Begriffsbestimmung von παλαιὸς ἄνθρωπος innerhalb der damaligen Lebenserfahrung. Dazu benutzten sie Vorstellungen aus der zeitgenössischen Philosophie sowie Hinweise auf aktuelle Mißstände in ihren Gemeinden, mit besonderem Hinweis auf die sogenannten schweren Sünden.[73] Obwohl moderne Exegeten auch die Möglichkeit des Weitersündigens nach der Zerstörung des Sündenleibs erkennen, findet diese bei den Vätern viel häufiger Erwähnung und wird bisweilen als paränetisches Mittel eingesetzt.[74]

5.7. Vers 7

Entsprechend dem niedrigen Stellenwert innerhalb des Gesamtzusammenhangs wird dieser Vers auch von modernen Exegeten am knappsten behandelt. Man bemerkt sofort, daß δικαιοῦν mit einem anderen Sinn als sonst im Römerbrief verwendet wird, und versucht den möglichen Ursprung dieses Sprachgebrauchs ausfindig zu machen.[75] Allgemein hält man den Satz für ein rabbinisches Theologoumenon;[76] Käsemann glaubt eine Parallele in einem Spruch des Rabbis Schimeon Ben Gamaliel zu finden.[77] Während der Satz ursprünglich im Rechtswesen seinen Sitz hatte, empfindet man dessen forensischen Sinn im Zusammenhang von Vers 7 hingegen als etwas verblaßt.[78] Deshalb übersetzt man δικαιοῦν meistens mit „freimachen" oder einer ähnlichen Wendung.[79]

Da nur Methodios als einziger Kirchenvater der ersten drei Jahrhunderte diesen Vers behandelt, bleibt die Möglichkeit zum Vergleich mit modernen Auslegern gering. Im Einklang mit diesen hebt Methodios den allgemeinen Charakter des Verses hervor, ohne ihn im Zusammenhang von Röm 6 zu behandeln. Sein offensichtliches Verständnis von δικαιοῦν als „befreien" stimmt auch mit modernen Ansichten überein.[80]

---

[71] *Ter* 3.4.2.2.; *Hipp* 3.6.2.4.; *Orig Com Rom* 5,9 (PG 14,1045).

[72] *Tert* 3.4.2.4.; *Clem* 3.7.2.4.; *Orig Cat Mat* 267 (GCS 41/1,121).

[73] *Hipp* 3.6.2.4.; *Orig* 3.9.2.6.

[74] *Tert* 3.4.2.2.; 3.4.2.4.; *Cyp* 3.5.2.1. und 2.; *Clem* 3.7.2.1.; *Orig* 3.9.2.6.

[75] *Gäumann* 1967, 82; *Schlier* 1979, 198.

[76] *Gäumann* 1967, 82.

[77] Schab 151b Bar.; *Käsemann* 1980, 162.

[78] *Schnackenburg* 1950, 35.

[79] *Michel* 1978, 207: „frei werden"; *Schnackenburg* 1950, 35; *Käsemann* 1980, 162; „los sein von"; *Wilckens* 1980, 18; „Freistellung vom Anspruch der Sünde"; *Cranfield* 1975, 311, interpretiert den Begriff allerdings in dem für Paulus typischen Sinn als „gerechtfertigt".

[80] *Meth* 3.8.2.2.

5.8. Vers 8

Es versteht sich, daß heutige Ausleger das Sterben mit Christus entweder der Taufe gleichsetzen oder als Ereignis ansehen, das in der Taufe geschieht.[81] Die Bedeutung von πιστεύομεν in der Versmitte wird von manchen thematisiert. Dieser Begriff wird relativ einheitlich als „Zuversicht haben",[82] „Heilsgewißheit haben"[83] oder „bekennen"[84] gedeutet. Der moderne Exeget fühlt sich am stärksten zur Frage hingezogen, ob συζήσομεν als echtes oder logisches Futur zu interpretieren ist. Damit hängt natürlich auch die Sachfrage eng zusammen, ob Paulus mit diesem Ausdruck das eschatologische Leben nach der Parusie meint. Erwartungsgemäß sehen diejenigen Exegeten, die ἀνάστασις in 5b auf die künftige Auferstehung beziehen, auch in diesem Vers einen Hinweis auf das noch ausstehende Ereignis.[85] Diese Auslegung begründet Gäumann mit der Einsicht, daß alle σύν-Wortbildungen bei Paulus auf eschatologische Ereignisse oder Größen bezogen sind.[86] Die endzeitliche Deutung von συζήσομεν steht im Gegensatz zur älteren Forschung, die die präsentische Dimension des Begriffs, jedoch nicht unter Ausschluß jeglicher futurischer Nuance, hervorhob.[87]

Auch bei der Auslegung dieses Verses zeigen die Väter nur Betonungsverschiebungen im Vergleich zu den heutigen Kommentatoren. Wiewohl συναποθανεῖν auch in der Alten Kirche als Wechselbegriff für die Taufe gilt, liegt der Akzent bei der Erklärung der Väter zu diesem Begriff auf der Forderung nach echter Buße.[88] Auch Origenes setzt sich mit dem Begriff πιστεύομεν in diesem Zusammenhang auseinander und deutet ihn dahingehend aus, daß Paulus damit das gnostische Sakramentsverständnis zurückweisen will.[89] Gerade diese Anschauung bezeichnet O. Michel als „ganz unwahrscheinlich".[90] In noch konsequenterer Art als moderne Exegeten sprechen sich die frühen Väter für die Deutung von συζήσομεν als vom künftigen Leben nach dem Tod aus, wobei die bedrohlichen Entwicklungen seines Jahrhunderts Hippolyt dazu anregen, in diesem Vers einen Ausdruck für das dem mit Christus gestorbenen Märtyrer aufbewahrte selige Leben zu sehen.[91]

---

[81] *Schlier* 1938, 339; *Gäumann* 1967, 83; *Wilckens* 1980, 18.

[82] *Schnackenburg* 1950, 36.

[83] *Käsemann* 1980, 162.

[84] ὁμολογεῖν; *Michel* 1978, 208; *Cranfield* 1975, 312. Aber *Wilckens* 1980, 18, sieht diesen Satz als Paranthese.

[85] *Stommel* 1955, 12; *Käsemann* 1980, 162; *Wilckens* 1980, 18.

[86] *Gäumann* 1967, 83; cf. die ähnliche Begründung bei *Stommel* 1955, 12.

[87] Diese Ansicht vertrat ursprünglich *Schnackenburg* 1950, 36; *Schlier* 1938, 339, geht einen ähnlichen Weg, entscheidet sich aber schließlich für die eschatologische Auslegung angesichts ähnlicher Argumente wie bei *Stommel* 1955, 12. Wie in 5b findet *Cranfield* 1975, 312, auch hier ein logisches Futurum (cf. Vers 11).

[88] *Tert* 3.4.2.4.; *Orig Com Rom* 5,10 (PG 14,1048 f.).

[89] *Orig Com Rom* 5,10 (PG 14,1049).

[90] *Michel* 1978, 208.

[91] *Hipp* 3.6.2.6.

5.9. Vers 9

In der modernen Exegese wird dieser Vers oft zusammen mit dem folgenden erklärt; diese Vorgangsweise liegt aufgrund der sachlichen Verwandtschaft der zwei Verse miteinander nahe, führt jedoch manchmal dazu, daß die Eigenart der einzelnen Verse nicht mehr klar hervortritt.[92] Manche Ausleger heben die positive Aussagekraft des neunten Verses hervor: „Ist der Christus als unser Haupt dem Tod entronnen, dann liegt darin die Gewißheit unserer Erlösung."[93] R. Schnackenburg empfindet die Doppelschneidigkeit der Aussagen in den Versen 9 f. und schreibt Paulus die Absicht zu, einerseits auf unser endgültiges Sterben für die Sünde und andererseits auf unser gesichertes Leben für Gott zielen zu wollen.[94] Manchem Exegeten fällt der besondere Gebrauch von θάνατος in diesem Vers auf und daher macht er auf den Sachverhalt aufmerksam, daß in diesem „Tod" als die „physische Daseinsmacht" der sonstigen Rede von „Sterben" (ἀποθανεῖν) in diesem Zusammenhang nicht gleichzusetzen ist.[95] Ähnlich wie bei seiner Auslegung von Vers 8 erblickt N. Gäumann in diesem Vers eine von einer traditionellen Credo-Aussage abgeleitete Argumentation, wobei ἐγερθεὶς ἐκ νεκρῶν auf das urchristliche Bekenntnis zurückgeführt wird.[96]

Viel öfter als moderne Exegeten verweisen die Väter auf die negativen Folgen des einmaligen Sterbens Christi für den, der diesem nicht gehorsam bleibt.[97] Während der zuversichtliche Aspekt des einmaligen Todes Christi diesen nicht vollkommen fremd ist,[98] bleibt er der furchterregenden und zugleich paränetisch wirksamen Vorstellung von einem siegreichen Held, der zum Gericht über die Abtrünnigen zurückkehren wird, entschieden untergeordnet. Kaum desgleichen begegnet uns in der modernen Exegese. Im Gegensatz zu heute zeigen die Väter größeres Interesse daran, die Gründe für und die Umstände um Christi freiwilligen Gang in den Tod zu erklären.[99] Sie zeichnen sich auch gegenüber den modernen Auslegern durch ihr entschiedenes Festhalten an der Suffizienz des Opfertodes Christi aus.[100]

---

[92] Z. B. *Wilckens* 1980, 18, wird mit diesem Vers mit vergleichsweise erstaunlicher Kürze fertig!
[93] *Michel* 1978, 208.
[94] *Schnackenburg* 1950, 37.
[95] *Ebd.;* auch *Schlier* 1979, 199.
[96] *Gäumann* 1967, 85.
[97] *Iren* 3.3.2.3.; *Tert* 3.4.2.9. Bei der Auslegung dieses Verses werden die Väter in bezug auf Gemeindemißstände wiederum sehr anschaulich und führen die *peccata graviora* ins Blickfeld.
[98] *Hipp* 3.6.2.1.; *Meth* 3.8.2.3.
[99] *Orig Cat Rom* 30 (*Ramsbotham* 1912, 365); *Com Rom* 5,10 (PG 14,1050); sowie 3.9.2.9.
[100] *Meth* 3.8.2.3.; *Orig Com Rom* 5,10 (PG 14,1053).

5.10. Vers 10

Während die Väterexegese bereits in οὐκέτι von Vers 9 einen Hinweis auf
den ausreichenden Charakter des Todes Christi sieht, kommt die moderne Exegese erst im Zusammenhang mit diesem Vers darauf zu sprechen. Ἀπέθανεν
τῇ ἁμαρτίᾳ wird als *dativum incommodi* interpretiert[101] und gilt dementsprechend als Aussage über die Tat Christi, die den Tod seiner Macht über den
Menschen beraubte.[102] Einhellig bekennen sich heutige Exegeten zur theologischen Bedeutung des Wörtchens ἐφάπαξ in diesem Zusammenhang: »Das einmalige Ereignis ist schicksalhaft und endgültig.«[103] Bei ihnen fehlt auch nicht
die Bezugnahme auf Heb 9,12 und 28, die deutlichste Darstellung des einmaligen Stellvertretungstodes Christi im Neuen Testament.[104] Im Gegensatz zu
dem am Anfang stehenden *dativus incommodi* schließt der Vers mit ζῇ τῷ θεῷ, einem *dativus commodi,* ab und erklärt das neue Leben Christi für eine auf Gott
hingeordnete und an Gott hingegebene Existenz.[105]
  Neben den modernen Exegeten weist vor allem Origenes ein tieferes Verständnis für den Sinn von ἐφάπαξ in Vers 10 auf. Während „einmalig" auch für
ihn auf Endgültigkeit und Suffizienz hinweist, findet er christologische und soteriologische Momente in diesem Begriff, von denen heutige Kommentatoren
kaum noch Erwähnung machen.[106] Es leuchtet ein, daß im Gegensatz zu ihnen
Origenes ein stärkeres Interesse an der Verfestigung christologischer Ansprü-
che hatte. Am stärksten fällt die Sonderart der Auslegung des Origenes im Vergleich zur modernen Exegese auf, wenn er den Versuch unternimmt, den Ein-
maligkeits- und zugleich Suffizienzanspruch des Opfertodes Christi angesichts
zeitgenössischer Vorstellungen von einer zyklischen und sich ständig wiederholenden Menschheitsgeschichte zu verteidigen.[107] Die Paränese wird auch bei
der Auslegung dieses Verses miteinbezogen, indem Christi Leben für Gott als
Zielvorstellung für den Glaubenden vorgestellt wird.[108]

5.11. Vers 11

Die Auslegung dieses Verses bei den heutigen Exegeten setzt bei der Frage
nach der Bedeutung von λογίζεσθαι ein. Das Wort wird leicht unterschiedlich

---

[101] „Zuungunsten der Sünde".
[102] *Schlier* 1979, 199; anders urteilt *Wilckens* 1980, 19, der hier (wie in Vers 3) einen Ausdruck für das Besitzverhältnis findet.
[103] *Michel* 1978, 208; cf. auch *Käsemann* 1980, 162; *Schlier* 1979, 200.
[104] *Michel* 1978, 208; ähnlich *Wilckens* 1980, 19 und *Cranfield* 1975, 314.
[105] *Schlier* 1979, 200.
[106] *Orig* 3.9.2.10.
[107] *Com Rom* 5,10 (PG 14,1053).
[108] *Orig Com Rom* 4,12 (PG 14,1004).

mit „ansehen als, halt für", [109] „bewerten", [110] oder „urteilen" [111] wiedergegeben. O. Michel erläutert den Imperativ folgendermaßen: „Ein Akt des Glaubens, der das Heilsgeschehen annimmt, versteht und auf sich anwendet." [112] Dem Begriff wird also je nachdem entweder forensischer, kaufmänischer oder vorwiegend religiöser Sinn zugeschrieben. [113]

Man stellt fest, daß der in diesem Vers angesprochene Zustand des Totseins in bezug auf die Sünde dem Leben für Gott in Jesus Christus entspricht. [114] Im Hinblick auf καινότης ζωῆς in Vers 4 wird das in Vers 11 erwähnte Leben als das jetzige Leben des Gläubigen für Gott gedeutet, das in Parallelbeziehung zum Leben des Erhöhten (Vers 10) steht. [115] Der Redewendung in Vers 8 συζήσομεν Χριστῷ stellt man im allgemeinen die Formulierung ζῶντας τῷ θεῷ ἐν Χριστῷ Ἰησοῦ gegenüber, wobei jene wegen der σύν-Konstruktion als Ausdruck der eschatologischen Hoffnung und diese als Bezeichnung der neuen Existenz des Glaubenden im Herrschaftsbereich Christi gedeutet wird. [116] Gegen eine Auslegung von ἐν Χριστῷ im lokalen oder mystischen Sinn wendet sich Cranfield und betont demgegenüber Gottes Anschauungsweise, wonach von nun an der Mensch „in Christus" gesehen wird. [117] Im Gegensatz zur Mehrheit der Exegeten schreiben V. Warnach und R. Schnackenburg der σύν-Verbindung sakramentalen Charakter zu, obwohl die beiden jeweils unterschiedliche Vorstellungen vom eigentlichen Sakramentsgeschehen vertreten. [118]

In der Ausdeutung des λογίζεσθαι zeigen die Väter etwas größere Freiheit als heutige Exegeten. Sie betonen den kontemplativen Charakter des Begriffs und neigen damit zu einer Psychologisierung des in diesem Vers gebrauchten Imperativs. [119] Es liegt ihnen offensichtlich daran, daß die Dynamik des Sterbens und

---

[109] *Gäumann* 1967, 87.

[110] *Schnackenburg* 1950, 38.

[111] *Käsemann* 1980, 162; *Schlier* 1938, 339; *Wilckens* 1980, 19.

[112] *Michel* 1978, 208; cf. *Cranfield* 1975, 315.

[113] Den offenbarungstheologischen Charakter des Begriffs hebt *Bornkamm* 1961, 44, hervor.

[114] *Schlier* 1979, 200; *Wilckens* 1980, 19.

[115] *Schlier* 1979, 200; *Gäumann* 1967, 87.

[116] In dieser Anschauung sind sich *Schlier* 1979, 200 und *Michel* 1978, 208, einig.

[117] *Cranfield* 1975, 315 f.

[118] *V. Warnach* 1954, 325, vergleicht die Taufe mit antiken Kultmysterien und interpretiert sie dementsprechend als „das in kultsymbolischer Gestalt (Erscheinung) sakramental gegenwärtige Christusgeschehen, das der Glaubende in ontisch-personaler Schicksalsgemeinschaft mitvollzieht, um mit dem am Kreuze sterbenden und auferstehenden Herrn seinem ganzen leiblich-seelisch-pneumatischen Sein nach aus der sarkischen in die pneumatische Existenz verwandelt zu werden". *R. Schnackenburg* hält an dem sakramentalen Charakter der Taufe fest, lehnt jedoch die Vorstellung von einem gegenwärtigen Christusgeschehen ab und wirbt statt dessen für den semitischen Begriff der „korporativen Persönlichkeit" als Verständnisschlüssel zum Sakramentsgeschehen. Cf. *Schnackenburg* 1950, 38 und 1955, 44 f.

[119] *Ter* 3.4.2.4.; *Orig Com Rom* 5,10 (PG 14,1054).

Lebens Christi unter ihren Lesern tatsächlich zur Geltung kommt. Obwohl die präsentische Interpretation von ζῶντας τῷ θεῷ auch bei den Vätern vorherrscht, nehmen sich diese größere Freiheit auch in der Ausmalung ihrer Vorstellung von der neuen Existenz für Gott. Der Begriff wird in die jeweils etwas unterschiedliche Vorstellung vom geistlichen Leben eingebunden und ihr angepaßt.[120] Selbstverständlich herrscht der Gedanke des Aufstiegs und des geistlich-sittlichen Wachstums in diesen Konzeptionen vor. Es ist bezeichnend, daß die Väter auch eine differenzierte Auslegung von ζῆν τῷ θεῷ ἐν Χριστῷ Ἰησοῦ kennen, die das künftige Leben nach der Auferstehung zumindest miteinschließt oder sogar ausschließlich von diesem her bestimmt wird.[121] Hippolyt weicht am stärksten von der modernen Exegese ab, in dem er diesen Begriff zur Beschreibung der Existenz des Märtyrers bei Gott nach dem Tod gebraucht.[122]

5.12. Zusammenfassung

Versuchen wir die Hauptcharakteristika der Väterauslegung zu Röm 6,1−11 im Vergleich zur modernen Exegese zusammenzufassen. Das Dachthema dieser Stelle, das Sterben in der Taufe und das neue Leben in Christus, wird von den frühchristlichen Schriftstellern mit etwas unterschiedlichem Ergebnis behandelt. Die Vorstellung von μετάνοια oder *poenitentia* d. h. Umkehr, ein Sich-Losreißen von der Tatsünde, dominiert die Taufvorstellung der damaligen Zeit und gleichermaßen die Väterauslegung dieser Stelle. In weitaus größerem Ausmaß als moderne Exegeten plädieren die Väter für einen konsequenten Bruch mit der Sünde bei oder vor der Taufe. Dementsprechend betonen sie stärker den präsentischen Charakter von Röm 6, im Gegensatz zu heutigen Auslegern, die in dieser Stelle häufiger eine Entfaltung der durch Christi Kreuzestod herbeigeführten Taufgnade sehen.

Die Väter bringen sich und ihre Glaubenserfahrungen viel öfter in die Exegese ein. Sie suchen ununterbrochen nach Konkretisierungen des exegesierten Gutes. In deutlichem Gegensatz dazu bemühen sich moderne Exegeten um die Abstrahierung der Textaussagen und deren Zuordnung zueinander. Natürlich verliert ihre Exegese somit an Lebendigkeit und Anschaulichkeit. Indem die Väter die Fragen ihrer Zeit auf den Text beziehen sowie dessen Antworten wiederum in Beziehung zu damaligen Lebensbedingungen zu setzen, erreichen sie einen höheren Grad an Aktualität im Hinblick auf die Gemeindesituation sowie die geistige Umwelt.

Andererseits werden die Väter durch diese Haltung gegenüber dem Text zu besonderen, uns einseitig anmutenden exegetischen Fragestellungen geführt.

---

[120] *Iren* 3.3.2.4.
[121] *Ter* 3.4.2.4.; *Ecl proph* 3.7.3.4.; *Meth* 3.8.2.5.; *Orig* 3.9.2.11.
[122] *Hipp* 3.6.2.5.

Immer wieder zeigt sich der Einfluß platonischen und stoischen Gedankengutes mit deren Vorstellung von der Grundaufgabe des Menschen, sich durch zunehmende moralische Erkenntnis und daraus wachsende Tugendhaftigkeit
dem Göttlichen und Unsterblichen anzunähern. Manche Väter aber, wie z. B.
Tertullian und Methodios, verstehen es als Gebot der Stunde, die spezifisch
christliche Jenseitsvorstellung von der herkömmlichen griechischen deutlich
abzugrenzen. Es gelingt ihnen jedoch nicht mehr, die eschatologische Ge-
schichtsschau des Paulus für ihre Zeit neu auszuwerten, vielmehr bleiben sie
dem Denken ihrer Zeit verhaftet, indem sie das Heil und das Eschaton nur noch
auf den einzelnen und sein persönliches Lebensschicksal beziehen. Von diesem
individuell-eschatologischen Interesse sind aber moderne Exegeten ein weiteres Stück abgerückt, denn sie gehen mit eschatologischen Kategorien sehr zu-
rückhaltend um und suchen diese nur selten zu erläutern oder bildhaft darzustellen.

   Durch die damalige Anschauung über Schriftautorität beeinflußt, bezeugen
die Väter schließlich ein lebendigeres Verhältnis zum apostolischen Schreiben
als solchem. Sie versuchen durch Hinweis auf die Situation der Briefempfänger
die eigentliche Intention des Verfassers herauszustellen, obwohl diese Bemühungen aufgrund eines zu starken paränetischen Interesses manchmal offensichtlich fehlschlagen. Wogegen unsere heutige Exegese die formalen literari-
schen Gesichtspunkte des Bibeltextes hervorhebt, gehen die Väter tiefer auf inhaltliche Fragen ein. Diese lesen nicht nur ein Schriftstück, sie hören eine lebendige Stimme.

Anhänge

Anhang 1

Die lateinische Übersetzung Tertullians von Röm 6,1–11 wird im folgenden zitiert.
Die ausführlichere Version bietet *De pud* 17; *De res* 47 bringt einige von dieser abweichende Varianten sowie den Schlußteil von Vers 6. Beide Texte werden hier nach CCSL (2,985 f. 1315) zitiert. Die Eigenart des Tertullianischen Textes soll durch Vergleich mit der Textrezension der Vulgata-Ausgabe von Wordsworth/White/Sparks sowie mit Lesarten aus altlateinischen HSS veranschaulicht werden.

De pud 17	De res 47	Wordsworth/White/Sparks
V 1 Quid ergo dicimus? perseveramus[1] in delinquentia ut superet gratia? absit. **V 2** qui mortui sumus delinquentiae quomodo vivemus in ea adhuc? **V 3** An ignoratis quod qui tincti sumus in Christo in mortem eius[2] sumus tincti? **V 4** consepulti ergo[3] illi sumus per baptismum in mortem, ut, sicut[4] Christus resurrexit[5] a mortuis[6] ita et nos in novitate vitae incedamus. **V 5** Si enim consepulti[7] sumus simulacro mortis eius sed[8] et resurrectionis erimus, **V 6** hoc scientes quod vetus homo noster confixus est illi.[9]	**V 3** An ignoratis quod quicumque in Iesum tincti sumus in mortem eius[2] tincti sumus? **V 4** consepulti ergo[3] illi sumus per baptisma in mortem, uti, quemadmodum[4] surrexit[5] Christus a mortuis[6] ita et nos in novitate vitae incedamus. **V 5** Si enim consati[7] sumus simulacro mortis Christi sed[8] et resurrectionis erimus ut evacuetur corpus delinquentiae uti hactenus delinquentiae serviamus.	**V 1** Quid ergo dicemus? permanebimus[1] in peccato ut gratia abundet? absit. **V 2** qui enim mortui sumus peccato quomodo adhuc vivemus in illo? **V 3** An ignoratis quia quicumque baptizati sumus in christo iesu in morte ipsius[2] baptizati sumus? **V 4** consepulti enim[3] sumus cum illo per baptismum in mortem ut quomodo[4] surrexit[5] christus a mortuis per gloriam patris,[6] ita et nos in novitate vitae ambulemus. **V 5** Si enim complantati facti[7] sumus similitudini mortis eius simul[8] et resurrectionis erimus. **V 6** Hoc scientes, quia vetus homo noster simul crucifixus est ut destruatur corpus peccati ut ultra non serviamus peccato. **V 7** qui enim mortuus est iustificatus est a

---

[1] permaneamus: d e
[2] eius: Iren Ambrst Pacian
[3] ergo: d f g
[4] quemadmodum: r₃ Iren Ambr Orig^pt Ambrst Aug; sicut: Orig^pt
[5] resurrexit: D Iren Pacian Aug Ambrst Orig

[6] per gloriam patris: Iren Pacian Gaudent Chromat
[7] facti: Ambr Orig Ambrst Aug
[8] sed: Aug
[9] ei, cum ipso: Orig

De pud 17	De res 47	Wordsworth-White-Sparks
V 8 Si autem mortui sumus cum Christo, credimus quod et convivemus[10] cum illo[11] **V 9** scientes quod Christus suscitatus[12] a mortuis iam non moriatur[13] mors non iam dominetur eius. **V 10** Quod enim mortuus est delinquentiae mortuus est semel. Quod autem vivit, Deo vivit. **V 11** Ita[14] et vos reputate vosmetipsos mortuos quidem[15] delinquentiae, viventes autem Deo per Christum Iesum.	conmorti [in] Christo, crediamur quod etiam convivemus[10] illi[11] **V 11** Sic[14] et vos reputate mortuos quidem vos[15]	peccato. **V 8** Si autem mortui sumus cum christo credimus quia simul etiam vivemus[10] cum christo[11] **V 9** scientes quod christus surgens[12] a mortuis iam non moritur[13] mors illi ultra non dominabitur. **V 10** quod enim mortuus est peccato mortuus est semel. quod autem vivit, vivit deo. **V 11** ita[14] et vos existimate vos mortuos quidem[15] esse peccato viventes autem deo in christo iesu.

Anhang 2

An keiner Stelle in seinem Hauptwerk *Adversus haereses* bringt Irenäus von Lyon ein vollständiges Zitat von Röm 6,1–11. Daher werden im folgenden nur die von ihm zitierten Verse mit seinem Wortlaut wiedergegeben, wobei als Vergleich der Text dieser Verse aus der Vulgata-Ausgabe von Wordsworth/White/Sparks sowie altlateinische Sonderlesearten dienen sollen. Der Text der lateinischen Übersetzung vom Hauptwerk des Irenäus wird der Ausgabe der Serie Sources chretiénnes (Paris) entnommen.

Irenäus	Wordworth/White/Sparks
V 3 An ignoratis quoniam[1] quot quot baptizati sumus in Christo Iesu, in morte eius[2] baptizati sumus **V 4** uti quemadmodum[3] resurrexit[4] Christus a mortuis[5] sic et nos in novitate vitae ambulemus. **V 9** scientes quoniam[6] Christus resurgens[7] a mortuis iam non morietur iam enim mors non dominabitur eius.	**V 3** An ignoratis quia[1] quicumque baptizati sumus in christo iesu in morte ipsius[2] baptizati sumus? **V 4** ut quomodo[3] surrexit[4] christus a mortuis per gloriam patris[5], ita et nos in novitate vitae ambulemus. **V 9** scientes quod[6] christus surgens[7] a mortuis iam non moritur mors illi ultra non dominabitur.

---

[10] °simul (+convivemus): f Orig Sedul

[11] cum Christo: d e f g

[12] surgens: d e r₃; resurgens: c f g

[13] morietur: B C D Iren

[14] itaque: r₃

[15] mortuos vos: d e m r₃

[1] quoniam: R   Monac 4577   Pacian Aug

[2] eius: Tert Ambrst Pacian

[3] quemadmodum: F L r₃ Tert Ambr Orig Ambrst Aug

[4] resurrexit: Tert[pt] Pacian Aug Ambrst Orig[pt]

[5] °per gloriam patris: m Tert Pacian Gaudent Chromat

[6] quia: Orig[pt] Aug

[7] resurgens: c f g Ambr Ambrst Aug; surgens: d e r₃

Anhang 3

In der folgenden Tabelle werden die Katenenauszüge aus Codex Vaticanus 762, die Teile des Römerbriefkommentars des Origenes zu Röm 6,1–11 enthalten, mit den entsprechenden Stellen in der lateinischen Übersetzung des Rufin verglichen (zitiert nach Ramsbotham 1912 und Migne 1857).

	Katenenabschnitt und Zeilenzahl	Spalten- bzw. Abschnittzahl in der Migne-Ausgabe
Röm 6,5	29,1 f.	1043 C
	2 f.	keine Entsprechung
	4–6	1044A (1043 D?)
	6–9	keine Entsprechung
	10–14	1047 Cf.
	14–18	keine Entsprechung
Röm 6,9	30,1–4	1049 C
	4 f.	1049 C
	5–7	1050 A
	8–17	1050 C–1051 A
	17–20	1051 A
	20–22	keine Entsprechung
	23 f.	1051 B (?)
	24–27	1051 Df. (?)
	27–31	1051 C
	32–35	1051 Df. (?)
	35–38	keine Entsprechung
Röm 6,11	31,19–41	keine Entsprechung

Anhang 4

Der sog. Codex von der Goltz (Athos Lawra 184 B 64; 1738) bringt als einzige Handschrift einen vollständigen Text von Röm 6,1–11, der seinem Anspruch nach auf Origenes selbst zurückgehen könnte. Die sonst zum Zweck eines Vergleiches brauchbaren HSS (der Tura-Papyrus und die Philokalie) bieten keinen Text für diese Stelle. Da die Untersuchung Bammels (1985) sich eingehend mit dem lateinischen Römerbriefkommentartext beschäftigt, kommen in der folgenden Tabelle nur diejenigen lateinischen Lesarten aus den Werken des Origenes vor, die die in Frage kommenden griechischen Texte, nämlich aus dem Codex von der Goltz (cf. Bauernfeind 1923) und den Katenenauszügen des Codex Vaticanus 762 (cf. Ramsbotham 1912), erhellen können.

1738   762

V 1 Τί οὖν ἐροῦμεν; ἐπιμένομεν[1] τῇ
ἁμαρτίᾳ, ἵνα χάρις πλεονάσῃ;
μὴ γένοιτο. **V 2** οἵτινες ἀπεθάνομεν
τῇ ἁμαρτίᾳ, πῶς ἔτι ζήσομεν ἐν[2]
αὐτῇ; **V 3** ἢ ἀγνοεῖτε ὅτι ὅσοι ἐβαπτίσθημεν εἰς Χριστὸν Ἰησοῦν,[3] εἰς
τὸν θάνατον αὐτοῦ ἐβαπτίσθημεν;
V 4 συνετάφημεν οὖν[4] αὐτῷ[5] διὰ τοῦ
βαπτίσματος εἰς τὸν θάνατον, ἵνα
ὥσπερ ἠγέρθη Χριστὸς ἐκ νεκρῶν
διὰ τῆς δόξης τοῦ πατρός, οὕτως
καὶ ἡμεῖς ἐν καινότητι ζωῆς περι-
πατήσωμεν. **V 5** εἰ γὰρ σύμφυτοι[6]   **V 5** εἰ γὰρ σύμφυτοι[6]
γεγόναμεν τῷ ὁμοιώματι τοῦ θανά-   γεγόναμεν τῷ ὁμοιώματι τοῦ θανάτου αὐτοῦ, ἀλλὰ καὶ τῆς ἀναστάσεως   του αὐτοῦ, ἀλλὰ καὶ τῆς ἀναστάσεως
ἐσόμεθα **V 6** τοῦτο γινώσκοντες,   ἐσόμεθα
ὅτι ὁ παλαιὸς ἡμῶν ἄνθρωπος συν-
εσταυρώθη, ἵνα καταργηθῇ τὸ σῶμα
τῆς ἁμαρτίας, τοῦ μηκέτι δουλεύειν
ἡμᾶς τῇ ἁμαρτίᾳ. **V 7** ὁ γὰρ ἀποθα-
νὼν δεδικαίωται ἀπὸ τῆς ἁμαρτίας.
V 8 εἰ δὲ ἀπεθάνομεν σὺν Χριστῷ,   **V 8** εἰ δὲ ἀπεθάνομεν σὺν Χριστῷ,
πιστεύομεν ὅτι καὶ συζήσομεν αὐτῷ,   πιστεύομεν ὅτι καὶ συζήσομεν αὐτῷ,
V 9 εἰδότες ὅτι Χριστὸς ἐγερθεὶς   **V 9** εἰδότες ὅτι Χριστὸς ἐγερθεὶς
ἐκ νεκρῶν οὐκέτι ἀποθνήσκει[7] θά-   ἐκ νεκρῶν οὐκέτι ἀποθνήσκει[7] θάνατος αὐτοῦ οὐκέτι κυριεύει.[8] **V 10**   νατος αὐτοῦ οὐκέτι κυριεύει.[8] **V 10**

---

[1] permanebimus: Com Rom 1036 C.
[2] °εν: Cat Luc 107.
[3] ° Ιησουν: Com Rom 1039 C; Hom Num 15,4.
[4] γαρ αυτω: Cels 2,69; Com Mat 15,24.
[5] συν τω Χριστω: Hom Jer 1,16; 21,14; Com Io 10, 230,243; Christo: Cat Mat 77; Hom
Ez 2,51; enim: Hom Num 15,4.
[6] συμμορφοι: Com Io 20,227; Cels 2,69; Cat Cor 29,13 f.; conformes: Hom Luc 17.
[7] morietur: Com Rom 1050 B; moritur: Com Rom 1049 B.
[8] dominabitur: Com Rom 1048 A.

ὁ γὰρ ἀπέθανε, τῇ ἁμαρτίᾳ ἀπέθανεν ἐφάπαξ· ὁ δὲ ζῇ, ζῇ τῷ θεῷ.
V 11 οὕτως καὶ ὑμεῖς λογίζεσθε
ἑαυτοὺς εἶναι νεκροὺς μὲν[9] τῇ ἁμαρτίᾳ ζῶντας δὲ τῷ θεῷ ἐν Χριστῷ
Ἰησοῦ.[10]

ὁ γὰρ ἀπέθανεν, τῇ ἁμαρτίᾳ ἀπέθανεν ἐφάπαξ· ὁ δὲ ζῇ, ζῇ τῷ θεῷ.
V 11 οὕτως καὶ ὑμεῖς λογίζεσθε
ἑαυτοὺς νεκροὺς μὲν[9] εἶναι τῇ ἁμαρτίᾳ ζῶντας δὲ τῷ θεῷ ἐν Χριστῷ
Ἰησοῦ τῷ κυρίου ἡμῶν.[10]

---

[9] ειναι: p[46vid] A D F G; ειναι τη αμαρτια:
Cat Rom 31,19 f.; 31,30.
[10] °τω κυριω ημων: Cat Rom 31,20.21f.22f.28.29.33f.35.36f.38; Christo Iesu Domino
nostro: Com Rom 1054 C (− Domino nostro: Com Rom 1054 C; 1056 A).

Quellen- und Literaturverzeichnis

1. Primärliteratur

1.1. Ausgaben patristischer Quellenschriften

Clemens Alexandrinus. Eclogae ex scripturis propheticus. GCS 17/2. O. Stählin et al. (Hrsg.). Berlin 1970 (2. Ed.), 137−55. (*Ecl proph*)

−, Excerpta ex scriptis Theodoti. SC 23. F. Sagnard (Hrsg.). Paris 1948. (*Exc Theo*)

−, Paedagogus. GCS 12. O. Stählin (Hrsg.). Berlin 1936 (2. Ed.), 89−292. (*Paed*)

−, Protrepticus. SC 2. C. Mondesert und A. Plassart (Hrsg.). Paris 1949 (2. Ed.), (*Prot*)

−, Stromata. Libri 1−6: GCS 52. O. Stählin und L. Früchtel (Hrsg.). Berlin 1960 (3. Ed.). Libri 7−8: GCS 17/2. O. Stählin und L. Früchtel (Hrsg.). Berlin 1970 (2. Ed.). (*Strom*)

Cyprianus Carthaginiensis. Epistulae. CSEL 3/2. G. Hartel (Hrsg.). Wien 1871. (*Ep*)

−, De habitu virginum. CSEL 3/1. G. Hartel (Hrsg.). Wien 1868, 187−205. (*De hab virg*)

−, De zelo et livore. CCSL 3A. M. Simonetti (Hrsg.). Turnhout 1976, 75−86. (*De zel et liv*)

Eusebius Caesariensis. Historia ecclesiae. GCS 9/2. E. Schwarz (Hrsg.). Leipzig 1908. (*His eccl*)

Hieronymus. De viris illustribus. PL 23. Paris 1865, 631−760. (*De vir ill*)

Hippolytus Romanus. Demonstratio de Christo et Antichristo. GCS 1/2. H. Achelis (Hrsg.). Leipzig 1897, 3−47. (*De antichr*)

−, De benedictionibus Isaaci et Iacobi et Moysis. PO 27,1 f. M. Brière et al (Hrsg.). Paris / Turnhout 1954. (*Ben Is*)

−, In Danielem. SC 14. G. Bardy und M. Lefèvre (Hrsg.). Paris 1947. (*Com Dan*)

−, Refutatio omnium haeresium. GCS 26. P. Wendland (Hrsg.). Leipzig 1916 (*Ref*)

−, La tradition apostolique de Saint Hippolyte. B. Botte (Hrsg.). Liturgiewissenschaftliche Quellen und Forschungen 39. Münster 1963.

Ignatius Antiochenus. Epistula ad Ephesios. F−B 82−8. (*Eph*)

−, Epistula ad Magnesios. F−B 88−92 (*Mag*)

−, Epistula ad Trallianos. F−B 92−6. (*Tral*)

Irenaeus Lugdunensis. Adversus haereses. Librum 1: SC 263 (1979); Librum 2: SC 293 (1982); Librum 3: SC 210 (1974); Librum 4: SC 100 (1965); Librum 5: SC 152 f. (1969). Alle herausgegeben von A. Rousseau und L. Doutreleau in Paris. (*Adv haer*)

−, Gegen die Häretiker, Buch 4 und 5 in armenischer Version entdeckt von Karapet Ter-Merkerttschian. TU 25,2. Leipzig 1910.

J. E. *Ménard*. L'Exposé valentinien: Les Fragments sur le baptême et sur l'eucharistie. NHC 9,2. Quebec 1985.

Methodius Olympius. De cibis. GCS 27. G. N. Bonwetsch (Hrsg.). Leipzig 1917, 427−47. (*De cib*)

−, Convivium (Symposion). SC 95. H. Musurillo und V.-H. Debidour (Hrsg.). Paris 1963. (*Sym*)

–, De resurrectione. GCS 27. G. N. Bonwetsch (Hrsg.). Leipzig 1917, 219–424. (*De res*)

Origenes Alexandrinus. Contra Celsum. SC 132.136.147 und 150. M. Borret (Hrsg.). Paris 1967–9. (*Con Cels*)

–, Origen on 1 Corinthians. C. Jenkins (Hrsg.). JThSt 9 (1908) 232–47; 353–72; 500–14. (*Cat Cor*)

–, Comentarii in Canticum canticorum. GCS 33. W. A. Baehrens (Hrsg.). Leipzig 1925, 66–241. (*Com Cant*)

–, Homiliae in Canticum canticorum. GCS 33. W. A. Baehrens (Hrsg.). Leipzig 1925, 27–60. (*Hom Cant*)

–, Homiliae in Exodum. GCS 29. W. A. Baehrens (Hrsg.). Leipzig 1920, 145–279. (*Hom Ex*)

–, Homiliae in Ezechielem. GCS 33. W. A. Baehrens (Hrsg.). Leipzig 1925, 319–454.

–, Homiliae in Genesim. GCS 29. W. A. Baehrens (Hrsg.). Leipzig 1920, 1–144. (*Hom Gen*)

–, Disputatio cum Heraclide. SC 67. J. Scherer (Hrsg.). Paris 1960. (*Disp Heracl*)

–, Homiliae in Ieremiam. SC 232 und 238. P. Husson und P. Nautin (Hrsg.). Paris 1976 f. (*Hom Ier*)

–, Fragmenta e catenis in Ioannem. GCS 10. E. Preuschen (Hrsg.). Leipzig 1903. (*Cat Io*)

–, Commentarii in Ioannem. GCS 10. E. Preuschen (Hrsg.). Leipzig 1903. (*Com Io*)

–, Homiliae in Iosue. GCS 30. W. A. Baehrens (Hrsg.). Leipzig 1921. (*Hom Ios*)

–, Homiliae in Iudices. GCS 30. W. A. Baehrens (Hrsg.). Leipzig 1921. (*Hom Iud*)

–, Homiliae in Leviticum. GCS 29. W. A. Baehrens (Hrsg.). Leipzig 1920. (*Hom Lev*)

–, Fragmenta e catensis in Matthaeum. GCS 41/1. E. Klostermann und E. Benz (Hrsg.). Leipzig 1941. (*Cat Mat*)

–, Commentarii in Mattheum. GCS 40. E. Klostermann und E. Benz (Hrsg.). Leipzig 1935. (*Com Mat*)

–, Homiliae in Numeros. GCS 30. W. A. Baehrens (Hrsg.). Leipzig 1921. (*Hom Num*)

–, De principiis. SC 252 und 268. H. Crouzel und M. Simonetti (Hrsg.). Paris 1978–80. (*De princ*)

–, Origenes vier Bücher von den Prinzipien. H. Görgemanns und H. Karpp (Hrsg.). Darmstadt 1976.

–, Fragmenta e catensis in Psalmos. SC 189. M. Harl (Hrsg.). Paris 1972. GCS 6. E. Klostermann (Hrsg.). Leipzig 1909. (*Cat Ps*)

–, Homiiliae in primum Regnorum librum. GCS 33. W. A. Baehrens (Hrsg.). Leipzig 1925. (*Hom Reg*)

–, The Commentary of Origen on the Epistle to the Romans. A. Ramsbotham (Hrsg.). JThSt 13 (1912) 215–24; 357–68; JThSt 14 (1913) 10; 13–22. (*Cat Rom*)

–, Le commentaire d'Origène sur Rom. 3,5–5,7 . . . J. Scherer (Hrsg.). Le Caire 1957.

–, Commentarii in Romans. PG 14,833–1292. (*Com Rom*)

–, Six collations of NT Manuscripts. K. Lake und S. New (Hrsg.). HThSt 17 (1932) 198–209.

Passio Mariae et Iacobi. The Acts of the Christian Martyrs. H. Musurillo (Hrsg.). Oxford 1972, 194–212.

Pastor Hermae. GCS 48. M. Whittaker (Hrsg.). Berlin 1967 (2. Ed.) (1956). (*Herm*)

–, The Apostolic Fathers. A New Translation and Commentary. Vol. 6: The Shepherd of Hermas. G. F. Snyder (Hrsg.). Camden NJ, 1968.

Acta Philippi. Acta apostolorum apocrypha 2,2. R. A. Lipsius und M. Bonnet (Hrsg.). Hildesheim 1972 (2. Ed.) (Leipzig 1903), 1–98. (*Act Phil*)

Evangelium Philippi copticum. PatTST 2. W. Till (Hrsg.). Berlin 1963. (*Ev Phil*)

–, L'Evangile selon Philippe. J. E. Ménard (Hrsg.). Paris 1967.

Tertullianus Carthaginiensis. De anima. CCSL 2. J. H. Waszink (Hrsg.). Turnhout 1954, 781–869. (*De anim*)

–, De baptismo. CCSL 1. J. G. Ph. Borleffs (Hrsg.). Turnhout 1954, 277–95. (*De bap*)
–, De corona. CCSL 2. A. Kroymann (Hrsg.). Turnhout 1954, 1039–65. (*De cor*)
–, Adversus Marcionem. CCSL 1. A. Kroymann (Hrsg.). Turnhout 1954, 441–726. (*Adv Marc*)
–, De paenitentia. CCSL 1. J. G. Ph. Borleffs (Hrsg.). Turnhout 1954, 321–40. (*De paen*)
–, De pallio. CCSL 1. A. Gerlo (Hrsg.). Turnhout 1954, 733–50. (*De pal*)
–, De praescriptione haereticorum. CCSL 1. R. F. Refoule (Hrsg.). Turnhout 1954, 187–224. (*De praescr haer*)
–, Adversus Praxean. CCSL 2. E. Dekkers (Hrsg.). Turnhout 1954, 1159–1205. (*Adv Prax*)
–, De pudicitia. CCSL 2. E. Dekkers (Hrsg.). Turnhout 1954, 1281–1330. (*De Pud*)
–, De resurrectione mortuorum. CCSL 2. J. G. Ph. Borleffs (Hrsg.). Turnhout 1954, 921–1012.

Evangelium Thomae copticum. L'évangile selon Thomas. J. E. Ménard (Hrsg.). NHS 5. Leiden 1975.

1.2. Andere zitierte Texte

Demokritos. Frag. 164. Die Fragmente der Vorsokratiker, Bd. 2. H. Diels (Hrsg.). Berlin 1964 (11. Ed.), 176 f.
Plotinus. Die Enneaden. Plotins Schriften, Bd. 1. R. Harder (Hrsg.). Hamburg 1956.

2. Sekundärliteratur

2.1. Veröffentlichungen allgemeiner Art

Adam, A., Lehrbuch der Dogmengeschichte. Bd. 1. Gütersloh 1965.
Aland, K. und B., Der Text des Neuen Testaments. Stuttgart 1982.
Altaner, B. / Stuiber, A., Patrologie. Freiburg 1978 (8. Ed.) (1938).
Bardenhewer, O., Geschichte der altkirchlichen Literatur, Bd. 1 und 2. Freiburg 1902/3.
Baus, K., Von der Urgemeinde zur frühchristlichen Großkirche. Handbuch der Kirchengeschichte, Bd. 1. H. Jedin (Hrsg.). Freiburg 1985 (3. Ed.) (1962).
Bultmann, R., Theologie des Neuen Testaments. Tübingen 1984 (9. Ed.) (1948).
Dibelius, M., Botschaft und Geschichte, Bd. 2: Zum Urchristentum und zur hellenistischen Religionsgeschichte. G. Bornkamm (Hrsg.). Tübingen 1956.
Dix, G., The Shape of the Liturgy. London 1945.
Fischer, B., Das Neue Testament in lateinischer Sprache. Beiträge zur Geschichte der lateinischen Bibeltexte. Freiburg 1986, 156–274.
Fitzer, G., σφραγίς. ThWNT 7. Stuttgart 1964, 939–54.
Frede, H. J., Altlateinische Paulus-Handschriften. Aus der Geschichte der lateinischen Bibel, Bd. 4. Freiburg 1964.
Georges, K. E., Ausführliches lateinisch-deutsches Wörterbuch. Hannover 1967 (14. Ed.).
Gaudel, A., Péché originel. Dictionaire de théologie catholique, Bd. 12/1. A. Vacant et al. (Hrsg.). Paris 1932, 275–606.
Gnilka, J., Der Kolosserbrief. HThK 10,1. Freiburg 1980.
Gross, J., Entstehungsgeschichte des Erbsündendogmas von der Bibel bis Augustinus. München 1960.
von Harnack, A., Lehrbuch der Dogmengeschichte, Bd. 1. Tübingen 1909.
Hopfner, Th., Griechisch-Ägyptischer Offenbarungszauber, Bd. 1. Leipzig 1921.
Jonas, H., The Gnostic Religion. Boston 1958.
Lampe, G. W. H., A Patristic Greek Lexicon. Oxford 1961.

Leenhardt, F. J., L'épitre de Saint Paul aux Romains. CNT 6. Neuchâtel 1957.

Lindemann, A., Der Kolosserbrief. ZürcherBK 10. Zürich 1983.

Lohse, E., Die Briefe an die Kolosser und an Philemon. KEK 9/2. Göttingen 1977.

Metzger, B. M., The Early Versions of the New Testament. Oxford 1977.

Neunheuser, P. B., Taufe und Firmung. Handbuch der Dogmengeschichte 4/2. Freiburg 1956.

Niederwimmer, K., Der Begriff der Freiheit im Neuen Testament. Theologische Bibliothek Töpelmann 11. Berlin 1966.

Peel, M., Gnosis und Auferstehung. Neukirchen 1974 (Philadelphia 1969).

Quasten, J., Patrology, Bd. 1 und 2. Utrecht 1952/3.

Ritter, M., Lehrbuch der Dogmen- und Theologiegeschichte, Bd. 1. Göttingen 1982.

Rudolph, K., Die Gnosis: Wesen und Geschichte einer spätantiken Religion. Göttingen 1977.

Schenke, H.-M., Auferstehungsglaube und Gnosis. ZNW 59 (1968) 123–6.

Schmithals, W., Neues Testament und Gnosis. Erträge der Forschung 208. Darmstadt 1984.

Seeberg, R., Lehrbuch der Dogmengeschichte, Bd. 1. Graz 1922 (3. Ed.).

Spicq, C., L'épitre aux Hebreux. Études bibliques. Paris 1952.

Wilckens, U., χάραγμα. ThWNT 9, 405–7.

2.2. Studien zur Patristik bzw. Alten Kirche

Aleith, E., Paulusverständnis in der alten Kirche. BZNW 18. Berlin 1937.

Aulén, G., Die Drei Haupttypen des christlichen Versöhnungsgedankens. ZSysTh 8 (1930).

Baehrens, W. A., Überlieferung und Textgeschichte der lateinisch erhaltenen Origeneshomilien zum Alten Testament. TU 42,1. Leipzig 1916.

Baker, A., Fasting to the World. JBL 84 (1965) 291–4.

Bammel, C. P. H., Der Römerbrieftext des Rufin und seine Origenes-Übersetzung. Vetus Latina 10. Herder 1985.

Bardy, G., Les citations bibliques dans le De Principiis. RB 16 (1919) 106–35.

–, Le texte de l'épitre aux Romains dans le commentaire d'Origène-Rufin. RB 29 (1920) 229–41.

Bauer, W. / Paulsen, H., Die Briefe des Ignatius von Antiochien und der Brief des Polykarp von Smyrna. HNT 18. Tübingen 1985.

Bauernfeind, O., Der Römerbrief des Origenes. TU 44,3. Leipzig 1923.

Beck, G., Das Werk Christi bei Origenes: Zur Deutung paulinischer Theologie im Turapapyrus des Römerbrief-Kommentars. Bonn 1966.

Benoit, A., Le baptême chrétien au second siècle. Paris 1953.

–, Saint Irénée: Introduction à l'étude de sa théologie. Paris 1960.

Berner, U., Origenes. Erträge der Forschung 147. Darmstadt 1981.

Bertrand, F., Mystique de Jésus chez Origène. Paris 1951.

Birdsall, J. N., The Text and Scholia of the Codex von der Goltz and its Allies, and their Bearing upon the Texts of the Works of Origen, especially the Commentary on Romans. Origeniana: Premier colloque international des études origèniennes. Bari 1975, 215–22.

Bonwetsch, G. N., Studien zu den Kommentaren Hippolyts zum Buche Daniel und Hohen Lied. TU 1,2. Leipzig 1897.

–, Die Theologie des Methodius von Olympus. Abhandlungen der königlichen Gesellschaft der Wissenschaften zu Göttingen 7,1. Berlin 1903.

Buchheit, V., Studien zu Methodios von Olympos. TU 69. Berlin 1958.

Buri, F., Clemens Alexandrinus und der paulinische Freiheitsbegriff. Zürich 1939.

Camelot, Th., Foi et Gnose. Paris 1945.

von Campenhausen, H., Griechische Kirchenväter. Stuttgart 1981 (6. Ed.) (1955).

–, Lateinische Kirchenväter. Stuttgart 1983 (5. Ed.).

Casel, O., Neue Zeugnisse für das Kultmysterium. JLW 13 (1935) 99–126.

–, Art und Sinn der ältesten christlichen Osterfeier. JLW 14 (1938) 1–78.

Chadwick, H., Origen, Celsus and the Resurrection of the Body. HThR 41 (1948) 83–102.

Clemen, C., Niedergefahren zu den Toten. Gießen 1900.

Cocchini, F., Origene – Commento alla lettera ai Romani. L'Aquila 1979.

Crouzel, H., Théologie de l'image de Dieu chez Origène. Paris 1956.

–, Origène et la „Conaissance mystique". Toulouse 1961.

–, Origène et la structure du sacrament. BLE 63 (1962) 81–104.

–, Die Patrologie und die Erneuerung der patristischen Studien. Bilanz der Theologie im 20. Jahrhundert, Bd. 3. H. Vorgrimmler und R. Vander Gucht (Hrsg.). Wien 1970, 504–29.

Daniélou, J., Traversée de la mer rouge et baptême aux premiers siècles. RSR 33 (1946) 402–30.

–, Origène: Sa vie et son oeuvre. Paris 1948.

–, Origène comme exégète de la Bible. StPat 1. K. Aland und F. L. Cross (Hrsg.). Berlin 1957, 280–90.

–, Liturgie und Bibel: Die Symbolik der Sakramente. München 1963.

Dibelius, M., Der Hirt des Hermas. Die apostolischen Väter, Bd. 4. Tübingen 1923.

Dölger, F. J., Sphragis: Eine altchristliche Taufbezeichnung in ihren Beziehungen zur profanen und religiösen Kultur des Altertums. Paderborn 1911.

–, Sacramentum militae. ACh 2 (1930) 268–80.

–, Zur Symbolik des altchristlichen Taufhauses: Die Achtzahl in der altchristlichen Symbolik. ACh 4 (1934) 153–87.

–, Das Lösen der Schuhriemen in der Taufsymbolik des Klemens von Alexandrien. ACh 5 (1936) 89–94.

Drewery, B., Origen and the Doctrine of Grace. London 1960.

Dupuis, J., L'ésprit de l'homme. Paris / Brügge 1967.

Echle, H., Sacramental Initiation as a Christian Mystery-Initiation According to Clement of Alexandria. Vom christlichen Mysterium: Gedächtnisschrift für Odo Casel. A Mayer et al. (Hrsg.). Düsseldorf 1951, 54–65.

Edsman, C.-M., Le baptême de feu. Uppsala 1940.

Eichinger, M., Die Verklärung Christi bei Origenes: Die Bedeutung des Menschen Jesus in seiner Christologie. Wien 1969.

Fendt, L., Sünde und Buße in den Schriften des Methodius von Olympus. Kath 31 (1905) 24–45.

Finé, H., Die Terminologie der Jenseitsvorstellungen bei Tertullian. Bonn 1958.

Fischer, B., Das Neue Testament in lateinischer Sprache. Die alte Übersetzung des Neuen Testaments, die Kirchenväterzitate und Lektionäre. K. Aland (Hrsg.). Berlin 1972, 1–92.

Frede, H. J., Die Zitate des Neuen Testaments bei den lateinischen Kirchenvätern: Der gegenwärtige Stand ihrer Erforschung und ihre Bedeutung für die griechische Textgeschichte. Die alten Übersetzungen des Neuen Testaments, die Kirchenväterzitate und Lektionäre. K. Aland (Hrsg.). Berlin 1972, 455–78.

Früchtel, L., Origeniana. Studien zum Neuen Testament und zur Patristik: Erich Klostermann zum 90. Geburtstag. TU 77. Berlin 1961, 242–252.

Gögler, R., Zur Theologie des biblischen Wortes bei Origenes. Düsseldorf 1963.

Gruber, G., ZΩH. Wesen, Stufen und Mitteilung des wahren Lebens bei Origenes. München 1962.

Gschwind, K., Die Niederfahrt Christi in die Unterwelt. Münster 1911.

Hammond, C. P., Notes on the Manuscripts and Editions of Origen's Commentary on the Epistle to the Romans in the Latin Translation by Rufinus. JThSt 16 (1965) 338–57.

Hanson, R. P. C., Allegory and Event: A Study of the Sources and Significance of Origen's Interpretation of Scripture. London 1959.

–, Notes on Tertullian's Interpretation of Scripture. JThSt 12 (1961) 273–9.

von Harnack, A., Terminologie der Wiedergeburt und verwandter Erlebnisse in der ältesten Kirche. TU 42,3. Leipzig 1918.

–, Der kirchengeschichtliche Ertrag der exegetischen Arbeiten des Origenes. 1. Teil: Hexateuch und Richterbuch. TU 42,3. Leipzig 1918.

Hauschild, W.-D., Gottes Geist und der Mensch. Studien zur frühchristlichen Pneumatologie. München 1972.

Hoppe, H., Rufin als Übersetzer. Studi dedicati alla memoria di Paulo Ubaldi. Milano 1937, 133–50.

Jourassard, G., Témoinages peu remarqués de Saint Irénée en matière sacramentaire. RSR 42 (1954) 528–39.

Karpp, H., Probleme altchristlicher Anthropologie. Gütersloh 1950.

–, Die Bußlehre des Klemens von Alexandrien. ZNW 43 (1950 f.) 224–42.

–, Schrift und Geist bei Tertullian. Gütersloh 1955.

–, Kirchliche und außerkirchliche Motive im hermeneutischen Traktat des Origenes. Vivarium: Festschrift für Theodor Klauser. JAC Ergänzungsband 11. Münster 1984.

Kassomenakis, J., Zeit und Geschichte bei Origenes. Dissertation München 1967.

Kirsten, H., Die Taufabsage. Berlin 1959.

Klostermann, E., Überkommene Definitionen im Werke des Origenes. ZNW 37 (1938) 54–61.

–, Formen der exegetischen Arbeiten des Origenes. ThLZ 72 (1947) 203–8.

–, Der Papyrusfund von Tura. ThLZ 73 (1948) 47–50.

Knox, W. L., Origen's Conception of the Resurrection Body. JThSt 39 (1938) 247 f.

Koch, A., Clemens von Alexandrien als Lehrer der Vollkommenheit. ZAM 7 (1932) 363 f.

Koch, H., Pronoia und Paideusis: Studien über Origenes und sein Verhältnis zum Platonismus. Berlin 1932.

Koetschau, P., Bibelcitate bei Origenes. ZWTh 43 (1900) 321–78.

Kolping, A., Sacramentum Tertullianeum. Münster / Regensburg 1948.

Kuss, O., Zur Hermeneutik Tertullians. Neutestamentliche Aufsätze: Festschrift für Josef Schmid. Regensburg 1963, 138–60.

Lampe, G. W. H., The Seal of the Spirit. London 1951.

Läuchli, S., Die Frage nach der Objektivität der Exegese des Origenes. ThZ (Basel) 10 (1954) 175–97.

Lies, L., Zum Stand heutiger Origenesforschung. ZKTh 102 (1980) 61–75.

Lindemann, A., Paulus im ältesten Christentum. Tübingen 1979.

Loofs, F., Die Handschriften der lateinischen Übersetzung des Irenaeus und ihre Kapiteleinteilung. Kirchengeschichtliche Studien. Hermann Reuter zum 70. Geburtstag gewidmet. Leipzig 1890 (2. Ed.), 1–93.

Lorenz, R., Die Anfänge des abendländischen Mönchtums im 4. Jahrhundert. ZKG 77 (1966) 36–8.

de Lubac, H., Histoire et l'ésprit: L'intelligence de l'écriture d'après Origène. Paris 1950.

Lundström, S., Die Überlieferung der lateinischen Irenäus-Übersetzung. Uppsala 1985.

Lundberg, P., La typologie baptismale dans l'ancienne église. Uppsala 1942.

Marsh, H. G., The Use of **ΜΥΣΤΗΡΙΟΝ** in the Writings of Clement of Alexandria with Special Reference to his Sacramental Doctrine. JThSt 37 (1936) 64–80.

Martin, J., Origène et la critique textuelle du Nouveau Testament. RQH 37 (1885) 5–62.

Metzger, B. M., Explicit References in the Works of Origen to Variant Readings in New Testament Manuscripts. Biblical and Pastristic Studies in Memory of Robert Pierce Casey. Freiburg 1963, 78−95.

Munck, J., Untersuchungen über Klemens von Alexandrien. Stuttgart 1933.

Niederwimmer, K., Grundriß der Theologie des Ignatius von Antiochien. Dissertation Wien 1956.

Noakes, K. W., Christian Initiation I: From New Testament Times until St. Cyprian. The Study of Liturgy. C. Jones et al. (Hrsg.). London 1978, 80−94.

Orbe, A., Teología bautismal de Clemente Alejandrino según Paed. 1,26,3−27,2. Gregorianum 36 (1955) 410−48.

Otto, S., Der Mensch als Bild Gottes bei Tertullian. MüThZ 10 (1959) 276−82.

Pagels, E. H., A Valentinian Interpretation of Baptism and Eucharist − and its Critique of „Orthodox" Sacramental Theology and Practice. HThR 65 (1972) 152−69.

Peretto, E., De citationibus ex Rom 1−8 in Adversus haereses Sancti Irenaei. VD 46 (1968) 105−8.

Poschman, B., Paenitentia secunda: Die kirchliche Buße im ältesten Christentum bis Cyprian und Origenes. Bonn 1940.

Prümm, K., „Mysterion" von Paulus bis Origenes. ZKTh 6 (1937) 391−425.

−, „Mysterion" und Verwandtes bei Hippolyt. ZKTh 63 (1939) 207−225.

−, Göttliche Planung und menschliche Entwicklung nach Irenäus Adversus haereses. Sch 13 (1939) 206−224; 342−66.

Quasten, J., Baptismal Creed and Baptismal Act in St. Ambrose. Mélanges: Joseph de Ghellink S. J. Bd. 1: Antiquité. Gembloux 1951, 223−34.

Rahner, H., Taufe und geistliches Leben bei Origenes. ZAM 7 (1932) 205−223.

−, Das Menschenbild des Origenes. Eranos Jahrbuch 15 (1947) 197−248.

Rahner, K., Le debút d'une doctrine des cinq sens spirituels chez Origène. RAM 50 (1952) 113−45.

−, Sünde als Gnadenverlust in der frühchristlichen Literatur. ZKTh 60 (1936) 471−510.

−, und *Viller, M.*, Aszese und Mystik in der Väterzeit. Freiburg 1939.

−, Die Sündenvergebung nach der Taufe in der Regula Fidei des Irenäus. ZKTh 70 (1948) 450−5.

−, Zur Theologie der Buße bei Tertullian. Abhandlungen über Theologie und Kirche. Festschrift für K. Adam. M. Redig (Hrsg.). Düsseldorf 1952, 139−67.

−, Die Bußlehre des Heiligen Cyprian von Karthago. ZKTh 74 (1952) 257−76.

Rathke, H., Ignatius von Antiochien und die Paulusbriefe. TU 99. Berlin 1967.

Rüther, Th., Die Lehre von der Erbsünde bei Clemens von Alexandrien. Freiburg 1922.

Sanday, W. und *Turner, C. H.*, Novum Testamentum Sancti Irenaei Episcopi Lugdunensis. Oxford 1923.

Schäfer, K. T., Die Zitate in der lateinischen Irenäusübersetzung und ihr Wert für die Textgeschichte des Neuen Testaments. Vom Wort des Lebens: Festschrift für Max Meinert. Münster 1951, 50−9.

Schelkle, K. H., Taufe und Tod. Zur Auslegung von Röm 6,1−11. Vom christlichen Mysterium: Gedächtnisschrift für Odo Casel. A. Mayer et al. (Hrsg.). Düsseldorf 1951, 9−21.

−, Paulus Lehrer der Väter. Düsseldorf 1956.

−, Wort und Schrift: Beiträge zur Auslegung und Auslegungsgeschichte des Neuen Testaments. Düsseldorf 1966.

Seesemann, H., Das Paulusverständnis des Clemens Alexandrinus. ThStKrit (1936) 312−46.

von Soden, H., Das lateinische Neue Testament in Afrika zur Zeit Cyprians. Leipzig 1909.

Spanneut, M., Le stoicisme de Pères de L'église de Clément de Rome à Clément d'Alexandre. Paris 1957.

Staab, K., Die Pauluskatenen nach den handschriftlichen Quellen untersucht. Rom 1926.

Stenzel, A., Cyprian und die „Taufe im Namen Jesu". Sch 30 (1955) 372−87.

von Stromberg, A., Studien zur Theorie und Praxis der Taufe in der christlichen Kirche der ersten zwei Jahrhunderte. Berlin 1913.

Studer, B., A propos des traductions d'Origène par Jérôme et Rufin. VCh 5 (1968) 137−55.

Stufler, J., Die Sündenvergebung bei Origenes. ZKTh 31 (1907) 193−228.

−, Die verschiedenen Wirkungen der Taufe und Buße nach Tertullian. ZKTh 31 (1907) 372−6.

Teichtweier, G., Die Sündenlehre des Origenes. Regensburg 1958.

Torjesen, K. J., Hermeneutical Procedure and Theological Method in Origen's Exegesis. PatTSt 28, Berlin 1985.

Verkuyl, G., Die Psychologie des Clemens von Alexandrien im Verhältnis zu seiner Ethik. Leipzig 1906.

Völker, W., Paulus bei Origenes. ThStKrit 102 (1930) 258−79.

−, Das Vollkommenheitsideal des Origenes. Tübingen 1931.

−, Der wahre Gnostiker nach Clemens Alexandrinus. TU 57. Leipzig 1952.

Vogels, H. J., Untersuchungen zum Text paulinischer Briefe bei Rufin und Ambrosiaster. BBB 9. Bonn 1955.

Vogt, H. J., Das Kirchenverständnis des Origenes. Köln 1974.

Wagner, M. M., Rufinus, the Translator. PatSt 73. Washington D. C. 1945.

Wickert, U., Glauben und Denken bei Tertullian und Origenes. ZThK 62 (1965) 153−77.

Widmann, M., Irenaeus und seine theologischen Väter. ZThK 54 (1957) 156−73.

Windisch, H., Taufe und Sünde im ältesten Christentum bis auf Origenes. Tübingen 1908.

Wingren, G., Man and the Incarnation. R. MacKenzie (Übers.). Edinburgh 1959.

Winkelmann, F., Einige Bemerkungen zu den Aussagen des Rufinus von Aquilea und des Hieronymus über ihre Übersetzungstheorie und -methode. KYRIAKON: Festschrift für Johannes Quasten, Bd. 2. Münster 1970 (2. Ed.), 532−47.

Zöllig, A., Die Inspirationslehre des Origenes. StraßThSt 5,1. Freiburg 1902.

2.3. *Exegetische Studien zu Röm 6,1−11 bzw. zur Taufe im Neuen Testament*

Aland, K., Die Säuglingstaufe im Neuen Testament und in der alten Kirche. München 1961.

Barth, M., Die Taufe − Ein Sakrament? Zöllikon / Zürich 1951.

Bartsch, H.-W., Die Taufe im Neuen Testament. EvTh 8 (1948 f.) 75−100.

Beasley-Murray, G. R., Baptism in the New Testament. London 1962.

Bornkamm, G., Taufe und neues Leben bei Paulus. Das Ende des Gesetzes (ges. Aufsätze), Bd. 1. München 1961, 34−51.

Cranfield, C. E. B., A Critical and Exegetical Commentary on the Epistle to the Romans, Vol. 1. ICC. Edinburgh 1975.

Cullmann, O., Die Tauflehre des Neuen Testaments. Zürich 1948.

Delling, G., Die Zueignung des Heils in der Taufe. Berlin 1961.

Gäumann, N., Taufe und Ethik: Studien zu Römer 6. BEvTh 47. München 1967.

Jeremias, J., Die Kindertaufe in den ersten vier Jahrhunderten. Göttingen 1958.

Käsemann, E., An die Römer. HNT 8. Tübingen 1980 (4. Ed.) (1973).

Michel, O., Der Brief an die Römer. KEK 4. Göttingen 1978 (14. Ed.) (1936).

Schlier, H., Die Taufe nach dem 6. Kapitel des Römerbriefs. EvTh 5 (38) 335−47.

−, Der Römerbrief. HThK 6. Freiburg 1979 (2. Ed.) (1977).

Schnackenburg, R., Das Heilsgeschehen in der Taufe nach dem Apostel Paulus. München 1950.

−, Todes- und Lebensgemeinschaft mit Christus: Neue Studien zu Röm 6,1−11. MüThZ 6 (1953) 32−53.

Schneider, J., Die Taufe im Neuen Testament. Stuttgart 1952.

Stommel, E., „Begraben mit Christus" (Röm 6,4) und der Taufritus. RömQ 49 (1954) 1–20.

–, Das „Abbild seines Todes" (Röm 6,5) und der Taufritus. RömQ 50 (1955) 1–21.

Wagner, G., Das religionsgeschichtliche Problem von Röm 6,1–11. AThANT 39. Zürich 1962.

Warnach, V., Taufe und Christusgeschehen. ALW 3/2 (1954) 284–366.

Wilckens, U., Der Brief an die Römer. EvKK 6/2. Köln / Neukirchen 1980.

Stellenregister

Seitenzahlen in *kursiv* verweisen auf die Fußnoten. **Fettgedruckte** Seitenzahlen verweisen auf die Zitierung oder ausdrückliche Behandlung der genannten Stelle.

Altes Testament

Gen

1,26	*110*
3,19	*137*

Ex

13,21	161

Num

19,2	*135*.242
19,9	*241*
19,14−21	133
23,10	*157*

Deut

5,31	*171*
32,39	138, 155, *169*, 178, 182, 187, 224
33,6	*106*, 107

Jos

7,6	*133*

Hiob

3,8	33

Ps

22,16	133
50,7	183
73,13	*135*
103,30	172
104,15	*140*
118,17	*106*, 107
119,83	182
136,4	185

Jes

1,7f.	*111*
54,1	106, *107*
58,10	*173*

Ez

13,5f.	167
18,4	157

Dan

12,2	31
13,15	110
13,19−27	*112*
13,22f.	*112*

Neues Testament

Mat

4,10	78
4,16	*173*
10,39	121
12,29	*181*
16,23	78
16,24−27	158
16,26	*68*
17,22	*173*
20,28	*194*
25,14ff.	*68*
25,46	*113*
28,18−20	110
28,19	*53*

Mk

1,9−11parr	*165, 190*

Luk

3,5	117

12,48	*68*
Joh	
2,19	*168*
3,3	*91,* 122
3,5	54
4	32
8,23	*122*
8,44	*169*
10,18	31
12,27	3
15,11 f.	178
Apg	
2,29.31	*107*
7,55	*171*
8,8	*93*
8,14−17	*190*
9,18	*93*
10,24.48	*184*
16,15.33	*184*
18,18	*184*
Röm	
1,29	*183*
3,21−24	*30*
3,23	175
3,25	30
5	*128,* 192
5,3	*167*
5,6	65, *153*
5,8−10	65
5,14 ff.	*224*
6,1	12, 52, 151 f., 247
6,1 f.	19
6,1−11	42 f.
6,2	*5,* 13, 62, 121, 120, 153−159, 248
6,3	13, 19, 53, 55, 140, 160−164, 248 f.
6,3 f.	65, 90
6,3−6	91 f.
6,4a	164−169
6,4b	170−174
6,4	13, 19, 60, 66, 68, 103, *123,* 125, 137, 250−252
6,4 f.	58, 61, 62, 108
6,5	*5,* 14, 19, 29 f., 35, 42, 59, 174−180, 252−255
6,5−8	19

6,6	14, 83, 85, 101, 102, 111, *111,* 120, 124, 127 f., 180−186, 255−256
6,7	14, 47, 134 f., 186−188, 256
6,8	14, 9 f., 112, 125, 257
6,8 f.	45, 108
6,9	15, 19, 35, 68 f., 191−196, 258
6,9 f.	135 f.
6,10	15, 107, 197−202, 259
6,10 f.	20, 70−74
6,11	15, 35, 45, 88, 91 f., 112 f., *127,* 138 f., 202−206, 259−261
6,12	95
6,12 f.	186
6,13	120
6,18	57
6,22	57
6,23	254
7,6	166, 182
7,7	120
7,8	*119*
7,21 ff.	*122*
7,24	*183*
8,4	*72*
8,7	*119*
8,15	190
8,29	42
8,35	139
8,35−37	138
8,38	157
11,21	*69*
11,30	*67*
14,2	*190*
14,7−9	189 f.
14,15	*136*
1 Kor	
1,18 ff.	*76*
1,22 ff.	*119*
2,6 ff.	*61*
3,22	156
4,9.11−13	124
8−10	*190*
9,24 ff.	*150*
10	*80,* 161
10,1 ff.	*69,* 242
10,2	*161, 249*
11,1	*243*

13,8	*198*
13,10	*168*
15	*128*
15,3	31
15,22–24	168
15,26	*169,* 193
15,42ff.	32
15,42–54	137
15,43f.	94
15,44	*192*
15,44ff.	111, *224*
15,45.49	*109*
15,45	181
15,45ff.	82f.
15,47ff.	45, 109, 224
15,47–49	101f.
15,49	*109*
15,50	71

2 Kor

1,22	*167*
3,15–17	171
4,10ff.	224
4,12	191
4,16	171
5,14	*136*
5,15	107
6,16–28	120

Gal

1,23	*67*
2,19	158
2,20	158, *169,* 199, *205*
4,19	139
4,21–31	*144*
4,27f.	*107*
5,19	71
5,22	71f.
6,14	158, *169*

Eph

1,13f.	54
2,1f.	*54*
2,5f.	224
2,6	30, 161, *162, 167,* 238
2,7	*197*
4,8–10	*56, 251*
4,22	*223*
5,8	*67*

Phil

2	193, 196
2,7f.	33f., 35
2,9f.	163f.
3,2	*183*
3,10	42, *169*
3,12ff.	*150*
3,21	253

Kol

1,13	78
1,20	*152*
1,21	67
2,12	166, 167, 254
2,13	*167*
3,1	30, 103, 166, 167
3,1ff.	224
3,3f.	188
3,5	*183*
3,9	*181, 223*
3,10	*171*

1 Thes

4,13–15	*56*

1 Tim

1,19	*152*
6,11	129

2 Tim

2,11	*169*
2,11f.	165, 224
2,11–13	189
2,12	157, 190f.
4,7	*171*

Tit

3,5	*89, 91*

Heb

2,14	194
2,14f.	34
2,15	57
6,4	*52*
6,16	*157*
9,12	259
9,26	136, *197, 231*
9,28	259
10,26	*51, 113*
10,31	113
11,34f.	*112*

Jak

2,19   *125*

1 Pet

2,4 f.   *56*
2,11 f. 15 f.   120
2,22   30, 176
3,18 ff.   *56, 194, 223, 251*

2 Pet

2,22   *152*

1 Joh

3,2   177

Apk

12,1−6   139

Anonyme Schriften

Acta Pauli

3,24, 31 f.   *54*

Acta Pauli et Theclae

32−40   *54*

Act Phil
117   **57, 209**

Evangelium Thomae copticum
Log. 27   *130*

Epistula ad Rhegium
46,3−49,9   *84*

Ev Phil
23   *84*
25,7−15
  (Spr. 109)   **56,** *178,* **209**

NHC
2,6   *125*

Pas Mar et lac
2,5   **114, 221, 240**

Augustinus von Hippo

Contra Julianum
1,3,5   17

Cassiodor

Inst.
1,5   *24*

Cyprian von Karthago

De dom orat
14   100

De hab virg
23   **100 f., 215,** *224*

De zel et liv
14   45, **102**

Ep
64,2−6   *100*
64,5   *99*
72   *97*
73   *98*
74   *97*

Sent episc
1,8.31.37   *78*

Didache

Did
7   **52,** *62*

Euseb von Cäsarea

His eccl
3,15,34   52
3,36,2 ff.   58
5,4,2   63
5,20,5−8   *62*
6,13   *131*
6,39,5   *142*

Hieronymus

De vir ill

53	*98*
67	*98*
83	*131*

Hippolyt von Rom

Ben Is

2	45, **106−108**, *136,* **217, 219, 220,** *225,* *229, 231*

Com Dan

1,17,14	**110 f.,** *110, 111,* **216**
1,21,3 ff.	**112−114**
1,21,3−5	*112, 114,* **221**

De Antichr

31	**111 f.,** 218, 227, 228, *231, 233*

De theopania

5	*108*

Ref

7,36	*84*
10,30.32	*106*
10,33,5	*111*
10,33,15	**108 f., 215**
10,34,5	109 f., *111,* **216**

Trad Apos

21	*105, 239*

Hirte des Hermas

Herm

9,16,1−4	**54 f., 209,** *223, 237*

Ignatios von Antiochien

Eph

19,1	*61*
19,3	**60, 211**

Mag

9,1	*61*

Tral

2,3	*61*
9,1 f.	**58 f.**
9,2	**214**

Irenäus von Lyon

Adv haer   *17 f., 47, 63*

1, Praef 3	*63*
1,7,4	*69*
1,10,1 f.	*69*
1,21,2	*126*
1,23,5	*84*
1,26	*65*
1,46,6	*123*
2,31,2	*84*
3,3,4	*69*
3,16,9	**65, 210,** *228*
3,17,1 f., 3	*67*
3,22,4	*67*
3,23,1	*235*
3,23,6	*233,* **221, 70**
3,33	*52*
3,33,1	*66*
4,27,2	**68 f., 219,** *231*
5,9,1	*72*
5,9,2	**71,** *235*
5,9,3	**66,** *82, 127,* **211,** *224,* *225, 228*
5,10,11	*230*
5,11,1	**71, 221**
5,12,1	72 f., *221*

Dem

4	*67*

Justinus

Dial

80	*84*

1 Klemensbrief

1 Clem

33,1	**52, 207,** *226*
32	*52*

Klemens von Alexandrien

Adumbr in ep Iduae   118

Ecl proph
14,1 f.	**129 f.**
14,1−3	*233*
24	*82,* **127 f., 216**

Exc Theo
77,1	*130*
77,1 ff.	**125 f.**
77,1−3	**212**
80,1 ff.	**126 f.**
80,1−3	**222**

Paed
1,6,26	*118*
1,6,28	*118*
2,1,117	*117*
2,109,3	*119*
3,48,2	*118*

Prot
12,118,4	*119*
59,3	**122 f., 212,** *225, 228,* *230*
60,1	*122*

Strom
1,9,3	*119*
2,56,1	*118*
2,131,6	*117*
3,15,998	*129*
3,75	*120*
3,75,3	*44,* **120, 207**
3,77,3	*118*
3,84,1	*119*
3,95,2	*119*
4,27,3	**121 f.,** *125,* **208,** *227,* *227, 248*
4,51,1	*44 f.,* **123 f., 216,** *226*
5,94	*117*
6,45 f.	*194*
7,101,6	*118*

Methodios von Olympos

De cib
12,6	*46,* **132−134, 210,** *227*
12,7 f.	*231*

12,8	**135 f., 218,** *232, 233,* *241, 242,* **218**
13,5	*46,* **134, 217,** *226, 230*

De res
1,6 f.	*136*
1,19	*132*
1,31 f.	*137*
1,46,2	*226*
1,46,2 f.	**138, 222**
2,18,5 ff.	*82*
2,18,6	*224, 225, 228*
2,18,6 f.	**137 f., 212**

Sym
8,8	**139,** *140,* **210**
8,8,191	*228*

Mischna

Niddah
61b	*134*

Schabbat
30a	*134*
151b	*134, 256*

Origenes

Werke zu biblischen Büchern

Hom Gen
3,7	*165*

Hom Ex
1,5	*148*
5,2	**211,** *236, 238, 238, 249,* *251*
5,5	*148, 149,* **162, 211,** *237,* *238, 249, 251*

Hom Lev
10,1	*204*
12,4	*147, 184*

Hom Num
12,3	*82, 144, 157, 165, 169,* *190*
15,4	*42, 165*
17,1	**195, 220**
27,12	*165*

Hom Ios

2,1	*204*
4,1 f.	*148*
4,2	**163 f.**, *190,* **211,** *236, 238, 239, 245*

Hom Iud

2,5	*147*

Hom Reg

1,19	*203*
19	*155*

Hom Ier

1,16	*138, 166, 169, 224*
3,2	*171*
7,3	**185, 217**
11,5	*184*
19,14	*166, 169*

Hom Ez

2,5	**167 f.**, *168,* **213,** *241, 255*
3,8	*147*

Com Mat

10,9 f.	*204*
12,25	**158,** *166,* **209,** *243*
13,9	*82, 173*
14,7	*185, 192*
15,23	*149*
16,6	*199*
16,8	*192,* **195, 219,** *234*
77	*166*
143	*166*

Cat Mat

3	*192*
267	**181 f., 216,** *256*

Fr Cat Mat

7,3	*157*

Hom Luc

2,16	*149*
3,16	*148*
14	*157, 165, 199, 224*
16	*82, 182, 224*
17	*165, 224, 227*
21,5	*147, 148*

Cat Luc

107	*42*

Com Io

1,8	*143*
1,17 ff.	*200*
1,227	**200, 220,** *232*
2,10	*200*
6,33	*148*
10,3	*143*
10,232	*173*
10,243	*166,* **168, 213**
13,19	*197*
13,53	*146*
19,4	*205*
19,13	*148*
20,24	*160*
20,226	*169*
20,227	*10, 42*
20,228 f.	*82*
28,19	*181*
28,21	*192*

Cat Io

79	*157, 165, 190, 224*

Com Rom

3,6 (938 f.)	*184*
4,12 (1004)	**199, 220,** *259*
5,7 (1032 f.)	**208**
5,7 (1035)	**208**
5,7 (1035 f.)	**153 f.,** *223*
5,7 (1036)	**151—153, 207,** *224, 227*
5,8 (1038A)	*42*
5,8 (1038)	**154,** *166,* **208,** *225, 227, 234, 235, 235, 244*
5,8 (1038 f.)	**213,** *243*
5,8 (1039)	**160 f., 165, 211, 212,** *224, 249*
5,8 (1040)	**160, 165 f.,** *166,* **210, 212,** *223, 236, 238, 251*
5,8 (1041)	*155, 224*
5,8 (1041 f.)	*170*
5,8 (1042)	**171,** *185,* **213,** *225, 235, 243, 244, 252*
5,9 (1043)	*176,* **180 f., 214,** *229, 237*
5,9 (1043—1047)	*234*
5,9 f. (1043—1056)	*29—37*
5,9 (1044)	**177, 178, 214,** *225, 229*

5,9 (1045)	**181, 183, 216,** *224,* *225, 229, 256*
5,9 (1045 ff.)	*226*
5,9 (1046)	*183, 185*
5,9 (1047)	*148, 179,* **183,** *183,* **216, 217,** *235, 237*
5,9 (1047 f.)	*189*
5,10	181
5,10 (1048)	188, *193*
5,10 (1048 f.)	**188, 218, 230,** *257*
5,10 (1049)	*165,* **189, 192, 218, 219,** *231*
5,10 (1049B)	43
5,10 (1050)	*153,* **193, 219,** *231,* *243, 258*
5,10 (1050 f.)	*193*
5,10 (1051 f.)	*194*
5,10 (1052)	**197,** *234, 245*
5,10 (1052 f.)	*197, 232*
5,10 (1053)	**197 f.,** *198,* **220,** *232,* *243, 258, 259*
5,10 (1054)	*198,* **200, 202 f., 220, 222,** *226, 232, 236, 260*
5,10 (1054C)	43, *46*
5,10 (1055 f.)	*234*
5,10 (1056A)	43
5,10 (1056)	**205,** *205,* **222**
6,1 (1057)	**186,** 187, *188,* **217**
6,1 (1057B)	42
6,6 (1068)	**187,** *188*
6,6 (1068C)	42
6,6 (1068 f.)	**217**
6,7 (1075)	**166**
6,7 (1076)	**171 f., 213,** *228, 240,* *244*
7,2 (1105)	**190, 218,** *237*
7,12 (1134)	**158, 209**
9,2 (1210)	*147*
9,39 (1238)	*165,* **188 f., 218,** *231*
10,8	*39*

Cat Rom

27	*190, 199, 232*
29	**174 f.,** *176,* **179,** *185,* **214, 215,** *224, 225, 229,* *237, 254, 255*
29–31	*29–37*
30	*153,* **193 f.,** *193, 194,* *195,* **219,** *231, 234, 258*
31	**203 f.,** *204,* **222,** *233*

31,19 ff.	43
36	**182, 216**

Cat Cor

17	**157, 208,** *244*
29	**174**
29,13 f.	42

Scholie zur Apokalypse

8	*201*

Andere Werke

Con Cels

1,66	*192*
2,9	*192,* **192 f.,** *219, 231*
2,16	*243*
2,24	*138,* **155, 208**
2,69	42, *166, 169*
4,49	*143*
4,68	*198*
5,20	*198*
5,39	*200*
5,60	*143*
6,47	*192*
7,39	*182*
8,14	*200*

De pas

1,6	*165, 182*
1,6,1	*157*

De princ

1,3,2	*173*
1,3,7	**171 f., 213,** *235, 237,* *240*
1,3,8	*146*
1,8,4	*192*
2,3,2	*153*
2,3,4	*198*
2,3,5	*197*
2,10,2	*137*
3,5,3	*198*
3,6,1	*146*
3,6,6	*192*
4,2,4	*143*
4,3,5	*145*

Disp Hercl	
2	*244*
5 f.	*192*
25	**156, 208**
26	**157, 209**

Philoc	
5,5	*143*

Plinius

Hist Nat	
29,17	*196*

Plotin

Enneaden	
4,17,3	*204*

Rufin von Aquileia

Praef in librium	
1,3	*23*

Tacitus

Ann	
3,69	*89*

Tertullian

Adv Marc	
5,5 f.	*76*
5,10,10 f.	**82−84, 215**

Adv Prax	
13	*76*
26,9	*78*

Apol	
46	*75*

De anim	
1 f.	*75*
35,3	*78*
41,1	*77*
50	*84*
55	*194*

De bapt	
1	*77, 79*
3	*79*
3 f.	*78*
4	*79*
5	*79, 91*
5,6 f.	*77*
8	*78, 79, 237*
9	*79*
9,1 f.	*161*
10	*79*
11	*77*
12	*79*
13	*79*
15−18	*80*
18	*77*
20	*78*

De carn Chr	
5,4	*76*

De cor	
3	*78, 79*
3,2	*78*
3,3	*78*

De paen	
6	*81*
6,11 ff.	**81 f.**
6,11−13	*227*
6,12	*223*
6,12 f.	**212**

De pall	
6,2	*75*

De praescr	
13	*75*
40	*79*

De pud	
14,16	*80*
17	**92−94**
17,4	*93, 223*
17,4 ff.	*227*
17,4−7	*12−17*
17,4−10	*224, 231*
17,8 f.	**95, 219**
17,14	*223*
18,18	*80*

De res

19	*80*
19,4 f.	**84, 215**
27	*79*
47,1	**215**, *230*
47,1 f.	**86—88**
47,2	**221**, *226*
47,8 ff.	**88—90**

47,9 f.	*228*
47,10 f.	12—17
47,11	*225*
47,11 f.	**90 f., 214**
47,12	*225, 226, 229*

De spect

4,3	*78*

Namenregister

Adam, A. 65
Aland, K. 10, 11, 12, 21, 39, 184
Aland B. und K. 2
Aleith, E. 51, 52, 68, 90, 100, 114
Altaner B. / Stuiber, A. 17, 52, 54, 56, 62,
  63, 64, 77, 98, 99, 100, 104, 106, 117, 142,
  156
Aulen G. 194

Baker, A. 130
Bammel, C. P. H. 27, 35, 38, 40, 202
Bardenhewer 52, 54, 62, 75, 97, 98, 99, 116
Bardy, G. 22, 232, 39, 106
Barth, M. 6, 80, 253
Bartsch, H.-W. 249, 250, 253
Bauer, W. 58, 60, 61
Bauernfeind, O. 40
Baus, K. 105, 131
Beasley-Murray, G. 249, 250, 254
Beck, G. 26, 150, 67, 181
Benoit A. 4, 63, 64, 67
Bihlmeyer, K. 58
Birdsall, N. 40
Bonwetsch, G. N. 46, 131, 132, 133, 139,
  140
Bornkamm, G. 254, 260
Brière, M. 106
Buchheit, V. 131, 132
Bultmann, R. 240
Buri, F. 119, 124
Bürke, G. 146

Camelot, Th. 117, 119
Campenhausen, H. von 23, 62, 63, 75, 92,
  97, 98, 116, 142
Casel, O. 6, 253
Chadwick, H. 147, 198
Clemen, C. 194
Cramer, J. A. 29
Cranfield, C. E. B. 247, 248, 249, 250, 251,
  254, 256, 257, 259, 260

Crouzel, H. 2, 3, 50, 147, 149, 160, 165,
  168, 170, 171, 175, 177, 178, 192, 196,
  200, 205, 236
Cullmann, O. 253
Cyprian von Karthago 97−100

Daniélou, J. 53, 143, 144, 145, 148, 149, 152,
  154, 162, 163, 179, 185, 204
Delling, G. 53
Dibelius, M. 55, 238
Dölger, F. J. 55, 79, 117
Doutreleau, L. 18
Drewery, B. 6, 150, 168, 176
Dupuis, J. 146

Edsman, C.-M. 149

Fitzer, G. 55, 127
Frede, H. J. 10, 11, 18
Funk, F. 58

Gaudel, A. 5, 67, 77, 132, 133, 147
Gäumann, N. 248, 249, 250, 251, 254, 256,
  257, 258, 260
Gnilka, J. 179
Freiherr von der Goltz, Ed. 40
Gögler, R. 143, 176
Görgemanns, H. 26
Gross, J. 77, 148, 184
Gruber, G. 153, 159, 171, 177, 198, 202,
  203, 205
Gschwind, K. 194

Hanson, R. P. C. 7, 76, 143, 144, 145
Harl, M. 156, 158, 159, 160, 168, 177, 185,
  189, 191, 192, 193
Harnack, A. von 147, 185
Hauschild, W.-D. 118, 119, 146, 148, 170,
  172, 173
Hippolyt von Rom 104−106
Hoppe, H. 22, 23, 30
Hopfner, Th. 238
Hort, F. J. A. 17

Ignatios von Antiochien 58
Irenäus von Lyon 62 ff.

Jeremias, J. *184*
Jonas, H. *126*

Karpp, H. *26, 75, 76, 84, 103, 118, 143, 145, 146*
Käsemann, E. 247, 248, 250, 251, *252, 253, 254, 255,* 256, 257, 259, 260
Kassomenakis, J. *172, 175, 187, 197, 198, 200*
Kirsten, H. *78*
Klemens von Alexandrien 115–120
Klostermann, E. *3, 25*
Klotz, R. *90, 189*
Knox, W. L. *147*
Koch, H. *150*
Koetschau, P. 39
Kolping, A. *79, 93, 236*
Kuss, O. *75*

Lampe, G. W. H. *2, 54, 55, 60, 67, 71, 78, 80, 98, 105, 126, 128, 148, 173, 190*
Läuchli, S. *143, 145*
Leenhardt, F. J. *191*
Lightfoot, J. B. *52, 54*
Lindemann, A. *51, 60, 179*
Lohse, E. *179*
Loofs, F. *18*
Lorenz, R. *184*
de Lubac, H. *7, 143, 146, 163, 242*
Lundberg, P. *4, 145, 148, 149, 162*

Maries, L. *106*
Marsh, H. G. *119, 129*
Ménard, J. E. *56, 130*
Mercier, B.-Ch. *106*
Methodios von Olympos 131 f.
Michel, O. *190, 191, 247, 248,* 250, *251, 254, 255, 255, 257, 258, 259, 260*
Migne, J. P. 29
Munck, J. *116, 117*

Nautin, P. 105
Neunhauser, P. B. *100, 148*
Niederwimmer, K. 59, *60, 130, 190*
Noakes, K. W. *53, 78, 79, 98, 105, 108*

Origenes von Alexandrien 22, 142–151
Otto, S. 76

Pagels, E. *125*

Paulsen, H. *58, 61*
Peel, M. *84, 161, 167*
Peretto, E. *21*
Poschmann, B. *69, 80, 99, 148, 152*
Prümm, K. *6, 64, 79, 149, 160*

Quasten, J. *52, 62, 64, 75, 98, 99, 105, 106, 112, 116, 125, 131, 132, 136, 142*
Rahner, H. *146, 147, 148, 148, 149, 163*
Rahner, K. *69, 80, 98, 179*
Ramsbotham, A. *25, 29, 175*
Rathke, H. *58, 59, 60*
Ritter, A. *65, 94*
Robinson, J. A. *25, 28*
Rousseau, A. *65*
Rudolph, K. *125, 126*
Rufin von Aquileia 22–24, 36 f.

Schäfer, K. T. *3, 17, 18*
Schelkle, K. H. 1, 2, 7, *59, 60, 61, 69, 91, 94, 159, 167, 175, 177, 191, 198, 200, 241*
Scherer, J. *3, 25, 28, 35,* 41, *165, 190, 199*
Schlier, H. *190, 191, 247, 248, 249, 250, 251, 253, 254,* 255, *256, 257, 258, 259, 260*
Schnackenburg, R. *6, 248, 249, 250, 251, 252,* 253, *254, 255, 257, 258,* 260
Schneider, J. 248, *250,* 252, 253, *254*
Seeberg, R. *65, 94*
Seesemann, H. *119*
Snyder, G. F. *55*
von Soden, H. *91, 93*
Souter, A. *18*
Spicq, C. *145*
Staab, K. *28, 37*
Stommel, E. *5, 239,* 250, 251, *252, 253, 254, 257*
Stromberg, A. 55, *67, 78, 80, 118*
Studer, B. *26*
Stufler, J. *147, 148, 152*

Teichtweier, G. *147, 155, 156, 157, 160, 193, 199*
Tertullian von Karthago 74–81
Ter-Merkerttschian, K. *63*
Till, W. C. *56*
Torjensen, K. J. *242*

Verkuyl, G. *122*
Völker, W. *117, 150, 158*
Vogels, H. J. *38*

Wagner, G. *238*
Wagner, M. M. *24*
Warnach, V. *6*, 248, 250, 251, *252*, 253, *254, 260*
Westcott, B. F. *37*
Wickert, U. *76*
Widemann, M. *64*

Wilckens, U. *128, 190, 247, 248, 249, 250, 251, 252, 253, 254, 255, 257, 258, 259, 260*
Wilson, R. M. *56*
Windisch, H. *5, 71, 77, 80, 118, 128, 147, 148, 152*
Wingren, G. *76*

Sachregister

Abrenuntiatio diaboli 78
Allegorese 7, 144–146, 241 f.
Anthropologie 64, 76 f., 117 f., 146–148, 234 f., 255 f.
Antisubordinationismus 65 f.

Buße 5, 80, 95, 117, 147 f., 227, 229, 235

Christologie 233 f.
Codex von der Goltz 22, 40 f., 43, 48

D-Text 47 f.

Erbschuld 77, 118, 133 f., 184
Eschatologie 239–241

Fasten 129

Gnostizismus 55, 56 f., 84, 125–130, 144 f.

Martyrium 51, 77, 112, 231, 233

Paulinismus 5 f., 72, 119, 149, 242–246
Paulusverständnis 4
Philokalie 22, 25, 28

Sakrament 6, 51, 79, 118 f., 149, 236
Schriftverständnis 143
Subordinationismus 94, 104, 109

Taufrigorismus 69, 80, 99, 105, 147, 154, 244
Tauftypologie 4
Textgeschichte 10
Turapapyrus 3, *22,* 25 f., 41, 150, *199*
Typologie 109, 131

Väterauslegung 1, 50 f., 76, 106, 144, 261 f.

Beiträge zur Geschichte der biblischen Exegese

Alphabetisches Verzeichnis

Altermath, François: Du Corps Psychique au Corps Spirituel. 1977. *Band 18.*

Bertrand, Daniel A.: Le bapteme de Jesus. 1973. *Band 14.*

Bodenmann, Reinhard: Naissance d'une Exégèse. 1986. *Band 28.*

Bovon, François: De Vocatione Gentium. 1967. *Band 8.*

Brady, David: The contribution of British Writers between 1560 and 1830 to the Interpretation of Revelation 13.16−18. 1983. *Band 27.*

Brändle, Rudolf: Matth. 25,31−46 im Werk des Johannes Chrysostomos. 1979. *Band 22.*

Casurella, Anthony: The Johannine Paraclete in the Church Fathers. 1983. *Band 25.*

Demarest, Bruce: A History of Interpretation of Hebrews 7,1−10 from the Reformation to the Present. 1976. *Band 19.*

Gasque, Ward: A History of the Criticism of the Acts of the Apostles. 1975. *Band 17.*

Greer, Rowan A.: The Captain of our Salvation. 1973. *Band 15.*

Hagen, Kenneth: Hebrews Commenting from Erasmus to Beze 1516−1598. 1981. *Band 23.*

Hofmann, Hans U.: Luther und die Johannes-Apokalypse. 1982. *Band 24.*

Jones, Alan H.: Independence and Exegesis. 1983. *Band 26.*

Knuth, Hans Ch.: Zur Auslegungsgeschichte von Psalm 6. 1971. *Band 11.*

Köppen, Klaus P.: Die Auslegung der Versuchungsgeschichte unter besonderer Berücksichtigung der Alten Kirche. 1961. *Band 4.*

Künzi, Martin: Das Naherwartungslogion Markus 9,1 par. 1977. *Band 21.*

− Das Naherwartungslogion Matthäus 10,23. 1970. *Band 9.*

Lang, Friedrich G.: 2. Korinther 5,1−10 in der neueren Forschung. 1973. *Band 16.*

Monselewski, Werner: Der barmherzige Samariter. 1967. *Band 5.*

Olsen, Norskov V.: The New Testament Logia on Divorce. 1971. *Band 10.*

Otte, Klaus: Das Sprachverständnis bei Philo von Alexandrien. 1968. *Band 7.*

Prigent, Pierre: Apocalypse XII. 1959. *Band 2.*

Rader, William: The Church and Racial Hostility. 1978. *Band 20.*

Reicke, Bo: Die zehn Worte in Geschichte und Gegenwart. 1973. *Band 13.*

Schendel, Eckhard: Herrschaft und Unterwerfung Christi. 1971. *Band 12.*

Schlaudraff, Karl-Heinz: „Heil als Geschichte"? 1988. *Band 29.*

Smitmans, Adolf: Das Weinwunder von Kana. 1966. *Band 6.*

Stoll, Brigitta: De Virtute in Virtutem. 1988. *Band 30.*

DATE DUE
